사랑의 교육학

파울로 프레이리를 재창조하다

사랑의 교육학

파울로 프레이리를 재창조하다

초판 1쇄 인쇄 2021년 11월 11일
초판 1쇄 발행 2021년 11월 22일

지은이 안토니아 다더
옮긴이 유성상·문아영·박광노·심성보·이두형·이윤미
펴낸이 김승희
펴낸곳 도서출판 살림터

기획 정광일
편집 조현주, 송승호
북디자인 꼬리별

인쇄·제본 (주)신화프린팅
종이 (주)명동지류

주소 서울시 양천구 목동동로 293, 22층 2215-1호
전화 02-3141-6553
팩스 02-3141-6555
출판등록 2008년 3월 18일 제313-1990-12호
이메일 gwang80@hanmail.net
블로그 http://blog.naver.com/dkffk1020

ISBN 979-11-5930-201-5 93370

가격은 뒤표지에 있습니다.
잘못된 책은 바꾸어 드립니다.

Reinventing Paulo Freire

A Pedagogy of Love

파울로 프레이리를 재창조하다

사랑의
교육학

안토니아 다더 지음

유성상·문아영·박광노·심성보·이두형·이윤미 옮김

살림터

감사의 글

우선 루틀리지 출판사의 버나드Catherine Bernard에게 감사 인사를 드린다. 그녀는 내가 『사랑의 교육학: 파울로 프레이리를 재창조하다』를 재출간하자는 출판사의 제안에 제때 응답하지 않았는데도 끈질기게 설득했다. 그녀의 꾸준한 지원과 꼼꼼한 편집 안내가 없었다면 이 책의 재출간은 엄두도 못 냈을 것이다.

수년 동안 내 작업에 영향을 준 많은 사상가들이 있다. 이들은 나의 학문적 발전과 사상의 진화에 중요한 역할을 했다. 이 책이 잘 보여 주듯, 파울로 프레이리Paulo Freire는 나에게 엄청난 영감을 주었고 나의 닻이 되었다. 내가 미국의 식민화된 주체로서 생생하게 경험한 교육 현실에 대한 이해, 그리고 40여 년이 넘도록 함께 연구해 온 많은 학생들의 삶에 공감을 불러일으키는 아이디어를 그는 제공해 주었다. 지루Henry Giroux는 내 연구에 영향을 준 또 다른 사상가이다. 교육과 사회에 대한 엄격하고 급진적인 비판은 나를 일관되고 훌륭하게 성장시켜 주었다. 여기에 내 동생인 토레스Rodolfo Torres를 빼놓을 수 없다. 그는 내가 사회주의적 꿈을 놓지 않도록 쉼 없이 싸워 주었고, 시카고 마르크스주의 학자로서 우정과 동지애를 나누었다. 여기에 언급된 사람들 외에도, 미국과 전 세계의 동지와 친구들이 많다. 나는 이들과 개인적, 정치적인 투쟁을 함께했으며 역사를 계속해서 건설하고 있다.

또한 내 수업에 함께 참여했던 많은 학생들에게 감사의 말을 전하고 싶다. 이들은 여러 해 동안 내 강의와 학문적 저작의 발전에서 지적이고 교육적인 영감의 원천으로 밝게 빛났다. 내 지도에 그들이 보여 준 신뢰와 신의에 크게 감사하지 않을 수 없다. 그들이 내게 가르쳐 준 사랑, 겸손, 정치적 품위를 보면 더욱 그렇다. 헤르난데즈Kortney Hernandez의 지원과 연대에 더욱 감사를 드리고 싶다. 그녀는 지난 몇 년 동안 내 연구 및 초고를 준비하는 데 귀중한 역할을 했다. 지난 몇 달간 이 책을 완성하는 작업에 참여했던 허프Krystal Huff에게도 감사를 드린다. 마지막으로, 우리가 왜 투쟁하는지, 왜 더 정의롭고 사랑스러운 미래를 위해 계속 노동해야 하는지에 대해 매일 나를 새롭게 일깨워 준 나의 멋진 가족들에게 깊이 감사를 표한다.

파울로 프레이리와 정치적이 되려는 용기

헨리 지루Henry Giroux

프레이리는 20세기 가장 의미 있는 교육자 중 한 사람이다. 지금은 기억을 없애 가면서 측정 및 정량화의 언어를 받아들여 교육의 정치적 관련성을 사상시켜 버리는 시대다. 이런 시대에 파울로 프레이리의 유산과 저작을 기억해 내는 것이 매우 중요해졌다. 그는 비판교육학Critical Pedagogy[1]을 세운 사상가 중에서 매우 중요한 위치를 차지하고 있다. 프레이리는 1964년 권력을 잡은 군사정권에 의해 투옥되기까지 브라질의 문해 운동을 매우 성공리에 발전시키는 데 중요한 역할을 했다. 석방과 동시에 그는 자신의 조국에서 추방되었다. 1980년 브라질의 민주주의를 위한 활동 제안에 응하면서 다시 조국인 브라질로 돌아왔다. 이후 1997년 영면할 때까지, 그는 나라의 교육정책을 형성하는 데 중요한 역할을 했다. 신기원을 이룬 그의 저작 『페다고지』는 백만 권 이상 팔렸다. 올해 2012년은 미국과 해외의 교사들과 지식인들에게 오랫동안 영향을 미쳐 온 이 책의 영문판 발행 40주년을 당연히 기념할 때다.

1980년 이래 북미 교육현장의 지식인 가운데 프레이리의 이론적 엄

---

1. 학생들이 자유에 대한 의식을 개발하고, 권위주의적 경향을 인식하고, 상상력을 강화하고, 지식과 진실을 권력에 연결하고, 어휘와 세계를 행위 주체, 정의, 민주주의를 위한 투쟁의 일환으로 읽어 내는 법을 배우도록 열정과 원칙에 의해 안내되는 교육운동.

밀함, 시민적 용기, 도덕적 책임감에 필적할 만한 사람은 없었다. 그리고 그의 사례는 이전보다 더욱 중요하다. 공교육과 고등교육 기관이 점차 다수의 신자유주의적이고 보수적인 세력에 잠식되어 가고 있는 상황에서 프레이리의 임파워먼트에 관한 이해 방식과, 교육의 민주적 잠재력을 교육자들이 인식하는 것은 반드시 필요하다.

프레이리는 교육이란 학생들에게 자기성찰, 스스로 관리하는 삶, 비판적 행위자를 위한 조건을 제공하는 것이기 때문에 대단히 정치적이라고 믿었다. 그가 볼 때 페다고지는 비판의식과 사회적 행위를 가능하게 하는 형성적 문화의 중심에 있다. 이런 의미에서 페다고지는 학습을 사회 변화와 연결하고 있다. 그것은 학생들이 세계에 대해 비판적으로 개입하고 행동할 수 있도록 도전의식을 북돋웠던 하나의 프로젝트이고 도발적 행위이기도 하다. 사회학자 아로노비츠Stanley Aronowitz가 주목하듯, 프레이리의 페다고지는 학습자가 "지금까지 그들의 삶을 지배해 왔던 권력을 깨닫고, 특히 의식을 형성하는 데"도움을 주었다. 프레이리는 최고의 페다고지는 교수 기법 및 방법의 훈련도 아니며, 강요나 정치적 교화도 아님을 분명히 했다. 교육은 정말로 학생들에게 강요된 단순한 방법론이나 선험적 테크닉과는 다른 것이다. 대신에 교육은 실질적 민주주의라는 약속에 참여하는 것을 확장하고 심화시키는 동안에 참여적 시민이 된다는 것이 무엇을 의미하는지, 그리고 그것의 가능성을 학생들이 스스로 탐구할 수 있는 지식, 기법, 사회적 관계를 제공하는 정치적이고 도덕적인 실천이라고 할 수 있다.

프레이리에 따르면, 비판교육학은 학생들에게 기계적인 학습 및 습득한 기술을 적용하는 것보다 훨씬 더 많은 능력을 요구하는 질문의 문화 속 참여자의 위치에서 읽고 쓰고 배우는 기회를 제공했다. 그에게는 페다고지가 비판적이고 변화를 일으키려면 의미의 전달이 중요했다. 이것은 개인적인 경험이 학생들에게 자신들의 이야기, 사회적 관계, 역사를 가르치는 것과 관련 지을 수 있는 기회를 제공하는 소중한 자료가 된다는 것을 뜻했다. 그것은 또한 학생들이 일상생활의 구체적인 조건에 자신을 위치시키면서, 그러한 조건에 의해 종종 부과되는 한계에 대한 이해를 심화시키는 데 도움이 되는 자료를 의미한다. 그러한 상황에서 경험은 더 넓은 방식의 지식과 이해에 개입하는 자원으로서 확인되고 비판적으로 질문되어 사용될 수 있는 출발점, 즉 탐구의 대상이 되었다. 경험은 이론의 자리를 대체하는 것이 아니라, 어떤 형태로든 명확한 진실이나 정치적 보증을 제공한다는 관념을 떨쳐버리기 위해 이론과 병행하여 기능했다. 경험은 중요하다. 하지만 그것은 유의미한 교육적 자료가 되기 위해 이론, 자기성찰, 비판의 우회로를 거쳐야 한다.

프레이리는 비판교육학에서 이야기하는 문해력을 특정한 기술의 숙달뿐만 아니라, 세상에 개입하기 위한 기초로서 개입의 유형, 즉 어휘를 학습하고 그것을 독해하는 방식으로 간주했다. 비판적 사고란 시험에서 평가되는 사물의 수업이나 현재의 상황에서 벗어난 관련도 없는, 소위 사실의 기억을 학습하는 임무로 축소될 수 없다. 오히려 그것은 현재 상태에서 그럴듯해 보이는 자연스러움이나 필연을 넘어 생각하는 방법을 제공하고, '상식'이 입증한 가정에 도전하고, 즉각적 경험의 한계를 넘어서는 목소리를 내며, 역사와의 대화에 참여하고, 현재를 그대로 재생산하지 않는 미래를 상상하도록 하는 것이다.

그 실례로서 프레이리의 페다고지는 학생들에게 현재 자신의 경험과 삶에 대한 통찰력을 제공하는 투쟁의 장으로서, 역사 자체에 대한 폭넓은 탐구의 도구로 시청각 요소 및 인쇄물의 역동적 상호작용의 판을 제공한다. 예를 들어, 역사 수업은 1950년대와 1960년대 학교의 인종차별 철폐에 대한 자료를 읽거나 영화를 보는 것을 포함할 수 있다. 문해에 대한 교육적 접근과 학생의 권리를 둘러싸고 발전된 시민권 운동과 대중적 저항에 대한 더 폭넓은 교육적 참여를 이끌어 내는 차원에서 말이다. 이러한 투쟁은 오늘날의 북미 청년들, 특히 가난한 흑인과 갈색 피부의 젊은이들이 법적 차별보다는 시장 기반의 차별에 의해 여전히 기회의 평등을 거부당하는 경험의 일부이기도 한데, 역사 수업은 또한 왜 그런지를 이야기할 기회를 열어 준다. 학생들에게 문해의 의미와 그 권력을 성찰하고, 그것이 시민권 운동에서 왜 중요한지에 대해 짧은 글을 작성하도록 요청할 수 있다. 이러한 것들은 학급 전체에서 읽혀질 수 있다. 각 학생은 자신의 신분을 구체적으로 설명하고, 코멘트를 덧붙이며 인종 배제의 역사에 대해 비판적 토론을 시작할 수 있다. 그리고 이른바 인종차별 이후 오바마가 대통령에 당선된 새벽이 찾아왔음에도 불구하고, 이러한 이데올로기와 그것의 구성물이 어떻게 여전히 미국 사회를 사로잡고 있는지를 되돌아보도록 한다. 이런 교육적 맥락에서는 학생들이 제대로 목소리를 내지 못하는데, 그 이유가 자신들의 힘이 없기 때문임을 인식하면서 행위 주체의 의식을 확장할 수 있는 방법을 배우게 해야 한다.

이러한 페다고지의 중심은 교사에서 학생으로 초점을 이동시키고, 지식, 권위, 권력 사이의 관계를 드러내도록 한다. 학생이 문제제기자가 되어 교실에서 질문할 수 있는 문화에 참여할 기회를 주는 것은, 누가 학습의 조건을 통제하고 어떻게 특정한 형식의 지식, 정체성 및 권위가 학급의 특정 관계들 내에서 구성되는지에 대한 중대한 이슈를 전면에 제시한다. 그러한 상황에서 지식은 단순히 학생이 받아들이는 것이 아니라 적극적으로 변형되고, 기꺼이 도전을 받아들이며, 행위 주체와 자기표현이라는, 그리고 단순히 통제되는 것보다는 통제하는 방법을 학습하는 필수적 단계로 향하는 자아와 관련돼 있다. 동시에 학생은 비판적 대화에 다른 사람들을 참여시키고, 자신의 견해에 책임을 지는 방법을 배우게 된다.

따라서 비판교육학은, 미래라는 삶이 존재하는 근거를 바꿀 수 있는 비판과 (이성, 자유, 평등과 관련된) 가능성이 동시에 작동하는 세상, 즉 좀 더 사회적으로 공정한 세상으로 향하는 길을 확인하는 것이 교육자들의 근본적인 과제라고 주장한다. 비판교육학은 최신 시장 트렌드와 관련된 사실이나 기술의 전달로서의 문해 개념을 거부하면서 표준화시험 옹호자들이 종종 주장하는 정치적 교화를 위한 처방을 거부한다. 아로노비츠가 지적한 것처럼 비판교육학은 교육자의 임무가 "피그말리온의 태도로 그것을 주형하는 것이 아니라, 인간이 행위 주체가 되도록 격려하는 것"임을 분명히 하면서, 학생들이 창조적이고 독립적으로 생각하고 행동하는 방법을 제공한다. 비판교육학은 교육이 중립적일 수 없다고 주장한다. 이것은 학생들이 더 큰 세계와 그 안에서 자신들의 역할을 이해할 수 있도록 시도한다는 측면에서 항상 미래지향적이다. 게다가 그것은 필연적으로 어떻게, 또 어떤 지식, 가치, 욕망, 정체성이 특정한 계급과 사회적 관계의 집합 내에서 생산되는지에 영향을 미치게 하는 숙의적 시도이다. 프레이리에게 페다고지는 항상 더 평등하고 정의로운 미래의 개념을 전제하고 있다. 비판교육학은 이렇게 인간의 가능성과 민주주의적 가치의 범위를 확장하기 위해 학생들이 인지하고 있는 세계를 넘어서게 하는 도발적 행위로서 언제나 자기 역할을 해야 한다.

우리가 청소년을 교육하는 방식이 우리가 희망하는 미래와 관련이 있으며, 그러한 미래는 학생들에게 자유와 사회정의의 강화로 이끄는 삶을 제공해야 한다는 인식이 비판교육학의 핵심이다. 프레이리는 고등교육이라는 특권적 구역 내에서도, 교육자들이 "더 밝혀질 수 있는 인간의 가능성을 유실시키고 가로채려는 모든 시도와 맞서 싸우면서… 인간 사회가 계속 질문을 하도록 자극하고, 그 질문이 멈추거나 끝났다고 단언하지 않으며, 소진되지 않고 구현되지도 않은 영원한 인간의 잠재성을 열어 놓을 수 있는 관심"을 촉구하는 교육 실천을 함양해야 한다고 말했다. 프레이리가 강조한 완성되지 않은 인간 존재라는 개념은 사회가 결코 정의의 한계 지점에 도달한 것이 아니라는 바우만Zygmunt Bauman의 생각과 같다. 우리가 미래를 어떻게 상상할 것인지, 역사와 이데올로기의 종식에 대한 개념을 어떻게 거부할 것인지에 대해 논의했던 그의 생각에 공감하지 않을 수 없다. 이러한 비판의 언어와 희망에 대한 일깨움은 프레이리의 유산으로, 현재의 교육 문제와 개혁이 진행되는 영역에서 볼 수 있는 자유주의적이고 보수적인 담론은 이런 유산이 결여되어 있다.

가르치는 일을 시작한 이후로, 프레이리는 내가 교사로서 드넓은 윤리적 책임의 윤곽을 이해하는 데 도움을 주었다. 이후 그의 작업은 노동계급 공동체의 일상적 삶과는 너무나 멀리 떨어진 강력하고 특권적 제도였던 대학과 나 사이에 일어난 관계의 복잡성에 대한 용어를 찾는 데 도움이 되었다. 내가 프레이리를 처음 만난 때는 1980년대 초로, 보스턴 대학교의 실버John Silber 총장이 나의 교수종신재직권을 거부한 직후였다. 프레이리는 매사추세츠 대학교University of Massachusetts, Amherst에서 강연 일정이 있었는데, 보스턴 근처의 우리 집까지 와서 저녁 식사를 함께 했다. 당시 저명한 지성인으로서 프레이리에 대한 평가를 한다면, 처음에 나는 그의 겸손한 태도에 정말 크게 놀랐다. 그의 따뜻함과 진중함에 내가 그를 편하게 대할 수 있었던 것으로 기억한다. 당시 나는 교수직을 잃게 되면서 아주 난처한 처지에 있었으며, 미래가 어떻게 될지 전혀 알 수가 없었다. 그날 밤, 우리는 그가 영면할 때까지 이어진 우정을 맺었다. 프레이리와 마세도Donaldo Macedo(언어학자, 번역자, 그리고 프레이리의 친구이자 내 친구)가 없었다면 나는 분명히 교육 분야에 머물지 않았을 것이다. 그들의 교육에 대한 열정과 깊은 인간성으로 인해, 가르침이란 중요한 투쟁의 장소나 다름없기에 다른 직업과 같을 수 없다고 확신하게 되었으며, 그래서 어떤 위험이든 감내할 만한 가치가 있다고 확신하게 되었다.

학문 생활을 거치면서 나는 정말 많은 지식인을 만났다. 그러나 프레이리만큼 관대한 사람을 찾기는 어려웠다. 젊은 지식인들이 자신의 저작을 출판하는 데 기꺼이 도움의 손길을 주었으며, 지원을 요청하는 편지글을 흔쾌히 수락했고, 항상 다른 사람들을 위해 많이 베풀고자 했다. 미국에서의 교육연구에서 1980년대 초반은 정말 흥미진진한 시기였고, 프레이리는 그 중심에 있었다. 우리는 버긴과 가비Bergin & Garvey 출판사에서 '비판교육학과 문화 시리즈'를 함께 내기 시작했다. 이 작업은 60명 이상의 젊은 저자를 끌어모았으며, 이들 중 다수는 이후 대학에 중요한 영향력을 미쳤다. 버긴Jim Bergin은 자신의 출판사를 통해 프레이리의 후원자가 되었고, 마세도는 프레이리의 번역자이자 공동 저자가 되었다. 쇼어Ira Shor 또한 프레이리의 작업을 확산하는 데 중요한 역할을 했고, 프레이리의 비판교육학에서 이론과 실천을 통합한 탁월한 저서를 내놓았다. 우리는 파울로 프레이리의 작업을 확산시키기 위해 함께 끊임없이 노력했고, 그를 미국에 다시 초대할 수 있기를 희망했다. 그래서 우리는 모임도 갖고, 술자리도 했으며 우리에게 다양한 방식으로 흔적을 남긴 비판교육학에 대한 마음도 다졌다.

프레이리는 민주주의의 근본적인 요소를 위해 투쟁할 가치가 있다고 보았다. 비판교육학은 진보적 사회 변화의 기본적 요소로, 우리가 정치에 대해 어떻게 생각하느냐 하는 것은 우리가 열망하는 세계, 권력, 도덕적 삶을 이해하는 방식과 분리될 수 없다는 신념을 삶으로 보여 주었다. 그는 여러 측면에서, 중요하지만 종종 문제가 되는 개인과 정치 사이의 관계를 구체화했다. 그의 삶 자체가 민주주의 원칙에 대한 신념뿐만 아니라, 한 개인의 삶이 더 인간적이고 민주적인 미래에 말을 거는 경험과 사회적 관계의 모델링에 가능한 한 가까이해야 한다는 관념의 증거이다. 동시에 프레이리는 정치적인 일을 도덕적인 일로 여기지 않았다. 즉, 그는 사회적 이슈에 대해 이야기할 때 결코 정치적인 것을 개인적인 것으로 여기게 해서 수치심이나 심리적 충동을 유발하지 않았다. 사적 문제는 항상 좀 더 커다란 이슈와 연관해 이해하려 노력했다. 예를 들어 그는 결코 노숙자, 빈곤, 실업에 대한 이해를 개인적 품성, 게으름, 무관심 혹은 개인적 책임의 결여로 환원시키지 않았다. 오히려 대규모 불평등, 고통, 절망을 낳은 경제적·정치적 구조에 의해 만들어진 복잡한 체제의 문제로, 또 제한된 개인 능력의 범위를 넘어서 원인을 찾거나 교정하는 사회적 문제로 보았다. 실질적 민주주의에 대한 그의 믿음과 억압적 제도와 이데올로기의 하중에 저항하는 사람들의 능력에 대한 깊고도 지속적인 그의 신념은, 자신의 감옥 생활과 망명이라는 냉혹한 현실, 그리고 교육과 희망이 사회적 행동과 정치적 변화의 조건이라는 믿음에 의해 단련된 투쟁의 정신 속에서 형성되었다. 희망에 대한 많은 현대적 버전이 디즈니랜드의 한구석에 사용되고 있다고 예리하게 인식한 프레이리는 자신의 언어로 "역사를 숙명이 아닌 기회로 이해함으로써" 희망을 회복하고 재절합하는 데 열정을 쏟았다. 희망은 교육자들과 여타 사람들이 다르게 행동하려면 다르게 생각할 수 있도록 도덕적 상상력을 갖게 하는 행위다.

프레이리는 이론적·정치적 해결책이 당장 필요한 사람들에게 어떤 비법도 제공하지 않았다. 나는 그가 보여 주는 인내심에 깊은 인상을 받곤 했다. 특히, 교육 문제에 대해 메뉴를 주문하면 음식이 나오듯 대답을 기대하는 사람들에게, 그리고 비판교육학이 맥락에 의해 정의되어야 하고, 개인적이고 사회적인 변혁—결코 하나의 방법론으로 환원될 수 없는—의 프로젝트로서 접근되어야 한다고 믿는 사람들에게 인내심을 발휘해 대화를 이어 갔다. 맥락은 프레이리에게 중요하다. 그는 지식, 언어, 일상생활, 권력의 기제 사이의 관계를 독특한 방식으로 어떻게 그려 냈는지에 관심을 가졌다. 프레이리주의자Freirean라고 부르는 교육학자라면, 현재 우리의 지식이 특정한 역사적 맥락과 정치 권력에 의해 결정된다는 핵심적 원칙을 인식하지 않으면 안 된다. 예를 들어, 각 교실은 이론적이고 정치적인 담론에 영향을 받는다. 이런 담론들은 학생들이 학급에 가져오는 서로 다른 경험, 교실 수업에 제공되는 자료, 교사-학생 관계에 영향을 미치는 지배구조, 교사의 자율성 영역과 관련하여 행정가들이 행사하는 권한, 교사들의 대화에 소개되는 다양한 역사, 경제, 문화적인 권력에 대한 그들의 반응을 읽어내는 인식의 틀을 형성하기 위해 이용된다.

비판교육학이 말해 주는 프로젝트와 실천에 대한 이해를 통해, 우리는 그러한 맥락에서 작용하는 권력을 인식하기 시작하고, 매일 살아가는 교육자와 학교가 이런 권력을 정면으로 대면하게 된다. 이 사례에서 페다고지는 외부가 아닌 욕망, 행위 주체, 정체성이 형성되고 이들 사이에 다툼이 일어나는 제도와 사회적 관계 내부에서 자아와 사회적 결정을 위한 역량을 성취하는 것에 학습을 연결시키는 것이 무엇을 의미하는지에 대한 해답을 찾았다. 진리를 이성에 연결시키고, 학습을 사회정의에 연결시키고, 지식을 자아의 유형과 사회적 이해와 연결시키는 교육의 역할은 복잡하다. 교육은 이 역할을 수행하면서 교사, 학생 및 학부모가 정치와 사회적 책임에 대한 문제로부터 교육의 분리를 거부하도록 요구한다. 책임성은 정치로부터의 퇴각이 아니다. 오히려 교육의 정치성은 민주적 프로젝트의 일부로, 민주주의를 가능하게 하는 형성적 문화와 행위 주체를 가능하게 하는 페다고지가 주요한 고려 사항이 되도록 정치를 생각하고 행동하는 것을 의미한다.

프레이리는 이러한 특별하고 지역적인 맥락을 전 지구적이고 초국가적인 세력과 관련하여 이해하는 것이 중요하다고 보았다. 교육적인 것을 정치적인 것으로 만드는 것은, 민족의 정신구조를 옹립하는 것을 넘어 "권력, 역사, 기억, 관계적 분석, 정의(단순한 재현이 아닌), 윤리에 대해 국가를 초월한 민주주의 투쟁의 중심 이슈"로 제시하는 프락시스로 발전시키는 것을 의미했다. 문화와 정치는 쌍방향적인 것으로, 민주적 가치, 관계, 행위 유형에 대한 더 큰 투쟁의 일환으로 진술해야 했던 역사와 이런 역사의 부재를 이야기하는 방식으로 서로 정보가 교환되었다. 그는 사람들이 세계에서 자신의 위치를 인식하고, 서술하고, 변혁시키는 것이 권력과 문화의 다층적 기록 속에 있는 복잡한 경험의 생산을 통해 이루어지는 것임을 깨달았다.

프레이리는 문화적 경험을 정치, 페다고지, 권력 자체로부터 분리시키는 것에 도전했다. 그는 문화적 경험을 정체성 정치의 한정된 개념과 연결했는데, 이로써 당대 많은 사람이 저지른 실수를 피할 수 있었다. 그에게는 평범한 사람들이 역사와 자신의 운명을 형성할 수 있다는 강한 믿음이 있었으며, 억압적인 사회적 조건하의 개인 경험과 문화를 낭만화하는 데 강한 거부감을 드러냈다. 물론 그는 권력이 특정한 형태의 문화적 자본, 즉 말하고, 살아가고, 행동하는 특정한 형태를 특권화한다고 보았지만, 종속적 피억압의 문화가 권력의 억압적 이데올로기 및 제도의 관계를 오염시키는 영향력으로부터 자유롭다고 믿지 않았다. 결과적으로, 그에게 문화는 가장 가까운 정체성 형성의 영역에서뿐만 아니라 더 큰 사회구조에 영향을 미치는 중요한 교육적인 힘으로서, 현대사회에서 지속적 투쟁 및 권력의 장과 다르지 않았다.

비판교육자들에게 경험이란 가르치고 배우는 데 기본적 요소이지만, 다른 집단 사이에서 겪는 경험의 특별한 구성은 진리의 특정한 개넘을 보증하지 않는다. 앞에서 언급한 바와 같이, 경험은 그 자체가 분석을 위한 대상이 되지 않으면 안 된다. 학생들이 세상을 경험하고 그 경험에 대해 이야기하는 방법은 항상 무의식적이고 의식적인 헌신, 정치, 다양한 언어 및 문해에 접근하는 함수이다. 따라서 경험은 언제나 자기성찰, 비판, 가능성의 대상으로서 이론을 통해 우회해야 한다. 결국 역사와 경험은 경합하는 투쟁의 장일 뿐만 아니라 일상생활에 의미와 행위를 제공하는 이론과 언어는 또한 계속 비판적으로 성찰하지 않으면 안 된다. 프레이리는 정치 대 이론의 이분법을 재현하려는 어떤 시도에 대해서도 계속해서 도전했다. 그는 이론화 작업과 그것의 기여를 높이 샀지만, 그것을 대상화하지는 않았다. 그가 프로이트, 프롬, 또는 마르크스를 이야기할 때 아이디어에 대한 강렬한 열정을 느낄 수 있었다. 그러나 결코 이론을 목적 그 자체로 보지 않았다. 이론은 언제나 자유와 정의에 관한 더 큰 프로젝트의 일환으로 이해되고, 비판적으로 참여시키며, 세계의 변화에 가치를 둔 자원이었다.

프레이리는 타인에 대한 개별적이고 집단적인 고통을 목격한 증언의 소리에 귀를 기울였으며, 실존적 영웅으로서 혼자 고군분투하는 고립된 지식인의 역할을 피하고자 애썼다. 그가 볼 때 지성인은 진정한 권력을 동원하고 실질적인 사회 변화를 촉진할 수 있는 연대, 제휴, 사회운동을 구축하기 위한 지속적 노력을 통해 교육적인 것을 정치적인 것으로 만들려는 요청에 부응해야 한다. 정치는 해석, 재현, 대화의 몸짓 이상의 것이다. 그것이 효과를 발휘하려면 사람들은 민주적이고 공적인 생활의 책임에 민감하게 반응하는 비판적 행위자 형성의 조건을 만들어야 한다. 프레이리는 민주주의가 강력한 군산 복합체, 극단주의 집단의 부상, 전쟁 국가의 세력 증대에 위협을 받고 있다고 여겼다. 그는 또한 공적 권력과 혐오적 우파 미디어 장치를 넘어서 사고할 수 있는, 시민의 도덕적이고 공민적인 역량을 훼손하는 기업 및 군사

문화의 교육적 힘을 잘 이해하고 있었다.

프레이리는 민주주의를 가능하게 하는 형성적 문화 없이는 민주주의가 지속될 수 없다고 굳게 믿었다. 학교와 문화 전반에 걸친 교육현장은 공적 가치를 확인하고, 비판적 시민을 지지하며, 가르침과 배움의 임파워먼트 기능을 거부하는 사람들에게 저항하는 가장 중요한 장소임을 재현했다. 고등교육 기관이 시장경쟁, 순응, 권한 박탈, 비타협적 처벌과 더 깊이 연관되어 가는 상황에서 프레이리 저작이 지닌 중요한 공헌과 유산을 자각하는 것이 이전보다 더욱 중요해졌다. 『사랑의 교육학: 파울로 프레이리를 재창조하다』는 새로운 세대를 위한 프레이리의 사랑과 그의 정치적 용기를 재확인함으로써 이 목표를 명확히 구현해 보여 준다.

프레이리와 사랑의 교육학?

프레이리의 페다고지를 '사랑의 교육학'으로 고쳐 부르고 그의 교육사상과 실천을 '재창조'하자는 번역서 출간에 참여하면서 새삼 많은 생각을 하게 된다. 한국 사회에서 파울로 프레이리가 누구던가? 그의 교육사상과 실천을 '사랑의 교육학'으로 불러도 될 만큼 그의 교육사상을 따뜻하게 품었던 적이 있던가? 세계적 베스트셀러가 된 그의 『페다고지』를 우리는 어떻게 읽었나? 그의 책을 번역했던 사람이 어떤 고초를 겪었는지 아는가? 아니, 그의 책을 판매했다고, 혹은 소지했다는 이유로 붙잡혀 고문당한 사람들의 이야기를 듣지 못했나? 21세기가 지나고도 벌써 20여 년이 지난 오늘, 우리는 한때 우리에게 '악마의 화신'이라도 되는 듯이 대했던 프레이리라는 이름과 『페다고지』에 대해 완전히 다른 색깔의 목소리를 듣게 된다. 아무런 겁먹음 없이 지금 그의 사상을 따라 실천하자고 하는 게 아닌가? 도대체 한국은 그 사이 어떤 변화를 겪어 온 것일까? 이런 질문에 조금이라도 성의 있게 대답하려면 그의 이름을 알린 책 『페다고지』가 어떤 책인지, 한국 사회에서 이 책이 어떤 경로로 지금 우리 곁에 있는지 잠깐이라도 설명하지 않으면 안 된다.

『페다고지』는 1970년 발간된 파울로 프레이리의 저서다. 처음 영어본으로 출판된 이 책은 프레이리가 자신의 모국어인 포르투갈어로

1968년 작성한 원고를 마이라 라모스Myra Ramos가 번역해 출간한 것이었다. 영어본 출간 후 2년이 지난 1972년 포르투갈어 원저가 출간되었다. 『페다고지』는 2000년까지 전 세계적으로 대략 75만 부가 팔렸다. 그리고 프레이리가 죽은 지 1년을 추모하며 『페다고지』 30주년 기념판이 1998년, 50주년 기념판이 2018년 새롭게 발간되었다. 지금까지 대략 100만 부 이상 판매되었다고 추정된다. 그러나 이 판매 부수에는 여러 나라에서 번역 출간된 책의 판매량은 포함되지 않는다. 이는 내용이 갖는 의미는 언급하지 않은 상황에서 팔린 책의 숫자만으로도 그 영향력을 추정할 수 있음을 의미한다. 한국에서도 아직 『페다고지』 판매량이 많고, 프레이리의 다른 책들도 꾸준히 번역 출간되고 있다. 이 책도 그중 하나일 것이다. 아무튼 전 세계적으로 그의 책이 차지하는 영향력은 가늠하기 어려울 정도다.

한국에서는 1979년 한국천주교평신도사도직협의회에서 『민중교육론: 페다고지』라는 제목으로 처음 번역 출간되었다. 번역자는 성찬성 선생이었다. 주로 가톨릭의 종교 도서를 번역하시는 분으로, 이후 분도출판사에서 다양한 책을 번역하셨다. 같은 해 분도출판사에서 다시 출간된 이후, 『페다고지』는 출판사를 바꿔 도서출판 광주에서 『페다고지-민중교육론』이란 제목으로 1986년에, 그리고 『페다고지: 억눌린 자를 위한 교육』이란 제목으로 또 다른 출판사인 도서출판 한마당에서 1995년 출판되었다. 『페다고지』 30주년을 기념한 서적을 남경태 선생이 그린비 출판사에서 『페다고지』라는 제목으로, 다시 50주년을 기념한 서적을 2018년 허진 선생과 함께 '50주년 기념판'으로 번역, 출간했다. 남경태 선생(2014년 작고)은 마르크스와 엥겔스의 『공산당 선언』과 레닌의 『제국주의론』을 번역한 사회과학 전문 번역자였다.

이 책이 소개되고 논의되기 시작하면서 번역되기까지 걸린 시간은 장장 10년이 가까웠다. 그 이유는 이 책이 정부에서 금하는 서적으로 지정된 이후 소장하는 것조차 엄하게 금했기 때문이었다. 사실 번역되어 책으로 엮이게 된 것도 거의 기적에 가깝다고 봐야 한다. 이 일을 맡을 마땅한 사람이 없어 결국 가톨릭 종교인들이 나서게 되었다. 한신대 교수와 학생을 중심으로 읽혔던 『페다고지』는 곧 반정부 사회운동을 이어 가던 종교계, 민중운동, 학생운동 진영(특히 서울대)에 확산되었고, 빠른 속도로 사회, 노동, 민중운동의 훈련 교재로 사용되었다. 물론 내놓고 이 책을 읽을 수는 없었고, 책의 일부를 복사해 서로 돌려가며 읽는 방식을 취했다. 1970년대에는 『페다고지』 읽기 모임 중 고발당하기도 하고, 가방에 복사물 일부를 갖고 있다가 발각되어 끌려가기도 했다. '읽어서는 안 되는 책'이 꼭 『페다고지』만은 아니었지만, 『페다고지』는 민중운동의 필요성과 함께 어떻게 민중의식을 각성토록 할 것인가라는 '방법론'을 담고 있다는 인식 속에 더욱 강한 통제, 관리의 대상이 되었던 책이다.

그런데 『페다고지』는 우리에게 '불온서적'으로 '금서' 목록에 오른 책 이상의 의미가 있다. 누구나 알 만한 단어, '의식화'라는 말을 탄생시킨 책이기 때문이다. 따라서 『페다고지』 하면 곧 '의식화'를 떠올리게 되고, 한국 사회에서 의식화는 곧 '좌파 빨갱이', '운동권'을 연상하도록 매개했다. 어쩌면 『페다고지』와 프레이리는 모르는 사람이 많을지 모르지만, 1970~1980년대를 거치면서 '의식화'라는 말과 '한국화된 의식화'라는 말의 뜻을 모른다고 할 사람이 있었을까 싶다. 이만큼 한국 사회에서 프레이리와 『페다고지』는 20세기 후반기 격동의 한국 사회를 만들어 가는 데 중요한 역할을 차지했다. 사실 '의식화'는 군사정부가 정치적 저항 세력을 통제하기 위해 만든 정치 프레임으로, 그 말이 무엇을 의미하건 상관없이 이 말을 사용하는 사람들에게 덧씌운 집단 올가미로 작동했다. '의식화'의 주체가 누구인지, '의식화' 대상이 누구인지, '의식화' 내용이 무엇인지, '의식화' 장소가 어딘지, '의식화' 목적이 무엇인지 등의 질문을 통해서 '의식화'는 곧 '반정부 저항 세력 양성'으로 말해지고 또 그렇게 받아들여졌다. 즉, 의식화는 '사회 불만 세력의 교육'을 의미하는 정치적 용어였으며, 교육이 정치적으로 물든 결과 혹은 그 과정을 지칭했다. 그러므로 '의식화'는 어떻게든 피해야 하는 개념이었고, 이 '죄목'으로 걸려드는 것은 더더욱 해서는 안되는 일로 비쳐졌다. 그래서 한국에서의 교육은 '중립적'인 위치를 차지해야 한다는 강박관념이 다른 사회보다도 더욱 뿌리 깊게 자리하게 되었다.

우리는 이 의식화라는 말을 좀 더 깊이 생각해 봐야 한다. 이 책에도 등장하지만 의식화는 'conscientization'의 번역어다. 영어식으로 표현되어 있지만, 이 말은 포르투갈어를 그냥 영어식으로 옮겨 놓은 말로서, 명사로 표현하고자 이를 다시 한국어로 옮긴 것이다. 의식화가 무엇을 뜻하는지는 명사적 표현을 분석적으로 풀어 설명하는 것이 이해를 도우리라 생각한다. '의식화'는 '비판적 의식을 고양하게 하는 것critical consciousness raising'을 뜻한다. 여기서 중요한 것은 '비판적 의식'에 있다. 그런데 무엇이 '비판적 의식'인가? 왜 '비판적'이어야 하는가? '의식'과 '비판적 의식' 간 차이는 무엇인가?

프레이리에게 배움은 자신이 어떤 세상에 살고 있는지 인식하고, 자기 인식의 지평을 넓히는 과정을 의미한다. 자신이 어떤 위치에 있는지, 어떤 세상에 살고 있는지, 나와 '더불어' 살고 있는 사람들과 어떤 관계 속에 살아가고 있는지, 각자가 행사하는 사회, 문화, 경제적 힘의 차이가 어떤 '억압적 상태'를 만들고 유지시키는지, 자신을 둘러싼 이런 억압적 상태가 '나의 나다움(인간됨)'을 거부당하게 하는지, 왜 자신은 그때까지 이런 억압 상태를 제대로 알지도 못했고 또 '나다움'을 추구해야 한다는 의식조차도 하지 못했는지 깨닫는 과정, 이것이 배움이다. 즉, 배움은 의식의 비판적 상태를 유지하도록 하는 과정이다.

'비판적'이라는 말을 써서 배움이라는 말이 이상해졌는가?

안토니아 다더Antonia Darder의 『사랑의 교육학: 파울로 프레이리를 재창조하다Reinventing Paulo Freire: A Pedagogy of Love』에서 프레이리는 비판적 실천의 지도자로 평가된다. '혁명적 프락시스'와 '혁명적 페다고지'라는 개념을 통해 다더는 프레이리가 내세웠던 '비판적 실천'의 의미를 새삼 강조한다. 다더는 프레이리가 진보적 교사에게 필요한 자질을 겸손함, 용기, 관용, 단호한 결정력, 인내와 조급함 사이의 변증법적 긴장감, 그리고 비판적 태도라고 정리한다. 흔히 교사에게 필요한 자질이라며 언급하는 기본적인 것 이외에 모순을 인정하고 이를 받아들이는 용기라든지, 비판적인 태도를 견지하라는 말은 쉽게 이해하기 어려운, 아니 실천하기 어려운 것들이다. 다더는 특히 '비판적 태도'를 견지한 진보적 교사는 '언행일치를 통해 진실로 진정성 있고 일관된 사람들의 협력적 공동체를 실현하길 갈망'한다고 정리한다. 이러한 프레이리의 비판적 태도에 대한 논의는 위에서 언급한 '비판적'이란 말의 의미와 상통한다. 비판적이라는 말이 누군가를 상대하고 넘어뜨리기 위해 칼을 가는 태도를 의미하지 않고 자신의 '나다움'을 유지하기 위해 부단히 배움을 이어 가는 상태라면, 프레이리가 이야기한 비판적 태도를 갖춘 진보적 교사, 즉 '언행일치를 통해 삶의 일관성을 만들어 나가는 사람'의 자질과 동일한 의미가 된다. 자신다움을 찾기 위해 부단한 배움의 길을 이어 가는 사람은 곧 자기 삶의 수많은 모순, 모순적 관계, 언행의 모순을 찾아내고 이를 변화시키기 위해, 즉 언행일치를 위해 노력하게 된다. 가르치는 사람이 배우는 사람들과의 공동체 속에서 갖는 권위는 바로 여기에서 생긴다.

안타깝게 프레이리가 페다고지에서 담아내고자 했던 '비판적 의식을 고양하는 것'으로서의 '의식화'는 한국 사회의 다양한 교육현장에서 제대로 뿌리내리지 못했다. 지학순 주교는 한국천주교평신도협의회에서 1979년 처음 출간되는 책의 '추천의 글'에서 『페다고지』의 출간이 당시 한국 사회의 정치적 이슈가 될 것임을 잘 알고 있었다. 아니나 다를까, 『페다고지』는 발간되자마자 불온서적 목록에 올랐고, 이를 번역한 이, 발간한 이들은 남산 중정(중앙정보부)에 끌려가 고초를 겪어야 했다.

그런데 『페다고지』가 사용되고 읽히는 데 흥미로운 점이 하나 있다. 국가 지도자들이 내용을 문제 삼으며 『페다고지』를 의도적으로 오해하고 이를 정치적 통제의 수단으로 삼고 싶어 했었다면, 어두운 곳에서 책도 아닌 등사기로 밀어 복사한 책의 일부를 돌려보며 '비판적 지식인'으로 커 온 사람들 또한 이 책의 내용을 제대로 읽어 내지 못했다. 이들은 『페다고지』에서 프레이리가 담아내고자 했던 '비판적 의식'의 철학적이고 교육학적인 의미를 제대로 읽어 내려는 노력을 '하지 않았다'. 대신 현실 정세를 어떻게 판단하는 것이 좋은지, 정세를 뒤바꾸기 위한 방법론으로 순진한 의식 단계의 사람들을 어떻게 급진적인 활동가로 변모시킬 수 있을 것인지에 관심을 기울였다. 오죽했으면 『페다고지』가 진보적 사회운동 혹은 급진적 학생운동의 첫 단계에서 읽고 토론하며 용어를 익히는 교과서로 기능했겠는가?

여기서 짚고 넘어가야 할 부분이 있다. 단적으로 『페다고지』는 한국 지식인들의 지적 호기심을 채워 주는 책이었고, 정세 변화를 갈구하는 사회운동 진영의 방법론을 익히도록 하는 교과서였다. 한국 교육에 익숙한 사람이라면 교과서가 학습자, 즉 학생들에게 어떤 의미로 인식되고 또 활용되었는지 잘 알 것이다. 프레이리가 그토록 비판했던 '은행저금식 교육'으로 한국 사회의 은행저금식 교육체제와 이를 통한 한국 사회의 유지, 존속, 억압적 체제를 비판했다. 마치 성찰이라는 말이 갖는 내적이고 은밀한, 그리고 개인의 전 존재를 투여하는 반성적 과정이 빠진 채, 사회주의자들 사이에 반복되었던 '자기비판' 혹은 '인민재판'이 '성찰'로 둔갑한 것처럼 말이다. 따라서 프레이리의 『페다고지』는 이 책이 던져 주는 기술적이고 방법적인 전략을 모색케 하기 위한 수단이자 도구로 활용되었다. 한국 사회의 민주화를 견인했다고 주장하는 세대가 오늘의 다음 세대 앞에 이토록 형편없는 꼰대가 되어 버렸는지를 설명하는 대목이다. 성찰 없는 지식의 활용이 한국 사회에 왜 이토록 반복되는지, 왜 한국의 지식인들은 새로운 지식에 늘 목말라하면서도 그 지식/체계가 한국 사회에 그다지 큰 파장을 일으키지 못하는지 이해할 수 있는 이유다.

여기에 한 가지 덧붙일 것이 있다. 한국에서 프레이리의 『페다고지』를 접했던 지식인들은 거의 대부분 프레이리의 책 내용을 '쉽게 이해했다'고 회상한다. 이런 한국 민중운동 지도자들의 『페다고지』에 대한 회상은 비교가 될 만한 다른 지역 사회운동 지도자들의 회상과는 정반대 입장이다. 개발선진국으로 불리는 국가에서 활동했던 사람들도, 당시 제3세계로 불리던 개발도상국의 민중운동 지도자들도 파울로 프레이리의 『페다고지』가 담고 있는 논의를 이해하기가 퍽 어려웠다고 술회한다. 더욱이 『페다고지』에서 설명되는 개념을 실제 자신들의 민중운동, 사회운동, 학생운동에 적용하는 것은 더더욱 힘들고 어려웠다고 강조한다. 사실 『페다고지』에는 다양한 사상가들의 논의가 유기적으로 녹아들어 있다. 헤겔의 변증법, 마르크시즘으로 대표되는 정치경제학, 사르트르를 비롯한 실존주의 철학, 프롬을 비롯한 비판적 사회심리학, 구티에레스와 두셀로 대표되는 해방신학이 녹아 있고, 피아제의 발달심리학, 듀이의 비형식교육론, 부버의 종교철학, 언어학 이론 등이 들어 있다. 어떤 경우에는 특정 이론에 기대 노골적인 이데올로기를 표방하는가 하면, 어떤 경우에는 각 이론이 묘하게 섞이고 엮인 방식으로 종합되기도 한다. 따라서 『페다고지』를 제대로 이해한다는 것은 누구에게도 쉽지 않을 뿐만 아니라 웬만한 이론적 훈련 없이는 『페다고지』의 개념과 논의를 따라가기 쉽지 않다. 여기에 브라질의 사회, 정치, 문화적 맥락에 기댄 서술로 내용을 파악하는 것이 쉽지 않은 게 당연하다. 따라서 이 책을 처음 접한 수많은 사회운동 지도자들이 프레이리를 난해한 사상가, 이론과 실천의 접합을 추구하지만 이론에 대한 이해도 이론의 실천도 어려운 글로 평가했다는 것은 쉽게 수긍할 수 있다. 그래서 대부분 『페다고지』 책을 펼치고 몇 장 넘기지 못해 다시 책장을 닫은 경험들을 토로했다.

그럼에도 한국의 사회운동 지도자들은, 당시 학생운동에 투신했던 인물들은 『페다고지』로 읽는 프레이리를 이해하고 또 그 속에서 적합한 방법론을 찾아 한국 사회 민중운동에 적용하는 것이 그리 어렵지 않았다고 말한다. 앞서 이야기한 바처럼 『페다고지』의 내용을 '은행저금식'으로 받아들인 것이 하나의 요인이었다면, 『페다고지』를 개인의 세계관을 성찰하도록 하는 대화적 과정으로 이해하기보다는 사회운동의 방법론 정도로 받아들였기 때문이었다. 더욱이 『페다고지』 속 분명하게 제시된 이분법은 이 책의 수용성을 높이는 요인이기도 했다. 즉 억압이란 개념을 사이에 두고 억압자와 피억압자를 상정한다는 점, 이들 사이의 관계를 변화시키기 위한 방법론으로 은행저금식 교육에 대치되는 문제제기식 교육을 제시하고 있다는 점, 대화와 반대화의 특성을 이분법적으로 제시하고 있다는 점 등. 억눌린 자로서 권위적이고 전제적인 억압자(군사정권과 자본가들)를 상대로 이길 수 있는 사회 분석틀과 방법론으로 이만한 것이 없었다. 이분화된 체계의 중간에 무엇인가가 있어서 그것이 무엇인지 고민하기에는, 대화라는 것이 사회가 아닌 나 개인에게로 향해지면서 삶의 질문을 던지기에는 당장 코앞에 닥친 억압의 강도가 너무 강했다. 그리고 시간이 없었다. 당시를 치열하게 살아가는 지식인들에게 프레이리는 쉽게 이해되었던 것이 아니라, 쉽게 이해되어야만 했고 매뉴얼화되어 활용되어야만 했던 필수적 지식이었다. 따라서 『페다고지』에 등장하는 주요 개념들(억압, 착취, 지배/자, 비/인간화, 은행저금식 교육, 비판, 문제제기식 교육, 억눌린 자들, 성찰, 의식화, 질문하기, 대화와 반대화, 생성어, 생성적 주제, 해독과정, 주제연구, 변증법적 긴장, 실존의식, 프락시스, 변혁의 주체, 혁명적 행동이론-억압적 행동이론, 문화적 침해, 문화적 종합 등)은 곱씹게 되는 성찰의 재료가 아니라, 정치적 행동을 보완하고 지도하는 수단이 되었다. 안타깝게 수단은 활용 가치가 떨어지면 버려지고 교체되기 마련이다. 1990년대 이후 사회민주화가 서서히 진행되면서 눈에 보이는 억압의 강도가 약해지고 더불어 운동 진영의 절박함도 약해지면서, 『페다고지』는 몇몇 개념들을 추억하는 대상 정도로 추락했다. 『페다고지』를 읽으라고 하는 사람도, 지금 왜 읽어야 하는지를 논하는 사람들도 서서히 사라지면서.

다더의 책, 『사랑의 교육학: 페다고지를 재창조하다』는 개념으로, 추억으로 존재하는 프레이리를 땅으로 끌어내려, 우리 삶의 세세한 조건 속에서 어떻게 프레이리와 그의 사상적 요소들을 실천할 것인지 캐묻는다. 푸에르토리코 이민자의 자녀로 어렵고 힘든 성장기를 보냈던 다더의 삶 속 경험은 화려한 수사적 개념으로 가득한 프레이리의 말들이 지닌 추상성을 벗겨 내는 역할을 한다. 물론 완벽하게 성공한 것 같지는 않다. 여전히 다더의 글 속에 어렵고 난해한 사회과학의 이론과 수사, 프레이리의 추상적 말들이 나열되고 있기 때문이다. 그러나 이 책을 통해 우리는 『페다고지』 발간 이후 50여 년을 거치며 확대 재생산되어 온 프레이리의 글과 말이 어떻게 우리 삶에서 다시 구체적인 실천으로 이어질 수 있는지 매개하려는 개인들과 조우하게 된다. 4장에 등장하는 15명의 개인이 각자 프레이리를 어떻게 만나고 이해했는지, 그들의 삶에서 프레이리의 언어가 어떻게 실천되고 또 성찰

되었는지 목도하게 된다. 이는 이론을 창안해 내는 일도, 교과 성적을 올리는 일도, 특정 개인의 행동을 교정하는 일도, 그렇다고 사회 문제가 극적으로 해결된 것도 아니었다. 일상적인 삶에서 프레이리의 언어가 주는 힘을 토대로 자신의 경험을 성찰하고 자신을 둘러싼 억압적 관계를 변화시키기 위한 부단한, 끈질긴 싸움을 그려 보여 줄 뿐이다. 이들은 아직도 자신의 문제를 붙들고 싸우고 있다. 어쩌면 제3자로서 느끼는 과업의 성취와 평가가 이들의 일상적 싸움과 성찰을 멈추게 할 것 같지는 않다. 이들에게 프레이리의 글과 말은 이미 자신다움을 찾아가는 과정의 일부가 되어 버렸기 때문이다. 이들은 프레이리의 언어를 수단으로 당면한 문제를 해결하는 것에만 천착하지 않았다. 문제를 진단하는 자신, 문제를 공유하는 타인, 인식된 문제의 토대로서의 공동체, 공동체 내 다양한 존재들의 이해관계와 이들과의 연대, 무엇보다 자신과 공동체의 변화를 통한 '인간화'의 비전을 마음속 깊이 그려 내며 하루하루 실천하고자 했다.

2021년 오늘을 사는 우리는 파울로 프레이리의 말과 글을 어떻게 읽고 또 실천할 것인가? 그가 수도 없이 내뱉었던 프락시스, 즉 '이론적 실천'과 '실천적 이론'을 어떻게 살아 낼 것인가? 앞부분에서 불필요할 정도로 길게 이야기한 바처럼, 1970년대 이후 『페다고지』를 읽고 파울로 프레이리를 머릿속에 담았던 한국의 지식인들은 그의 언어를 머릿속에 넣는 것으로 만족해했다. 안타깝게 그의 언어가 한국 사회에서 실천으로 되살아날 수 있는 재창조의 기회는 정말 적었다. 제도로서의 학교가 억압적이라고 하면서도, 이런 억압적 체제를 바꿀 수 있는 힘이 교육에 있다면서도, 교육이 희망을 만들어 내는 산실이 되어야 한다고 교육혁명을 이야기하면서도, 프레이리의 언어를 곱씹으며 자기 자신의 앎과 배움의 과정을 들여다보고 스스로를 비판적 의식을 고양하는 계기로 삼는 과정은 정작 거치지 못했다. 따라서 프레이리를 어떻게 읽고 실천할 것인가라는 이 책의 질문은 곧 사회를 어떻게 바꿀 것인가라는 차원의 질문이 되어서는 안 된다. 오히려 프레이리의 말과 글로 말미암아 내 세계관을 어떻게 바라봐야 할지, 내 삶을 표현하는 언어와 실천이 일관성을 유지하고 있는지, 배움을 계기로 나와 함께하는 사람들과 대화적 관계를 이루고 있는지 성찰하게 하는 계기가 되어야 한다. 프레이리가 일종의 도구가 된다고 할 때, 이 도구는 내 생각과 내 경험을 재단하는 도구가 되어야 할 것이다.

사실 이 책 내용은 쉽지 않다. '사랑의 교육학'이란 제목을 통해 프레이리를 쉽게 읽을 수 있다는 느낌을 전달하는 것과는 사뭇 다르다. 따라서 번역에 참여한 우리는 서로 다른 문체를 통일하는 것의 난점과 함께 다더가 담아내고 전달하고자 하는 '프레이리의 언어'를 이해하고 표현하는 것이 얼마나 어려운지 절감하게 되었다. 가장 어려운 부분은 역시 '프레이리'의 교육론에서 '사랑'이 의미하는 바였다. 프레이리 사상에서 사랑은 실존하는 인간 삶의 근본적 특성으로 자신과 세계에 대한 사랑을 넘어 자신을 억압하는 사람과 상황에 대한 사랑까지 포함한다. 흥미롭게도 프레이리의 초기 저작에는 이런 '사랑', '관용', '인내' 등의 개념이 거의 등장하지 않지만, 브라질 교육감을 마친 1992년 이후의 말과 글에서 점점 더 많은 '사랑'에 관한 담론을 접하게 된다. 우리에게 여전히 프레이리의 '사랑'은 신비롭고 불가해한 측면이 강한 말로 남아 있다. 피억압자가 억압자를 해방한다는 것의 의미가 우리 현실에서 어떻게 나타날지 영 와닿지 않는 것을 넘어, 피억압자가 억압자를 먼저 사랑해야 한다는 것을 도무지 이론적 개념으로 설명하기 어렵다. 어쩌면 이런 설명은 불가능한지도 모르겠다. 한국 사회에서 프레이리의 '사랑의 교육학'을 어떻게 만들어 낼 수 있을까? 그의 '사랑의 교육학'이 만들어 내는 해방과 자유, 인간화로의 과정을 견인하게 할 것인가? 역자들이 고민하고 표현해 내고자 했던 숙제를 제대로 끝내지 못했다는 안타까운 심정을 고백하지 않을 수 없다.

더불어 이 책을 한 자 한 자 읽어 가며 자신의 '페다고지'를 만들고 프레이리의 언어를 자기 삶 속에서 실천해 갈 여러분에게 그 숙제를 함께해 주실 것을 부탁한다. 어떤 대단한 학자가, 어떤 대단한 활동가가, 어떤 대단한 배움터의 지도자가, 대단한 내공을 지닌 교사가 답을 제시해 줄 일이 아니다. 프레이리를 재창조하는 일, 나와 우리, 그리고 바로 당신이 각자의 삶에서 직접 해야 할 일이다. 마치 한 종의 진화 과정이 개체의 발생과정을 거치면서 반복되는 것처럼 말이다. 어느 때인가 여러분이 직접 재창조해 낸 '파울로 프레이리'의 경험을 듣고 나눌 수 있는 날이 오기를 기대한다. 어쩌면 우리는 그때 더 이상 '파울로 프레이리'를 이야기하지 않고 한국 교육을 이야기할 수 있게 될지 모른다. 아니 그래야 할 것이다. 적어도 프레이리가 자신을 재창조하면서 다시 자신에게 돌아가지 않아도 된다고 했던 것처럼 말이다.

이 책의 번역에 정말 오랜 시간이 걸렸다. 시작하고 5년이 넘었으니… 무엇보다 한국의 질곡과도 같은 교육 현실 속에서 파울로 프레이리의 말과 글을 매일 실천하고자 노력하는 이 땅의 수많은 교육자들에게 이 책이 큰 위로가 되고 또 한 뼘 성장하도록 하는 밑거름이 되기를 기대한다. 이들의 지지와 응원이 오늘 이 책 발간의 동력이었음을 다시 한번 고백한다. 그리고 이 책을 먼저 읽고 한국 교육자들에게 공유하는 책무의 중요성을 논하고 번역을 독려하고 공역자로 참여한 심성보 이사장(한국교육연구네트워크)께 감사 인사를 드린다. 더불어 각자의 일터에서 배움과 가르침의 이름으로 '변혁'을 꿈꾸는 우리 번역자들의 노고를 함께 축하한다. 번역이 마무리되기를, 거친 번역 초고의 표현이 다듬어지기를 조용히, 그리고 인내심을 갖고 기다려 준

살림터 정광일 사장님께 고개 숙여 감사 인사를 드린다. 혹 있을지도 모를 오역과 잘못된 표현의 책임은 좀 더 세세하게 살피지 못한 우리 공역자들에게 있다. 부디 이 책이 한국 사회의 변혁을 위한 또 다른 배움의 기회를 제공하는 동력이 되기를 손 모아 기원한다.

공역자를 대표해 유성상 쓰다
2021년 10월

차례

제1장

파울로 프레이리의 열정: 기억과 성찰

인간성 실현을 위한 일관된 열정 | 혁명의 꿈과 두려움 | 지배의 뿌리인 자본주의 | 우리가 처한 한계에 도전하기 | 언제나 새롭게 시작할 수 있는 역량 | 진보적인 교사가 갖춰야 할 필수적인 자질

나는 이 세상에 무슨 유산을 남길 수 있을까? 내 생각에는 내가 더 이상 이 세상에 존재하지 않을 때 비로소 정확하게 알 수 있으리라.파울로 프레이리, 『도시의 교육학』, 1993

파울로 프레이리는 인간이라는 존재와 삶을 사랑과 지식에 대한 탐구 없이는 이해할 수 없다고 생각했다. 그는 살아 있는 동안 사랑했으며 삶에 대해 알려고 노력했다. 바로 이러한 이유 때문에, 그는 사랑과 삶에 대해 끊임없이 질문했고 탐구를 멈추지 않았던 인간이었다.파울로 프레이리, 『도시의 교육학』, 1993

나는 열정적으로 살며, 열정적인 삶을 사랑한다. 물론, 나는 언젠가 죽을 것이지만 삶에 대한 열망과 함께 죽을 것이다. 왜냐하면 바로 그것이 내가 살아가는 이유이기 때문이다.파울로 프레이리, 『질문하는 것을 배우다』, 1989

파울로 프레이리에게 삶이란 의심의 여지 없이 끊임없는 열정의 연속이었다. 나는 그의 열정 가득한 삶을 되돌아볼 때마다 우리의 의식은 바뀌며, 우리의 일상과 삶 속에서 강렬한 사랑의 의지를 회복하게 해 줄 것이라고 생각한다. 여기서 나는 사랑의 개념을 자유분방한 어떤 것이나 낭만적인 어떤 것으로 묘사하거나, 이것에 기인하여 단지 좋은 느낌만을 말하려고 하는 것이 아니다. 또한 전통적인 종교관에 바탕을 둔 순종적이거나 자기 만족적인 종류의 것도 아니다. 이러한 것들은 사랑의 진실과 거리가 멀다. 만약 프레이리가 끊임없이 방어할 그 어떤 것이 있었다면, 그것은 새로움, 자발성, 그리고 "무장된 사랑, 즉 투쟁하고, 비판하고, 주장할 권리와 의무를 신념으로 삼는 사람들의 투쟁하는 사랑"이라 부르는 것으로 구현된 존재일 것이다.[1998a, p. 41] 또한 활기 넘치고, 강렬하며, 영감을 줄 수 있는 사랑인 동시에 비판적이고, 도전적이며, 일관된 것이다. 따라서 프레이리에게 사랑이란 문화적·경제적 민주주의의 원칙들을 근본적으로 무시하는 학교체제를 맹목적으로 고수하는 교사나 행정가들의 무비판적인 "관대함"에 직접 대항하는 위치에 있다.

한 발 더 나아가, 나는 그의 사랑에 대한 열정에 관해 말하고 싶다. 왜냐하면 나는 프레이리와의 일과 우정을 통해서 그것을 이해했기 때문이다. 나는 완전한 일치, 무조건적인 수용, 끊임없는 달콤한 말들, 혹은 끊임없이 이어지는 키스와 포옹에 대한 것이 전혀 아닌 정치적이고 급진적인 방식의 사랑에 대해 쓰고 싶다. 그것은 속박 없는 사랑에 관한 것이다. 그것은 우리 삶의 목적을 가지고 끊임없이 노력하며, "진정한 소명"(인간의 존재 의미)이라고 부르는 것을 실현하고자 하는 열정적인 의지에 근거한다. 세상의 모든 두려움, 걱정, 불완전함 가운데, 열정을 갖는 것과 사랑을 하는 것은 프레이리에게 우리의 인간성을 구성하는 참된 구성물이다. 이때 인간성이란 자유와 실천을 위한 열정적인 교육자로서 우리가 용기를 내어 품어야만 하는 인간성이다.

인간성 실현을 위한 일관된 열정

교육의 인간화는 남성과 여성이 세상에서 그들의 존재를 인식할 수 있는 길이다. 그들이 행동하고 생각하는 방식은 그들의 모든 역량을 개발할 때 통합된다. 왜냐하면 그들의 요구뿐만 아니라, 다른 사람들의 요구나 열망을 고려하기 때문이다.Freire & Betto, 1985, pp. 14-15

프레이리의 해방교육은 인간성 실현을 위한 깊은 헌신 없이 결코 이해할 수 없다. 다시 한번, 나는 인간성에 대한 개념이 "긍정적인 자존감을 가지는" 단순하거나 심리적인 개념일 뿐만 아니라, '개인으로서 문화적 존재'와 '사회적 존재로서 정치·경제적 존재' 사이에서의 변증법적인 관계를 깊이 성찰해서 해석해야만 한다고 지적하고 싶다. 프레이리의 관점에서, 만약 우리가 억압된 공동체 출신 학생의 교육적 어려움을 해결하고자 한다면, 그때 교육자는 개인적 관점을 넘어서야만 한다. 우리는 경제적, 사회적, 정치적인 형태의 역사적인 영역에서 해답을 찾아야만 한다. 그 결과, 우리는 현재 우리가 지니고 있는 인간성을 낳는 힘을 더 잘 이해하게 될지도 모른다. 프레이리의 작업은 여러 방식으로 경제적 불평등과 사회적 부정의가 우리를 어떻게 비인간화하는지에 대해 지적하는데, 그것은 서로를, 세상을 그리고 우리 자신을 사랑할 수 있는 능력을 떨어트린다. 프레이리는 그람시적 이론과 유사하게 전통에 따라 선의를 가진 교사조차도 중요한 도덕적 리더십이 부족하여, 학생의 마음과 정신, 몸을 무력화하는 데 참여한다고 표현했다. 즉, 이것은 이러한 학생들이 그들 세계와 자신을 변화시키는 데 필요한 개인 및 사회적 동기로부터 단절시키는 행동이다.

프레이리가 세상에 가장 크게 기여한 점은 그가 사랑을 실천한 사람이었다는 것이다. 아이들에 대한 관심, 교사에 대한 관심, 가난한 사람들에게 한 일, 슬픔, 실망, 좌절, 새로운 사랑의 순간을 솔직하게 공유하고자 하는 의지는 모두 일관되고 정직한 삶의 끊임없는 추구와 용기를 보여 준 사례로서 그의 정신 속에서 돋보인다. 나는 그의 부인인 엘자가 죽은 지 6개월 후에 있었던 1987년 회의를 기억한다. 프레이리는 깊은 슬픔에 빠져 있었다. 그는 아침 내내 참아 왔던 눈물을 닦아 내기 위해 말 그대로 발표를 멈춰야만 했다. 그 자리에 있던 우리는 잠시 슬픔에 둘러싸였고, 우리 삶의 가장 큰 페다고지를 경험했다. 그날 회의실을 떠난 사람은 아무도 없었다. 프레이리는 갖가지 복합적이고 모순적 상황을 가진 인간성의 취약한 면을 용기 있게 드러냄으로써 비판적인 교육자가 어떠한지뿐만 아니라 비판적인 삶을 산다는 것이 무엇을 의미하는지 설명해 주었다.

그다음 해에 나는 프레이리의 또 다른 삶의 프락시스를 보게 되었다. 놀랍게도 프레이리는 몇 달 후에 재혼했다. 그 뉴스를 듣고 많은 사람들이 깜짝 놀랐다. 한편, 그 뉴스를 들은 추종자들의 반응을 관찰하는 것은 흥미로웠다. 그와 함께 슬픔을 나누었던 진보적인 교육자들 일부는 엘자가 죽고 그렇게 빨리 재혼한 그의 결정에 의아해했다. 그의 결혼 소식과 그의 새 부인 니타에 대한 뭇 애정 표현과 축하 반응은 놀라웠고, 이상한 종류의 의심과 두려움을 느끼게 했다. 이러한 반항에도 불구하고, 프레이리는 지금 그에게 일어나고 있는 새로운 사랑과 느낌에 대해 자유롭게 말했다. 그는 자신의 고독과 슬픔을 이겨 내는 투쟁을 공유하면서, 우리에게 정치적인 것만큼 개인적으로도 현재를 살아가고, 현재를 사랑하는 삶을 살도록 촉구했다.

혁명의 꿈과 두려움

"당신의 꿈을 실천하고자 하는 시도에서 두려움을 많이 인식하면 할수록, 당신은 당신의 꿈을 실천하는 방법을 더 많이 배울 수 있다! 나는 금세기에 두려움에 대해 위대한 혁명가들과 인터뷰를 한 적이 결코 없다! 하지만 그들 모두 자신들의 꿈에 충실하고자 노력했으며, 그럴수록 두려워하기도 했다."Shor & Freire, 1987, p.57

자유를 향한 꿈에 수반되는 두려움에 도전한다는 것은 "허위의식"에 의해 통제되며, 이는 프레이리의 작업 속에서 흔한 주제이다.『페다고지』1970에서, 그는 우리를 괴롭히는 자유에 대한 두려움에 관해 썼는데, 그것은 지배하는 사람들과 이들을 따르리라 예상되는 자들 사이의 권위적인 관계에서 예측되는 두려움이다. 교육자로서 그는 우리가 우리의 이데올로기적인 신념과 교육적인 의도에 대해 신중하게 질문하고, 우리의 현상 유지에 대한 집착에 주의하라고 촉구한다. 그는 미리 규정된 모든 행동이란 한 인간이 다른 인간에게 부담 주는 일임을 상기시킨다. 이때 부담이라는 것은 실제 경험한 것을 벗어나 자신과 세상에 대한 추상적인 현실과 그릇된 인식으로 옮겨지는 것을 의미한다. 우리가 해방적 페다고지를 실천하기를 바란다면, 자유에 대해 이렇게 조건화된 두려움을 충분한 자치권과 책임감으로 대체해 교육적 프락시스를 위해, 그리고 경제·문화적 존재의 민주적 형식을 지지할 수 있는 삶의 방식을 위해 투쟁해야 한다.

프레이리는 연설이나 글에서 두려움이라는 개념에 대해 자주 이야기했다. 그에게서 두려움과 혁명의 꿈은 매우 긴밀하게 연결되어 있다. 우리에게 해방의 꿈을 위해 투쟁할 의지가 많으면 많을수록, 우리는 두려움을 조절하고 교육하는 방법, 두려움을 용기로 변화시키는 방법, 두려움에 대한 경험을 더욱 쉽게, 더 많이 알 수 있다. 게다가 우리는 현상 유지에 대해 강력하게 반대하며, 혁명적인 꿈의 실현을 위한 변혁에 참여하고 있다는 신호로 두려움을 알아차릴 수 있다.

프레이리는 우리가 두려움에 직면하여 고통과 겨루는 것이 역사를 창조하고, 재창조하려는 노력이며, 새로운 세계를 만들려고 하는 탐구와 실천이 인간이 지닌 불가피한 면이라는 것을 자신의 삶을 통해 여러 방법으로 보여 주려고 시도했다. 그는 출산에 빗대어, 고통스러운 경험을 통해 더 큰 인간성으로 성숙해 간다고 말하곤 했다. 이러한 사랑의 본질을 깨닫고자 하는 노력은 억압자-피억압자라는 구조적인 모순과 그 구조 안에 인간성을 가두어 버리고 마는, 서로 엇갈린 통념을 깨려는 투쟁 속에서 비판적인 과정이다. 프레이리[1970]의 이러한 이중성에 대한 묘사는 솔직 담백하며 정신을 번쩍 들게 한다.

> 피억압자들은 그들의 내면화된 이분법으로부터 고통을 받으며, 자유 없이는 진정으로 존재할 수 없다는 것을 발견한다. 하지만 비록 그들이 진정한 존재가 되기를 바람에도 불구하고, 그들은 그것을 두려워하기도 한다. 그들은 스스로 존재함과 동시에 내면화의 결과로 자신을 억압한다. 내면의 갈등은 자신과 내부 분열된 것들 사이에 어떤 것을 선택할 것인가의 문제다. 내부에서 억압자를 제거하는 것과 제거하지 않지 않는 것 사이, 인간의 연대와 소외 사이, 서로 다른 해결책 사이의 선택, 관객과 배우 사이, 내부 억압자들의 지시를 따라 행동하는 것과 행동에 대한 환상을 갖는 것 사이, 말하는 것과 침묵하는 것 사이 등. 내면의 갈등은 세상을 변화시킬 힘과 재창조하는 힘을 거세시킨다.[Freire, 1970, pp. 32-33]

프레이리는 우리가 자유의 교육학을 실현하려면 이분법에서 벗어나야 한다고 굳게 믿었다. 우리는 지배적인 이데올로기를 내면화시키는 권력이 노골적인 부정의 상황에 직면한 교사들을 어떻게 모호하고 우유부단하게 만드는지 알게 해야 했다. 비판적인 교사는 자유에 대한 두려움을 주입시키려고 하는 많은 행정가의 다양하고도 가혹한, 위협적인 방법에 맞서서 투쟁해야 한다. 왜냐하면 만약 이러한 내재화된 역할이 제거되지 않는다면, 진보적인 교사들조차도 숙명론의 먹잇감이 될 수 있기 때문이다. 그것은 열정을 무색하게 하고, 꿈꿀 역량을 파괴하는 상태를 말하며, 그들을 매일 더 정치적으로 만들고, 취약하게 하면서 그들 앞에 놓인 도전들을 회피하게 한다.

프레이리는 숙명론의 수용을 거부했다. 그는 언제나 경제적인 불평등과 사회적 부정의로 인한 교육적인 결과에 대해 어떤 것도 할 수 없다는 생각을 단호하게 거부했다. "만약 경제적, 정치적 지배 세력이 종속된 계층의 생존 공간을 거부한다면, 그것은 그렇게 되어야 하기 때문이 아니다."Freire, 1997a, p. 36 대신에 권력이 거의 없는 사람들 사이에서 운명론을 영속시키는 비대칭적인 권력의 관계가 도전받아야만 했다. 교사는 동료와 학생, 학부모와 함께 학교교육의 조건을 문제 삼을 필요가 있었고, 성찰, 대화 및 행동의 비판적 프락시스를 통해 정의를 알릴 수 있게 되었다. 하지만 그러한 외침에는 한계에 맞서 새로운 공간을 창출하고 교육과 사회에 대한 우리의 비전을 재정의하는 데 힘을 실어 줄 총체적인 비판이 필요했다.

지배의 뿌리인 자본주의

그들을 일상적인 절차에 복종시킴으로써 잔인하게 만드

는 것은 자본주의적 생산방식이 지닌 특징의 일부이다. 그리
고 학교에서 진행되는 지식의 재생산은 대개 그러한 메커니
즘의 재생산이다.Freire & Faundez, 1989, p. 42

프레이리의 작업에서 권력에 대한 질문은 민주주의에 대한 투쟁만
큼 빈번하게 제시된다. 지금 이 시점에서 프레이리 『페다고지』의 이데
올로기적인 기초가 무엇인지 검토해 보는 것은 매우 중요하다. 왜냐하
면 『페다고지』의 기초가 페다고지적인 생각을 수용한 상당수 해방주
의자와 진보주의자에 의해서 무효화되거나 무시되고 있기 때문이다.
『페다고지』에 인용된 글들을 살펴보면, 프레이리는 아주 당연하게도
마르크스주의적이고 사회주의적인 생각에 근거를 두고 있다고 설명한
다. 프레이리가 "지배계급"이나 "억압자"에 대해 말할 때, 그는 자본주
의 사회구조 내에서의 역사적인 계급 구분과 계급투쟁을 언급하고 있
음은 사실이다. 이때 자본주의는 지배의 근거로 작동한다. 그의 이론
적인 분석은 근본적으로 계급 형성의 개념에 근거를 두고 있는데, 특
히 국가의 정치경제 체제가 어떻게 더 많은 노동자를 착취하고 하층
계급으로 전락시키게 하는지에 관해서 말이다. 하지만 프레이리에게
경제적 지배에 대한 투쟁이란 복잡하게 진행되는 계급투쟁에 관여하
는 것과 더불어 비판적 대중 사회단체들의 여건을 효과적으로 촉진시
키는 인간화를 위한 교육 실천 없이는 지속할 수 없다.

프레이리가 자본주의에 대해 더 체계적으로 이론적 논증을 제공하
지 못한 것에 대해 좌파의 비판이 격렬했음에도 불구하고, 프레이리의
글은 전 세계의 주요한 세력들에게 영향을 미쳤으며, 자본가들의 논리
에 대한 비판적 인식과 자본주의에 대한 비판을 멈추지 않았다. 이 말
은 전 세계적인 문화 침략의 현상이 근본적으로 자본가들의 탐욕스러
운 이윤 추구에 의한 것임을 프레이리는 확신하고 있었다는 것을 의

미한다.

나는 비판적인 교육자로서 초창기에 다른 많은 사람들처럼 프레이리의 교육 연구의 주요한 측면을 제대로 이해하지 못했으며, 통합적으로 사고하지도 못했다. 미국의 유색인종 출신 비판적 교육자들은 인종차별을 억압의 주범으로 간주하고 프레이리가 이러한 문제를 더 실질적으로 다루어야 한다고 주장했다. 이에 대해 프레이리는 인종차별의 존재를 솔직하게 인정했으며, 그럼에도 불구하고 그들이 계급투쟁의 개념을 포기하는 것에 대해 말을 아꼈다. 그리고 "계급적 요소가 성적인, 그리고 인종적인 차별 모두에 숨겨져 있다"는 자본주의적 지배 방식을 우리가 잊어버리는 것에 대해 자주 경고하곤 했다.Freire, 1997a, p. 86

이러한 주제에 관해 우리는 프레이리와 매우 치열하고 열정적으로 대화할 수 있었다. 왜냐하면 프레이리는 여러 가지 방식으로 문화 민족주의의 한계에 대해 질문했고, 유색인종의 정체성의 정치에 대한 맹신을 비판적으로 묻곤 했기 때문이다. 유색인종 교육자들은 여러 학술 모임에서 프레이리와의 별도 대화 시간을 요구했다. 그러자 프레이리는 왜 우리가 우리 모두를 분리해 따로 만나자고 하는지 이해할 수 없다고 했다. 프레이리는 화가 많이 나서 "나는 멕시코계 미국인들의 해방 없이 미국의 흑인들이 어떻게 해방될 수 있는지, 원주민들의 해방 없이 멕시코계 미국인들이 어떻게 해방될 수 있는지, 또는 백인들의 해방 없이 원주민들이 어떻게 해방될 수 있는지를 알 수 없다고 생각한다"라고 항변했다. 프레이리는 만약 우리가 자본주의에 에워싸인 세상을 바꾸고 싶다면, 그러한 억압에 대한 투쟁은 다름을 아우르며 연대를 구축하는 인간화 투쟁이어야 한다고 주장했다. 그는 "조화시킬 수 있는 '다름'을 통합하려는 노력을 하지 않는 것은 적대적인 '다름'의 헤게모니를 돕는다"라고 말했다. "가장 중요한 싸움은 주요한 적과의 대결이다."Freire, 1997a, p. 85 예상한 대로, 우리 중 많은 사람들이 좌절감을 떨쳐 낼 수 있었으며, 시간이 흐르면서 우리들의 편협한 담론이 지닌 정치적 한계를 비로소 이해하게 되었다.

세계경제는 『페다고지』 출간 이후 크게 변했다. 하지만 프레이리의 메시지는 전보다 더 중요해졌다. 자본, 노동, 지식이 점차 세계적인 언어로 이해됨에 따라 자본의 영향력은 기하급수적으로 팽창하고, 국가와 지역 경제의 "세계화"는 민족국가의 근본적인 토대를 바꾸고 있다.Carnoy, 1997 이러한 구조적인 변화는 공교육에 대한 이론과 정책에 반영된다. 결과적으로, "구체적인 직업 훈련을 하는 프로그램들과 비판적인 성찰을 돕는 프로그램들 각각의 교육과정은 지금 매우 과도하게 분리되어 있다. 그러한 직업 교육과 인문학적 교육의 분리는 자본주의 체제에 도전하려고 하는 노동자들의 역량을 감소시킨다."Shor & Freire, 1987, p. 47

『망고나무 그늘 아래서Pedagogy of the Heart』 서문에서, 도버Ladislau Dowbor, 1997는 우리 눈을 가리고 있는 것들을 당장 치워 버려야 하며, 자본주의가 곧 우리 주변의 빈곤을 양산하는 기제임을 알아야 한다고 주장했다. 왜냐하면 우리는 신자유주의의 낙수효과가 거짓임을 나타내는 경제적 양극화에 의해 발생하는 빈익빈 부익부를 무시할 수 없기 때문이다. 시장에 넘쳐나는 풍부한 기계 장치에도 불구하고 깨끗한 강, 깨끗한 공기, 깨끗한 물, 화학물이 없는 식품, 여가 시간, 그리고 어른과 아이가 자유롭게 사회활동을 할 수 있는 공공장소가 줄어들고 있다. "자본주의는 위와 같은 지불하지 않아도 누릴 수 있는 행복을 사고파는 상품으로 [대체] 하기를 요구한다."p. 26 하지만 기술에 경의를 표하는 찬사 이면에 기술 혁명으로 드러난 세계화된 자본주의의 지독한 면에 대한 논의, 즉 전례 없는 부의 축적과 동시에 기아로 죽어 가는 수백만의 사람들에 대한 논의는 거의 찾기 힘들다. 이러한 것들이 인간의 사회적·환경적 이익에 대해 해로운 영향을 미친다는 점에서 더욱 당황스럽다. 이 이익들은 다국적 기업의 이윤 창출을 의미하며, 이러한 것들은 거의 방송되지 않는다.

우리가 처한 한계에 도전하기

> 인간화를 달성하기 위해서는 비인간적인 억압이 제거되어야 하며, 인간(남성 그리고 여성)이 물건 취급을 받는 한계-상황을 극복해야만 한다. Freire, 1970, p. 93

비록 프레이리의 역사적, 지역적, 계급적 경험이 우리 대다수와 다름에도 불구하고, 그의 정치적 목적은 분명하고 일관된다. 우리는 해방적 행동을 실천하기 위해서 세계에 개입하고 변화시켜 나갈 사회단체들 및 역량을 제한하는 조건들에 도전해야 했다. 프레이리는 부정의를 영구화하는 요소들에 관한 질문에 우리가 직면하고 있는 한계의 특성을 고려하도록 노력하자고 답변하곤 했다. 그는 이러한 한계상황을 뛰어넘고 이것들과 모순되는 개인적, 제도적, 사회경제적 재구조화의 검증되지 않은 실현 가능성을 발견하기 위해서는 이러한 한계들의 극복 방법을 적극 모색할 것을 촉구했다. 예를 들어, 자본주의에 맞서는 투쟁을 위한 동맹을 형성해야 한다고 주장하는 프레이리의 입장에 대해 많은 유색인종 교육학자들은 "백인"에 대한 뿌리 깊은 (그리고 객관화된) 불신과 파벌주의에 대한 독선적인 정당화에 갇혀 있었음을 회고한다. 이러한 두 가지 한계상황은 인종주의를 강화하는 정치경제 체제 안에서의 근본적인 혁신을 포괄하는 다양성의 민주적 연대 또는 통합을 가로막고 있다. 프레이리는 이것을 알고 있었지만, 우리의 정치적 헌신과 인내심에 항상 깊은 신뢰를 갖고 존중하며 우리의 우려와 좌절감에 대한 이야기를 사려 깊게 들어주었다.

프레이리는 교육자들의 굳건한 연대를 재구축하는 것이 매우 중요한 진보적인 목표라는 것을 깊게 믿었다. 왜냐하면 연대는 "한 줌도 안 되는 자본주의의 고유한 편파성, 즉 반연대적 특성"에 맞서기 때문이다.Freire, 1998a, p.88 프레이리는 그의 글을 통해 파벌주의에 맞설 것을 지속적으로 촉구했다. "어떠한 곳에서든 파벌주의는 인간 해방의 장애물이다."Freire, 1970, p.22 "나의 꿈을 위해 투쟁하는 동안, 나는 내 안의 폐쇄성을 극복하기 위해 열정을 다해야 한다."Freire, 1997a, p.50 그는 많은 사례를 통해 연대를 창출할 능력과 이를 위한 관용 역량을 서로 연결했다.

1991년 여름에 개최되었던 비판교육학자들의 보스턴 학술모임에서 나는 프레이리가 말하는 관용에 대해 고민하게 되었다. 회의는 매우 격렬했는데, 특히 현장에 대한 페미니즘 학자들의 우려에 관련하여 그러하였다. 나는 통상적 의견교환이 대화라기보다는 다소 매서운 톤으로 시작되었다고 느꼈다. 나는 좌절감을 느껴 일어나서 발표자 중 한 사람에게 질문했다. 프레이리는 나의 반응에 당황하는 듯했다. 다음 날 나는 내 발표 시간에 그룹 간 대화 및 연대의 원칙을 준수하지 않은 것에 대해 강력하게 다시 비판했다. 나의 비판은 우리 다수에게 존재하는 문화적, 계급적 차이에 대한 환기에 초점이 맞춰졌다. 그날 오후 내 의견에 대한 프레이리의 대답은 아직까지도 기억에 남아 있다. 프레이리는 내가 관용이 부족하다는 것을 우려하며, 만약 이 연구를 효과적으로 계속하기를 원한다면 미래에는 더 관용적으로 행동하라고 조언했다. 나는 프레이리의 조언을 거부하면서, 우리에게는 더 많은 정치적 열의가 필요하다는 점, 그리고 억압과 사회 부정의에 대해 더 이상 관대해서는 안 된다는 점을 주장했다. 수년 동안 나는 프레이리에 의해 공개적으로 비판을 받았으며, 그런 상처를 어루만져야만 했다. 하지만 8년 후, 나는 프레이리의 조언에서 커다란 지혜를 얻었음을 고백해야만 했다. 확고한 정치적 신념에도 불구하고, 나는 "혁명적인 미덕, 즉 공동의 적과 싸울 수 있도록 다른 것과 공존할 수 있는 지혜"로서의 관용이 부족했다.Freire & Faundez, 1987, p. 18

우리 모두 세계와 우리 삶 속에서 한계상황에 직면한다. 프레이리역시 사적인, 그리고 공적인 삶에서 그러한 문제들에 직면하고 있었다는 것을 인지하자. 1964년 브라질에서 가장 성공적인 국가 문해 캠페인을 시작한 이후, 프레이리는 굴라르João Goulart 민주 정부를 전복시킨 우파 군사정권에 의해 투옥되었다가 거의 16년 동안 국외로 추방당하는 탄압을 받았다. 하지만 프레이리와 가족들이 겪었던 고통과 어려움에도 불구하고, 교육자이자 문화활동가로서의 그의 활동은 수그러들지 않고 계속되었다. 그 당시를 생각해 보면, 나는 프레이리가 세계적으로 확대되고 있는 지배와 착취 현상을 명확하게 이해하고 있었다고 생각한다. 그는 사회주의자로서 민주주의를 위한 정치적 투쟁에서, 즉 위치와 상관없이 경제 및 문화 민주주의를 향한 열망과 그 목적을 달성하기 위해 확실하게 연결되어 있는 수많은 합법적인 정치 프로젝트가 존재한다는 것을 깨달았다. 프레이리는 다소 개인적인 삶속에서 고통을 인내해야 했고 망명도 겪었지만, 그렇다고 슬픔에 빠져 있지만은 않았다. "나는 과거에 얽매여 살지 않는다. 오히려, 나는 현재를 산다. 실현 가능한 것을 위해 나 자신이 준비할 수 있는 현재 말이다."Freire, 1997a, p. 67 따라서 프레이리가 겪은 정치적 탄압과 망명의 경험은 낯선 상황에서 두려움과 슬픔, 그리고 의구심에 직면하는 수많은 시간이었다. 왜냐하면 자신에 대해 새롭게 성찰하며, 산산이 부서진 꿈들을 회복하는 시간이었기 때문이다.

프레이리는 자신의 저서가 미국에서 더 명성을 얻게 됨에 따라 그를 힘들게 하고 우려하게 만드는 다양한 문제들로 고심해야만 했다.

페미니스트들은 거의 30년 동안 전국에 걸쳐 성차별주의를 맹렬하게 비판했다. 마르크스주의 학자들은 논쟁의 장에서 계급과 자본주의, 학교교육에 대한 체계적인 분석을 제공하는 데 실패한 것에 대해 그를 거칠게 비판했다. 또한 유색인종 학자, 교육자, 조직가들은 미국 인종차별주의의 왜곡된 특성과 그것의 특정한 역사적 형성에 가끔은 심도 깊고 전문적으로 분석하지만, 해결 의지가 없어 보이는 (혹은 할 수 없는) 프레이리의 모습에 매우 당황하였다. 프레이리는 사적 유물론적인 관점에서 치카노 운동[2]의 정당성과 신화적 고향인 아즈텍 문화를 강조하는 것을 쉽게 수용할 수 없었다. 같은 맥락에서, 프레이리는 많은 급진적인 유색인종 교육자들이 "미국인"이라는 국가 정체성으로 통합되는 것에 대해 타협하지 않는 저항이나 거부에 의문을 제기했다. 프레이리는 이러한 행동들이 근본적으로 우리의 입장을 약화시키고, 사회경제적 정의를 위한 유물론적인 투쟁을 제한한다고 생각했다. 이러한 문제 외에도, 그는 미국의 비판교육학 운동의 분열로부터 야기된 파편적인 인식에 대해 심각한 우려를 표명했다. 하지만 대부분의 이러한 문제들은 사실상 공개적으로 다루어지는 것이 아니라 사적인 대화나 개인적 성찰로 대신했다.

이러한 흐름을 감안할 때, 프레이리가 죽기 직전에 쓴 『망고나무 그늘 아래서』(원제목은 『마음의 교육학』)에서 이러한 대다수의 문제에 대해 생각을 바꾸고 보다 깊은 탐구의 조짐을 보였다는 것에 진정한 찬

---

2. (옮긴이 주) 치카노 운동은 멕시코계 마국인들의 정체성과 권리보장 운동이다. 여기서 치카노 (Chicano)는 미국에 거주하는 멕시코 사람들 중 특정 정치의식을 가지고 정체성을 공유하는 이들을 일컫는 표현이다. 여성의 경우 치카나(Chicana)라고도 한다. 1960년대 라틴계 아메리칸 중 지식인, 특히 젊은 남성들을 중심으로 자신들도 미국 시민으로서 존중받고 자존감을 표출해야 한다는 의식이 팽배해졌고, 이러한 당시 라틴계 아메리칸들을 표현하는 수단으로 치카노 문화가 형성되었다. 치카노 문화는 문학, 미술, 음악 등 여러 분야에 걸쳐 영역이 구축되었는데, 특히 문학계에서 가장 두드러졌다. 치카노 운동은 작가들의 글쓰기 속에서 정치사회적 운동과 연결되었다. 그들은 일반 미국 사회의 틀 속에서 멕시코계 미국인의 전통을 지닌 문화적 정체성에 대해 글을 썼으며, 정치 환경과 교육 개선 투쟁을 진행했다.

사를 보낸다. 예를 들어, 그 책에 있는 글들은 일반적인 참고 문헌을 작성할 때 초기 글들에는 빠져 있었던 여성의 포용성에 대해 마지막 부분에 반영하고 있다. 프레이리는 이전보다 더 대담하게 자본주의의 문제를 말했고, "세계화"의 특성과 비판적인 교육학자들의 문제제기가 지닌 의미에 대해서 고찰했다. 그는 또한 "우리는 계급주의자들의 주장에 대한 모든 편견을 줄일 수는 없지만 여러 종류의 차별을 이해할 때 그것을 간과하지 말아야 한다"p. 86는 것을 공개적으로 인정하면서, 더불어 다양성과 인종차별의 문제에 대해 고심했다. 그리고 그는 세계 선진 자본주의의 전략에 맞서 효과적인 공격을 시도하기 위해서는 우리가 서로의 차이를 넘어 이전보다 더 강력하게 연대할 필요가 있다고 주장했다.

언제나 새롭게 시작할 수 있는 역량

언제나 새롭게 시작하고, 재구성하며, 망치지 않고, 그 정신이 관성화되는 것을 거부하며, [삶]을 하나의 과정으로서 이해하면서 살고, 살다 보면 과정이 되는 이러한 역량은 나의 삶에 항상 동반되는 것이다. 이것은 좋은 교사의 필수 불가결한 자질이다.Freire, 1993, p. 98

위의 사례는 프레이리의 교육적 공헌이나 업적을 축소하려는 의도가 아니다. 오히려 우리 모두가 갖고 있는 많은 갈등과 모순 속에서 지속적인 성찰과 질문, 스스로 대화할 포괄적인 능력을 지닌 인간으로서 전체적인 면모로 그를 기억하고자 함이다. 하지만 가장 중요한 점은 그가 항상 새롭게 시작하고, 재구성해 나가는 믿기지 않을 정도의 놀라운 역량을 지녔다는 점이다. 프레이리에게는 본인과 다른 사람들, 그리고 세상은 인간의 역사적 과정의 일부가 되기도 하고, 변화하며, 재창조되는 과정에 있다는 것이 의심의 여지가 없었다. 이러한 그의 확고한 믿음은 미래의 자유와 희망을 끊임없이 추구하는 토대 역할을 했다. 그는 마르크스주의의 전통에 입각해 우리가 세상을 만들고, 세상에 의해 우리가 구성되어 궁극적으로 모든 인간은 역사의 창조자가 된다고 믿었다. 이러한 프레이리의 관점에서, 인간의 지식은 역사적 연속성과 결별할 수 없었다. 이와 같이 "역사는 우리가 만든 지식에 의해 한계를 갖고 좌우되는 과정이다. 우리가 살아가며 추구하는 그 어떤 명확한 것도 시간과 역사 밖에서 발생하는 것은 없다."Freire, 1997a 이보다 더 중요하게, 교육자는 "대다수가 지배당하고 소외되는 것은 역사의 주체로서 참여할 권리를 거부당할 때"라는 것을 인정해야 한다.Freire, 1970, p. 125

프레이리는 이러한 역사적 과정이 연대에 토대를 둔 학교와 공동체 안에서 일어나야 한다고 확신했다. 그는 비판교육자들이 네트워크 형태로 공동체의 연대를 구축하고, 세계경제 불평등을 격감시키는 조건들을 문제화하며, 세계인이 신자유주의 경제와 사회정책의 엄청난 영향에 직면해 있는 우리를 돕도록 촉구했다. 프레이리는 교사와 학생, 학부모, 그 외의 다른 사람들이 개인 및 집단의 생활 향상을 촉진하는 공통된 민주주의에 대한 관심을 가진 공간으로서 학교와 성인기관, 청년기관, 종교 단체에 걸쳐서 형성된 네트워크를 통해 역량과 지식을 재생산할 수 있다고 믿었다. 더욱 중요한 것은, 이러한 교육 네트워크는 프락시스와 성찰이 진정으로 단결된 행동을 통해 분리된 노동자들의 단결과 비판적 사회의식화의 발전을 위한 장소로 기능하며, 자본의 새로운 문화를 재창조하는 역할을 시작할 수 있다. 그 결과 지역과 국가의 미래 정치세력을 형성하여 세계경제의 성격을 바꾸게 된다. 비판적 공동체 네트워크를 수립하자는 프레이리의 개념은 이민자 권리와 소수집단 우대 정책[3], 이중언어교육의 보호를 위한 캘리포니아의 현 정치적 투쟁을 고려했을 때 특히 설득력을 지닌 생각이다.

여러 측면에서, 비판적 네트워크에 대한 생각은 민주주의와 시민성의 확장된 개념을 위한 투쟁과 직접 연관된다. 프레이리는 일상에서 실제 의미를 가질 수 있게끔 민주주의와 친숙해지도록 노력하고, 적극적으로 민주주의의 원칙을 가지고 살며, 그것들을 심화시키도록 촉구했다. 이러한 일상적 민주주의를 내면화하는 것은 결코 우연히 획득될 수 없는 시민성의 한 형태이다. 우리는 그것을 획득하기 위해서 투쟁하고, 투쟁할 필요가 있는 상태에 항상 놓여 있었다. 나아가, 그것은 우리들의 역할에 대한 열정과 정치적 명확성, 그리고 일관성 있는 결정들을 요구했다. 나아가 프레이리는 이렇게 주장했다.

> … 누구도 진정한 민주주의를 건설하려 하지 않는다. 진정한 민주주의란 사회구조가 급진적으로 변화하고, 생산과 발전의 정치를 재구성하며, 권력이 재창조되고, 모두에게 정의로우며, 권력자들의 부정하고 비도덕적인 혜택을 제거하는 것을 의미한다. 이전에도 그렇고 지금도 이러한 민주적 요구와 윤리적 요구를 쟁취하기 위한 노력은 보이지 않는다.Freire, 1998a, pp. 66-67

---

3. (옮긴이 주) affirmative action. 미국에서 인종, 성별, 종교, 장애 등의 이유로 불리한 입지에 있는 사람들에게 혜택을 부여, 차별을 줄이기 위해 시행하고 있는 조치이다. 1961년 존 F. 케네디 전 대통령이 행정명령을 통해 처음 시행한 뒤 미국 내에서 대학입시, 취업, 승진 등 여러 분야에서 광범위하게 적용되고 있다. 하지만 이 제도에 대해서는 다양성을 존중하기 위해 필수적인 제도라는 주장과 평등을 침해하는 악법이라는 주장이 엇갈린다.

또한 프레이리는 교육자의 역할과 항상 피억압 상태에 놓여 있는 피억압자에 대한 확고한 신념을 반복해서 연관시켰다. "진지하고, 급진적으로 사회를 변화시키려고 노력하며, 인간에 대한 존중을 실천하고 있는 진보적인 사람들이 지금처럼 필요한 적이 없었다."Freire, 1997a, p. 84 프레이리는 지속적으로 교실에서의 대화를 촉진하는 필수적인 요소로서 사회에서 소외된 사람들에 대해 이러한 존중과 헌신의 마음을 갖도록 했다. "대화는 [타인]에 대한 강한 신뢰, 즉 그들의 권력이 만들어지고, 다시 만들어지며, 재창조될 수 있다는 신뢰, 그리고 엘리트의 특권이 아니라 모든 사람의 타고난 권리인 더 완전한 인간이 되려고 하는 [그들의] 소명의식에 대한 신뢰가 요구된다."Freire, 1970, p. 79 그는 사랑과 인간성이 부재할 때 진정한 대화는 존재할 수 없다고 주장한다. 나아가 프레이리에게 대화는 학생들이 세상에 영향을 미치곤 하는 의미 있는 활동일 뿐만 아니라 비판적인 태도를 암시했다. 프레이리는 교육자가 학생에게 일어나고 있는 것을 알지 못하면서 가르치는 것은 불가능하다고 믿었다. "교육자는 학생이 꿈꾸는 세계와 세상의 공격으로부터 능숙하게 자신을 방어하는 언어가 무엇이고, 그들이 학교에 대해 독립적으로 알고 있는 것이 무엇이며, 그것을 어떻게 아는지 알 필요가 있다."Freire, 1998, p. 73 교사가 이러한 학생들에 대한 지식을 가진 채 가르칠 때, 학생은 그들의 삶을 성찰하고 세상을 변화시키기 위한 개인적, 집단적 결정을 하는 데 도움받을 수 있다. 성찰과 행동을 통한 대화를 한다면 결코 의도와 목적이 없는 맹목적인 활동으로 축소되지 않는다.

진보적인 교사가 갖춰야 할 필수적인 자질

나는 진보적인 교사가 갖추어야 할 필수적인 자질에 대해 분명하게 말하고 싶다. 그 자질은 실천을 통해 점진적으로 획득하게 되는 속성이다. 더 나아가 그러한 자질들은 교육자의 역할이 중요하다고 보는 정치적 결정과 실천의 협력을 통해 발전한다.Freire, 1998a, p. 39

프레이리는 『문화노동자로서의 교사Teachers as cultural workers』에서, "가르치려는 사람에게 보내는 편지"를 썼다. 그 편지를 통해 프레이리는 열정을 담아 우리를 다시 사랑의 윤리학으로 이끌고, 우리가 새로운 방법으로 다시 한번 실천하도록 하며, 우리의 페다고지적인 헌신을 상기시킨다. 그는 학습하는 교사는 항상 즐거운 마음으로 임하되, 엄격해야 한다고 주장했다. 또한 그는 해방적 페다고지는 과학적이고, 물리적이며, 감정적인 준비뿐만 아니라 진지함과 원칙이 필요하다고 확고하게 믿었다. 그는 페다고지란 가르치는 것 그 자체의 실행을 위한 사랑을 필요로 하는 업무라고 자주 강조했다. 정치적 프로젝트로서 가르치는 것은 단지 그러한 사랑을 통해서만 사회 변혁적이 되며, 인간 해방을 향해 가게 된다. 프레이리의 관점에서1998a 비판적 이성만으로 가르치는 것은 결코 충분하지 않다. 그는, 우리가 가르칠 때 감정, 꿈, 소망, 두려움, 의구심, 열정을 모두 가지고 가르쳐야 한다고 강력하게 주장했다.

우리는 결코 인식과 감정을 쉽게 나누어서는 안 된다. 낮은 월급, 존경심의 결핍, 항상 존재하는 냉소주의의 먹잇감이 될 위험 등. 우리가 잘 알고 있는 상황 속에서 장기간 계속해서 가르칠 수 있으려면 그렇게 해야만 한다. 우리는 매일 나타나곤 하는 마음의 관성화를 극복하기 위해 용기 내는 법을 배워야만 한다. 우리는 관성화된 마음을 극복하기 위한 노력을 멈추는 것이 실질적으로 유리할 때조차도 끊임없이 마음의 관성화를 극복하기 위해 노력해야만 한다.Freire, 1998a, p.3

프레이리의 눈으로는, 기꺼이 가르치려는 진보적인 교사가 되기 위해서는 매우 특별한 자질을 반드시 갖추어야 하는 것으로 보인다. 그는 이러한 자질이 교실에서 어떤 언어를 사용할 것인지, 어떻게 권위를 사용할 것인지, 어떤 교수 전략을 세울 것인지 더 잘 인식하도록 도움으로써 진보적인 교사가 전위주의의 덫에 빠지지 않도록 보호해 줄 수 있다고 믿었다. 이러한 자질을 발전시키려고 노력하는 것을 통해서, 교사는 누구도 해방시킬 수 없다는 것을 이해한다기보다는 그들의 학생들이 세계를 읽는 법을 배우고 현실 세계를 변혁함으로써 스스로를 해방시키기 위해 학생들을 초대하는 전략적 위치에 있음을 이해하게 된다.

전통적인 교수법은 구체적인 수업 방법, 정해진 교실 교육과정, 표준 교과서 및 학습 자료 활용을 강조한다. 그런데 프레이리가 제시하는 가르침의 필수 불가결한 자질은 이와 달리, 교사의 비판적이고 감성적인 역량을 높이는 인간의 가치를 반영하고 있다. 교사는 이런 자질을 통해 학생들과 효과적인 교수학습 관계에 들어서게 된다. 프레이리의 교육철학은 용기, 자기 확신, 자존감, 타인 존중에 기반을 둔 겸손으로 시작한다. 여러 방법으로 겸손이란 우리의 다름을 초월하여 서로 경청하며, 민주주의에 대한 친밀함으로 발전시키는 초석을 이루는 자질이라고 믿었다. 프레이리는 특정 문제에 대한 절대적인 대답이나 혹은 해답이 확실한 순간조차도, 특정 문제에 대해 새로운 방법이나 새로운 생각, 새로운 꿈에 열려 있을 수 있는 불완전한 인간 존재의 변증법적 능력과 겸손을 연결시켰다. 이러한 반권위주의적인 입장은 교사가 학생의 저항적 표현을 억누르는 것을 막는 데 효과적으로 작용한다. 학생의 저항 표현은 매우 의미 있을 뿐만 아니라 사실상의 임파워먼트의 과정에서도 필요하다. 교사의 이러한 겸손함이 의미하는 것은 교실 안팎에서 교육과정의 실행을 지속적으로 성찰하게 하고, 그들의 생각과 말, 그리고 행동의 결과를 심사숙고하게 하는 교사의 자질이다. 이러한 자질은 교육적 헌신에 바탕을 둔 사랑의 표현 역량을 구축하는 교사의 능력으로 이어진다.

프레이리는 두려움을 마주할 필요성을 지속적으로 강조하면서 용기를 교육자의 또 다른 필수적 자질로 간주했다. 여기서 용기라는 것은 개인적인, 또는 사회적 결과를 낳게 되는 민주적 행동을 도모하기 위해서 두려움에 도전하고, 두려움을 극복하려는 지속적인 의지에 의해 탄생하며 길러지는 덕목을 의미한다. 프레이리는 교사가 그들의 입장과 정치적인 꿈에 대해 명확해졌을 때, 교사의 용기는 교육 실천을 파편화하고 왜곡시키는 지배적 이데올로기를 연료로 하여 그러한 신화에 맞서는 투쟁을 지속한다고 믿었다. 이러한 과정에서 중요한 점은 우리의 두려움을 수용하고, 조절해 나가는 비판적인 능력이다.

우리는 직업을 잃는다거나, 승진하지 못하는 것과 같이 구체적인 두려움에 직면했을 때, 그 두려움의 특정한 한계를 정해 둘 필요가 있음을 느낀다. 우리는 두려움이 우리의 살아 있음을 증명해 주는 확실한 표현임을 깨닫기 시작한다. 나는 나의 두려움을 숨기지 않는다. 하지만 두려움이 나를 행동하지 못하게 해서는 안 된다. 나는 두려움에 사로잡

혀 아무것도 못 하는 대신, 그것을 통제할 수 있다. 왜냐하
면 나는 두려움을 통제하는 데 필요한 용기를 가지고 있기
때문이다.Freire, 1998a, p. 41

  프레이리는 교사가 갖춰야 할 또 다른 자질로 관용을 주장했다. 그
는 관용이 없으면 교실에서나 자신의 삶에서 진정한 민주주의의 실행
을 경험할 수 없다고 생각했다. 그런데 관용은 "비관용을 묵인하는 것
을 의미하지 않는다. 그렇다고 무례함을 은폐하는 것을 의미하지도 않
는다. 그리고 공격자, 혹은 위장된 공격을 신주단지 모시듯 하는 것을
의미하지 않는다"는 것을 주목하는 것이 중요하다.p. 43 프레이리는 관
용이란 정정당당하게 행동하는 것에 대한 관용이 아니고, 문명화된
위선의 자세를 의미하는 것도 아니며, 비관용적인 사람들과 공존하는
것도 아니라고 단호하게 강조했다. 대신에 프레이리는 관용의 주요한
측면으로 인간에 대한 존중과 원칙의 준수, 인간 모두의 존엄성과 윤
리적 책임감이라는 기본적인 인간성 원칙에 토대를 두고 있다고 설명
한다.
  마지막으로 프레이리는 진보적인 교사가 반드시 갖춰야 할 자질에
단호한 결정력, 흔들리지 않는 안정감, 인내와 조급함 사이의 긴장감,
그리고 삶의 기쁨을 포함시켰다. 프레이리는 파기의 가능성이 있음에
도 불구하고 특별한 결정을 해내는 능력은 진보적인 교육자로서 필수
적인 연구의 힘이라고 진심으로 믿었다. 그는 이러한 자질이 부족한
교사는 자유방임적인 무책임한 교수법에 자주 의지한다고 지적했다.
무책임한 자유방임 상태는 교사의 권한 남용만큼이나 학생들에게 해
가 된다. 게다가 이러한 부족한 자신감은 우유부단함과 자주 연결되
었다. 한편, 안정감(혹은 자신감)은 능숙함, 정치적 명확성, 그리고 윤
리적 진실성으로부터 생겨난다.

그리고 인내와 조급함 사이에 나타나는 변증법적인 긴장감 안에서 교사가 교수법을 실행할 능력은 교육자의 발전에 중요한 도약을 의미한다. 이와 같은 덕목은 교사가 학교에서 직면하는 어려운 교육적 환경의 긴급성을 느끼게 하는 동시에 맹목적인 행동주의보다는 사려 깊고, 성찰적인 전략과 실천 계획을 가지고 반응하도록 돕는다. 이 개념을 제대로 이해하기 위해 간과해서는 안 될 중요한 점이 있다. 한편으로 절대적인 인내의 윤리를 옹호하는 사람들과, 또 다른 한편으로 수용할 수 없는 조급함을 드러내는 사람들의 문제를 인식하는 것이다.

우리가 교육자로서 극단적인 모순 상태의 긴장 안에 있도록 요청받을 때, 우리에게는 세상에 대한 변증법적인 이해를 함양하는 능력이 더 필요해진다. 따라서 우리가 경험할지도 모르는 높은 긴장 수준에도 불구하고, 참을성 없는 인내심 혹은 불안정한 안정감 속에 사는 것은 현재의 복잡성과 모호함을 해결하려는 우리 의지와 능력에 기반을 두고 있다. 우리는 우리 삶에 잠재되어 있는 창조적이고 해방적인 힘인 민주주의의 꿈과, 긴장을 완화하기 위한 미봉책 혹은 기존의 공식을 찾기보다는 일관성 있게 호흡하도록 요구받고 있다. 또한 이러한 변증법적인 역량은 말하기의 자제를 의미한다. 말하기를 자제한다는 것은 말의 통제를 잃게 하지 않으며, 사려 깊지만 활기찬 담론이 한계에 봉착하지 않도록 돕는다. 그러한 자질은 프레이리가 어려운 대화에 참여하는 동안 여러 해에 걸쳐서 일관되게 논증해 왔던 특징이다.

프레이리는 끊임없이 인간성에 도전하는 많은 외부적 압력에도 불구하고, 기쁘게 살아가는 역량에 매우 큰 중요성을 두었다. 진보적인 교사가 반드시 갖춰야 할 자질로서 삶에 대한 기쁨으로 가르치는 교수법에 대한 강조는 프레이리의 교육적 연구와 삶의 궁극적인 목적이 무엇을 향하고 있는지 잘 보여 준다. 돌이켜 생각해 보면, 나는 프레이리에 대한 멋진 기억으로 가득하다. 그의 아름다운 말들, 반짝이는 눈, 사려 깊고 공손한 태도, 말할 때의 손짓, 새로운 아이디어가 생각났을 때 돋보이는 활기찬 열정, 사랑과 감사에 대한 솔직한 표현 등등. 나는 프레이리의 말과 행동에서 멋진 모습들을 뚜렷하게 기억하고 있다. 프레이리는 교육자들에게 경제적·사회적 불의의 억압적인 힘에 억눌려 우리의 존재를 포기하기보다는, 우리가 계속해서 직면한 삶을 완전히 포용하는 길로 우리를 초대했다.1998a

> 죽음을 부인하거나 삶을 신화화할 필요 없이, 나 자신을 죽음보다는 삶에 완전히 맡김으로써 슬픔에 대한 이유를 숨기지 않고도 나는 삶의 기쁨에 굴복하는 것으로부터 자유로울 수 있다. 그것은 내가 학교에서 기쁨을 자극하고 옹호하도록 준비시킨다.Freire. 1998a, p. 45

프레이리가 『문화노동자로서의 교사: 가르치려는 이들에게 쓴 편지 *Teachers as cultural workers: Letters to Those Who Dare to Teach*』에서 행동주의에 대해 명쾌하게 말하지 않았음에도 불구하고, 그의 실천적 페다고지에 관한 이론적 작업은 항상 행동주의와 관련되어 있었다. 게다가 그는 우리의 교수법과 현실에서의 정치적 인식 및 정치적 행동이 분리되지 않았음을 끊임없이 주장했다. 따라서 지식인, 문화노동자, 공동체 행동주의자로서의 교사는 "언행일치를 통해 진실로 진정성 있고 일관된 사람들의 협력적 공동체의 실현을 갈망"해야 한다.Freire. 1997a, p. 83 이것은 교사가 노동의 소유권을 쟁취할 것과 나아가 혁명의 꿈을 더럽히는 정치적·경제적 구조를 변화시키도록 노력할 것을 요구한다.

인간성 회복:
혁명적 실천을 위한 대화법

개인으로서나 인류로서나 우리는 우리의 인간성을 회복하기 위한 투쟁을 통해 진정한 관대함의 회복을 시도할 것이다. 또한 주어진 목적으로 인해 이 투쟁은 실제적인 사랑의 행동이 될 것이다.파울로 프레이리, 『페다고지』, 1970

우스꽝스러워 보일 위험을 감수하면서 말해 보겠다. 진정한 혁명가는 강한 사랑의 감정에 의해 인도된다. 이러한 자질 없이 진짜 혁명을 생각하기란 불가능하다.Anderson, 『체 게 베라(Che Guevara): 혁명적 삶』, 1977

사랑, 그리고 혁명적 실천을 위한 대화법은 파울로 프레이리의 해방적 페다고지에 기초를 제공했다. 해방적 페다고지는 인간성을 회복하기 위한 우리의 공동의 투쟁에 헌신한다. 이것은 우리가 "부자유"하고 불평등한 세상에 살고 있다는 깨달음에서부터 시작해, 자신을 삶과 역사의 온전한 주체라고 단언할 수 있기 위해서 "인간화를 위한 투쟁, 노동으로부터의 해방, 소외를 극복하는 것"p. 28까지를 포함한다. 『페다고지』1970에서 그는 자유에 대한 자신의 비전을 "(결코 성취될 수는 없지만, 그럼에도 불구하고 일상의 삶 속에서 착취하고 지배하는 권력에 저항하고자 하는 우리의 희망과 헌신에 생기를 불어넣을 수 있는) 인간 완성을 위한 탐구에 없어서는 안 될 조건"p.31으로 여기기 시작했다. 그가 보기에 자유란 '~이기(to be)' 위해서만이 아니라 '진정으로 존재하기'p.33위한 역량 모두를 아우르는 것이었다. 누군가는 여기에서 모순을 느낄 수도 있겠지만, 프레이리에게는 자유롭게 살 수 있는 능력이란 교사와 학생이 스스로 정의하고 자신의 존재 조건을 정의하는 데 근본적인 변화를 요구하는 것이었다. 더 구체적으로는 우리를 억압하는 지배 조건에 저항하고, 다른 이들과 연대하고, 삶 속에서 의미 있는 선택을 하며, 우리 자신을 역사적 존재로서 인식하는 것이다. 또한 이것은 필요할 때 소리 내어 말할 수 있는 능력, 그리고 사회정의와 인권, 경제 민주주의를 위해 세계를 창조하고, 재창조하고, 변화시키는 임파워먼트의 감각을 요구하는 것이다.

프레이리에게는 억압이 출구 없는 폐쇄된 세계가 아님을 깨닫는 것이 인간성 회복을 위한 투쟁에서 매우 중요했다. 그는 억압이란 인간에 의해 구성된, 비영구적이며 변화하는 역사적 현실이기 때문에, 역사의 자유로운 주체로서 우리가 이 현실의 모습을 바꿀 가능성을 분명히 지니고 있다고 주장했다. 따라서 교사와 학생으로서 우리의 과업은 우리와 세계 사이의 변증법적 관계를 온전히 받아들이고, 우리의 가르침과 배움을 혁명적 프락시스, 즉 "세계를 바꾸기 위해 세계에 대해 성찰하고 행동하는 페다고지"같은 책, p.36로 변화시키는 것이다.

이 과업을 달성하기 위해서는 "경건한 척하고, 감성적이고, 개인주의적인 모든 제스처와 사랑의 행동이 수반하는 위험성"같은 책, p.35을 넘어서는, 대화와 연대의 관계를 유지하기 위한 끊임없는 몰두가 필요하다. 이 관계는 "사람의 필요에 따라 프로그램화되지 않는 경제, 모든 것으로부터 거절당한 수백만의 굶주린 사람들에게는 무관심한 채로 존재하는 경제"Freire, 1997a, p.36, 즉 우리를 속이고 길들이려는 모든 환경으로부터 벗어나려는 확고한 믿음 위에 세워진 관계이다. 더 나아가 프레이리는 "기업들의 이익과 연결된, 우리가 신자유주의라고 일컬어 왔던 혼돈을 뛰어넘을 수 있는 사회단체의 발전된 형태로서"p.36의 학교와 공동체를 설립하라고 우리를 설득한다.

프레이리는 학교의 변화를 원하는 교사들에 대한 지배 관료들의 억압적 태도로 인해 교사가 학교 안에서 그들의 정치적 의지와 결정력을 행사하고자 하는 투쟁이 심하게 축소될 수 있다는 사실을 잘 알고 있었다. 또한 그는 교사들 사이에서 투쟁의 의지가 축소되는 현상이 일반적으로 벌어지는 데 충분한 이유가 있다는 것도 깨달았다. 대개 학교와 공동체 안에서 인간성의 회복에 동참하려는 교사는 체제를 전복하려는 존재로 인식되며, 더 큰 자유와 자율성을 성취하려는 우리의 노력은 좌절된다. 프레이리에 의하면 교사와 학생, 학군을 통제하고 "비인간화"하려는 힘은 "탐색하고자 하는 충동, 개성에 따라 살고자 하는 창의적 시도들을 단념시킨다."1970, p. 46 그럼에도 불구하고 그는 교사와 학생들이 역사의 주체로서의 자신들의 정치적 표현을 억압하면서 대상화하고 비인간화하는 교육정책과 관행의 모순을 드러내며 맞서는 것이 필수적이라고 주장했다.

파울로 프레이리는 자신이 제안한 페다고지적 비전의 막중함과 어려움을 알고 있었다. 그가 수년에 걸쳐 깨달은 것은 인간성을 회복하기 위해 세계 인구의 약 70퍼센트를 정치적으로 지배하고 경제적으로 착취하는 것을 정당화하는 숙명론과 같은 신화들을 "대체"하는 방법 외에 다른 대안이 없다는 사실이었다. 이 "대체"의 과정은 매우 정치적인 과정을 수반하며, 공동의 지속적인 노력—사랑에서 태어난, 이론과 실천 모두를 통해 우리의 인간성을 먹이로 하는 야수의 본질을 알기 위한 노력, 또 이 앎을 통해 새로운 세계의 출산을 위한 연대와 확고한 희망과 함께 싸우기 위한 끊임없는 헌신에 닻을 내린 노력—을 통해서만 달성할 수 있다.

정치적 행동으로서의 교육

해방적 페다고지를 실천하려는 교사에게 있어 가장 중요한 쟁점 중 하나는 바로 교육을 정치적 행동으로 이해하는 것이다. "교육에서 정치는 가장 본질적인 부분이다."Freire, 1993, pp. 126-127 학교 안에서의 가르침과 배움은 지배계급의 이데올로기적 힘과 결부된 정치적 행위를 구성한다. 교육이란 절대로 중립적인 영역이 아니었고, 지금도 아니며 앞으로도 아닐 것이다. 이 지점에 대한 파울로 프레이리1993의 입장은 단호했다. "교육이 언제 어디에서 일어나느냐는 중요하지 않다. 상황의 복잡함과 상관없이 교육은 언제나 정치적 행위이다."p. 127 그는 교실 안에서 교사가 지향하는 바의 정치적 의미는 학생들에 대한 페다고지적 책임을 존중하는 가운데 명확하게 이해되어야 한다고 믿었다. "이 말을 다시 반복하는 것은 해가 되지 않을 것이다. 교육이 정치적 행위라는 사실은 그 명백함에도 불구하고 여전히 많은 이들에 의해 거부당하고 있다. … 교육의 비중립성은 교육자들에게 그것이 정치적 행위임을 받아들이도록 요구한다. … 자유를 누리면서 거기 찬성하거나 혹은 그것에 반대하도록 스스로를 정의하면서…."같은 책, pp. 63-64 더 나아가 그는 "나는 왜 내가 학생을 존중한다는 명목으로, 존재하지도 않는 '중립적 위치'에 있음을 보여 줌으로써 나의 정치적 입장을 생략하거나 숨겨야 하는지 모르겠다. 오히려 교사로서의 나의 역할은 학생들이 비교하고, 선택하고, 불화하고, 결정할 권리를 인정하는 것이다."Freire, 1997a, p. 75라고 주장한다.

의식적이든 아니든 간에 교사는 이처럼 가치와 신념, 신화와 이 세계에 대한 의미들을 영속시킨다. 따라서 교육은, 지배적 이데올로기의 규범과 우세한 사회질서의 정치적 지배에 자신을 편입시키도록 학생을 조건 짓는 정치적(혹은 탈정치적)인 제도적 과정으로 이해되어야한다. 또한 교육은 학생들이 특정한 역할이나 위치, 정치 경제적 억압의 구조를 기반으로 하는, 사회 안의 특정 집단들을 위해 역사적으로이미 결정되어 있는 역할이나 위치를 받아들이도록 사회화한다. 학교는 사회의 정치경제에 매여 있으며 그것을 위해 봉사한다. 이런 역할로 볼 때 학교는 담론, 의미, 주관성을 조성하고 통제하는 데 관여하는 정치적 장소이다.Giroux, 1983 "교육의 정치적 측면을 부인할수록 피해자를 탓할 도덕적 가능성이 높아진다."Freire & Macedo, 1987, p. 123

이 같은 현실 속에서 혁명적 페다고지는 지배적인 사회질서와 그자본주의적 착취 구조를 무비판적으로 받아들이는 것을 폐기하고 소외된 사람들의 임파워먼트를 학교교육의 주된 목적으로 인정한다. 혁명적 교육 실천은 공교육의 모순과 "거짓 관용"을 드러낸다. 진보적인교사는 학생을 단순히 신뢰할 수 있는 근로자, 안락한 시민, 열렬한소비자가 되도록 교육하는 대신 학생들이 세계를 비판적으로 이해하고 그 지식을 일상생활과 통합하는 혁명적이고 해방적인 방향으로 나아가도록 안내한다. 나는 여기서 프레이리가 "세계"에 대한 이해를 이야기할 때, 단순히 시적인 의미가 아니라 물질적이고 이데올로기적인세계를 의미했다는 것을 강조하고 싶다. "내가 세계에 대해 말할 때,나는 단지 내가 너무 사랑하는 나무와 동물들, 산과 강에 대해 말하는 것이 아니다. 나 역시 그 일부인 자연에 대해서만 말하는 것이 아니라, 또한 나 자신이 그 일부인 사회구조와 정치, 문화, 역사에 대해말하고 있다."1993, p. 103

이러한 관점을 교실 안으로 가져가기 위해, 교사는 문화적, 언어적,경제적 지배에 종속된 미국 내부와 국외의 사람들이 역사를 통해 어떻게 체계적으로 억압받았는지를 이해할 필요가 있다. 그 억압의 역사에 대해 알게 되는 것은 교사들을 지지하고 그들에게 해방의 비전을 불어넣으며, 표준화된 교육과정, 교육 자료, 교과서, 시험과 평가, 진급 기준과 제도적 관계들의 성립과 발전 속에 숨겨져 있는 이데올로기적 가치와 신념을 드러내도록 교사들을 추동한다. 이를 통해 교사는 그들에게 주어진 과업이 불평등과 불의를 지지하고 지속시키는 전통적인 사회적 합의를 재생산하는 것이 아니라, 오히려 교사로서의 일상생활과 그들의 직업적 소명의 맥락에서 그것들을 변화시키기 위해 일하는 것임을 인식하게 된다.

학교는 "은행저금식" 교육체제의 재생산을 강화하고 정당성을 부여하는 더 큰 구조의 정치·문화적 과정과 긴밀하게 연결되어 있다. 이 체제에서 교사는 지식의 소유자로, 학생은 교사가 그들의 지식을 저금하는 빈 용기와 같다고 여겨진다. 지배계급의 견해는 공교육을 형성하는 교육정책과 실천에 새겨져 있다. 이 중에서 현재 전국적으로 점점 더 주목받고 있는 가장 보편적인 방식은 바로 "시험을 위한 가르침"이다. 이 척박하고 나약한 교육학적 접근은, 국가에서 규정한 합법적 지식과 학업성취의 척도를 정의하는 이데올로기에 대한 지적 복종과 순응을 강화함으로써 "학생의 창의적 능력을 최소화하거나 무효화시키며 그들의 맹신을 고무시킨다."Freire, 1970, p. 60 또한 이 '시험을 위한 가르침'은 학생들에게 그들이 "세계로부터 고립된 채로 동떨어져"같은 책, p. 69 존재한다고 가르침으로써 지배 문화의 가치를 영속시킨다. 이런 교육은 학생을 대상화하며, 스스로 학습하는 과정에서조차 자신을 대상화하게 함으로써 종속 집단 학생의 침묵을 기만적으로 구조화한다. 현재 '시험 잘 보기 위한 교육'의 광기에 내재하고 있는 표준화의 엉성한 논리는 정치적 "순응의 메시지이며… 비판적 사고의 필요성으로부터 탈출했다고 자신을 자랑스럽게 포장"Giroux, 1983, p. 15하는 것과 밀접하게 연관되어 있다.

하지만 불행하게도 대부분 교사는 이러한 표준화 교육의 파괴적 영향력을 효과적으로 비판할 준비가 되어 있지 않은 듯하다. 교사는 대개 표준화된 시험의 권위주의와 거기 수반되는 교육과정의 길들이는 역할(학생뿐 아니라 교사에게도)을 효과적으로 숨기고 신화화하는 억압적인 제도의 결정 과정으로부터 소외되어 있으며, 그 제도에 맞서 저항할 힘이 없다고 느낀다. 지역 신문들이 학교별 시험 성적을 분기마다 출판함으로써 표준화된 시험과 실력주의를 지지하는 "과학적" 신화는 대중적 상상력에 의해 더욱 강화된다. 이 점수는 학교의 성취도를 순위 매기는 데 사용되며, 대중에 전시됨으로써 정부가 해당 학구에 대해 막대한 압력을 가하도록 한다. 이렇게 가해지는 공공의 압력은 학구의 관료들을 통해 교장에게 가해지고, 차례로 교장은 교사에게 압력을 가하며 교사는 학생과 학부모에게 압력을 가한다.

설상가상으로 일부 주에서는 학생의 점수가 향상되면 교사에게 추가적인 성과급 지급을 약속한다. 학교 행정부가 교사들을 길들이고 그들에게 "자유에 대한 두려움"Freire, 1998b을 주입하기 위해 이러한 억압적 정책을 사용하는 방식은 눈에 보이지도 않고 확인되지도 않는다. 따라서 대다수 교사가 학생의 학업적 성공을 돕는다는 명목으로 이러한 '시험을 위한 가르침'의 모순을 무비판적으로 옹호하게 되는 것은 드문 일이 아니다. 이런 일은 이러한 접근법의 타당성에 도전하는 수많은 연구가 이루어지고 있음에도 불구하고 발생하며, 그 연구들에서조차 지배적 교육학의 계급 편향적 본질은 거의 논의되지 않는다. 엘리트 학교는 이런 억압적인 환경에서 교육이 진행되지 않을 것이다. 부유한 학구의 학교에서는 미래의 지도자가 될 지배계급의 자녀들을 위해 그들의 "양도할 수 없는" 특권과 자격을 유지하는 데 이익이 될 만한 자유와 창의력, 지적 자율성을 증진하는 다수의 교육 자원과 교실 경험을 제공하는 것에 자부심을 느끼기 때문이다.

정치적으로 동기 부여된, 교수법 실천의 발전과 개선을 정체시키고 방해하는 또 다른 학교 정책은 바로 교사의 근무 관리이다. 가장 당황스러운 것은 거의 모든 교육 단계에서 교사의 업무가 소외되고 고립되는 특성을 띤다는 점이다. 교사 업무의 이 같은 반대화적 방식은 교사가 서로의 교수법에서 강점과 한계 모두에 대해 깨달음을 얻거나 깊은 신뢰를 얻게 하는 것을 막는다. 교사의 공로가 인정되거나 입증되는 경우는 드물며, 그들이 어려운 교육학적 문제들로 어려움을 겪을 때 필요한 지원을 받는 경우는 더욱 드물다. 불행하게도 교사 업무를 주관하는 교내 정치의 권위주의적이고 반대화적인 성격으로 인해, 대다수 교사가 무능력하다고 판단 받을지도 모른다는 두려움 때문에 도움을 요청하는 대신 침묵을 지킨다.

교사는 그들이 익숙하지 않은 영역에 뛰어들었을 때나 그들이 매일 수행하고 있는 교수법과 관련한 능력을 발전시키는 데 아무런 실질적인 지원을 받지 못할 때 학생들과 마찬가지로 두려움과 좌절, 불안을 반복한다. 더욱이 교사는 그들의 업무를 통제하기 위해 학교 행정부가 사용하는 처벌과 보상 체제에 의해 엄청난 제약을 경험한다. 이는 복장, 행동, 교육과정, 교과서, 수업 계획, 교실 활동, 학생평가와 학부모 참여 활동의 성격 등을 규정할 수 있는 교사들의 의사결정 역할을 제한하려는 많은 학교 행정부의 권위주의적 방식에 반영되어 있다. 프레이리[1998a]는 이처럼 미리 만들어져 그대로 전달되는 교수법의 정치적 영향에 대해 언급했다.

> 교사는 두려워하게 되고, 학교 행정부의 권위주의적 이
> 데올로기와 지배자의 그림자를 내면화하기 시작한다. 이 교
> 사는 그들 사이에 오가는 처벌의 권력과 지배적 이데올로기

의 위협 때문에 더는 학생들과 함께하지 않는다. … 다른 말
로 하면 함께하는 것이 금지되어 있다.Freire, 1998a, p. 9

또한 프레이리는 전통적 처벌과 보상 체제의 파괴적 영향, 그리고
교사 평가의 정치를 연결 지었다. 그는 교사의 교수법이 아닌 "인격",
즉 전통적인 역할과 기대에 따르고 순응할 의지를 평가하는 데 더 집
중하는 경향이 있는 전통적 교사 평가 방식에 대해 강조했다. 결과적
으로 "우리는 처벌하기 위해 평가하고 교사들의 교수법은 거의 전혀
향상시키지 않는다. 즉, 우리는 교육하기 위해서가 아니라 처벌하고 통
제하기 위해 평가한다".같은 책, p. 7 이것은 파울로 프레이리가 교사 평가
에 반대했다는 것을 의미하지는 않는다. 오히려 그는 교수법 실천의
발전을 위해 "교수법 실천 평가는 중요하고 필수 불가결한 요소에 해
당한다"p. 7라고 단호하게 주장했다. 그러나 그의 가장 큰 관심사는 교
사 평가가 교사들의 참여를 통해, 자신이 왜·어떻게 가르치는지에 대
한 이론적 이해와 실제 교수법의 향상 모두를 돕는 유용한 도구로서
대화적으로 기능하는 것이었다. 그렇지 않은 교사 평가는 교사들을
"모호하고 우유부단"p. 6하게 만들면서, 자신의 가르침에 대해 온전히
책임지고자 하는 그들의 노력을 무력화시키려는 체제의 강력한 조련
도구로서 단순히 기능할 뿐이다. 프레이리는 일반적으로 이러한 모호
함과 우유부단함이 교사들을 순종하면 보상을 주는 "가부장적인 양
육 방식의 거짓된 안정감"p. 6을 붙잡도록 이끈다고 주장했다.

이 거짓된 안정감이 가진 모순을 깨뜨리기 위해서 교사는 동료들과
비판적 대화를 기반으로 한 관계를 형성해야 한다. 이러한 지속적 관
계를 통해 교사는 학교의 관행을 공개적으로 추궁하고, 학생의 지적
발달과 마찬가지로 교사들의 노동을 무생물화하고 길들이려는 정책과
관행을 방해하기 위한 효과적인 개입을 고려할 수 있다. 비판적 대화

는 교실에서의 교수법 실천의 수단이자 교사가 학교에서 직면하곤 하는 "진정한 교사의 임파워먼트"같은 책, p. 9를 지원하는 조건이다. 이러한 집단적 임파워먼트는 정치적으로 뚜렷하고 유능한 교사가 따라야 할 투쟁의 경로를 분명히 하기 위해 함께 싸워야 할 필요성을 강화시킨다.

> 교사들의 사육사 역할을 비판적으로 거부하는 것, 교사는 그들의 세계이자 학생의 세계와의 친밀함 속에 있는 그들의 행정과 교수법 패키지의 권위주의를 비非신화화함으로써 자신을 교사로 확언한다. 그들이 교실 문을 닫아 버리면 세계의 정체를 드러내기 어렵다.Shor & Freire, 1987, p. 10

혁명적 페다고지 실천에서 임파워먼트의 중요성은 영구적인 투쟁, 저항 및 변화의 영역인 학교교육에 대한 정치적 이해 안에 깊이 뿌리를 두고 있다. 따라서 프레이리는 공교육이 전적으로 무고하며 자선적인 교육산업이라는 일반적 인식을 일축한다. 하지만 이데올로기적 조직 안에서 이루어지는 업무들이 수반하는 갈등과 모순의 긴 역사에도 불구하고 지배는 결정되어 있는 것이 아니다. 다시 말하면 지배란 예정된 형태로서, 혹은 불변하는 고정된 조건들의 집합으로서 발생하지 않는다. 억압이 존재하는 곳마다 여러 표현의 범위에 걸친 저항의 씨앗을 찾을 수 있다. 이처럼 프레이리는 교사의 정치적 임파워먼트가 정치적 저항, 즉 교육을 민주화하려는 개인과 공동의 다양한 전 세계적 투쟁들과 역사적으로 연결된 저항의 씨앗을 키우고 일구는 역할을 다해야 한다고 굳게 믿었다. 프레이리에게 임파워먼트의 문제는 "개인적이거나 심리적인 사건 그 이상의 것이다. 그것은 지배로부터 그들만의 자유를 추구하는 지배계급에 의해 이루어지는 정치적 과정이자,

교육이 가장 전면에 있는 긴 역사적 과정을 드러내는"Shor & Freire, 1987, p. 70 과정이다.

지식의 생산과 역사

앞선 다른 어떤 교육철학자보다도, 파울로 프레이리는 역사와 역사적 존재로서의 인간에 대한 우리의 비판적 이해가 그 어떤 혁명적 페다고지에서도 근본이 된다고 주장했다. 그러나 전통적으로 교사는 역사를 고정된 것으로 생각하도록 교육받아 왔다. 대다수 교사에게 역사는 책을 통해 과거에 일어난 일들에 관해 배우는 과목이다. 이는 역사를 직접 만들어 가는 활동적 참가자로서 현재를 살아가고 있는 이들 대부분을 지워 버리는 수동적이고 대상화된 역사 개념이다. 이 문제는 역사 교사뿐만 아니라 학생들과 함께 지식을 구축하는 과정에 있는 모든 교사에게 중요하다. 지식은 언제나 역사적 맥락 속에서 구성된다. 우리가 누구인지, 그리고 우리가 어떻게 세상을 알게 되는지는 세계에 대한 우리의 이해를 구체화하는 특정한 순간의 특정한 사건들로부터 크게 영향을 받는다. 마찬가지로 이러한 사건들에 대한 우리의 반응은 역사의 경로를 바꿀 수 있다. 다양한 주제적·지리적 위치에서 무수한 역사가 동시에 만들어지므로 우리의 역사 개념은 복수의 현상으로서 이해되어야 한다. 역사 속 어느 특정한 교차점이 특권화될 것이며, 또 유일한 공식적인 기록으로 남을 것인지를 결정하는 권력은 가르침의 역사 속에서 거의 드러나지 않는다.

그러므로 역사적 주제는 맥락적으로 이해되어야만 한다. 그것들은 진공상태에서 기적적으로 나타나는 것이 아니다. 역사에 대한 모든 독해는 특정한 집단적 순간에 특정한 그룹에게 주어진, 이데올로기적 해석을 만들어 내는 가치와 신념의 집합으로 구성된다. "역사적 주제는 절대 고립되어 있거나, 독립적이거나, 단절적이거나 정적이지 않다. 그 것들은 언제나 그 반대되는 것과 변증법적으로 상호작용한다."Freire, 1970, pp. 91-92 이러한 관점으로 역사를 이해하는 것은 교사가 역사의 공적 기록이 부분적이고 제한적이라는 것, 또한 대부분의 인간 역사 는 문서화된 시간의 연대기로부터 추방당한 영역에 있다는 것을 인식 하도록 돕는다. 비판적인 교육자가 학생들과 함께 도전해야 할 중요한 과제는 교과서의 공식적 담론에서 하찮게 여겨지고 배제되어 왔던, 기 록된 혹은 기록되지 않은 역사를 가능한 한 밝혀내는 과정이다.

교사가 역사에 대해 신선한 접근 방식을 탐험하기 시작하게 되는 중요한 장소는 바로 학생의 삶의 이야기가 있는 곳이다. 학생은 자기 이야기를 다른 방식으로 말해 봄으로써, 역사를 구체적인 사실이나 날짜의 집합으로서가 아니라, 살아 있는 과정으로서 이해하기 시작한 다. 파울로 프레이리는 자신을 배움의 주체로서 발견하는 것이 학생 의 인생에서 가장 중요한 사건 중 하나라고 주장했다. 학생은 스스로 내린 결정과 자신이 맺고 있는 관계를 통해 삶의 과정에 영향을 미칠 수 있는 잠재력을 지니고 있다는 것을 발견하며 교실 안에서 자신이 주체가 되는 경험을 하기 시작한다. 교사와 학생은 그들의 세계를 함 께 명명하고 변화시키려는 노력을 통해 역사적 과정에 대한 의식을 더 확장할 수 있다. 이 세계를 새롭게 명명하고 의미를 구축하는 과정에 서 학생은 삶의 주체가 된다는 것이 어떤 의미인지 경험하게 되며, 자 신의 세계 속에서 행동하고 세계의 모습을 의미 있는 방식으로 변화 시킴으로써 사회적 권리에 대한 경험과 친숙해진다. 학생들이 스스로 역사의 주체가 되는 감각을 발견하는 것은, 자기 결정과 집단적 임파 워먼트의 능력을 발전시키는 데에서 매우 중요하다. 사회적 권리를 행 사함으로써 해방의 순간을 경험하는 것에 대해 편안함을 느끼게 되기 때문이다. 자기 결정력과 집단적 임파워먼트의 능력은 연대를 구축하고 해방을 위한 투쟁의 공동체에 효과적으로 참가하기 위해 매우 중요하다.

역사적 기록에 대한 다양한 읽기에 참여하면서, 학생들은 어떤 사건에도 단 하나의 절대적 진실은 없으며, 대신 실제로 역사적 사건을 살았던 사람들과 나중에 특정한 시점에서 그것을 해석한 사람들 사이의 서로 다른 이데올로기적 인식에 따라 여러 가지 진실이 있음을 발견하게 된다. 진실은 이제 그들이 구성한 맥락적 현실 속에 존재하게 된다. 이러한 원칙을 고려할 때, 학생들이 일상생활 속에서 일어나는 사건들과 더 넓은 세계에서 일어나는 사건들을 서로 연계하고 성찰할 수 있는 계기를 마련하는 것은 페다고지적으로 매우 중요하다. 과거의 역사적 순간들에 비추어 현재 그들의 삶과 공적 영역에서 일어나고 있는 사건들을 생각해 보는 것은 학습자들에게 매우 가치 있는 일이다. 학습자들은 이러한 성찰의 과정을 통해 현재의 사건이 그 앞에 일어났던 다른 사건들, 결정들과 어떻게 밀접하게 연결되어 있는지, 그 맥락을 인식하게 된다.

교사는 표준화된 교육을 시행하도록 지시받는다. 때때로 가장 해방적 교육 실천에 대해 투철한 교사들조차 학생과 학부모, 교사 모두를 억압하는 학교 내의 전통적 방식, 관계, 구조에 도전하고 반대하는 투쟁 속에서 절망의 순간을 경험한다. 그런 순간에는 잠시 멈춰 서서 교사 업무의 역사적 본질을 상기하고, 경제 민주주의와 사회정의를 위한 전 세계의 사회적 투쟁들과 자신을 의식적으로 다시 연결하는 것이 도움이 된다. "혁명적 실천"은 도달해야 할 끝이 아니라 오히려 지속적인 과정임을 상기하는 것이다. 혁명적 실천은 우리가 통합되고 일관된 인간으로서 세계 속에 존재하게 하는 공통의 잠재력을 무력화시키는 국가 구조를 뒤집는 일에 대한 평생에 걸친 헌신이다. 이러한 관점은 우리가 혼자가 아니며, 중요한 정치적 프로젝트로서의 교육에 그들의 삶을 헌신했던 급진적 활동가들과 문화 운동가들의 긴 역사적 계보의 일부라는 것을 상기시킨다. 즉, 우리가 서로—교사와 학습자—를 대상화하지 않게 하고, 우리의 정치적 꿈을 실현하는 데 필요한 잠재적 동맹들로부터 우리 모두를 소외시킬 수 있는 '구원자' 콤플렉스에 빠지지 않게 돕는 것이다.

혁명적 페다고지를 실천하려는 교사가 학교와 지역사회 안에서 개인과 공동의 임파워먼트를 지원하기 위한 관계를 수립하고 환경을 조성하기 위해 자금을 개발하는 것이 문제가 될 수 있다. 이것은 종종 조직에 대항하게 되는 행위이다. 임파워먼트에 의한 비판적 관계는 우리를 변혁적인 사회적 행위로 움직이게 하는 비판적 의식을 발전시키기 위한 개인적이고도 정치적인 과정으로 이해되어야 한다. 임파워먼트 개념이 종종 자유주의적이고 보수주의적인 교육적 담론에 의해 이용되는 것을 주의해야 한다. 현상 유지를 위한 제도적 구조 관계의 맥락 안에서, 이 혁명적 원칙은 주로 개인의 "성공하기 위한" 능력과 관련된 개인적 해석 안에 가두어진다. 따라서 사회정의, 인권 및 경제적 민주주의와의 비판적 연결 고리들은 제거되어 버린다.

교육에서 우리의 과업에 대한 역사적 본질을 이해하는 것은 모든 투쟁마다 각기 다른 역사적 순간들이 존재한다는 인식과 연결되어야 한다. 각 시대는 과거와는 매우 다른 정치적 전략·전술이 필요한 새로운 상황들과 그에 수반되는 사건들에 의해 정의된다. 따라서 우리의 연구는 과거의 사건과 교훈의 밑그림 위에 그려져야 한다. 그러나 또한 현재의 교육적 요구를 충족시키기 위해 지속적으로 자신을 재창조해야 한다. 이러한 접근은 교사가 지식, 역사, 세계에 대해 변증법적 관점을 보유할 때에만 가능하다. 유동적이고 맥락적으로 움직이는 데 필요한 정보를 제공하는 학교나 학구 내의 특정 업무에서의 권력관계를 관찰하고 해석하는 것은 우리의 역량에 달려 있다. 이러한 경험과 자기성찰, 그리고 다른 이들과의 대화를 통해 교사는 학교 업무 중 맞닥뜨리는 실제 상황에서 그 순간과 전혀 무관한 행동 처방에 따르기보다는 비판적으로 대응할 능력을 기른다. 이를 위해 우리는 이분법적이고 파편화된 방식이 아닌 관계적 측면(정반대되는 생각에서조차도)에서 세계를 이해해야 한다. 이 세계는 인간에 의해 만들어진 무수한 관계와 구조에 의해 존재한다. 우리는 모두 그곳에 공헌하고 있다. 따라서 사회를 변혁시키는 꿈은 그럴듯할 뿐만 아니라 전적으로 가능하다. 이러한 희망을 학생들에게 심어 주기 위해서는 교사인 우리가 먼저 이 꿈의 실현 가능성을 확신해야 한다.

교실 안의 세계에 이러한 변증법적 관점을 가져오는 것은 모든 변혁적 교육 실천에서 필수적인 요소이다. 학생들이 그들의 삶의 과정에서 끊임없이 만나게 되는 소외 관계를 무너뜨릴 수 있는 환경을 만드는 것은 매우 중요하다. 이 과정에서 교사는 인간이 자연과 별개의 존재가 아니라 그 일부라는 것을 인식해야 한다. 인간과 자연은 밀접하고 복잡하게 연결되어 있으며 분리될 수 없다. 우리가 자신을 자연에서 인위적으로 분리하고자 할 때, 결국 모든 지배와 착취를 가져오는 소외된 관계를 구축하게 된다. 교사로서 우리는 우리의 주관성과 객관성이 서로 변증법적이며 지속적인 유동성 안에 있다는 것을 이해해야 한다. 인간성의 이러한 차원들을 양분하는 것은 우리의 페다고지 실천에 활력을 부여하는 '긴장'과는 괴리되어 있는 파편화된 지식을 생산하는 데 기여할 뿐이다. 같은 맥락에서, 학생은 대상화되고 주체로서의 교사는 독점적 권한을 갖게 되는 계층적 관계를 수립하는 것은 궁극적으로 비판적인 지식의 발달을 방해한다.

지식은 우리와 다른 사람들과의 관계, 세계와의 관계 속에서 역동적으로 나타나고 만들어진다. 지식은 살아 있는 과정, 즉 대화로 정보가 전달되는 환경 속에서 가장 자유롭고 개방적으로 자라나고, 계속해서 변화하는 살아 있는 역사적 과정이다. 이것은 가르침과 배움에 대한 단편적이고 정적인 관념에 지배적 기반을 두고 있는 "은행저금식" 교육과정과는 정반대 지점에 있다. 바로 이런 이유로 프레이리는 그의 저서에서 대화에 큰 중점을 두었다. 그는 사랑과 신뢰를 통해 만들어지는 대화, 대화를 통해 만들어지는 사랑과 신뢰를 통해서만 학생들이 스스로 "비판적으로 생각하는 사람"이 될 수 있는 "창조하고 변화시키는 힘"Freire, 1970, p. 79을 회복할 수 있다고 믿었다. 그러나 프레이리의 비판적 사고 개념은 오늘날 "비판적 사고"라는 배너 아래 선전되는, 무균 상태로 사전 패키지화되어 있고 도구화되어 있는 각종 세미나와 "사고방식" 교육과정과는 매우 거리가 있다. 프레이리에게 '비판적 사고'란 다음과 같은 의미이다.

세계와 [인간] 사이의 불가분의 결속을 깨닫고 그 사이에는 이분법이 없다는 것을 인정하는 사고, 현실을 정적인 실재가 아니라 과정이자 변화로 생각하는 사고, 자신을 행동으로부터 분리하지 않고, 위험에 대한 두려움 없이 지속적으로 스스로를 일시성 속에 몰두시키는 사고 … 보장된 자리를 빠르게 붙잡고 거기에 적응하기보다는 … 중요한 것은 현실의 지속적인 변화이다.Freire, 1970, p. 81

우리의 페다고지 실천의 또 다른 중요한 차원은 그람시가 『옥중수고Selections from the Prison Notebooks』[1971]에서 표현한 유기적 지식인 개념과 연결되어 있다. 유기적 지식인으로서 교사는 현재 진행 중인 사회적 상호작용과 세계에서 발생하는 정치적 사건들 위에 자기 지식을 구축함으로써 의미를 만들기 위해 노력한다. 이러한 지식의 변증법적 관점은 이데올로기적 가치와 신념들의 차이에서 발생하는 지속적인 경쟁에 따른 긴장 속에서 관계와 인간 활동을 인식한다. 그러나 바로 그러한 긴장이 창조적 영향력이며 꼭 필요한 것임을 명심해야 한다. 비판적 지식은 긴장 속에 존재하는 개방적이고 솔직한 표현과 참여에 의한 대화의 맥락 안에서 구축되기 때문이다. 새로운 지식은 이처럼 인간과 세계 사이의 상호작용에서 새로운 가능성을 창조해 내는 긴장의 형태로부터 비롯된다. 인간이 모여 있을 때 끊임없이 작동하는 무수한 긴장의 반짝거림 속에서, 교사는 긴장 없는 인간관계에 대한 인위적인 강조가 어떻게 학생의 비판적 발전과 지식의 구성을 좌절시키는 기능을 하는지 깨달을 수 있다. 이것은 교실 안의 교육과정과 그들의 일상생활 간의 상충하는 가치와 신념으로 인해 엄청난 긴장을 경험하게 되는 학생들이 공교육의 전통적 가치와 기대 때문에 침묵하게 될 때 특히 더 그렇다.

결과적으로 혁명적 페다고지를 실천하는 일은 교사가 학생들에게 그들의 배움과 지식 구축 과정에 더 자유롭게 참여할 수 있는 페다고지의 공간을 제공하기 위해, 일반적으로 교실 안에 허용되는 담론으로 간주되는 것들의 제한된 경계를 넓히기 위해 노력하라고 요구한다. 수용 가능한 담론과 합법적인 지식으로 여겨지는 것의 경계를 확장함으로써 교사는 자신을 위한 공간뿐 아니라 학생의 지적 성장을 위한 새로운 배움의 공간을 구축할 수 있다. 의문의 여지 없이 이것은 교사가 교실 안에서 비판적으로 자신의 힘을 사용하는 것을 보여 주는 가장 중요한 사례가 된다. 교사는 종종 무엇이 합법적인 지식으로 간주되는지를 결정하는 위치에 있다. 교사는 교실 안에서의 대화와 학생의 탐구에서 어떤 주제, 담론, 경험이 특권을 갖게 될 것인지, 또한 이것들에 얼마나 많은 시간과 관심이 주어져야 하는지 등을 결정해야 한다. 이 같은 결정 사항에 기초하여 학생은 교실 안의 토론에서 무엇이 가치 있는 자료로 간주되는지, 무엇이 신속하게 기각되거나 무효화되거나 잊히는지에 대해 자신의 견해를 갖게 된다.

지식 구축의 문제는 항상 이데올로기적 문제와 연결되어 있다. 우리가 어떻게 지식을 구축하느냐는 우리가 세계를 이해하는 데 사용하는 특정한 틀이나 가치와 신념 체계와 직접 연관되어 있기 때문이다. 그러나 일반적으로 우리의 이데올로기적 신념 체계는 미심쩍은 가정의 영역 안에서 가장 확고하게 존재한다. 이러한 가정들은 우리의 생각에 폭넓게 영향을 미친다. 즉 우리가 사람들이 가난하다고 믿는 까닭이나 미국 사회 안에서 유색인종으로 산다는 것이 어떤 의미인지에 대해 생각하는 것, 또 우리가 아이들과 그들의 권리에 대해 보이는 태도, 남자와 여자 사이의 차이점을 어떻게 분명히 표현할 것인지에 대한, 혹은 신과 영성에 대한 우리의 견해나 우리가 학교 안에서 합법적인 권력관계로 인식하는 것에 대한 생각 등을 예로 들 수 있다. 이러한 가정들을 토대로 교사는 학생의 기대 수준을 결정하고, 교과서와 교재를 결정하고, 학부모와 동료들과 상호작용하고, 교실 안에서의 우리의 역할을 조망하는 등의 교육적 결정을 내린다.

세계에 대한 미심쩍은 가정과 신념들은 예기치 않은 방식으로 몰래 들어오기 때문에, 비판교육자들이 그들의 교수법과 교육적 결정을 일관되게 되돌아보는 것은 매우 중요하다. 이는 교사가 그들의 혁명적 실천을 구축하고 다른 선택을 하려고 노력할 때 무심코 그들을 방해할 수 있는 여러 모순들을 드러내도록 돕는다. 프레이리는 이러한 과정이 그들의 페다고지에서 더 큰 일관성을 추구하는 진보적인 교사들에게 계속 필요하다고 보았다.

말과 행동 사이의 차이를 줄이기 위해 우리가 참가해야
만 하는 투쟁에서, 우리가 말한 것에 일치하도록 행동을 변화시키는 것처럼 행동에 일치하도록 말을 변화시키는 것도 가능하다. 이것이 바로 일관성이라는 것이 결국에는 새로운 선택을 하게 만드는 이유이다. 내가 말하는 것과 행하는 것, 즉 진보적인 담론과 권위주의적 실천 사이의 비일관성을 발견하는 순간마다 때로는 고통스럽지만 나는 내 안에 있는 애매모호함을 발견하고, 이렇게는 계속할 수 없다고 느끼고 출구를 찾게 된다. 이런 식으로 새로운 선택이 내게 부과된다. 즉 내 진보적인 담론을 보수적인 실천과 일관되는 담론으로 바꾸거나 나의 실천을 진보주의 담론에 맞추어 민주적인 것으로 바꾸어야 한다.Freire, 1998a, pp. 67-68

이 과정은 또한 교실 안에서의 경험에 대해 학생들과 함께 대화하거나 같은 노력을 하는 동료들과 대화하는 것의 중요성을 지적한다. 어떤 개인도 자신의 인생에 영향을 미치는 이데올로기적 모순을 전부 인식하거나 식별할 수 없다. 우리 모두에게는 사각지대가 있다. 이데올로기적인 모순들을 찾아내 대응하기 위해 애쓰기 이전에 이미 내면화되어 버린 인식들이 우리 안에 이미 다수 존재한다. 따라서 함께 지속적으로 비판적으로 성찰해 나가는 진보적 교사공동체는 중요한 힘의 원천이며, 양심적인 혁명적 실천으로 나아가는 길을 좀 더 쉽게 한다.

비판적 연대가 가능한 관계와 공통의 비전을 나눌 수 있는 개인들의 공동체가 만들어지는 것은 매우 중요하다. 이들은 함께 투쟁하는 형제자매이며 서로에 대한 혁명적 사랑을 공유하는 동료이자 벗이기 때문이다. 우리의 실천을 향상시키고 경제 민주주의, 사회정의와 인권 등 더 큰 투쟁에 효과적으로 기여하기 위해서는 서로를 인정하고 비판하는 행위 모두를 통해 서로의 의식을 확장해 나가려는 의지가 수반된다. 마찬가지로 교사는 그들의 교실 공동체 안에 지속적인 대화를 위한 기회를 제공함으로써, 학생들이 비판적 대화의 과정에 기반하고 있는 연대 관계를 구축하도록 도울 수 있다.

이런 공동체의 효과성은, 교과서, 교육과정, 시험 및 평가 도구들, 교수법, 교실 활동 및 학교 내 지배구조를 중요하게 만드는 권력관계가 어떤 것인지 말해 주는 감추어진 가치와 신념 체계를 드러낼 수 있는 우리의 능력과 직접 관련되어 있다. 따라서 교사는 학생이 비판적 사고를 통해 학교 안에 숨겨진 가치와 신념들에 대해 고민하고, 이것들이 자기 삶과 공동체에 미칠 더 큰 영향을 숙고할 수 있도록 세계에 대한 대안적 읽기를 제공할 수 있다. 비판의 과정을 통해 교사와 학생은 교실, 학교, 사회 내의 관행과 구조에 내재하는 한계와 모순을 함께 발견하고, 세계에 개입하기 위한 전략을 세우기 위해 적극적으로 질문을 제기하기 시작할 수 있다. 프레이리는 이러한 문제제기식 교육 접근이, 학생들이 현존하는 조건에 대한 비판과 그것을 변화시키기 위한 행동을 통해 협력적으로 지식을 생산하는 능동적인 비판적 주체가 되도록 도울 수 있다고 확신했다.McLaren, 2000

헤게모니에 대한 이해는 혁명적 페다고지 실천과 비판 능력에서 필수적이다. 헤게모니는 현상 유지를 넘어 철저히 변화에 저항하는, 사회적이고 정치적인 이데올로기적 권력의 배열을 포함한다. 헤게모니 개념은 확립되어 있는 모든 제도적 구조와 권력의 비대칭 관계를 영속시키는 신념 체계들, 즉 도덕적이며 지적인 리더십 체제의 도움으로 사회에 대한 통제를 존속하는 문화적, 정치적, 경제적 체제 모두에 적용된다. 예를 들어, 교사가 경제적 불평등 관계와 구조를 유지하는 교육을 실천할 때, 그들이 알든 모르든 간에 그들은 자본주의의 헤게모니적 정치 프로젝트를 수행하는 국가의 대리인으로 활동한다.

교사는 교실 내에서 그들에게 할당된 권력과 권위, 통제력을 통해 도덕적이고 지적인 리더로서의 그들의 역할을 수행한다. 이것은 교사가 스스로 그러한 권력과 권위를 지녔음을 인정하지 않거나, 교실 안에서 학생들이 모든 권력을 가지고 있다는 공동 성명을 했다고 해도 마찬가지다. 특히 학교에서 학생들과 학부모에 대해 자신이 가진 특권적 지위를 솔직히 인정하고 행사하려는 의지와 능력이 없는 교사는 현 상황을 변화시키는 데에서 커다란 걸림돌 중 하나이다. 힘없는 교사가 자신을 어떤 식으로 느끼거나 받아들이는지와는 무관하게, 그들이 궁극적으로 교실에서 일어나는 일들에 대해 결정을 내리는 위치에 있다는 사실을 부인할 수는 없다. 교사는 매일같이 결정을 내린다. 무엇을 가르칠 것인지, 텍스트를 어떻게 토론할 것인지, 어떤 자료를 이용할 것인지, 학생들에게 어떤 종류의 숙제가 얼마큼 필요한지, 학생의 의사소통이 어떻게 구성되는지 등을 예로 들 수 있다.

교사의 권력을 인정하는 것과 관련된 본질적인 문제를 받아들이는 것은 학교교육의 혁명적 비전의 핵심이다. 교사는 교실과 학교, 그리고 공동체 안에서 자신이 가진 권력에 대한 책임을 단지 받아들이기만 하는 것이 아니라, 혁명적 실천을 구성하는 데 도움이 되도록 어떻게 그 권력을 사용할 것인지에 대해 현명한 결정을 내려야 한다. 그들이 가진 권력과 권위의 정치적 본질에 대해 무지한 교사는 계속해서 모순 속에 빠져들고, 적절한 대안적 접근을 개발할 수 없는 자신을 발견하게 된다. 이것은 일반적으로 교사가 국가와 공무원들에 의해 정립된 기준과 파편화된 헤게모니적 프레임에 의해서만 자신의 교수법을 평가할 뿐, 일관된 이론적 입장을 거의 또는 전혀 가지고 있지 않을 때 일어난다.

해방적 지식을 도용하고 그것의 탈식민적 가능성을 없애 버리려는 충동, 즉 숨겨진 헤게모니적 기능이 내재된 주류 교육과정에서 일관성을 찾아내는 것은 무엇보다 중요하다. 이 과정을 이해하기 위해 우리는 다음과 같은 질문을 하게 될 것이다. 실제 미국에는 역사적, 문화적, 정치적, 경제적 현실이 모두 다른 수천 개의 민족과 부족들이 있음에도, 미국 원주민들을 같은 민족의 일부인 것처럼 가르치는 교육과정을 교사는 어떻게 받아들일 수 있는가? 어떻게 거의 250년 동안 미국 정부에 의해 자행된 식민 과정에서의 대량학살, 여전히 원주민 인구에 계속적 영향을 미치고 있는 이 파괴적 과정에 대한 다양한 반응들을 검토하지 않을 수 있는가? 어떻게 마틴 루서 킹의 삶을 인종차별 반대 운동과 밀접하게 관련된, 특히 경제적 부분에 초점을 맞춘 시민권 투쟁에서의 그의 리더십과 분리한 채로 표현하는 교육과정을 가르칠 수 있는가? 어떻게 빈곤 퇴치와 일자리 창출, 그리고 모든 노동자를 위한 공정한 생활 임금을 요구하며 워싱턴 DC에서 열린 거대한 다민족 정치 행진 직전에 그가 살해당했다는 것을 언급하지 않지 않으면서 그에 대해 가르칠 수 있는가? 어떻게 전국의 지역사회와 대학 내의 다양한 시민권 단체들의 정치적 노력이 아니었다면 성취할 수 있는 것이 거의 없었다는 사실을 무시하면서 마틴 루서 킹과 시저 모두를 '영웅'으로 만드는, 즉 개인을 우상화하는 "다문화적인" 교육과정을 가르칠 수 있는가? 프레이리는 서양의 역사 속에 너무도 깊숙이 널리 퍼져 있으며 교육과정에도 드러나 있는 근본적인 개인주의에 대한 신랄한 비평가였다.

> 미국 사회에서 임파워먼트의 개념은 개인주의, 출세에 관한 사적인 개념에 사로잡혀 있었다. … '스스로 만들어 가기'를 향한 유토피아적 헌신… 혼자 힘으로 해내기, 독창적이고 개인적인 노력으로 벼락부자 되기. 이것은 '자수성가한 사람'을 사랑하는 문화이다. 이 나라에 퇴보적인 귀족계층이 없다는 사실과 그 풍부한 부지는 경제를 매우 역동적으로 만들었다. … 흑인 노예에 대한 착취는 국가의 부를 쌓

는 데 도움을 주었고, 원주민 청산은 개척자, 도둑, 모험가들에게 그 거대한 내부를 활짝 열어 보였다. 이 사회 경제의 대단히 역동적인 양상은 페다고지에도 영향을 주었고, 개인의 임파워먼트와 자조, 자립에도 상당한 이득이 되었다. 이러한 '개인self'에 대한 강조는, 거대 기업들이 독점하고 있는 오늘날의 경제에서는 낭만적이고 퇴색된 요소인 '고독한 기업가'와 같은 자본주의적 열병과 동일하다.Shor & Freire, 1987

역사에 대한 우리의 이해와 학교 안에서의 지식 생산에 영향을 미치는 정치경제적 권력의 은밀하고 상투적인 작동 방식을 생각할 때, 진보적인 교사는 많은 이들을 희생시키면서까지 지독히도 불평등한 부의 분배 체제를 영속시키는 학교 내의 권력 싸움에 기꺼이 참여해야 한다. 어려운 질문을 제기하는 용기를 갖고, 특권에 따른 자기만족에 빠지기를 거부함으로써 교사는 역사에 대한 새로운 읽기를 지원하고 학교 내 불평등을 감추는 얼굴을 공개하는 데 참여할 수 있다. 이렇게 함으로써 우리는 정의를 향한 꿈에 활기를 불어넣는 투쟁을 위한 효과적인 대안적 실천과 관계를 구축하기 위해 움직일 수 있다.

학교교육과 정치경제

혁명적 페다고지의 실천은 정치와 경제가 불가분하게 연결되어 있다는 생각을 근본적인 근거로 삼고 있다. 자본주의의 지배 구조와 착취를 보존하는 이데올로기적 형태들은 미국과 해외의 정치적 불평등의 구조를 보존하는 기능을 한다. 자본주의 논리에 빠져 있는 학교는 "자본축적의 역학과 노동력의 재생산에 그 관심의 뿌리를 둔 자본과 그 제도들의 이데올로기적이고 사회적인 재생산을 보장하기 위해 디자인된 이데올로기적 국가기구"Giroux, 1983, p. 87로 기능한다. 게다가 지배계급의 정치적 이해로부터 영향받는 학교의 정치는, "자본주의 생산 방식의 권위주의"Freire & Faundez, 1989, p. 42를 복제함으로써 교육적 불평등의 재생산을 돕는다. 종속 문화에 속한 학생의 교육적 환경에 대한 정치경제의 영향은 다양한 방식으로 나타난다. 예를 들어, 경제적으로 억압받는 지역사회의 학생들에게 허용된 지적 기대치, 자원의 종류, 학업적 성공 기회는 부유층을 교육하는 사립학교에서 볼 수 있는 것과는 극명한 대조를 이룬다.

하지만 불행하게도 이러한 구분은 자녀를 위해 훌륭한 교육을 위한 비용을 지불할 수 있다면 그에 따른 특권을 누릴 자격도 있다고 믿는 대다수의 믿음을 뛰어넘을 만한 별다른 의미가 없다. 이는 미국 학교에서 유지되고 있는 경제적 아파르트헤이트(차별정책)의 조건에 대한 순진한 생각이 일반적으로 수용되는 것을 보면 명확하게 알 수 있다. 경제적으로 취약한 지역사회의 학생 다수가, 더 큰 사회경제적 질서 속에 있는 그들의 지역사회와 같은 방식으로 학교 안에 위치한다는 사실은 그리 놀랍지 않다. 한편 노골적인 구조적 불평등은, 가난한 커뮤니티 출신임에도 그들의 경제적 지위를 가까스로 끌어올릴 수 있었던 개인들의 '예외적인' 성공 스토리에 비중을 둔 과장된 개인적 신화를 만들어 내는 대중적 상상력 속에서 성공적으로 위장된다. 이러한 모순적 신화는 "국가 전체에 걸친 계급전쟁… 좌절된 계급투쟁을 숨기고 혼란스럽게 하는 계급전쟁"Freire, 1997a, p. 50을 효과적으로 은폐하는 데 사용된다.

결과적으로 미국의 계급구조는 지난 50년 동안 사실상 변하지 않은 채로 남아 있다. 교사는 미국이 계급 없는 사회라는 신화에 눈이 멀어, 계급 불평등의 구조를 심화시키는 모순된 교육 실천을 맹목적으로 영속시킨다. 확연한 경제적 모순과 그것을 유지시키는 신화들에 맞서려는 노력 속에서, 혁명적 실천은 역사적인 계급 문제와 그것이 학교교육에 미치는 영향을 명백하게 만든다. 예를 들어, 계급 기반의 학교 운영 방식은 설립 초기부터 존재해 왔다. 학교는 자본축적 과정에 대한 효과적이고 합의된 참여를 보장하기 위해 처음부터 국가의 것이었다. 따라서 대다수의 학교 학생은 일반적인 산업의 계급구조 안으로 단순히 옮겨 갈 것이 예상되었다.

그러나 노동의 성격이 변하고, 글로벌화된 노동력이 중요해지면서 사태가 혼란스러워졌다. 기업들은 수년간의 투쟁을 통해 조합원들이 개선된 "복리후생"과 최저임금, 주 40시간 노동, 초과근무수당, 안전한 환경, 휴가, 어린이 노동의 금지와 건강상의 이익 등의 권리를 얻게 된 미국 안에서 사업을 유지하기보다는, 적은 비용으로 훨씬 쉽게 대량의 노동을 착취할 수 있고 환경 규제도 거의 없는 '저개발' 국가로 공장을 이전했다. 한편 미국은 세계의 경제적 리더로서의 특권적 위치를 유지하면서 이제는 위대한 정보 과학 사회로 스스로 자리매김했다. 걷잡을 수 없는 기술 개발과 전산화[4]에 의해 노동의 본질이 변한 결과로 사실상 수천의 고소득 일자리들이 사라졌다. 노동자들은 점점 더 일상화되어 가는 가상 환경 속에서 점점 더 도구화되고 있으며, 심지어 몇몇은 그들의 상품과 그들의 노동이 완전히 분리되어 있다는 사실을 알아차리게 되었다.

이처럼 노동자와 세계 간의 극심한 분리로 인한 소외의 힘은, 그 움직임을 중단시키거나 그 영향력에 맞설 수 있는 수단이 거의 없을 정도가 되었다. 교사들 역시 교육과정에 관한 결정을 내릴 자유를 조직적으로 제거당하고, 미리 준비된 교구들, 시험을 위한 가르침, 원격 교

---

4. 자본주의 이익의 효율을 증가시키는 요인이자 동시에 미국 사회의 소외 계층을 증가시키는 기능을 하는 요인.

육, 노동을 통제하는 여러 기술적 장치들로 가득하지만 어디로 향하는지는 알 수 없는 곳으로 안내되는 과정에 연루되어 있다. 많은 이들에게 이런 상황은 올라타지 않으면 영원한 과거의 어둠 속에 머물러야만 하는 결코 멈출 수 없는 "진보의 기차"처럼 느껴진다.

더 당황스러운 것은 소비주의에 힘입은 이러한 소외가 학생들과 그들의 교육과정에 미치는 파괴적 영향이다. 모든 사람, 모든 장소, 모든 사물이 잠재적 상품으로 전환되며, 그것의 가치는 시장의 변덕에 따라 결정된다. "돈은 모든 사물과 이익의 척도이며 주요 목표이다.Freire, 1970. p. 44 시장은 "그것을 둘러싼 모든 것을 지배의 대상으로 성공적으로 변형시킨다. 지구, 자산, 생산, 시간, 남성과 여성, 인간 자체를 창조한다. 모든 것이 사물의 상태로 축소된다".p. 44 이 과정에서 대상들의 문화적이고 계급적 의미와 그 대상들의 구조를 알려 주는 관계들은 제거되어 버린다.

이 과정은 교사가 종종 종속 문화 집단의 학생을 "(현 상황 속에) 박아 두려는" 의도를 가진 다문화 교육과정이나 교육용 자료들을 맹목적으로 수용하거나 체화하는 데 영향을 준다. 상품화된 콘텐츠나 교육 방법이 '해결책'(사실 해결책이 아니다)으로 포장되어 판매된다. 바르톨로메Lilia Bartolomlé는 『방법 물신화를 넘어서: 인간화 페다고지를 향하여』라는 중요한 글에서 이 문제에 관해 이렇게 이야기한다.

> 낮은 학업성취도 문제에 대한 해결책은, 주로 그 문제를 만든 사회 문화적 현실과는 괴리된 방법론적이고 기계론적인 용어로 설명되는 경향이 있다. 따라서 현재 종속 문화 집단 학생의 낮은 학업성취도에 대한 해결책은, 소위 '보통'의 '평범'한 교수법에 반응하지 않는 학생들에게 적용될 '적절한' 교수법이나 전략 또는 사전 준비된 교육과정을 찾는 것

으로 축소된다.Bartolomé, 1994, p. 173

이러한 물신화 과정은 학교에서뿐만 아니라 사회 전체에 걸쳐서도 일어난다. 학교들은 현혹적 방식으로 "그것들을 만들고 유지하는 선도적 아이디어와는 괴리된"Macedo, 1994, p. 182 최신의 교과서와 교육과정 자료를 팔러 다니는 대형 출판사로부터 지속적인 구애를 받는다. 젊은 소비자들을 통해 명성을 쌓기를 원하는 회사들은 교사에게 학교 경연대회의 상품이나 모든 페이지에 그들의 로고가 새겨져 있는 교육 자료를 제공하려고 열심이다. 한편, 아무런 보상도 없이 자기 교실을 위해 연중 수백 달러의 자비를 써 가며 교구를 구매하는 자원이 부족한 학교 교사는 대개 학생을 위해 어떤 것이라도 기쁘게 받는다.

교육정책과 관행은 모든 공동체의 학생들에게 실질적인 경제적 결과를 가져온다는 사실을 염두에 두어야 한다. 교사에게 더욱 중요한 것은 이러한 결과들이 "단지 상징적인 것이 아니라… 실제 세계에서 인간의 삶을 만들고 그들이 있을 자리를 만든다"Carnoy, 1997, p. 16는 것을 인식하는 것이다. 학교보다 이것이 더 분명하게 드러나는 장소는 없다. 학교는 학생들이 분류되고, 선정되고, 인증되는 장소이다. 학생의 시험, 평가, 승급을 주관하는 교육적 정책들은 궁극적으로 어떤 학생들이 교사, 의사, 변호사, 예술가 등으로 불리는 특권, 즉 특정한 직업의 공인된 일원이라는 특권을 얻게 될 것인지를 결정한다.

정치경제가 연료를 공급받고 유지되는 방식으로부터 그 무엇도 자유로울 수 없는 것처럼, 각 직업의 계급 편향적 가정들을 유지하게 하는 시험과 평가 방식, 자격 증명 요구사항 등에서 중립적인 것이란 없다. 합법화의 과정을 통해 학교는 세계에 대한 파편화되고 부분적인 개념들을 정당한 지식으로 임명하는 권력을 자유롭게 행사한다. 이렇게 특정한 지식 형태의 특권과 손을 맞잡고 작동하는 것은 실력주의 관행이다. 학교 안의 실력주의 정치는 어떤 학생이 각종 혜택과 기회와 자원을 받게 되는지, 어떤 학생이 자격이 없는지를 결정한다. 실력주의는 이런 방식으로 사회의 불평등을 유지하고 자본주의를 보전하는 데 필요한 특정한 가치와 신념, 관계 및 관행들을 정당화한다.

예를 들어, 학교에 다니는 아이들의 초기 경험에서 학교교육의 가장 중요한 측면은, 시험 점수를 잘 받으면 좋은 성적에 따른 외부적 보상을 받는다는 믿음을 조건부로 강요하는 것이다. 학생은 좋은 점수를 받지 못하는 것이 자신의 지적 결함과 관련 있다고 믿도록 사회화된다. 즉 인간으로서 그들의 가치는 축소된다. 많은 교육자들이 어떤 학생이 학업에서 성공했는지 아닌지를 결정하는 표준화된 시험의 궁극적 권한을 인정함으로써 이러한 믿음을 고수한다. 지역 교육청 직원과 교장은 교사의 능력에 대한 믿을 만한 '과학적' 척도로서 시험 점수에 집착한다. 교사에게 '시험을 위해 가르치기'를 요구하면서, 학생의 점수를 성공적으로 끌어올린 이들에게는 성과급으로 보상한다. 그러나 마세도[Donaldo Macedo, 1994]는 『권력 문해: 미국인이 알도록 허용되지 않은 것*Literacies of Power: What Americans Are Not Allowed to Know*』에서 다음과 같이 역설했다.

> 그들을 더욱 단순화시키려는 환원주의적 체제에 맞서면 맞설수록 더 무력해지게 된다는 사실을 발견한 대다수 교사들을 형식적 봉급 인상을 통해 가부장주의적으로 달랜다. 이러한 접근법과 그에 관련된 제안들은, 정치적으로 또한 이데올로기적으로 종속된 학생의 현실과는 동떨어진 교재를 가르치는 벅찬 임무를 수행하려고 시도하는 과정에서 교사가 갖는 실질적 어려움을 간과하는 경향이 있다.[Macedo, 1994, p. 104]

교육 장비, 교과서, 교과 자료 등을 제공하는 사업에 종사하는 기업의 이익과 시장 경제의 직접적인 연관성은 표준화된 지식의 수사학에 감춰져 있다. 그중 한 예가 바로 기술 분야이다. 기술 판매는 "자본주의의 요새"Freire, 1997a, p. 56로서 전 세계적 호황을 누리는 산업 중 하나가 되어 가고 있다. 그것은 소위 21세기 '정보 사회'의 급성장을 즐기면서 그 막대한 수익성으로 인해 마치 모든 것을 다 삼키는 지옥 불처럼 움직여 왔다. 그러나 학교들이 교실과 교육과정 등의 전산화의 유행에 뛰어들고 있는 상황에서 어떤 질문도 제기되지 않는다. 이러한 기술이 누구의 이익을 위해, 어떤 목적으로 기능하고 있는가? 교사가 그 기술들을 교실에 도입할 때 학생들에게 미칠 영향은 무엇이며, 또 어떤 부분이 그것들의 미화된 역할을 무비판적으로 받아들이게 하는가? 교사는 "월드와이드웹"이나 "글로벌 커뮤니케이션" 같은 용어로 그 기술들의 특권을 인식하면서 "기술적 발전이 더 효율적으로 이데올로기적 물리력을 강화하는"p. 36 현실을 모호하게 한다.

　실제로는 세계 인구의 약 40%만이 인터넷을 이용할 수 있으며, 학교에서 컴퓨터 기술에 대한 접근이 가능하다 하더라도 그 분배는 공평하지 않다. 미국 학생들조차도 평등한 접근권을 가지고 있지 않다. 부유한 학교에는 인터넷 접속이 가능한 최첨단 컴퓨터와 다양한 프로그래밍 선택 사양이 보편화되어 있지만, 대부분의 저소득 학교는 구식 컴퓨터 몇 대와 제한된 소프트웨어만을 이용할 수 있고, 인터넷 접속은 아예 가능하지 않거나 아주 조금만 가능하다. 교육적 자원으로서 컴퓨터는 교과서, 도서관의 책, 시청각 장비, 악기, 유니폼, 미술용품이나 교육과정 자료 같은 다른 교육 자원들과 거의 같은 방식으로 배포된다. 이미 집에서도 많은 것을 가지고 있는 학생들이 학교에서도 가장 많은 것을 받는다. 그러나 학생은 마치 그들이 평등한 경기장에서 살고 있고 또 배우고 있는 것처럼 공부로 경쟁해야 한다.

교사가 교육에서의 이러한 문제들을 비판적으로 검토하게 되면, 다시 한번 세계 인구에 미치는 미국식 자본주의의 파괴적인 영향을 마주하게 된다. 교사가 반드시 알아야 할 것은, 교사가 자신도 모르는 사이에 학생을 다수의 비용으로 소수를 위한 자본을 축적하는 것을 비도덕적이고 탐욕적으로 지원하는 정치경제에 대한 무비판적 합의와 관용으로 끌어들이는 정부 요원으로 모집하는 방식이다. 교사는 미국 노동시장의 필요가 계속 줄어드는 상황에서 빈곤층과 노동계급 학생을 위한 미래가 무엇인지에 대해 비판적으로 생각해야 한다. 이것은 출생률 저하의 주요 요인이었던 경제 발전의 기회가 점점 줄어들면서 인구가 더 빠르게 증가하는 가난한 지역사회에서 특히 중요한 문제이다. 학교가 변화하는 경제 상황에서의 실질적 생존을 위해 젊은 노동자들을 준비시키는 데 실패했는데 그들에게 과연 어떤 미래가 있게 될 것인가? 게다가 사업과 정치 지도자들이 그들의 통제에서 벗어난 자본주의의 가차 없는 결과들에 대처해야 할 때 사람들을 어떻게 평화롭게 만들겠는가? 점점 더 많은 학생이 그들 삶에서 경제적 안정을 이룰 수 있다는 희망을 잃어 가고 있는 상황에서 어떻게 오늘날의 교사는 신자유주의 자본주의의 신화를 계속해서 받아들일 수 있는가? 이 모든 일은 신자유주의 복지 개혁으로 사회복지 안전망이 침식되었을 때 일어난다. 주류 미디어가 경제적 번영을 선전하는 동안, 세계에서 가장 부유한 국가의 가장 가난한 사람들은 이미 빈약한 경제적 실존을 유지하기 위해 제한적으로 이용 가능했던 국가 자원마저 빼앗기고 있다.

이 같은 경제적 양극화가 심화하면서 미국에서 민주주의의 의미는 좋은 소비자가 될 자유, 자본의 대리인이 될 자유와 동의어가 되었다. 결과적으로 학생들이 자유시장의 소비자가 된다는 것이 정확히 무엇을 의미하는지를 밝혀내거나, 혹은 과잉 공급과 과잉 소비가 노동시장

환경의 취약한 안정성과 어떤 관계가 있는지, 과잉 소비가 지구 생태계에 어떤 결과를 가져오는지를 고려하도록 격려받는 경우는 드물다. 자본주의는 대중문화에 대한 시장의 통제와 미디어의 표현을 통해 급속하게 탁월한 문화, 즉 성공적으로 성취된 하나의 현상이 되었다. 시장은 전 세계의 현재 및 잠재적 소비자의 꿈과 욕구를 균일화하기 위해 조직적으로 기능한다. 이것은 제3세계 국가의 많은 이들이 민속적 전통과 풍습에 대해서는 구식이며 시대에 뒤떨어진 것으로 여기고 거부하면서, "선진국"에서 수입한 록 음악, 영화, 옷, 문학 등은 독점적으로 선호하는 데서 매우 자명하게 드러난다. 한편 미국 학교 안에서는 벌써 아주 어린 학생들이 테니스화의 브랜드나 옷 입는 스타일 혹은 포켓몬 카드의 개수, 가지고 있는 컴퓨터 게임의 개수로 그들의 관계를 측정한다. 새로운 유행이 빠르게 들고 나며 움직이는 속도는, 시장이 아이들에게 아주 일찍부터 마음의 소리에 따라 소비하는 능력이 모두를 위한 자유와 정의의 전형이라는 생각을 주입하는 방식과 연결되어 있다.

시장의 정치에 내재한 모순에 대해 깊이 우려하며, 프레이리는 교사에게 "우리(와 학생들)가 자본의 대리인이라는 생각으로부터 우리를 분리하라"McLaren, 2000, p. 191고 촉구했다. 나아가 그는 "시장 논리의 집합으로 구성된 소비자 정체성을 넘어, 정치적인 것의 개념을 보유하기 위해"p. 152 투쟁할 것을 요구했다. 프레이리1998a는 그렇게 함으로써 교사가 자본주의 체제에 의해 지배, 착취당하고 있는 학생을 "지적 훈련, 마침내는 자본주의의 무책임과 부정의와 싸워 이길, 부르주아적이고 자유주의적인 민주주의를 넘어선 민주주의에 절대적으로 필수적인 사회적, 시민적, 정치적 훈련을 형성하는 과정"p. 89으로 이끌 수 있다고 믿었다.

교사가 당면한 두 가지 심각한 문제는 학교에 대한 입증되지 않은 일반적 비판과 시장 논리로 교육 문제를 해결하려는 신자유주의 개혁을 정당화하는 데에 '실패한 학교' 담론이 쓰이는 방식이다. 이처럼 "시험, 민영화, 경쟁을 찬양하는 경영의 언어"로 표현된, 기업적 영감을 얻은 개혁 노력은 주로 어떻게 하면 학교가 세계경제 속에서 경쟁력을 강화할 수 있는가와 관련되어 있다.Macedo, 1994 이것은 마치 여우를 피하려다 호랑이를 만난 격과 같다! 그 결과는 이미 지역 교육청 조직에서 명백하게 드러나고 있으며 제도적 개편으로 완성된다. 이제 학교는 공공 서비스 "공장"이기보다 하나의 기업이며, 이상적인 관리자는 학교 순위나 정보를 지휘할 수 있는 사람이 아니라, 최고 경영자로서 효율적으로 기능할 수 있는 사람이다.

시장 해결 논리의 또 다른 실망스러운 예는, 교육을 완전히 사유화하려는 노력 속에서 차터스쿨이 급속히 증가하는 현상이다. 차터스쿨이라는 미사여구는 사립학교가 학생을 교육하는 데 주어진 조건과는 관계없이 '경쟁'이 교육적 노력을 향상시킬 것이라고 믿으며, 이에 따라 불평등이 더욱 심화할 것이라는 사실에 대해서 의심하려는 의지조차 없다. 대신 교육의 질을 높이려 경쟁을 촉진한다는 명목으로, "학교를 선택하는 숨겨진 교육과정… 파산 직전인 가난한 학교의 소중한 자원을 사립학교나 살림이 넉넉한 학교에 지원하기 위해 빼앗는다."Macedo, 1994. p.166 그 결과, 이미 사립학교에 다닐 만한 여유가 있는 자들이 자신들의 특권 교육에 자금을 충당하기 위해 합법적으로 학교의 기금으로 몸을 적시고 있다. "보통 학생"이란 그들의 부모가 현재 자금난에 시달리고 있는 학교 중에서 '자유롭게 선택'할 수 있는 옵션을 택했다는 의미이며, 가장 가난한 학생은 예전보다 더 가난해진 학교에 남아 있을 수밖에 없게 된다. 이런 해결책은 시장 해결 논리가 언제나 지향해 왔던 성과를 창출한다. 바로 극빈자들이 더 억압받는 동안 부유층을 위한 이익을 더 증가시키는 것이다.

신자유주의적 학교개혁의 기만적 성격을 생각할 때, 권력의 정치 경제적 분배에서의 중대한 변화 없이는 헤게모니적 불평등 구조를 실질적으로 변화시키기 어렵다. 자본주의 생산의 계급적 체제는 "국가 관료주의와 경제의 민주화를 이루기 위한 노력이 동시에 이루어지지 않으면"Carnoy, 1983, p. 402 바뀌지 않을 것이다. 이 같은 노력은 신자유주의적 "개혁주의(구조적인 변화를 방해하는 개혁들을 실행하는)"에 의해 금지된 것들이다. "역사적인 가능성"의 비전에 뿌리를 둔 프레이리는 "진보적 실천에서는 가능하고 필요한 개혁들을 실행할 수 있다"p. 74라고 주장했다. 그러나 그는 개혁주의를 받아들이는 대신 "개혁주의에 대항해 싸우는 것은 진보주의자들의 의무이다. 그것을 물리치기 위해 개혁주의 실천의 모순을 이용해야 한다"Freire, p. 74라고 주장했다. 이러한 사회적 투쟁을 통해서만 진보적인 교사가 시장의 악마적 논리에 둘러싸인 지배와 착취의 교육 관행에 도전하고 변화시키기를 희망할 수 있다.

혁명적 프락시스: 이론과 실천의 동맹

파울로 프레이리는 우리가 역사의 주체로서 세계의 객관성과 주관성 사이의 변증법적 관계를 유지할 때에만 가능한 혁명적 프락시스를 가르쳤다. 이 비판적 관점을 통해, 교사는 사회정의와 인권, 경제 민주주의에 대한 그들의 비전을 배반하는 사회적 모순을 드러냄으로써 그들의 페다고지를 되돌아볼 수 있다. 그러나 이러한 비판 과정에 효과적으로 들어서기 위해서는 교사가 자신의 업무에 이론과 실천의 동맹을 통합하는 것이 필요하다. 파울로 프레이리1985는 이를 "기정사실로서가 아니라 실제 과정에서의 역동적인 운동"p. 11, 즉 변증법적으로 자신을 계속 다시 만들어 가는 운동으로만 설명 가능한 그의 프락시스에서 주요한 기초로 삼았다. 이론이란 지식 구성의 역사적 과정의 산물로서, 현재진행형이며 재생적인 것으로 이해되어야 한다. 그것은 절대 완성되지 않으며 특정한 권력관계에 따라 형성된 특정한 조건의 집합 안에서 항상 미완결된 채로 존재한다. 가르침의 과정에서 대화는 성찰, 세계에 대한 명명, 행동, 그리고 다시 한번 성찰로 돌아가는 것 사이의 관계적인 상호작용을 통해 나타나는 자기 발전적 실천이다. 이것은 또한 교사와 학생들이 함께 성찰하고, 비판하고, 주장하고, 도전하고, 행동하고, 궁극적으로는 우리의 세계에 대한 집단적 이해를 변화시킬 수 있는 공간을 제공하는 지속적이며, 목적의식으로 동기 부여된 공개적 교환이다.

그러므로 혁명적 페다고지를 받아들이는 교사는 그것이 프락시스에 대한 약속, 즉 이론과 실천 사이에 존재하는 변증법적 연결에 참여함으로써 가장 잘 수행될 수 있다는 것을 깨닫게 된다. 이것은 모든 인간이 지적 존재라는 이해를 전제로 한다. 자동차 정비공, 재봉사, 비서 업무에 종사하는 사람이나 병원 요리사 등 모든 이들이 지적 과정에 연루되어 있다. 그러나 우리 사회는 사회적, 교육적, 경제적 측면에서 특정한 사고 형태에 임의로 특권을 부여한다. 프레이리에게 이 문제는 단순히 페다고지적 관심 이상의 의미를 갖는다. 그는 "권력이 없는 이들의 지적 활동은 항상 지적이지 않은 것으로 특징지어졌다. 나는 이 문제가 페다고지적 차원뿐만이 아니라 정치적 차원에서도 강조되어야 한다고 생각한다"Freire & Macedo. 1987. p. 122라고 주장했다. '형식화된' 혹은 '교육된' 지적 형성에 대한 접근은 인구 대다수에게 심각하게 제한되어 있으며 축소되어 있다. 이것은 사람들에게 발전할 수 있는 역량이 없기 때문이 아니라, 경제의 극단적 양극화로 인한 자본주의의 쇠퇴가 대중에 대한 통제와 그들의 의존을 필요로 하기 때문이다.

파울로 프레이리가 『페다고지』[1970]에서 '연합'으로서의 이론과 실천의 관계에 대해 언급했다가, 『교육 정치학*The Politics of Education*』[1985]에서 '동맹'이라는 단어로 옮겨 간 것은 매우 주목할 만하다. 이 변화는 단순히 의미론적 구별 이상이다. 그는 '연합'의 개념이 교사가 서로 뚜렷이 구별되면서도 연결된 앎의 두 순간을 용해해 버리거나 무너뜨릴 수 있으며, 삶 속에서의 지속적인 창조와 재창조 과정에서 그 각각의 변증법적 기여의 중요성을 잃어버리게 할 수 있다고 우려했다. 프레이리는 이러한 우려를 『도시의 교육학*Pedagogy of the City*』[1993]에서 드러냈다.

> 변증법적이면서도 모순적인 관계의 필요성에서 다른 한쪽을 줄이는 방법은 없다. 자신의 이론적 성찰에 역행하는 실천은, 그 중요성에도 불구하고 나에게 사물 간의 관계에 대한 존재 이유를 설명하는 지식을 제공하기에 부족하다. 실천은 스스로 그 자체의 이론을 제시하지 않는다. 그러나 실천 없는 이론은 자신을 재창조할 가능성을 저하시킬 뿐만 아니라 자신의 타당성을 감소시키면서 시간을 낭비할 위험이 있다. 최종 분석에서, 이론과 실천은 그들의 관계에서 서로를 보완함으로써 필수적인 것이 된다.Freire, 1993, p. 101

구체적인 페다고지의 실천이 교실이라는 제한된 환경 안에서 이루어지는 것은 사실이다. 그러나 무엇이 교사들과 학생의 삶을 구성하는지에 대해 분석하거나 해석한다면서 단지 이 사각의 벽 안에만 머물러 있는 것은 순진하게도 모든 존재의 상호의존적 본질을 인정하지 않는 것이다. 예를 들어, 인종차별주의의 영향과 교실 불평등(매우 자주 발생하는)에 대한 이론적 분석 없이, 왜 그렇게도 많은 종속 집단의 학생들이 고등학교를 자퇴하는지를 이해하려는 노력은 이 현상에 대한 파편화되고 비맥락적인 '진리' 혹은 해석을 만들어 낸다. 이 제한된 관점에서 '문제'는 학생이나 교사 중 하나이다. 반면 학교 정치에 의해 만들어진 소외의 구조와 관계 및 관행은 숨겨지고 은폐된 채로 남아 있게 된다.

반면에 교사가 이론적 원리에 접근할 수 있다면, 교실 안에서의 교육 실천과 지배를 재생산하는 업무 내의 사회적 압력 모든 것에 비판적으로 대응할 수 있게 된다. 이러한 프락시스의 과정을 통해 우리는 숙의적 비판을 만들어 내고, 노동의 성격을 바꾸고 학생의 페다고지적 조건을 변화시킬 수 있는 대안적 전략을 디자인할 수 있다. 교사가 학교생활에 영향을 미칠 수 있는 능력은 사실상 이론 없이는 어렵다. 프레이리[1993]는 이론과 실천의 분리에 반대했다.

> 이론은 실천과 분리될 수 없다. 이론은 세계의 변화에서 필수 불가결하다. 이론이 없다면 우리는 길 한가운데서 자신을 잃어버린다. 그러나 반면에 실천이 없으면 우리는 공중에서 자신을 잃어버린다. 이론과 실천의 변증법적 관계를 통해서만⋯ 우리는 자신을 발견할 수 있고, 때때로 잃어버린다고 해도 결국에는 다시 발견하게 될 것이다.[Freire, 1993, pp. 102-103]

수많은 전통적 교육자들이 프레이리의 작업에 기초를 둔 비판교육 방식을 비실용적이거나 엄격함이 부족하다고 비방하는 것은 아이러니하다. 이보다 진실과 더 멀어진 것도 없다. 혁명적 교육 실천에서 이론은 해방적 실천을 핵심 목표로 갖는다. 이것은 학교와 지역사회 안에서 학생들이 그들의 세계에 비판적이고 지적으로 참여할 수 있도록 자극하는 페다고지적 행위로 구성된 살아 있는 실천이며, 집단적 존재로서의 웰빙을 위한 지각력을 재가동시키고, 공유된 시민의식을 지원하는 연민 어린 관계의 발전을 지원한다. 반대로 프락시스 없는 교육 실천은 교사와 학생 모두를 대상화하고 비인간화하는 무감각한 활동으로 빠르게 퇴보한다.

『문화노동자로서의 교사』[1998a]에서, 프레이리는 함께 지식을 구성하려고 노력하는 교사와 학생 모두의 '마음과 손'이 서로 일관성 있는 관계가 되도록 하는 수단으로서 개혁적 프락시스를 언급했다. 그러나 또한 이것은 자유와 정의를 추구하는 우리를 비인간화하려는 학교와 사회 내의 지배와 착취의 전통적 구조와 관행을 파괴하고 분해하는 역할을 할 수 있다. 프레이리는 교사가 그들 지식의 제한적이고 부분적인 특성을 인식하기 위해 자신의 한계와 함께 분투할 것을 촉구했다. 자신의 한계와 마주하는 것은 분명히 겸손한 일이지만, 우리가이것을 효과적으로 해내기 위해서는 세계 안에서 배우고, 성장하고, 싸우는 다른 이들이 필요하다. 만약 내가 해방적인 교사가 되고자 하는 나의 노력을 무너뜨리는 정치적 갈등과 모순에 진지하게 대응하기를 원한다면, 사랑스러우면서도 솔직하게 나의 교육 실천을 비판해 줄 동료와 학생들이 필요하다. 여기에 연대의 가장 중요한 기능 중 하나가 있다. 프레이리는 이것을 '사랑'의 행동, 그가 보기에 "프락시스 안에서, 사랑의 행동이 충만한 곳에서만 실존적으로 세워지는 진정한 연대"[1970, pp. 34-35]로 간주했다. 중요한 것은 인간으로서 우리는 고립된 채로는 자기비판을 수행할 수 없다는 것이다. 자기성찰은 중요하고 필요한 것이지만 변증법적 성찰 없이는 중요한 변혁적 행위는 일어날 수 없다.

다시 말하지만, 변혁적 교육 실천에서 핵심적인 것은 바로 이 실제적 의도이다. 이 페다고지는 마음의 세계에만 존재하는 것이 아니다. 이것은 민주적 권리에 대해 알고 그것을 보호하려는 공동의 투쟁을 위해 우리의 몸과 마음과 영혼을 결합하는 능력을 발전시키도록 돕는다. 이것은 개인주의적이고 추상적인 교육의 정치가 아니라, 정의와 해방에 대한 혁명적 꿈에 힘입은 개인과 공동의 실천을 기반으로 한 정치이다. 변혁적 프락시스는 우리의 행동할 수 있는 역량에 뿌리를 내리고 있다. 우리가 우리끼리 대화하는 것을 즐긴다고 해도 대화만으로는 충분하지 않다. 우리의 대화와 성찰에는 반드시 행동, 즉 우리의 이론적 이해의 지속적 발전을 보여 주는 행동이 수반되어야 한다. 프레이리[1993]는 이것을 페다고지의 변화 과정에서 엄격하지만 보람찬 것으로 여겼다. "나와 다른 이들의 교수법 실천에 대해 더 비판적이고 엄격하게 생각할수록 나는 더 많은 가능성을 갖게 된다. 첫째, [나의] 실천을 이해하게 되는 것과 둘째, 같은 이유로, 더 나은 실천을 할 수 있는 능력을 확장하는 것"[p. 102]이라고 『도시의 교육학』[1993]에서 진술했다. 즉 그는 교육이란 프락시스 안에서 지속적으로 다시 만들어지는 것이라고 굳게 믿었다.

교사가 그들의 업무에서 이론에 대한 두려움을 버리고 그 중요성을 깊이 이해하게 될 때, 그들은 실천의 결과를 더욱 명쾌하게 비판하고 평가할 수 있는 능력을 발전시킬 수 있다. 또한 교사는 저항의 성격에 대해서, 또 교실 안에서 그것이 어떻게 작동하는지에 대해서 더 잘 이해할 수 있다. 그렇게 함으로써 교사는 반헤게모니적 공간을 창조하는 것의 한계와 가능성을 확인하기 위해서 권력에 대한 이론적 이해를 이용할 수 있게 된다. 이 공간은 해방적 관심으로 만들어진 대안적 공간이다. 여기서 학생들은 자유롭고 개방된 성찰과 대화와 행동의 과정을 통해 사회 변화와 연관된 개인과 집단의 진정한 임파워먼트의 기회를 경험할 수 있다. "이러한 혁명적 프락시스를 통해… 학생은 자신의 세계를 선포하는 법을 배움으로써 그들이 과거에 침묵했던 진정한 이유를 발견한다."[Freire, 1985, p. 146]

프레이리의 급진적 희망

그의 꿈을 보여 주는 정치적 프로젝트가 너무나 엄청난 것임에도 불구하고, 파울로 프레이리[1997a]는 세상을 떠나기까지 전 세계의 교사들을 위한 희망의 사절로 남아 있었다. 희망이 "인간을 위한 존재론적 요구"[p. 44]를 드러낸다는 것이 그의 깊은 믿음이었다. 그가 볼 때 희망은 근본적으로 우리 존재의 가장 깊은 곳에 뿌리를 내리고 있다. 희망 없이는 현상 유지에 필수적인 냉소주의와 숙명론, 곧 열정과 사랑을 모두 사라지게 하는 정치적 교살의 두 세력만이 남는다고 그는 추측했다. 『희망의 교육학Pedagogy of Hope』[1996]에서 그는 이렇게 말했다.

> 해방을 희망하는 것이 곧 해방을 의미하는 것은 아니다. 역사적으로 우호적인 환경 안에서 우리는 그것을 위해 싸울 필요가 있다. 그러한 환경이 존재하지 않는다면, 우리는 희망적으로 그것을 창조하기 위해 노력해야 한다. 해방은 운명도, 숙명도 아니며, 부담도 아닌 가능성이다. 우리가 더 많이 종속당하고 자유를 꿈꿀 수 없게 될수록 도전에 맞설 수 있는 인간의 능력도 사라진다. 미래를 익사시키는 어두운 현재가 많아질수록 억압당하는 이들에게는 더 적은 희망이, 억압하는 이들에게는 더 많은 평화가 있을 것이다.[Freire, 1996, p. 44]

프레이리의 급진적 희망은 모든 형태의 빈곤에 맞서 투쟁하고, 사회 지배계급의 제멋대로인 권력에 대항하고, 학교와 사회 내의 비인간화 세력을 극복하고, 지구 전체에 대한 자본주의 지배의 파괴적 결과에 맞서는 그의 평생에 걸친 혁명적 헌신에 입각해 있다. 『교육 정치학』[1985]에서 프레이리는 그의 비판교육학 논문들에 공통적으로 드러나는 은유들을 사용하여 그의 혁명적 유토피아에 대한 비전을 구체화하기 시작했다.

> 혁명적 유토피아는 정적이기보다 역동적이다. 죽음보다
> 는 생명을 지향한다. 현재의 반복보다는 인간의 창조성에 대
> 한 도전으로서의 미래를 지향한다. 소유보다는 주체의 해방
> 으로서의 사랑을, 차가운 추상보다는 삶에 대한 감정을, '무
> 리 지어 사는 것gregarious'보다는 조화롭게 함께 사는 것을,
> 명령보다는 인간 스스로 자신의 행동을 조직하는 것을, 규범
> 적 신호보다는 창조적이고 소통적인 언어를, 길들이는 구호
> 가 아니라 성찰적인 도전을, 강요된 신화보다는 살아 있던 것
> 들의 가치를 지향한다.Freire, 1985. p. 82

프레이리에게 해방의 주된 임무 중 하나는 "연대 속에서 우리의 인간성을 확언하는 것"McLaren, 1994. p. 196이었다. 그러나 이것은 우리가 "인간의 참여와 투쟁을 벗어나서 존재하는, 마찰 없는 세계를 창조하고자 열망"하는 것을 의미하지 않는다. 오히려 그는 교사가 민주주의의 민주화를 위한 페다고지적 노력을 통해, 인간의 고통을 야기하는 구조와 관계, 학교와 사회 안에서의 관행들을 변화시키고자 하는 구체적 목적을 받아들일 것을 촉구한다.

> 나는 우리의 의무에 대해 한 치의 의심도 없다. … 민주
> 주의적 본질의 실천, 곧 민주주의의 희생을 통하지 않는 한
> 은 피할 수 없는 우리의 권한과 자유 사이의 긴장을 다루는
> 방법을 위한 실천을 창조할 의무이다.McLaren, 1994. p. 130

파울로 프레이리[1998a]는 희망과 가능성을 온전히 받아들인 사람으로서, 자유에 대한 보장이나 그 권리에 대한 어떠한 생각도 완전히 거부했다. "누구도 민주주의를 선물로 받지 않는다. 민주주의를 위해 싸우는 사람만이 그것을 얻는다"[p. 89]라고 그는 자주 말했다. 변화는 해방의 프락시스로 훈련된 진지한 투쟁의 경험으로부터 나타나야 한다. 그 결과는 절대 예견·예언되거나 보장될 수 없다. 변화와 그 결과는 우리가 함께 우리의 역사적 현존을 만들어 가는 살아 있는 순간에만 나타날 수 있다.

프레이리는 분석에 사용된 언어가 충분히 엄격하지 못하다고, 그리고 이상주의자라고 비판받았다. 어떤 이들은 그가 여러 라틴아메리카 작가들의 언어 스타일을 연상시키는 시적 은유를 버리지 않았다는 이유로 싫어했다. 프레이리는 "내 텍스트를 읽으면 내가 푹 빠진 브라질 문화로부터 영향을 받았음을 쉽게 발견할 수 있을 것이다"[Shor & Freire, 1987, p. 153]라고 비평가들을 상기시키기도 했다. 게다가 프레이리는 결코 이상주의자가 아니었다. 비판적 희망의 견지에서 그의 정치적 비전은 "유토피아적 사실주의"[Giddens, 1994]와 유사했다. 그는 물질성에서 벗어난 "의식의 변덕스러운 사상들"과 "가상적 현실의 변화라는 부조리"[p. 69]를 강하게 거부했다. 대신 그의 혁명적 희망은 몸의 물질성과 구체적이고 살아 있는 경험, 또한 우리의 변증법적 미완성과 비영구성 모두에 대한 인식 위에 단단히 뿌리내리고 있다.[Freire, 1998b] 마찬가지로 그는[1995] 사회 변혁이 한번 달성되면 "새로운 세계"가 저절로 만들어진다는 신화도 거절했다. 대신 그는 다음과 같이 주장했다.

새로운 세계는 그런 식으로 드러나지 않는다. 그것은 영구적이며, 힘을 얻었을 때도 시들지 않는 혁명적 과정에서 온다. 이 새로운 세계의 창조는 결코 '성스럽게' 만들어질 수 없으며, 모든 사람의 의식적인 참여와 수동적 노동과 지적 노동 사이의 이분법의 초월, [비인간성]을 재생산하지 않는 교육의 형태를 필요로 한다.Freire, 1995, p. 106

파울로 프레이리의 비전에서 볼 때, 참여적이고 초월적인 교육은 오직 전 지구적 해방 프로젝트를 위한 우리의 계속된 헌신과 충실함을 통해서만 결과를 낳는다. 이 헌신과 충실함은 세계와 사람들을 향한 깊은 사랑, 곧 대화와 연대의 혁명적 프락시스로부터 나온 사랑에서 태어난 것이다. 그 사랑이 아직 분명하지 않을 때조차도 우리는 학생의 잠재력을 존중하기 위한, 우리의 노력에 저항하는 부모들을 단념하지 않기 위한, 또한 우리의 정치적 꿈에 반대하는 동료들을 포기하지 않기 위한 겸손함과 인내를 발전시킬 수 있다. 실제로 "그것이 항상 투명하지는 않았음에도 불구하고, 투쟁하는 용기의 깊은 곳에서 나는 정의의 회복을 위해 없어서는 안 될 사랑할 수 있는 능력을 보았다."1997a, p. 65

타인에 대한 믿음을 지킬 뿐 아니라 실천을 통해 진정으로 그들과 함께 배우는 것이 프레이리의 급진적 희망의 정신이다. 우리는 사랑의 페다고지를 살아 있게 하는 것이 우리의 인간성, 곧 세계 속의 온전한 주체로서의 우리 존재를 지원하는 학생, 학부모, 동료 교사들과의 연대로 들어가기 위한 깊은 인간적 헌신임을 더욱 구체적으로 인식하게 된다. 그러나 여기서 멈출 수는 없다! 사랑의 페다고지는 사회 통합과 경제 민주주의를 위한 확고하고 깊은 헌신, 즉 자본주의의 강력한 죽음의 지배로부터 우리의 인간성을 해방시키고, 오늘날에도 지속되는 권력의 식민성을 해체하는 혁명적 헌신을 아우르는 것이어야 한다.

제3장

사랑의 행위로서의 가르침: 수업에서의 프레이리

실체화된 인간으로서의 학생 | 대화적 페다고지의 도전 | 권력과 권위 이용하기 |
교실의 문화정치 | 문화, 언어, 그리고 문해력 | 순리를 거부하는 교육

사랑하려는 용기 없이 가르칠 수 없다. 포기하지 않고 수천 번 시도하려는 용기 없이 가르치는 것 또한 불가능하다. 요컨대 사랑을 느끼지 못하고, 사랑하지 못하고, 사랑에 대해 깊이 생각하지 않고 가르칠 수는 없다.파울로 프레이리,『문화노동자로서의 교사』, 1998a

프레이리는 자신의 생애를 통해서 사랑의 행위가 가르침의 혁명적인 힘이라고 확신했다.『페다고지』에서 그는, "사랑은 용기의 행위이다. 두려움이 아니라… 타인에 대한 헌신… 그리고 해방이란 명분에 대한 헌신"1970, p. 78이라고 했다.

프레이리는 페다고지 프로젝트에 근거해, 대화의 과정은 "세계와 사람에 대한 깊은 사랑 없이는" 존재하지 않는다고 확신했다.1993, p. 70 프레이리는 교사가 이와 같은 사랑을 통해 연대하기 위해서는 힘, 신념, 겸손을 가져야 하고, 공적 교육의 억압된 이데올로기와 실천을 변화시키기 위해서 함께 투쟁해야 한다고 주장했다. 프레이리는 1999년 인터뷰에서, 교육과정에서의 사랑은 다른 무엇보다도 가르침을 위한 열정과 사랑에 연결된다는 견해를 밝혔다.

나는 가르침을 사랑의 행위로 이해한다. 가르침은 형식적인 의미에서의 사랑의 행위가 아니며, 관료주의적인 의미는 더군다나 아니다. 사랑의 행위는 좋은 돌봄의 표현이고, 사랑하기 위한 욕구이며, 무엇보다도 당신이 사랑하는 것이다. 당신은 열정 없이 일을 한다는 것이, 기계적으로 일을 처리한다는 것이 얼마나 고통스러운지를 상상할 수 있는가?Leistyna, 1999, p. 57

프레이리가 사용하는 어휘는 내가 개인적으로 경험했고, 내 연구에서 관찰했었던 것과 다르지 않다. 사실, 해방을 위한 교육 실천에 나섰던 교사는 교수학습을 위한 열정과 타인을 위한 사랑에 의해서 진정한 동기를 갖게 된다. 그들은 교육이 해방을 위한 힘으로 기능한다고 보아 그 속에 열정과 헌신을 담는다. 비록 쉽게 표현하기는 어려울지라도, 이런 교사는 지식을 만들고 배우는 핵심적인 행위가 세계에서 주체가 되기 위해 경험하는 인간의 능력을 자극하는 방식이라는 것을 잘 알고 있는 듯하다. 교육은 많은 진보적인 교사, 특히 노동계급 출신의 유색인종 교사에게 개인적이고 정치적인 발달에서 중요한 역할을 제공한다. 게다가 프레이리의 『페다고지』는 단지 교실을 위한 페다고지가 아니라, 우리의 개인적인 정치활동을 포함해서 우리 삶의 모든 장면 속에 반드시 주입되어야만 하는 살아 있는 페다고지라는 점을 알려 준다.Darder, 2015

교사는 학생들 앞에 서는 날을 숨죽여 꿈꾸고 상상하며 몇 년을 보낸 후에야 첫 번째 수업을 경험한다. 어떤 이들은 교사가 되겠다는 꿈이 한참 어렸을 때, 즉 어릴 적 친구들이나 형제자매와 놀며 "교사" 역할을 하며 시작되었다고 한다. 또 다른 이들은 시험을 준비하기 위해서 읽고, 쓰고, 준비하는 방법을 배우는 것을 어려워하는 형제나 자매에게 숙제를 도와줄 때부터였다고 말한다. 그들은 다른 사람의 지적 성장, 즉 사람이 인지하게 되는 과정에 참가자로서 참여하는 자신을 목격했을 때, 교사가 되고자 하는 꿈이 작은 씨앗처럼 그 안에 뿌리를 내리고 자라기 시작했다. 그것은 어린 시절 프레이리[1983]의 경험과 매우 유사하다.

> 내가 기억하는 한, 내가 어렸을 때부터 갖고 있었던 특별한 취향, 특정 성격, 특정 욕구는 오늘 현재 교사가 되고자 했던 나의 경향을 알려 주었다. 나는 사춘기 시절을 여러 번 회상해 보게 된다. … 나는 교실에서 가르치고 있는 나 자신을 보는 꿈을 꾸었다. 꿈에서 깨어나자, 나는 교사가 되고 싶었다. 교사가 되려는 생각과 함께 난 놀았다. 내 또래 친구들을 가르치는 실습을 하면 할수록, 내가 간절히 되고자 했던 교사가 더욱더 되고 싶어졌다.[Freire, 1983, pp. 95-96]

프레이리가 해방적인 가르침과 꿈에 대한 우리의 능력이 친밀하게 연결된다고 굳게 믿었다는 것에 놀라지 말기를 바란다. 나는 프레이리가 카브랄Amilcar Cabral에 관해서 우리에게 말했던 때가 생각난다. 프레이리는 카브랄을 가슴 깊이 존경했고, 그를 "자신의 생각을 실천으로 옮기는 혁명적 교육가"로 대했다.[Freire & Macedo, 1987, p. 103] 카브랄은 동료들과의 모임에서 기니비사우Guinea-Bissau에서 일어나고 있는 혁명 과정에 대해 토론했다. 그는 눈을 감고 "지금 잠시 머릿속으로 꿈을 그려 보겠습니다"라고 했다. 그런 후 자신이 꿈꾸었던 것이 무엇인지에 대해 말하기 시작했다. 누군가 나서 그것은 "그저, 꿈이잖아요"라고 했을 때, "그렇습니다, 그냥 꿈이죠. 가능한 꿈 말입니다"라고 답했다. 카브랄에게 이와 같은 과정은 사람들이 자신의 운명을 일깨우는 꿈꿀 권리가 다소 오랫동안 부정되었던 사회를 정치적으로 재창조하는 데 중요했다. 그는 "꿈을 꾸지 못하는 혁명이 얼마나 가엾습니까!"[5] 라고 외치며 모임을 마쳤다.

자신의 수업에서 상황을 재창조하는 데 큰 어려움을 겪어 오면서 많은 교사들 역시 이러한 과정에 익숙하다. 그들은 자신의 꿈에서 떠오르는 혁신적인 생각에 귀 기울이는 중요한 능력을 통해 학생을 위한 새로운 활동을 제시하거나 새로운 프로젝트를 개발하거나 새로운 학습 기회를 설계한다. 이러한 창의적이고 직관적인 과정을 통해 교사는 교실에서 학생들과 함께 존재하는 새로운 방식을 찾고, 학생은 좀 더 완전하게 자신을 이해하고 세상을 탐험하며, 자신의 비판적인 능력을 좀 더 깊이 연결시키는 데 도움을 주는 경험을 소개하는 새로운 방식을 찾는다. 특히 이런 것은 학생의 삶뿐만 아니라 공동체에서 변화를 만드는 새로운 방법을 모색하는 진보적인 교사에게서 더욱 진실되게 경험할 수 있다. 그러나 프레이리[1993]가 직관, 즉 "영혼의 울림"에 대해 개방적인 태도를 보인다는 점 때문에 우리의 꿈을 행동으로 옮기기 전에 비판적으로 성찰할 필요가 없다고 생각해서는 안 된다. 왜냐하면 다른 사람들과 연대할 때 지식을 알아 나가는 데 직관의 역할을 절대로 경시하지 않으면서도 "엄격한 시험대"에 우리의 직관을 올리는 것이 필수적이라고 프레이리는 주장하고 있기 때문이다. 그는 혁명적인 프락시스와 페다고지에서 인간적 요소를 필수적으로 필요로 하는 꿈과 직관은 학생을 구체화된 인간으로 발달하게 하는 데 결정적이라고 보았다.

---

5. 이 책 299쪽에 있는 이 이야기에 관한 견해는 Shor와 Freire(1987)의 『교실을 위한 프레이리』 참조.

실체화된 인간으로서의 학생

실체화된 인간으로서 학생을 참여시키려는 문제는 프레이리 저서에 관한 비판적인 토론에서 좀처럼 주목을 받지 못했다. 아마도 이런 결과는 이 사회가 잘못된 방향으로 이끌려 가는 경향에 대해 이론적으로 과잉 보상하려는 요구에서 비롯되었다고 보인다. 즉, 이런 경향은 비판적이고 집단적인 의식의 발달을 희생하면서, 주체성의 역할을 과하게 강조하거나, 자유주의적이고 대안적인 교육 프로그램에서 자아를 심리학적으로 과잉 분석한다. 다른 한편으로, 이런 논쟁에서 침묵하는 것은 투쟁하는 개인에 관심을 두기보다는 사회적 구조의 정치적 분석과 국가의 정치적 장치에 더욱 중요성을 두는 좌파의 역사적인 경향과 연결될 수 있다. 내가 양측 주장의 근본적인 정치적 관심사에 동의한다고 해도, 교사인 우리는 수업에서 지적인 영역을 넘어서는 개인의 요구와 관심사가 학생의 비판적인 역량 발달에 중요하지 않다고 속일 수는 없다.

마음속에 이런 생각을 지닌 프레이리가 반복적으로 시도했던 것은 실체화와 비판적 형성 사이의 관계를 만드는 것이었다. 비록 그가 이러한 논쟁과 관련된 체계적인 이론을 제시하지 못했지만, 그는 교육의 해방적인 형식과 신체의 관계를 열정적으로 언급하며 우리에게 유산을 남겼다. 이것은 지식의 구성에서 신체의 탁월함을 완전히 인식하는 페다고지적 관점을 포함한다. 프레이리의 철학적 표현은 질료적 존재로서 교사와 학생을 이해하는 것에 집중되었다. 따라서 이러한 이해는 우리가 공익을 위해 일하는 것처럼, 성찰, 대화, 연대를 지지하기 위해 신체의 인간화된 기질에 의해 알게 된 교육의 프락시스를 요구한다. 교사와 학생은 협력학습의 대화적 과정에 참여할 때 그들 신체의 질료성은 집단의식 형성에서 정당한 협력자로 이해되어야만 한다. 이에 대해 프레이리[1983]는 "참교육이 실현하려는 것은 자신이 존재하는 세계에서 자신이 완전한 인간이 되기 위해서 타인과 함께 협력하는 인간에 대해 끊임없이 탐구한다는 것"[p. 96]이라고 말했다.

확실히 프레이리와 시간을 보냈던 사람들은, 프레이리가 매우 비상한 사람이어서 공적이고, 개인적인 상황에서도 완전히 실체화된 인간으로서 자신을 확장시키고 사랑하는 엄청난 능력이 있다고 보았다. 프레이리의 예에서 볼 수 있듯, "역사의 완전한 주체"가 된다는 것은 우리의 지적 능력이 인간성의 일면일 뿐이라는 인식을 요구한다. 이런 관점은 또한 혁명적으로 교육 활동을 만들어 갈 때 우리가 의지를 갖고 학생을 좀 더 주체적으로 참여시키기를 요구한다. 비록 프레이리가 이런 인지적 과정이 그에게 얼마나 중요하고 즐거운지를 표현했다고 할지라도, 인지적인 과정(우리의 생각이나 책)을 통해서만 교수와 학습이 이루어지는 것은 아니다. 교사와 학생은 교육의 실천과 새로운 세상을 위한 몸부림 속에서 자신을 실질적으로 몰입시켜야만 한다. 이에 대해 프레이리[1993]는 이렇게 말했다.

> 우리는 세상을 변화시키고, 행동함으로써 세상에 관해 배운다. 이것은 변화의 과정으로 향하는 것이고 우리가 생성된 물질적인 세상을 바꾸는 과정이며, 그리고 역사적이고 문화적인 세상의 창조를 시작하는 과정이다. 말을 하기 전부터 그리고 기록을 하기 전부터 세상이 우리를 만들고 개조하는 동안 우리도 세상을 변화시킨다. 나는 이것을 세상의 "창작"이라 불러왔다.[Freire, 1993, p. 108]

『문화노동자로서의 교사』에서 프레이리[1983a]는 학생을 다면적인 인간으로 간주하는 통합적 관점을 반영하여 학생의 몸을 개입시키기 위한 최적의 공간으로 교실을 이야기했다. 이 같은 통합적 관점은, '은행저금식' 교육에서는 종종 부정된다. 은행저금식 교육에서는 학생의 신체적 통제를 직접 지시하지 않는다고 할지라도 신체에 대한 좀 더 다면적인 이해가 부재하며, 지적이고 정치적인 형성에서 신체의 중요성을 간과한다. 인식론에 중점을 둔 전통적인 교육이 인지에 특권을 부여하기 때문에, 또 다른 중요한 깨달음의 방식은 쉽게 무시되거나 일축된다. 결과적으로, 교사가 진정으로 인간적 사랑을 표현하는 ("나는 나의 학생 모두를 사랑한다"는 진부한 표현을 넘어서는) 가능성과 거리를 둠으로써 자신이 "전문가로" 행동한다고 해도, 교실은 학생의 신체에 대한 유기적인 반응이 사라지고 몸과는 동떨어진 기대의 기준들에 의해 정형화된다.Darder, 2015 따라서 주류의 문화적 기록에서 격리된 학생의 신체적 표현과 목소리(의견)는 체계적으로 묵살된다. 이 현상이 심리학적인 자아로서 개인을 보는 지배적인 개념을 단정한다는 것, 그리고 개인의 지능과 강한 자아가 외적인 조건과는 무관하게 효과적으로 기능하려는 능력으로 측정된다는 것은 중요하다.

이와 반대로 프레이리2002; 1993; 1989는 서구의 전통적인 교육의 한계에 대항했다. 즉, 서구의 교육은 은행저금식 교육을 지지하며 지식을 신체로부터 이탈시키고, 교수학습 과정에서 신체의 역할을 부정한다. 프레이리는 은행저금식 교육을 서구 인식론의 전통과 관계되는 것으로 이해했다. 즉, 마음과 감정처럼, 마음과 몸은 지적 능력의 형성 과정에서 적대적인 것으로 간주된다고 이해했다. 이런 분리의 전통은 학생에게서 자신을 구분하는 반상호작용적인 수업을 하게 하고, 기대하게 만든다. 학습에 대한 이런 접근법이 유기적인 지식의 구성 과정을 억압하는 권력의 비대칭적인 관계를 재생산한다는 것에 대한 의문 제기도 없이 말이다. 프레이리1998b는 이와 같은 분리는 학생의 목소리, 사회운동단체, 민주적인 참여의 형성을 불가능하게 한다고 보았다. 이 과정은 자신보다 더 부유한 학생에 비해 자원과 기회를 거의 향유할 수 없는 하위 계층 학생에게는 더욱 힘든 상황이 될 수도 있다.

게다가 프레이리는 우리가 가르침의 과정을 이해하려고 애쓸 때, 우리가 살아온 역사를 좀 더 넓은 사회적 맥락에서 우리의 경험으로 이해하려 하는 것처럼, 학습이란 우리 존재의 총체적인 맥락에서 시작하는 경험으로 인식되어야 한다고 주장했다. 이와 같은 접근을 통해서만, 교사는 우리가 가르치고 배워야 하는 조건과 교사와 학생의 실제적인 삶에 반향을 일으키는 혁명적인 교육 실천을 시작하게 된다. 프레이리는『망고나무 그늘 아래서』에서 그 주제에 대해 상세히 설명하고 있다.

> 내가 이 과정에서 감성적인 언어를 지나치게 사용한다거나, 이런 주제를 다루는 방식에서 엄밀함이 부족하다는 일종의 과학만능주의적 비판을 나는 거부하겠다. 내가 깨닫고, 말하고, 글을 쓸 때 함께하는 열정은, 어떤 방식이든지 간에 내가 발표하거나 비난하거나 하는 활동을 깎아내리지 않는다. 나는 총체론자이지 분리론자가 아니다. 나는 도표를 따르는 소심하고 꼼꼼한 사람이 아니다. 그리고 분해하거나 애매한 관점을 가진 사람도 아니다. 나는 나의 온몸, 감정들, 열정, 그리고 또한 이성으로 깨닫는다.Freire, 1997a, p. 30

프레이리2002는『희망의 교육학』에서 억압받는 학생, 노동자 그리고 그들 공동체를 소외시키는 다양한 물질적 조건들을 언급했다. 그것은 그들이 살게 되는 역사를 형성하고, 역사는 그들의 신체를 통해 구별되고 과하게 표현된다. 이것은 그들의 피부, 치아, 머리카락, 몸짓, 언어, 팔과 다리의 움직임에서 목격될 수 있다. 이처럼 학생의 몸의 언어는 억압받는 공동체에 있는 학생의 정체성에 대한 의미 있는 단서와 교실 안과 세상 밖으로 표현하는 요구, 긴장, 갈등으로의 영향력 있는 통찰을 제공한다. 마르크스와 발맞추어, 프레이리1998b는 헤게모니적 학교교육을 노동 소외의 정치학과 유사한, 소외의 정치학에 기반하여 젊은이들의 신체와 자연세계로부터 그들을 소외시키기 위해 기능하는 것으로 이해했다. 그는 신체를 소외시키는 것은 "소외를 내면화하는 보이지 않는 힘, 세련된 소외의 상태, 신체에 대한 의식이 상실된 상태"p. 102와 유사한 것으로 판단했다.

따라서 은행저금식 교육은 인지적이고 신체적인 교화의 장으로 존재한다. 즉, 추상적인 지식과 그 지식을 구성하는 과정은 맥락이 사라지고, 실체와 멀어지며, 대상화된다. 그리고 이에 맞춰 학생은 은행저금식 교육의 특징인 소외시키는 기능, 합리성을 제한하는 것, 그리고 기술주의적인 도구주의에 복종하도록 강요받는다. 이와 같은 생각으로 프레이리1998b는 『자유의 교육학Pedagogy of Freedom』에서 학습에 대한 추상적인 접근법에 의존하는 것은 불충분하다고 주장했다. 그런 추상적인 방법을 택하게 되면, 실체와는 먼 단어와 텍스트가 우선적으로 지식을 구성하게 된다. "알맹이가 없는 단어들은 거의 가치가 없다."p. 39 여기서 그는 소외의 교육과정이 물질세계, 즉 해방교육이 만들어질 수 있는 유일한 진리의 영역으로부터 학생을 소외시키는 잘못된 이분법적 논리를 유발하게 된다고 우려했다.

프레이리는 페다고지적 과정에서 신체에 중요한 역할을 부여하며, 은행저금식 접근법에서 존재론적이고 인식론적인 신체의 소외가 어떻게 학생 자신과 타인 및 세계를 인식하려는 학생의 능력을 심각할 정도로 방해하는지를 지적했다. 신체의 소외는, 우리의 삶이 신체를 통한 활기찬 경험과 신체의 감각적인 능력에서 펼쳐진다는 명백한 사실은 무시된다. 대신에 신체는 헤게모니적 질서를 훼방 놓을 수 있는 잠재성이 있기에 통제되고, 억눌러야 하며, 초월해야 하는 대상으로 간주된다. 이런 부정은 학생 신체의 정서적이고 관계적인 요구를 무시한다. 학생의 신체는 이데올로기적으로, 신체적으로 가두는 사회의 사회적이고 물질적인 굴레로부터 자유로워지기 위해 인내하고, 저항하고, 투쟁해야만 하는데 말이다. 『도시의 교육학Pedagogy of City』 속 가도티 Moacir Gadotti 와의 대담에서 가도티는 프레이리에게 신체와 그것의 페다고지와의 관계에 대해 질문했다. 가도티와 프레이리는 신체의 경험이 의식의 발달과 지식의 구성에 필수적이라는 사실을 자주 언급했다. 프레이리1993에게, 신체는 "앎"의 과정에서뿐만 아니라 해방을 위한 투쟁에서도 중요하다. 이에 관해 그는 다음과 같이 말했다.

> 신체의 중요성은 논쟁거리가 아니다. 신체는 해방을 위한 투쟁을 위해 움직이고, 작용하고, 기억해 낸다. 요컨대 신체는 그 자체를 욕망하고, 지적하고, 알리고, 반대하고, 엇나가게 하고, 세상을 일으키고, 설계하고, 재창조한다. … 그리고 신체의 중요성은, 인지적인 능력과 연결되었을지라도, 신체에 의해 포용되는… 일종의 감각주의와 관련 있다. 알고자 하는 열정적인 능력과 세상을 알려는 행위를 분리하는 것은 어리석은 일이다.Freire, 1993, p. 87

개인적인 존재이자 사회적인 존재인 학생의 변증법적인 임파워먼트를 위해 혁명의 잠재성을 지닌 이런 관능주의는 학생의 교육적인 경험을 정확하게, 또 체계적으로 제거한다. 신체를 악하게 보고 열정과 감각적 즐거움을 영혼의 신성함을 타락시키는 것으로 보는 금욕주의 관념과 역사적으로 관련된 사회 통제의 보수적인 이데올로기는 오늘날 학교교육의 교육정책과 집행에 계속해서 반영되었다. 따라서 억압받는 이들에게 좀처럼 이익이 되지 않는 추상적이고, 분절되고, 맥락을 알 수 없는 교수학습 이론을 강조하고, 신체의 경험을 무시하는 길들이려는 교육정책과 실천을 학습하게 된다는 것은 그리 놀랄 일은 아니다. 학생은 대개 학교에서 사회적 주체로서의 감각을 약화하고, 결국엔 잃어버릴 수 있는 수동적인 역할을 하도록 사회화되고 조건화된다. 결과적으로 학생의 현재의 실질적인 신체적, 감정적, 영혼적인 요구들은 일반적으로 무시되고 중요하지 않은 것으로 치부된다. 이로써 학생은 학교교육과정의 지배적인 문화에 자발적으로 복종하고 순응하도록 재촉받는다.

몸에 관한 프레이리의 생각은, 교사와 학생들에게 『프레이리와 몸』Darder, 2016b이 필요하다고 지적한다. 이 말은 교수와 학습의 해방적 형태는 비판적인 프락시스를 위한 시작점으로서 인간 존재의 물질성에 뿌리를 두어야 한다는 뜻이다. 프레이리1993는 "문화적이고 역사적인 세계의 창조는, 우리가 태어난 곳으로부터 물질세계를 변형하는 과정에서 시작한다"p. 108라고 주장했다. 그러나 이런 사회적 변화의 과정에 자동적이거나 당연한 것은 없고, 빈틈없는 논리 혹은 냉철한 이성에만 의존하는 과정도 없다. 나아가 신체의 깨어 있는 부분을 통해 학생이 경험의 대다수를 구성함에 따라서 학생의 신체는 존재로의 자유를 경험하고자 하는 욕망 안에서 끊임없이 저항하거나, 포기하거나, 조정하거나, 반항하거나, 기뻐하거나 절망한다. 그리고 정치적이고 유기적인 실체로서, 신체는 우리의 삶을 형성하는 힘의 물질적인 조건들과 사회적 관계를 이해하는 데 중요한 역할을 한다. 비슷하게, 『몸의 프락시스The Praxis of the Body』Darder, 2015는 민주적인 교육 실천을 만드는 데 교사에게 도움이 될 수 있다. 그런 활동에서 학생은 이방인으로서 서로를, 그리고 자신을 직면하도록 요구받는 것이 아니라, 인간적인 친밀감과 공동체의 정신 속에 존재하게 된다. 신체와 공동체적 삶의 연결성은 오직 연대와 정치적인 참여의 맥락에서만 전개되고 발전할 수 있는 프레이리의 "의식화 과정"에 대한 이해의 중심을 이룬다.

『도시의 교육학』에서 프레이리[1993]는 세계를 이해하기 위한 행위에서 부정할 수 없는 신체의 핵심 역할을 매우 많이 언급했다. "신체의 중요성은 필수 불가결한 것이다. 그것의 중요성은 특수한 감각주의와 관련되어 있다. 인지적인 능력과 연결되었을지라도… 알고자 하는 신체의 열정적인 능력과 세상을 알고자 하는 행위를 철저히 분리시키는 것은 어리석은 짓이다.[p. 87] 세계의 존재로서 프레이리 자신의 열정적인 방식과 "신체의 아름다움"과 "신체의 활동성"에 대한 많은 언급을 통해서, 그는 신체의 관능성과 성욕은 의식과 이성에 결정적인 영향이 있는 방법이라는 것을 증명해 왔다. 『망고나무 그늘 아래서』에서 프레이리[1997a]는 질문의 페다고지가 대답의 페다고지에 대응하여 기반을 얻으려고 시작한 것처럼, 그리고 신체와 관련된 이런 주제들이 논의될 때, 학생의 학업성취의 점진적인 향상은 이루어진다고 밝혔다.

따라서 학생의 욕망, 즐거움, 신체의 이동을 통제하려는 제도적인 노력에도 불구하고, 하위 계층 학생은 권위주의적인 수업에 완전히 복종하거나 쉽게 동의하지 않는다. 대신에 많은 학생이 자신만의 저항문화 형성에 참여한다. 이것은 학생의 최우선 관심사일 수도, 그렇지 않을 수도 있다. 결과적으로 일상의 교수학습 활동의 맥락에서 사전에 규격화된 특정한 교육과정을 따르도록 큰 압박을 받고 있는 교사는(그들의 정치적 견해와는 무관하게) 교육청의 표준화된 지침을 충족시키려는 힘든 전투를 일반적으로 경험할 것이다.

그 결과로, 교사 대부분은 의식적이든 무의식적이든 간에, 학생에 대한 통제를 유지하려 애쓰며 교실을 경영하는 다양한 권위주의적 행위들을 재생산한다. 다른 한편으로 좀 더 해방적인 수업을 하려고 애쓰는 교사는 기만의 달인이 되도록 강요받는다. 교장이나 교육청 관료에게 그들이 듣고 싶은 것만을 이야기해 주면서 비밀리에 해방적인 교육 비전을 추구해야 하기 때문이다. 불행하게도 이와 같은 표리부동으로 인해 감춰진 (또는 너무 감춰지진 않은) 스트레스에 어깨가 짓눌린 유능한 교사 중 일부는 정치적인 행위와는 관계없이 자신이 선택한 직업으로부터 쫓겨날 수 있다. 좌절감과 패배감을 느낀 일부 교사는 학생의 학업적 성공을 돕는다는 명분을 내세워 수단을 정당화하면서 협력을 강요하고 조작하려는 전체주의적인 접근법을 활용하기 시작한다. 여기서 간과하지 말아야 할 것은 권위주의적인 실천 방식이 교사뿐만 아니라 "학생의 눈을 가리고 종속된 미래로 향하도록"Freire, 1970, p. 70 설계된다는 것이다. 그들의 수업에서 좀 더 큰 자유, 기쁨, 창의성을 회복하려는 요구와 관련하여 프레이리1998b는 진보적인 교사에게 다음과 같이 말했다. "교사의 순응적인 역할을 비판적으로 거부하라. 그렇게 함으로써, 교사는 규격화된 교수 행위의 권위주의와 익숙한 자기 세계(또는 학생의 세계)를 관리하는 것의 신화적인 면을 제거함으로써 자신에게 확신을 갖게 된다. … 교실 문을 닫아 놓은 채, 세상의 진실을 밝히는 것은 정말 어렵다."p. 9

프레이리1970; 1987; 1993; 1997; 1998b는 그의 연구에서, 실체화된 인간으로서 학생의 인식은 해방적 교실 행위와 비판적인 의식의 발달에서 가장 중요하다고 반복해서 단언하고 있다. 프레이리는 인간이 지능, 신체, 감정, 그리고 정신적인 방법에 의해 그들의 학습환경에 동시에 반응하는 고유한 능력을 확인했다. 인간의 특별한 교육적 요구와 인간의 이런 모든 측면은 교실의 맥락에서 현시적이고 활성화된 상태이다. 인간의 모든 면은 교수학습 과정에 활성화되어 있고 필수적이다. 그래서 학생(심지어 어떤 사람)의 지적 능력을 무시하고, 마음이나 인식에 의해서만 학생을 판단하는 것은 학생의 경험을 대상화하고 약화시키는 결과를 가져올 수 있다.

그러나 비록 절대적으로 필요하고 적절하다고 하더라도, 교사가 학생의 교실 밖 개인 삶에 개입하는 것을 요구하지는 않는다. 그보다 학생들이 하나의 인격체로서 수업에 참여하고, 존경받고 대우받는 것을 바란다. 그러나 이것의 가능성은 교사가 의지와 능력 전부를 펼쳐 보이는 것, 그리고 교사가 학생, 부모, 동료들과 연대하려는 대화적인 관계를 시작하는 역량을 갖고 있는 것과 직접적으로 관련 있다. 교사와 학생 간의 관계에 대한 이런 관점은 교실이 "실제 세계"가 아니라는 미신을 제거하는 것과 함께 가야 한다는 것은 명백하다. 혁명적 수업에 열망이 있는 교사에게, 그들이 (학교 안에 있는 것처럼) 인간이 권력관계 속에 개입되고 결집하는 곳이라면 실제 세계의 경험이 구성된다. 프레이리는 교실에서의 삶이 실제 세계로부터 어쨌든 제거되어야 한다는 인식을 강하게 반박했다.

> 우리가 교실에서 하는 것은 "실제 세계"로부터 분리된, 고립된 순간이 아니다. 그것은 온전히 실제 세계와 연결되어 있으며 어떤 비판적인 과정도 영향력과 한계가 있는 세계이다. 세계가 교실 안에 있기 때문에 우리가 자극(유발)하는 변화가 무엇이든지 간에 우리의 작은 공간 밖으로 제한적인 효과를 준다. 하지만 지배적인 대중문화로부터 분리된 비판적인 문화를 건설하려는 우리의 능력을 간섭하려는 외부 세계의 영향 또한 제한적이다.Shor & Freire, 1987, pp. 25-26

우리가 학령기의 미취학 아동, 청소년, 성인 학습자에 관해서 말하고 있기는 하지만, 전통적인 교육학은 교수학습 과정이 단지 인지적인 행위라는 입장을 취한다. 이런 관점에서 교사는 학생이 문제 학생을 검사하기 위해서 학교의 심리학자들을 부를 정도로 "부적절하다"고 간주되지 않으면, 학생의 문제에 교사가 굳이 개입할 필요가 없다. 그러나 사실 배움뿐만 아니라 가르침에도 모든 감정적이고 신체적인 반응, 예를 들어 재미, 고통, 좌절, 기쁨이 있다는 것을 부정할 수 없다. 프레이리[1998a]는 그가 학습의 과정을 떠올릴 때 이러한 매우 인간적인 반응에 대해서 종종 이렇게 말했다. "학습은 우리가 그 과정에서 고통, 기쁨, 승리, 실패, 의심, 행복을 마주칠 수 있는 힘든 작업이다."[p. 28]

프레이리[1993]는, 교사가 학생들에게 공부하는 것은 고된 일이라는 것에 관해서 솔직한 태도를 취하는 것이 교육적으로 필요하다고 생각했다. 그가 보수적인 교사들의 권위주의적인 수업을 강하게 반대하는 만큼 학생의 공부하는 행위에 대한 책임감 발달을 저해하는 동시에 학습을 마치 "재미있다"고 속여 강조함으로써 학생들을 "응석받이"로 만드는 공부에 대한 자율적인 접근법 또한 거부했다. 학생들이 학습과정에서 더 큰 어려움에 봉착할 때 단지 '재미'만을 강조하는 위선자들로 인해 학생은 진실을 알고 나면 환멸을 느끼게 되는데, 그래서 결국 공부 내용이 점점 어려워지면 학생은 공부를 그만두게 된다. 대신에 프레이리는 교사에게 지적인 인내와 비판적 훈련의 어려움에 대한 지지를 통해 학생 스스로 인식 주체로서 더 큰 자신감을 키워 나갈 뿐 아니라 공부하는 행위에 내재된 아름다움을 발견할 수 있도록 학생을 도와주라고 했다. 프레이리[1993]는 다음과 같이 썼다.

안다는 것은 참으로 어려운 과정이다. 그러나 어렵기 때문에 어린이는 공부하는 과정이 아름답다는 것을 배워야만 한다. 나는 공부를 하는 행위에 즐거운 보상만이 있다고 아이들에게 말하는 것은 잘못되었다고 생각한다. 처음부터 어린이가 공부하는 것은 어렵고, 까다로운 것이지만, 기쁨

을 주는 일이라는 것 또한 깨닫게 하는 것이 중요하다.^{Freire,}
_{1993, p. 90}

비슷한 맥락으로, 우리 학생들은 문화, 인지, 이론적으로 친숙하지
않은 어려운 정보나 개념을 접할 때 멍청하고, 창피하고, 굴욕적인 존
재가 될까 봐 두려워한다. 이런 두려움은 좌절, 불안정, 절망의 반응을
일으킬 수 있다. 그래서 학생들은 교수학습 과정에서 대놓고 반항하
거나 위축될 수 있으며 그들의 학업성취 역량을 떨어트릴 수 있다. 그
리고 이런 감정적이고 신체적인 진실된 반응에 대해, 학생을 인정하고
지원하기 위해 학생이 자신의 두려움을 극복하도록 필요한 훈련을 개
발하는 것을 꺼리는 교사는 학생을 무심코 실패로 몰아넣을 것이다.
그리고 이 실패는 비난의 화살을 거의 학생에게 향하게 한다. 프레이
리[1998a]는 그와 같은 두려움이 지닌 악영향을 파악했고, 학생들이 학
업을 포기하는 것을 막고, 지적인 학문의 자유로운 발달을 지지하기
위해, 혁명적 교육 실천이 교사와 학생 간의 이런 두려움에 의식적으
로 개입되어야 한다고 주장했다.

이런 이유로, 공부는 나 자신을 새롭게 만드는 엄격한
훈련의 개발을 필요로 한다. 어느 누구도 타인에게 그와 같
은 훈련을 수여하거나 부과할 수 없다. 이러한 시도는 훈련
의 개발에 교육자의 역할에 관한 지식이 전반적으로 부족
함을 암시한다. 우리는 즐겁게 공부하려고만 하거나, 공부
를 필요 또는 기쁜 것으로 받아들이거나, 또는 공부가 단순
히 부담스러운 것이 된다면 공부는 첫 번째 기로에서 포기
될 것이다. 우리가 훈련을 받아들일수록 우리는 훈련에 대
한 두려움을 극복하기 위해 우리의 능력을 강화하게 되고,

그러므로 효과적으로 공부하기 위한 우리의 능력을 강화하
게 된다.Freire, 1998a, pp. 28-29

이런 경우는 특히 대학교에서 볼 수 있는데, 대학에서는 성인 학습
자의 감정적인 요구를 위한 교육적인 관용은 거의 없으며, 학생을 해
체시키는 인종차별적인 권력관계를 유지하는 식민화하는 인식론적 말
살에서 벗어나려는 의지도 없다. 대학에서의 교육 실천을 식민화하려
는 관점에서 볼 때, 헤게모니적 인식론은 미국을 비롯한 세계에서 "다
른 것"으로 간주되는 것들의 문화적인 전통과 지식을 묵살시키기 위
해 체계적으로 작동한다. 프레이리는 주류에 의한 문화적 지식의 야만
적 주변화를 낳는 식민화를 여전히 식민지 지배구조에 고통받는 학교
가 지식권력에 의해 문화적으로 침공되는 것과 연관해 이해하였다. 이
과정에서 문화적 침범이 숨겨진 교육과정은 토착적인 지식의 엉터리
모조품을 만들고, 가장 취약한 점(거만한 유사 보편적 합리성)에서 드
러난다. 억압받는 이들에게 행해져 왔던 왜곡에 비추어 볼 때, 프레이
리의 사랑의 페다고지는 피억압자들을 지식 구성 과정의 주변에 영원
히 남게 하기보다는 담론의 중심으로 위치시켜 그들의 역사와 문화적
인 앎의 방식에 중점을 둔다.

성인 학습자의 감정적 요구에 대한 비관용적인 태도를 바라볼 때
예상되는 것은, 스트레스를 주거나 삶의 전환기와 연관된 주요한 순간
들이 대학교육의 핵심과 연결되어 있는 방식에 대해 진지한 고민도 없
이 강의실 안에서 교수와 학생이 서로를 구분한다는 점이다. 이 순간
은 학생들에게 그들의 불확실한 미래와 관련하여 어느 방향으로 뛰어
들 것인지를 요구한다. "학위"를 위하여, 학생들이 빚을 짊어지게 된다
는 것은 분명하다. 동시에 학생은 자기 학습과 연구에서, 객관적이고
공정하고 냉정한 관찰자로 남아 있으라고 요구받는데, 심지어 그들 연

구의 대상(소위 주제)이 사회적인 고통과 물질적인 어려움의 상태에서 힘들어할 때조차도 다르지 않다.

신자유주의적 대학들은 학문적으로, "느낌이 연구와 그 결과물을 훼손하고, 직관은 두려운 것이며, 감정과 열정은 무조건 부정되어야 하고, 그리고 기술지상주의에 대해 신념을 가져야 하며, 결국 우리 행동이 중립적인 태도를 취할수록 우리 앎이 보다 객관적이고 효율적인 상태가 된다"Freire, 1993. p.106고 과도하게 단언한다. 나아가 감정을 경쟁에서의 심각한 장애물로 간주된다. 그래서 학생은 세상에 대한 지적 이해 과정에서 무비판적이고, 서술적이고, 단편적이고, 열정이 없는, 비맥락화적으로 기능하도록 서서히, 그러나 확실하게 사회화된다. 이는 반대화적인 깨달음의 방법으로, 인류의 고통을 지속하는 최우선적인 억압적 구조에 학생들이 비판적으로 도전하고 재창조하지 못하게 한다.

대화적 페다고지의 도전

『페다고지』에서 프레이리1970는 은행저금식 교육에 대해 영혼을 담아 가차 없이 비판했다. 은행저금식 교육에서 학생은 교사의 지식을 예금하는 수동적인 저장소처럼 취급받는다. 더군다나 프레이리는 자본주의에 봉사하는 은행저금식 교육이 학생들에게 순진한 사고만을 자극하고 더 큰 실패를 유발한다고 보았다. 프레이리는 교사가, "은행적금식 교육의 교육적 목표를 폐기하고, 그것을 세계와 관련된 '인간'의 문제로 대치켜야만 한다"라고 주장했다.p. 66 은행저금식 교육과는 대조적으로, 탈식민화 교육과정은 교사가 학생들에게 어떻게 현실에 대해서 문제를 제기하고 또 "문제화하는지를" 배우도록 지원하는 것 중 하나이다. 이 과정은 학생들이 현실을 비판하고, 그들의 세상을 변화시키기 위한 개인적이고 집단으로 작업하는 새로운 방법을 발견하기 위한 것이다. 문제제기식 교육의 주요한 과업은, 학생의 비판적인 발달 과정에서 기존의 지식 및 학생이 살아온 역사와 문화적 경험에 잠재된 힘을 효과적으로 활용하는 것이다. 더욱 중요한 것은, 학생의 비판적인 능력의 발달을 통해 그들의 민주적인 목소리와 참여를 억제해 온 식민화의 이데올로기적 믿음과 관행을 드러내 보인다는 것이다.

문제제기식 교육의 혁명적 수업을 다루며 대화의 과정을 빼고 말하는 것은 사실상 불가능하다. 왜냐하면 대화는 프레이리의 사랑의 페다고지의 주춧돌이기 때문이다. 해방적 페다고지의 핵심 개념은 비판적 성찰과 행위의 교육적인 실천으로서 변증법적인 대화를 이해하는 것이다. 그와 같은 대화는 새로운 지식을 구성하는 작업과 학생의 학습 내용에 변증법적으로 직면할 수 있는 더 큰 비판적인 역량을 통해 학생의 호기심과 상상력을 계발하고 키운다. 문제제기식 교육과정은 학생이 세상의 과거, 현재, 미래를 설명하는 더 나은 이해 방식을 갖기 위해 비판적으로 고심함으로써 학습과정에서 "비판적 의식의 발현"과 창의성을 불러일으키고, 동기를 주며, 강화하는 데 기여하는 역할을 한다. 프레이리[1970]는 "은행저금식 교육이 창의력을 억압하고 마비시키는 반면, 문제제기식 교육은 지속적으로 실체를 드러내도록 한다. 전자는 의식의 침몰을 유지하려 하지만, 후자는 의식의 발현과 비판적인 현실 참여를 위해 노력한다"[p. 68]라고 주장했다.

프레이리는 서구 근대의 식민화하는 교육 프로젝트의 힘을 약하게 만들기 위해서는 비판적인 대화를 지속하여 사용해야 하기 때문에, 은행저금식 교육의 교육과정에 숨어 있는 인식론적 말살 속 식민 지배와 그 방식을 고찰하는 것이 중요하다고 밝혔다. 프레이리 견해의 의도는 파라스케바^{João Paraskeva, 2014; 2016}의 연구에서 확인할 수 있다. 그는 전 지구적인 신자유주의 (무)질서가 만들어 내는 식민화하는 인식론과 규율적인 교리를 강하게 반대하기 위해 은행저금식 교육에 내재된 식민화하는 인식론적 말살을 비판했다. 그렇게 함으로써 서구 교육의 우월성은 탈중심화되고, 동시에 인간을 단면적으로 보는 민족중심적인 오류를 없애는 앎의 문화적 복합성을 지향하는 진정한 탈식민화적이고 변혁적인 사회행동의 가능성을 제공한다.

프레이리의 정치적인 프로젝트는, 교사가 해방을 위해 교실 페다고지를 재창조하려고 노력하는 것과 같이, 교사가 헤게모니적인 인식론, 전통적인 교수법, 일차원적인 접근법을 비판적으로 탐문함으로써 사회의 해방적 비전과 함께 가르침의 과정을 분명하게 밝히려는 그의 바람을 포함한다. 그와 같은 변혁적인 비전이 명확하게 요구하는 것은 교사가 학생을 침묵시키고 현 상황에 대한 학생의 무비판적인 수용과 순응을 형성하는 권위주의적인 구조와 관계를 폐기하는 것이다. 프레이리¹⁹⁷⁰는 "은행저금식 교육이 비변동성을 강조하고, (변화에) 보수적이게 만드는 방식"을 지적했는데, 이는 은행저금식 방법의 숨겨진 정치적 의도(계급 지배의 유지)와 일치한다. 그는 교사에게 "순종적인 지금과 이미 결정된 미래를 거부하는 [대신에] 역동적인 지금에 기반하고 혁명적인 문제제기식 교육"을 수용하기를 촉구했다.^{p. 72}

그래서 혁명적 페다고지는 "그 자체로 비신화화하는 작업이고^{Freire, 1970, p. 71}, 대화, 비판, 변혁적인 행동을 강조함으로써 실재를 탈식민화, 재창조하는 작업이다. 프레이리¹⁹⁷⁰의 생각의 핵심은 "지배 상태에 놓인 모든 인간은 해방을 위해 싸워야 한다"라는 신념이다.^{p. 74} 왜냐하면 자유는 (주어지는) 선물이 아니라 헌신적인 투쟁을 통해 쟁취되는 권리이기 때문이다. 그는 이런 해방의 과정은 학생들이 인식론적 말살과 "사람들의 인식을 혼란스럽게 하고, 사람들을 모호한 존재로 만드는"Freire, 1985, p. 89 학생 자신과 세계에 대해 식민화하는 신화를 거부하기 시작할 때만 시작할 수 있다고 말했다. 게다가 이것은 학생들이 ("인간 행동이 동시에 그 자체와 그 반대의 것을 포함하는 여러 가지 방향으로 움직일 수 있다는…")Shor & Freire, 1987, p. 62 그들의 개인적이고 집단적인 모순에 직면하고 의식과 정치적인 행동에서 더 큰 확실성과 일관성을 추구하도록 한다.

프레이리1998a; 1998b; 1970는 학생이 자신과(세상에 대한 관계와 세계가 삶에 미치는 영향에 관해 의식하게 되는) 의식화의 과정 또는 학생의 "의식화 운동" 및 학교와 사회에서 삶의 변화 과정에서 대화와 대화의 역할의 중요성을 언급했다. 대화는 사람들 사이의 정치적인 상호작용에서 강력하고 변혁적인 탈식민화 과정을 대표한다. 그래서 대화는 사람과 함께, 그리고 사람 속에서의 상호작용과 지속적인 참여를 요구한다. 우리는 홀로 대화할 수 없고 벽을 사이에 두고 관계를 맺을 수도 없다. 나아가 프레이리는 "민주적인 관계로서", "대화는 다른 사람의 사고에 나를 개방시킬 수 있는 유용한 기회로, 홀로 고립되어 쓸쓸히 시들어 가지 않게 하는 기회"Freire, 2002, p. 250라고 했다. 대화의 국면에서 개인주의는 사라진다. 대화적인 교육 실천 속에서 학생은 자신이 무엇을 아는지, 그들이 살아온 경험, 그리고 이것들이 학생이 세계를 읽는 방식에 어떻게 영향을 주는지를 성찰하도록 기대된다. 대화적 관계를 통해서 학생은 항상 해방의 좀 더 큰 탈식민화하는 프로젝트의 맥락에서 그들이 알고 있고 또 이해하려고 시도하는 것에 관한 자기의 사고, 생각, 인식 등에 자유롭게 의견을 낼 수 있는 학습 공동체를 구성하는 것을 배운다.

분명히 이 과정은 공유된 가치 및 믿음을 갖고 참여하도록 요구할 뿐만 아니라, 학생들이 심지어 갈등과 긴장을 경험할지라도, 다양한 의견을 갖고 참여하도록 이끈다. 대화의 성격과 목적을 고려한다면,

교사는 이 과정이 비상식적이지 않으며 비일상적인 것도 아니라는 것을 주지시키는 것이 중요하다.

> 대화에는 정치적인 진공상태가 존재하지 않는다. 그것은 당신이 원하는 것을 할 수 있는 "자유로운 공간"이 아니다. 대화는 일종의 프로그램과 맥락 안에서 시작된다. 이러한 조건을 만드는 요소들은 목표를 성취하는 데 긴장을 유발한다. … 변혁의 목표를 성취하기 위해서, 대화는 책임감, 지시, 투지, 훈련, 목표를 함축한다.Shor & Feire, 1987, p.102

학생이 경험하는 갈등을 문제로 다루기 위한 충분한 기회를 학생에게 제공하며, 교사는 학생들이 살아온 역사를 성찰할 수 있는 조건들을 만든다. 그리하면 학생은 그들의 삶에서 변화가 구체적 현실이 되도록 만들기 위해서 필요한 행동이 무엇이고, 바뀔 필요가 있는 것이 무엇인지를 고려하게 될 것이다. 학생들이 끊임없이 대화에 참여할수록 그들은 문제를 제기하고, 그런 문제에 연관된 한계상황[6]을 정의하고, 행동을 위한 최고의 전략을 세우는 것에 능숙해진다. 그리고 일단 행하고 나면 그 행동의 결과를 본 의도와 비교하여 성찰하도록 마음속에 되살아나게 된다. 대화는 공부와 투쟁에서 가장 효과적인 접근법을 고려하기 위해서, 그리고 우리가 알기 위한 노력을 향상시키고, 세상에 참여할 때 다르게 해 볼 수 있는 것이 있는지를 고려하기 위해서 개인적이고 집단적인 행위를 탐구하기 위한 기회를 제공한다.

프레이리[1970]는 대화가 교사의 "세계에 대한 깊은 사랑"p.77 없이는 존재하지 않는다는 점을 반복해서 강조했다. 그의 관점에서 사랑은 진

---

6. 프레이리는 "한계상황"이란 용어로 자유 실천의 표현을 제한하는 조건을 설명하곤 했다. 이 개념을 더 알고 싶으면, 『억압받은 자들의 교육학』 3장 참조.

정한 대화를 위한 기초일 뿐만 아니라 학생들의 정치적인 꿈에 대한 애정 어린 헌신이다. 가장 중요한 것은, 대화란 교사가 겸손한 자세로 가르치려는 역량을 지녔을 때, 그리고 학생들에 대한 신념이 있을 때에만 시작된다고 그는 주장했다. "만들고 다시 만들고, 창조하고 재창조하는 능력에 대한 신념, 좀 더 완전한 인간이 되기 위한 소명에 대한 신념은 엘리트의 특권일 뿐 아니라, 모든 이의 타고난 권리이다."p.79 만약 학생들이 복종과 갈등의 두려움을 극복하고자 한다면 그와 같은 사랑, 신념, 겸손이 필수적이다. 대화와 연대를 통해서, 교사와 학생은 학교와 공동체 안에서, 민주적인 삶의 더욱 위대한 사례를 만들어 내기 위해서 갈등과 차이를 다루는 새로운 방법을 발견할 수 있다.

그러나 교사는 비판적인 대화, 일상 회화, 논쟁에 중요한 차이가 있다는 점을 인식하는 것이 중요하다. "대화는 교사와 (학생) 사이에 무엇이든지 일어나라는 식의 막무가내인 의견이 없는 '무의미한 잡담'으로 변형되지 말아야 한다."Freire, 2002, p. 249 친근한 잡담, 격렬한 논쟁, 말다툼은 대화적인 상호작용의 근본적인 목적과는 반대된다. 친근한 회화는 매우 즐거운 활동이지만, 일반적으로 자유로이 흘러가고, 변혁적인 사회운동이나 비판적인 의식의 발달에 목적을 둔 상호작용을 수반하는 대화가 아니다. 논쟁은 반상호작용적이고 인식론적 말살의 가치를 지닌 경쟁에 근거하는데, 이는 전통적으로 학계에서 두드러진 전투적이고 산만한 의사소통 방식이다. 일반적으로 논쟁은 반대되는 관점에 대한 정확하고 환원되는 분명한 표현에 집중한다. 논쟁의 가장 우선적인 목적 또는 목표는 점수를 따는 것이고, 상대방으로부터 우위를 점하는 것이다. 이것은 적을 장악하고 종속시키고 복종시킬 때까지 끝없이 적과의 실전 연습을 요구하는 정복의 인식론으로 나타난다. 연대가 대화에 필수적이기 때문에, 그러므로 논쟁은 교실 수업의 비판적 형태와는 전혀 반대의 목적을 갖는다. 게다가 그와 같은 반연대의 반대화적인 기반은 신자유주의 (비)감수성 기조의 중심이다. 대화는 협력적인 현상으로서 공동체 형성을 근본적인 목적으로 하고, 참가자들은 민주적인 삶을 위하여 집단적인 사회운동을 구축하고 세계를 다 같이 이해하는 방법을 찾기 위해서 비슷하거나 다른, 또한 모순적인 관점을 포함한 비판적 참여에 공통적으로 집중한다.

나아가 대화의 과정이 기존 질서에 반하는 집단적 사회운동을 필수적으로 요구하기 때문에, 우리의 과제는 탈식민화하려는 노력을 반대하는 사람들을 대상화하고, 비인간화하며, 악령처럼 대하는 일 없이 우리의 정치학과 페다고지로 살아가는 것이다. 프레이리[1997a]는 혁명적인 교육 행동에서 "'결과가 수단'을 정당화한다는 믿음에 현혹되지 않는 것이 중요하다"[p. 63]라고 경고했다. 왜냐하면 '수단'과 '결과'의 변증법적인 관계는 주요한 관심사이기 때문이다. 사회적이고 경제적으로 책임 있는 세계를 건설하는 것은 우리가 세계를 꿈꾸고 형성하고자 하는 바로 그 순간부터 우리가 관계하는 방식에서 시작되어야만 한다. 특히, 이 나라의 공교육을 소외시키고 무너뜨리는 구조에서는 말하기는 쉬워도 행동하기는 어려운 일이다. 이와 같은 맥락에서, 프레이리[1970]는 "혁명적 프락시스에서, [교사는] 이후에 진정으로 혁명적인 방식으로 행동할 의도를 가지고, 편의를 핑계로 중간적인 조치로서 은행저금식 방법을 이용할 수 없다. 그들은 시작할 때부터 혁명적, 즉 대화적이어야 한다"[p. 74]라고 경고했다.

프레이리는 이런 과제가 자신이 "공정하고 올바른" 것을 위해서 싸우는 극소수 사람이라고 굳게 믿고 있는 사람들에게는 특히 중요하다고 말했다. 이 믿음은 오만과 자기 고결성을 무르익게 하는 토양이다. 중요한 것은, 진보적인 교사는 우선 착취와 지배의 구조를 재생산하지 않고 우리가 의미 있는 결과를 만들어 내리라 생각하는 것이다. 그래서 우리 스스로를 경계하기 위해 고집스럽게 물어야 할 것은 우리의 교실과 공동체의 맥락에서 탈식민화하는 대화적인 실천을 위해 어떻게 노력해야 하는지이다.

이것은 또한 학생들이 의견을 말하는 능력을 발달시키기 위해 지원하는 노력에서 필수적인 질문과도 관련한다. 교사는 의견을 말하는 능력의 발달, 움직임, 전체 표현을 풍성하게 하고, 신장시키는 대화적인 맥락이 없는 곳에서는, 의견을 말하는 능력의 발달에 관해 말할 권한을 갖고 있지 않다. 왜냐하면 대화의 경험을 통해서 학생은 탈식민화하는 존재의 힘, 의식화의 과정, 임파워먼트의 진화를 분명하게 경험하기 때문이다. 이런 과정을 통해서 학생은 자신을 정치적으로 성찰하는 존재로 인식하며, 자기 생각과 느낌을 말할 수 있는 능력을 발달시키고, 권력에 대해 진실을 말하는 과정을 통해서 비판적인 과정을 연습하고, 그들의 세계에서 사회적이고 책임감 있는 주체가 되는 데에서 기쁨과 고통을 맛보게 된다. 그와 같은 목적에는 대화가 단지 자기표현으로서 학생의 의견을 말하는 능력을 발달시키는 것에서 그치는 게 아니라는 깨달음이 내재되어 있다. 자기표현에 그치는 것만으로는 매우 부족하다. 하지만 의견을 비판적으로 이해하는 것은 "경험을 비판적인 성찰과 정치적인 행동으로 바꾸는 과정"Macedo, 1994, p.182을 수반한다. 의견을 말하는 능력은 탈식민화하는 과정을 구성하는데, 학생은 자신의 목소리와 참여가 사회적 정의, 인권, 경제적 민주주의를 위하여 집단적으로 생성될 수 있는 정치적으로 영향력 있는 자원이라는 것을 인식하게 된다. 프레이리는 혁명적 페다고지가 최우선적으로 학생의 일상 경험에 대한 이해에서 시작해야만 한다는 확고한 믿음을 갖고 있다.

그들이 초등학생이든 대학생이든지 간에 그들의 일상적 경험을 기술하는 것은 구체적인 사실, 상식에서부터 실재의 엄격한 이해에 이르기까지 어디서든 시작할 수 있다는 것을 의미한다.Shor & Freire, 1987. p. 106

더욱이 그가 수년간의 경험을 통해 철저하게 확인했던 것은, 교사가 학생들이 어떻게 말하는지, 그리고 자기가 겪어 온 역사를 어떻게 이해하는지에 대해 가까이에서, 성의껏 경청할 때, 우리는 인간성의 경시와 대상화를 거부하는 "세계에 대한 비판적이고 과학적인 이해로"같은 책, p. 106 학생을 이끌 수 있다.

진보적인 교사들의 첫 번째 도전은 학생을 위한 대화적 기회를 만드는 것이다. 탈식민화하고 해방적인 대화의 목표에 정반대되는 교수법 전략을 사용하라는 요구와 기대가 있는 환경에서 말이다. 교사들이 말하는, 특히 학생의 비판적인 능력의 발달을 촉진하고 대화를 증진시키기 위한 유용한 방법들이 많다. 많은 교사가 기사를 활용해서 학생들이 교실 안팎의 경험에 대해서 더욱 성찰할 수 있게 돕는다. 학생은 그들에게 할당된 읽을거리, 교재나 활동 등에 대해 비판적으로 성찰하는 활동과 그것들이 실제 삶에 어떻게 연결되는지를 생각하는 활동 역시 하게 된다.

교사는 학생들이 자신의 환경을 더 잘 비판하여, 불평등에 도전하려는 능력뿐 아니라 창의성과 예술적인 상상력을 자극하도록 시, 산문, 미술품, 연극, 사진을 직접 만들어 내는 교육적 활동을 이용한다. 그와 같은 수업 활동을 통해서 학생은 자신의 의견을 말하는 능력을 더 발달시키고, 함께하는 더 큰 세계로의 비판적인 참여를 늘릴 수 있게 북돋아 주는 학교, 가족, 공동체 프로젝트에서 일할 수 있다. 프레이리는 교사에게 학생들이 직접 쓰고, 설명한, 그들의 개인적인 역사로 구성된 교실 도서관을 운영하도록 강력히 권장했다. 직접 만든 책은 학생들에게 역사적인 존재로서 감각을 발달시키는 데 큰 영향을 끼친다는 것이 밝혀졌다. 같은 맥락에서, 학생들이 자신의 궁금증, 이슈, 관심사에 따라 연구와 조사 프로젝트를 개발하는 것은 또 다른 효과적인 비판교육 수업이다. 물론 이런 활동의 수용과 효과성은 학생들이 요구되는 주제에 따라 변화하므로, 대화에서 개방적이고 솔직하게 학생의 문제와 관심사를 비판적으로 개입시키려는 교사의 의지에 달려 있다.

교수학습의 혁명적 프락시스는 교실에서의 대화를 늘리기 위해서 학부모에게도 주체적인 방식에 참여하는 기회를 제공하려 노력한다. 학부모 참여의 문제는 프레이리1993에게 중대한 이슈이다. 프레이리는 브라질 상파울루시의 교육감Municipal Secretariat of Education 재임 시기에 "학교의 운명을 결정할 때 학부모와 공동체의 진정한 참여를 위해서 학교의 참모습을 공개하지 않는 한 학교 민주화는 불가능하다. 참여한다는 것은, 학교 예산의 재조직과 학교 내 교육적인 정치활동을 통해서 의논을 위해 발언권을 갖는 것"p. 124이라고 밝혔다. 어린 학생의 삶에서 학부모의 참여는 중요하며, 상위권 학생에게는 커다란 장점이 된다는 것도 의심할 여지가 없다. 더군다나 교사와 학부모 간의 대화는 공교육의 억압적인 구조를 바꾸려는 우리의 노력을 진일보하게 하는 영향력 있는 연합을 구성할 훌륭한 기회를 제공할 수 있다. 아이들과 학교 구성원으로서 학부모의 영향을 무시하는 것은 해방교육의 과정에 모순된다. 왜냐하면 명확히 학부모와 연대를 통해서 학교와 사회 변혁을 위한 더욱 큰 가능성이 실현될 수 있기 때문이다. 예를 들어, 교사가 공동체의 복지와 관련된 중요한 이슈에 대해 편지를 쓰는 캠페인에 학부모와 학생을 참여시키는 것은 자기 의견을 내고, 참여하고, 사회적인 책임감의 윤리를 지지하고 높이는 매우 유용한 활동이다. 학부모들과 학생들은 또한 공동체의 참여, 비판적 시민성, 연대의 중요성을 강화하는 문화적이고 교육적이며 정치적인 행사에 참가하는 것이 권장된다.

혁명적 프락시스는 당연하게도 교수학습 과정에서 교사와 학생의 전적인 개입과 참여를 필요로 한다. 교사는 계속해서 학생의 태도와 행동을 판단해야 하며, 어려운 질문이나 문제가 있을 때, 솔직하게 드러낼 수 있도록 해야 한다. 학생과 교사 사이의 아이디어, 가치, 믿음의 교환과 생생한 참여의 기회를 제공하는 교실 맥락 속에서 크고 작은 대화는 일상적이다. 학습과정에 학생의 참여를 높이기 위해서, 많은 교사가 수업에서 큰 전지나 포스터 게시판을 사용할 수 있고, 수업에서 크고 작은 대화를 하는 것처럼 학생의 아이디어를 적게 할 수 있다. 이런 아이디어 종이는 미래에 참고 자료로 활용될 수 있고, 학생들에게 그들의 사고, 아이디어, 조언이 지식을 구성하는 집단적인 과정에 가치가 있다는 분명한 메시지를 준다. 게다가 강력한 탈식민화 도구로서 대화는 은행저금식 교육의 인식론적 말살의 전통에 의해 조건화된, 순응하게 하는 수동성과 의존성을 해체해 나간다.

혁명적 프락시스에 전념하는 교사는 교육청이 요구한 교재들과 병치되는 대안적인 교보재, 기사, 교과서를 준비하고 탐색해야만 한다. 이것은 학생들에게 교과 영역과 관련한 다양한 독서를 할 수 있는 기회를 준다. 예를 들어, 역사의 논쟁적인 주장들을 제공하는 것은 학생들에게 왜 그와 같은 갈등이 존재하고, 어떻게 다양한 주장이 식민화의 동력인 권력, 특권, 자격과 관련되는지를 생각할 수 있게 해 주는 탁월한 기회이다. 같은 맥락으로, 교사는 교육청에서 일반적으로 사용하는 것과는 반대로 교육과정에서 학부모와 학생을 포함하는 대안적인 평가 방법을 사용한다. 이러한 대화적인 대안 방법은 학생이 학습에서 정말로 필요로 하는 것, 그리고 사회적 존재와 개인으로서 학생의 감수성에 관련된 좀 더 정확하고 가치 있는 정보를 수집하기 위해서 필수적이다. 프레이리[1993]가 학생(과 교사) 평가가 대개 하위 계층 학생에게 도움이 되는 것과는 반대로 작동하는 방식에 관해 문제의식을 보인 데 따르면, 이는 프레이리에게 특히 중요한 교육적 측면이라고 할 수 있다.

> 우리는 진정으로 괜찮은 수준의 공립학교체제를 원한다. 학생의 존재 방식, 계층과 문화적 방식, 가치, 지식과 언어를 존중하는 학교체제 말이다. 그러한 학교체제는 하위 계층 아동의 지적 잠재력을 하위 계층보다 계급적 적응에 부정할 수 없는 혜택을 누리는 사람들을 위해 창조한 평가 도구로 측정하지 않는다. Freire, 1993, p. 37

이런 대안적 방법은 탈식민화하는 의도를 활용한 비판적 대화의 실행과 구성을 위해 유용한 교육적 도구이다. 다양한 활동과 관련된 대화에 계속 참여하는 것은 학생에게 더 큰 비판적 의식과 임파워먼트를 인식하는 과정에서, 그리고 세계의 문화적인 시민으로서 지적인 역량을 형성하는 데 유용하다. 대화 과정은 학생의 세상에 대한 이해를 새롭게 하고, 우리가 완전한 인간 존재로 발달하기 위해서 연대와 공동체를 필요로 한다는 것을 강조한다. 혁명적 프락시스에서 이런 노력은 가르침의 핵심이 되어야 한다. 왜냐하면 대화에 계속 참여함으로써, 학생은 억압적인 인식론적 말살을 치유하는 상식적인 장치가 공격받고 무력해질 수도 있는 탈식민화의 현상 속에서 그들의 임파워먼트를 경험하고 발견하기 때문이다. 임파워먼트는 개인으로서 우리가 자신을 위해 그리고 타인과 함께 기꺼이 방해받지 않고 책임을 지는 과정을 의미한다. 비판적 전통에서 프레이리는 임파워먼트 또는 사회적 의식을 개인적인 계몽의 문제가 아니라, 본질적으로 공동체적인 현상으로 구체화했다. 교실에서 이것은 교육적인 관계에서의 참여를 수반한다. 이 관계 속에서 학생은 역사의 주체로서 그들의 임파워먼트를 막고, 그들의 삶을 변화시킬 수 있는 개인적이고 집단적인 행동을 취할 여지를 억누르는 강요된 신화와 환상을 뚫고 나감으로써 자유를 경험한다.

서구식 학교교육의 치열한 개인주의적 전통을 고려할 때, 학생에게 임파워먼트를 주는 탈식민화하는 대화의 과정은 단지 개인적인 현상이 아니라, 타자와의 연대 관계에서 일어나는 것이라는 것을 거듭해서 언급하는 것은 중요하다. 프레이리[1970]는 이 점에 관해 단호하게 우리에게 "어느 누구도 (자신의) 노력만으로 (자신을) 해방시키지 못하며, 타자에 의해서만으로도 자유롭게 되지 못한다"[p. 53]라고 빈번히 상기시켰다. 교사는 학생에게 직접적으로 "힘을 부여"하지 않는다! 그러나 우리는 개인적이고 사회적 존재로서 학생의 탈식민화 발달 과정을 키우고 살찌우는 상호적인 조건, 활동, 기회를 만들어 그들의 과정을 지원해야 하는 위치에 있다.

대안적인 방법이 있다고 해도, 완전한 인간으로서 학생을 지원하는 대화적인 과정 없이 교육의 혁명적 프락시스는 삶의 민주적인 목표를 향해 작동하지 않는다. 바르톨로메[Lilia Bartolomé, 1994]는 교실 교사와 관련한 연구에서, 인도적인 교육학과 전통적인 방법을 결합하여 사용하는 교사는 진보적인 방법을 사용하는 교사들보다 실제로 더 효율적이지만, 학생의 가치를 진심으로 존중하는 데 실패한다는 것을 발견했다. 그녀는 교실에서 가장 중요한 것은 방법이 아니라, 좀 더 교육을 인간적으로 만드는 교육과정의 창조, 배움에서 학습의 주체로 학생을 진정으로 존중하는 과정이라고 옳게 주장했다. 이런 결과들은 프레이리의 혁명적 프락시스의 개념 속 대화의 중요성을 긍정하는 것이다. 요컨대 사회정의, 인권, 경제적 민주화에 대한 정치적인 헌신과 연대에 의해 페다고지는 활기를 띠고 의미를 갖는다. 그러나 가르침과 세계에 대한 깊은 사랑과 헌신으로부터 자신감을 갖는 것이 더욱 중요하다. 사랑과 헌신은 또한 우리가 두려움을 직면하고 고통스럽고 힘든 상황에서도 "옳은 일을 하는" 용기를 준다.

권력과 권위 이용하기

교실에서 권력과 권위를 이용하려고 할 때 존재하는 변증법적 긴장을 다루기 위해 애쓰려는 교사의 의지 없이 혁명적 실천을 구축하는 것은 불가능하다. 왜냐하면 교사가 학생들에게 모든 권력을 준다고 선언하는 것은 단순히 말이 되지 않는다. 교사의 권위와 권력이 마치 물건처럼 전달될 수는 없다. 권위는 권력이 가진 맥락적 구조와 관계에서 발생하는 돌발 상황에 따른 관계적인 과정에서 드러난다. 그래서 교사는 교실 안에서 대화적인 상황을 허가하기 위해 "자유의 편에서"Freire, 2002, p. 74, 또는 민주적인 삶을 위하여 그들의 권력을 비판적으로 사용해야만 한다. 이러한 조건들은 학생이 수업에 가지고 오는 경험과 지식, 그리고 유의미한 지식을 배우고, 연구하고, 생산하는 그들의 노력을 지원하고 배양한다. 권위주의나 과도하게 허용하는 태도의 결과로서 반대화적인 조건들이 존재하게 될 때, 학생의 생생한 경험의 권위는 위태롭게 된다. 결과적으로, 학생은 두려움, 공포, 자기의심, 의존증, 지적 불안감을 경험할 수 있고, 심지어 지식을 생산하는 것과 관련되는 근거 없는 자신감을 가질 수 있다. 이런 모든 반응은 최종적으로 학생들이 자신의 세계를 기반으로 행동하려는 개인적이고 집단적인 자유를 억압할 뿐 아니라, 그들의 비판적 역량의 발달에 대한 간섭물이 된다.

수업에서 교사의 권위와 권력에 관한 의문사항은 "지시성"의 문제,

즉 학습과정에서 학생을 지도하는 행위와 강하게 연결되어 있다. 종종 진보적인 교사는 학생에게 전달하는 지도의 양과 질에 관해 지나친 걱정을 표현한다. 많은 교사가 특정한 강의 형태를 사용하는 것에 불안감을 느낀다. 왜냐하면 자신들이 "은행저금식" 교육을 재생산했을지도 모른다는 죄책감 때문이다. 이것은 한편으로는 권위주의자가 될 것 같은 두려움에 의해, 다른 한편으로는 방향이 모호하고 지나치게 관대한 존재가 될 것 같은 두려움에 의해 강하게 영향을 받는 것처럼 보인다. 『도시의 교육학』에서 프레이리[1993]는 교육의 지시적인 성격과 이런 문제의 타당성을 분명하게 확인한다.

> 모든 교육 실천이 그 자체의 성격에 따라 지시적이라는 것을 사실로 받아들일 때, 일관성 있는 진보 교육자가 반드시 답해야만 하는 일은, "지시성"을 권위주의나 조작주의로 바꾸지 않게 하기 위해 그들의 말과 그들의 행동 사이의 거리를 줄이는 데 필요한 일을 하는 것이다. 같은 차원으로, 지시성을 피할 때, 자유방임적 접근법으로 이끄는 명확한 한계가 부재한 상황에서 자신을 잃지 않도록 유념해야 한다.[Freire, 1993, pp. 116-117]

혁명적 실천은 서로 다른 주제 영역에 있는 필수 내용(교수학습의 절대적으로 합법적이고 필수적인 구성 요소)을 소개하기 위해서 이용할 수 있는(강의, 활동지, 단어장, 과학 매뉴얼 등) 직접적인 교수 방법의 질에 관해 집중하기보다, 제시되는 지식의 목적과 심층적 의도, 그리고 학생들이 지식을 생산하는 과정에서 그 지식의 의미를 확인하고, 딴지를 걸어 보고, 재창조하기 위해서 교보재를 판단할 수 있는 대화적 기회의 질에 관심을 쏟는다. 프레이리[1987]는 다시 한번 이 논쟁의 중점 사항에 관해 다음과 같이 말한다.

> 진보적인 교사의 관점에서, 학생을 자유롭게 하는 것은
> 내용을 저절로 이해하는 마법도, 교과를 무시하는 것도 아니
> 다. 우리는 학생들이 문해력을 갖도록 도와주는 과업을 무시
> 하고 정치적 분석에 관해 수업시간 대부분을 사용할 수 없
> 다. 그러나 읽고 쓸 줄 알게 되면 비판적 의식이 저절로 생겨
> 날 거라 믿으면서, 수업시간 대부분을 순전히 기술적이고 언
> 어적인 질문에만 사용하는 것도 똑같이 불가능하다. … 진보
> 적인 교사와 수동적인 교사는 한 가지, 즉 교수 과정을 실행
> 한다는 것에서 공통점을 갖는다. 진보적 관점에서 가르침은
> 학생이 기계적으로 외우도록 의도된… 지식의 단순한 전달이
> 아니고, 학습자가 교수자의 관점에서 교과에서 가장 중요한
> 것을 스스로 판단해 보는 것이라는 데 [차이]가 있다.Freire,
> 1987, pp. 212-213

다른 어떤 이슈보다도, 수업에서 교사의 지시와 관련된 질문은 비판
교육자들 사이에서 과열된 논쟁과 갈등을 유발하면서, 커다란 오해를
낳았다. 그럼에도 프레이리는 지시성이 교수학습 과정에서 늘 작용한
다고 보았다. 그래서 중립적인 것처럼 자신을 위장하는 학교교육에 관
한 보수적이거나 자유로운 신화와는 상관없이, 어떤 교육적 행위도 중
립적이지 않다. 제기된 특정 질문들은 지식 생산에 지시적 성격을 담
아야 하는가와, 그와 같은 지시에 의해 궁극적으로 이념적 이해관계
가 보호되거나 위협받게 되는지와 밀접하게 관련된다. 이것이 혁명적
실천에서 교사의 페다고지에 깔린 목적과 의도가 분명해야 함을 주장
하는 이유이다. 프레이리는 다음의 방식으로 이 이슈에 대한 자신의

생각을 드러냈다.

> 나는 학생을 조종할 수 없다. 그렇다고 학생들만 남겨 둘
> 수도 없다. 두 가지 가능성의 대립은 극단적으로 민주적인
> 상황이다. 그것은 교육의 지시적인 특성을 수용하는 것을 의
> 미한다. 교육에서의 지시는 교육이 중립적으로 되는 것을 허
> 용하지 않는다. 우리는 학생들에게 우리가 어떻게 생각하고
> 왜 생각하는지를 이야기해야 한다. 침묵하는 것은 나의 역할
> 이 아니다. 나는 학생들에게 나의 꿈에 대해 확신을 갖도록
> 해야 하지만, 나 자신의 계획을 위해 학생을 마음대로 다루
> 어서는 안 된다.Shor & Freire, 1987, p. 157

프레이리는 교사에게 사회의 불공정한 상황에 개입하는 것을 허용하는 것은 정확히 교육의 "지시적 성격이 가능하게 하는 것"이라고 주저 없이 밝혔다. 교사가 학습 내용을 지도하는 방식, 내용에 대한 학생의 반응과 교내에서 특정한 행위와 관계의 정치적인 결과를 지도하는 방식은 모두 결과에 영향을 준다.

교사의 지시적 성격과 마찬가지로, 교사의 권위는 가려져 있든 혹분명하게 드러나 있든 간에 늘 존재한다. 다시 말하지만, 교사가 권위와 권위주의를 구별하는 것은 중요하다. 권위는 교사가 학생을 교육하려는 그들의 책임을 통해서 학생의 (직접적인) 학습, 사고, 행동에 영향을 주기 위해 갖는 힘을 말한다. 권위주의는 독점적인 앎의 주체인 교사의 손에 쥐어진 집중된 권력에 학생이 맹목적으로 수용해야 하고복종할 것이라는 기대와 관련되어 있다. 간단히 말해서 권위주의는 권위가 잘 서지 않을 때 나오는 결과이다. 이 지점에서 교사는 권위주의에는 분명하거나 드러나지 않은 권위의 존재 없이 교육적인 실천은커

녕, 어떠한 인간적인 관계도 존재하지 않는다는 것을 알아야 한다. 여기에서 조화될 수 없는 것은 해방적인 정치적 비전에 손상을 주는 권위와 자유 간의 변증법적인 관계이다. 교사는 권위가 인간관계의 맥락에서 다양한 방식으로 자신을 표현한다는 것을 이해하는 것이 필수적이다. 어떤 방식은 다른 방식보다 더욱 분명하게 또는 잘 정의한다. 그래서 혁명적 프락시스는 인간성을 길러 주는 페다고지의 지시성과 권위의 표현을 포용한다. 이러한 페다고지는 인간을 사회적 안주, 침묵, 근거 없는 자신감에 종속시키고, 대상화하는, 숨겨져 있거나 혹 더는 숨겨지지 않는 공교육 내의 권위주의적인 구조를 무너뜨리는 기능을 한다.

교사의 권위에 관한 질문에 덧붙여, 비록 수업에서 학생들이 서로 다른 수준의 힘과 책임을 갖고 있다 할지라도, 우리는 어떻게 학생들이 그들의 권위를 표현하는지를 알아야 한다. 다음은 매우 단순한 예시지만, 바라건대 권위가 교사와 학생 사이에서 스스로 분명해지는 복잡한 방식을 잘 보여 줄 수 있을 것이다. 학생이 교사에게 마리아 Maria라고 그녀의 이름을 소개할 때, 이 행동에는 그녀의 권위가 담겨 있다. 왜냐하면 태어나면서부터 불려 온 자신의 이름을 그녀는 확실히 알고 있기 때문이다. 교사는 학생의 이름을 '마리아'라고 불러 주는 것으로 학생에게 반응하게 되는데, 이때 교사는 결국 학생의 지식을 존중하기 위해서 권위를 사용한 것이다. 그런데 교사가 학생의 이름을 '매리Mary'라고 고쳐 부르게 되면, 교사는 자신의 권위를 권위주의적 방식으로 사용한 것이 되고, 이로써 학생의 확신과 지식을 약화한다. 게다가 확신과 지식에 관련된 질문은 힘의 차이가 존재하는 교사와 학생 관계에서 매우 중요하다. 프레이리에게 이런 관계는 오로지 교사와 학생이 자유롭게 "앎의 행위에서 비판적인 행위자가 되는 때"에만 그렇다. "교사와 학생은 모두 학습자가 되어야만 하고, 인식의 주체가 되어야만 한다."^{Shor & Freire, 1987, p. 33} 소유한 힘의 수준에
서 차이가 있는 존재임에도 불구하고 말이다. 하지만 "만약 가르침과
배움을 양분하는 것이 가르침을 받는 사람으로부터 가르치는 사람에
게 배우기를 거부하는 결과를 가져온다면, 그것은 지배의 이데올로기
에서 자라난 것이다. 소위 가르치는 사람들은 그들이 가르치기 시작
할 때 어떻게 하면 계속 배울 수 있는지에 관한 방법부터 먼저 배워
야 한다."^{Freire, 2002, p. 114}

그래서 확신과 의심은 모든 인간의 교수학습 과정에서 반복되는 순
간으로 존중받아야만 한다. 교사는 수업에 관한 필수적인 지식을 갖
고 있어야 한다. 그러나 아무리 가치 있는 지식이라도, 학생의 질문에
개방적인 자세를 지녀야만 한다. 만약 우리가 모든 지식은 역사적으
로 형성되고, 맥락이 있으며, 반증 가능성을 항상 갖고 있다는 점을
진실로 받아들이면, 지식에 대해 질문할 여지는 필연적으로 존재해야
만 한다. 프레이리는 현실적인 언어로 단순하게 다음과 같이 관계를
표현했다. "오늘날 나에게 타당해 보이는 많은 것들 역시… 바로 나에
의해서가 아니라 다른 사람들에 의해서, 내일이면 쓸모없게 될지 모
른다."^{1985, p. 11}

이런 지식 생산의 관점은 겸손하며 질문 받고 대답하는 것에 개방
적인 성의 있는 교사에 의해 끝까지 살아남는다. 교사는 학생들이 비
슷한 방식으로 참여하기를 기대해야 하며, 이들의 의견에 귀 기울여
야 한다. 관점의 변화가 요구된다는 것을 감안하면, 이것은 실제로 힘
든 과정이다. 왜냐하면 "공식적인 교육과정의 지배력은 많은 곳에 남
아 있지만, 확실하게 박혀 있는 전문지식은 하나의 기둥처럼 존재하
기 때문이다. 만약 대화적인 교사가 수업에서 교재를 다시 학습한다
고 알리면, 학습과정 그 자체는 변하지 않는 교사의 지위가 도전을 받
게 한다."^{Shor & Freire, 1987, p. 101} 무엇보다 이런 변화를 효율적으로 만들

어 내기 위해서 교사는 그들이 아는 것에 대해 책임감을 가져야만 한다. "이것은 교사가 우선 자신이 알고 있는 것을 부정하라는 뜻이 아니다! 그것은 위선이고 거짓이다. 이와 반대로, 교사는 학생들에게 자신의 능력을 증명해야만 한다."Shor & Freire, 1987, p.101 다른 한편, 교사는 지식이란 항상 맥락적 성격을 가지므로, 절대적으로 확실한 것은 없다는 것을 인식하면서 그들 역시 알지 못하는 부분이 있음을 드러낼 필요가 있다. 프레이리1997a는 이런 문제의 양상을 다음과 같이 설명했다.

> 나는 나를 동요하게 만드는 이런저런 이슈나 의심을 갖
> 도록 이끄는 문제에 대해 항상 많은 생각을 해 왔다. 이런 의
> 심들은 필연적으로 일시적인 확신에 대해 노력할 수 있는 유
> 일한 장소인 불확실함으로 나를 데려간다. 어떤 일에 관해서
> 확신을 갖는 것은 불가능하지 않다. 불가능한 것은 절대적인
> 확신이다. 마치 오늘의 확실함이 어제의 확실함과 같고, 내
> 일의 확실함과 계속해서 같을 수 없지 않은가?Freire, 1997a, pp.
> 30-31

명심해야 하는 것은 지식의 객관적이고/주관적인 변증법적인 성격 그리고 교육의 지시성, 권위에 대한 질문과 그것과의 관계이다. 학생이 자신의 세계를 효과적으로 탐구하기 위해 필요로 하는 어떤 형태의 객관적 지식이나 정보가 없다고 생각하는 것은 어리석은 짓이다. 게다가 모든 문화는 시간을 거쳐 역사적으로 생성되고, 확장되고, 변형된 많은 종류의 객관적인 지식을 요구한다. 이런 수많은 지식을 특권화하는 것뿐만 아니라, 지식이 생산되는 역사적이고, 경제적이며, 정치적인 조건들로부터 분절되고, 비맥락화된 채, 절대적이고, 고정된 진실로

서 제시되는 것은 문제가 된다. 이렇게 구체화된 "진리들"은 종종 대화적인 탐구의 모든 가능성을 방해하는 권위주의적인 방식의 의도와 형태로 전승된다. 여기에 근원적인 이해관계에 대한 의문 없이 학생들이 교사의 지시와 지식에 맹목적으로 복종해야만 하는 교육과정이 숨겨져 있다.

불행하게도 정치적으로 진보적인 것 같은 교육적 맥락에서도 제시된 객관적인 지식에 따라 행동하고, 성찰하고, 질문하는 학생의 권리를 침해하고, 억압하고, 막는 경우에 그와 같은 억압적인 교육과정은 발생할 수 있다. 이런 교사는 내용에서는 정치적으로 옳을 수 있지만, 교육적으로는 잘못을 저지르는 것이다. 그와 같은 모순에 빠지지 않기 위해 교사는 페다고지의 형식과 의도에 관한 더 심도 있는 비판적 이해와 분석을 개발해야만 한다. 여기서 다시 언급하자면 특별한 교수법 전략이나 실천의 비법에 중점을 두지 않는 프레이리의 주장은, 억압의 구조적 관계들을 그대로 둔 채 특정 이데올로기를 또 다른 이데올로기로 대체하는 위험에 대해 말하는 것이다. 프레이리의 혁명적인 페다고지 개념에서, 이런 위험은 비대화적인 순간을 구성하는 텍스트, 교육과정이나 강의 교재에 따라 행동하고, 참가하고, 개입하고, 질문하는 학생의 권리를 억압하거나 금지하는 모든 것보다, 이런 위험은 반대로 교사를 단순히 특정한 교과서, 교육과정이나 교수법을 이용하거나 강의 형태로 수업을 진행했다고 해서 반대화적인 존재로 판단하는 결과를 낳게 된다.

종종 그와 같은 비판을 제기하는 이유는 은행저금식 교육에 대한 프레이리의 비판을 부분적으로 또는 불분명하게 이해한 데 따른 것이다. 결과적으로 강의 형태나 설명만 하는 수업의 문제는 진보적인 교사들 사이에 많은 논쟁과 혼란을 발생시켰다. 『희망의 교육학』2002에서 프레이리는 이 문제에 관해 다음과 같이 이야기했다.

진정으로 해로운 것은 설명만 하는 수업이 아니고… 내
가 비판해 온 '은행저금식'도 아니다. 나는 [교사와 학생] 관계
에서 교사 자신을 [학생의] 유일한 교육자라고 간주하는 것을
비판해 왔고, 지금도 계속해서 비판하고 있다. 이런 상황에서
는 교사가 앎의 행위의 근본적 조건, 즉 대화적 관계를 받아
들이기 거부하거나 위반한다.Freire, 2002, p. 189

더불어 『자유의 교육학』2002에서는 이렇게 설명했다.

문제는 은행저금식 강의라거나 강의를 하지 않는다는
것이 아니다. 왜냐하면 전통적인 교사는 강의를 하든, 토론
을 이끌든 이해와는 멀어지게 될 것이기 때문이다. 해방 교
사는 강의할 때조차도 현실을 분명하게 그려 낼 것이다. 중요
한 것은 강의 내용과 교사의 역동성으로, 알려진 목표에 접
근하는 방식이다. 이것이 학생이 사회를 비판적으로 바라보
게 할 수 있는가? 이것이 학생의 비판적 사고를 촉발하는가?
안 하는가?Shor & Freire, 1987, p. 40

비록 대화적인 상황이 권위주의의 부재를 가정한다고 해도, 프레이
리는 교사에게 권위와 자유의 변증법적인 관계가 수업의 대화에서 언
제나 발생하는 방식의 인식을 촉구했다. "대화는 권위와 자유의 관계
속 영원한 긴장을 의미한다. 그러나 이런 긴장 속에서 학생에게 자유
를 허용하는 것과 관련된 권위는 정확하게 드러나고, 성장하고, 성숙
한다. 왜냐하면 권위와 자유는 원칙을 학습하기 때문이다."Shor & Freire,
1987, p. 102 권위와 자유 간의 이런 긴장은 교실의 대화 과정에서 계속
해서 발생한다. 프레이리2002는 교사가 이런 긴장을 겉으로만 깨려고

시도할 때, 그것은 "불가피하게, 대화 없는 가르침을 야기한다"[p. 159]라고 첨언했다.

그래서 예를 들어, 교사가 비판적인 사고를 자극하기 위해 노력하면서, "관계된 모든 사람은 한마디라도 해야만 한다"는 식으로 대화를 하려고 하면, 교사는 무심코 교실에 억지 민주주의 또는 민주주의에 대한 잘못된 인식을 만들어 내게 된다. 비판적인 의견을 말하는 능력을 발달시키거나 평등을 강화한다는 명목으로 교사는, 학생들이 말하고 싶은 것이 없다고 느낄 때조차도 독단적으로 학생이 말을 하도록 압력을 가한다. 그와 같은 행위는 궁극적으로 학생들에게 부담이 되며, 개방적이고 진정한 대화의 교환을 방해하는 강요의 형태로 대화를 전환시킨다. 이런 이슈에 대해 프레이리는 "대화에서 말하지 않을 권리가 있다!"[Shor & Freire, 1987, p. 102]라고 단호하게 주장한다. 바로 이어서, 이것은 학생들이 말하기를 거부하는 것으로 대화를 방해하는 권리를 갖는다는 것을 의미하지는 않는다고 지적한다. 후자의 사례에서, 교사에게는 유의미하고 존중하는 태도로 학생의 저항에 개입할 책임이 있다. 자유와 권위 사이의 긴장을 효과적으로 조율하는 능력은 항상 쉬운 과정은 아니지만, 교사와 학생 모두를 위해 영향력 있는 학습 경험의 결과를 가져올 수 있다.

이 시점에, 사회적 정의를 위한 도덕적 리더십과 윤리를 가르치는 강좌에서 몇 가지 불안정한 순간, 즉 권력과 특권의 이슈가 대화의 탈식민화 과정을 훼손시키려 할 경우, 내가 이 문제를 수업에서 어떻게 다루었는지 사례를 들어 보여 주고자 한다. 내가 맡았던 것은 페다고지와 교육과정 강좌로, 근본적으로 파울로 프레이리 및 다른 비판교육 이론가들의 사상에 뿌리를 둔 6주짜리 여름학기 강좌였다. 혁명적인 관점에서 경제적 불평등, 인종차별주의, 사회적 배제의 여러 형태들을 바라보는 것이 해당 학기 수업의 핵심이었다. 여러 번에 걸쳐, 나는 (수업 이후에) 수업에서 힘든 점을 고민해 보고 그 결과를 글로 정리해서 (이메일을 통해) 학생들과 공유함으로써 프레이리의 사랑의 페다고지를 온전히 실천할 기회를 가질 수 있었을 뿐만 아니라, 구체적인 참여를 위한 장을 마련하기 위해서 교수로서의 내 권위와 힘을 사용할 수 있었다. 우리는 해방적인 학습 공동체로서 더 큰 상호 이해와 연대를 향하여 계속 노력했다. 학생들과 나눈 이메일 서신에 따른 대화들은 강력했고, 탈식민화 교육과정에 깊은 감사를 느낄 수 있었으며, 서로에 대한 헌신, 친밀감, 상호학습을 고양시킬 수 있었다. 다음은 그 당시 이메일 중 하나로, 몇몇 학생들이 이전 저녁 수업에서 경험했던 분노, 불안, 좌절에도 불구하고 내가 한 차시 수업에서의 긴장을 탐색하고, 대화를 이어 가기 위한 조건들을 창조하려고 어떤 노력을 기울였는지 보여 준다.

....

2016

여러분, 안녕하세요.

저는 수업 중에 여러분이 겪게 되는 혼란, 집중의 어려움, 불확실함의 순간에도 불구하고 여러분이 수업을 잘 소화해 내기를 바랍니다. 이런 마음으로 목요일 수업 준비를 하면서, 나는 여러분과 내 고민을 함께 나누고자 합니다. 전통적인 방식으로 훈련된 학자가 되기를 거부하고, 유기적인 지식인이 되고자 하는 관점에서, 저의 접근법은 때때로 여러분이 감정적이고 지적인 확신, 안정감, 통제감을 추구할 때 불안감을 느끼게 할 수도 있을 것입니다. 부조화, 그리고 불확실함과 함께 살아가는 것은, 다른 사람들에 대한 신뢰, 정직, 겸손과 마찬가지로 이번 학기 동안 우리가 길러야 하는 중요한 능력입니다. 이 모든 것은 우리를 개인적인 삶에서의 사회적 변화, 페다고지적 실천, 정치적 참여로 이끄는, 말로 표현하기 힘든 것으로의 길을 잠재적으로 열어 줄 수 있는, 살아있는 창조성을 위해서도 중요합니다.

최근 우리는 실제로 어려운 시기를 살고 있습니다. 그이유는 새로운 것을 경험하고 있기 때문이라기보다 고통스러움이 도처에 있고 그 폐해를 우리가 직접 목도하고 있기 때문입니다. 이런 것은 (모든 징후를 볼 때) 불공정이란 병이 끊임없이 저변을 악화시키고 있지만 좀 더 특권이 부여된 공동체에게는 특별하게 드러나지 않는다는 점에서 좋은 것으로 보일 수도 있습니다. 사회적이고 물질적인 무력함과 착취의 매우 위태롭고 트라우마적인 조건들 속에서 살아가고 있다고 상황을 인식하고 있는 사람들에게 폐해의 영향력은 그리두려운 것이 아닙니다. 대신에 개인들이 진짜 민주적인 존재가 되기 위해 영향력, 특권, 헌신이 존재하는 특정 영역에서지금 이 순간에 할 수 있는 것이 무엇인지에 가장 큰 관심을갖고 있습니다.

그래서 아주 짧은 시간 동안, 우리는 그와 같은 긴장을총체적으로 다루어 보려고 합니다. 이것은 결국 여러분의 이후 3년 동안의 개인적인 방향을 설정할 것입니다. 짧은 시간동안, 나는 여러분과 함께 해방의 도덕성과 윤리의 공동체적감각을 높일 수 있도록 노력할 겁니다. 내가 바라는 바는, 여러분을 개인 그리고 집단으로서, 잘 사는 것에 대한 깊은 공동체적 이해의 밖에서 존재할 수 없는 해방적 성격의 페다고지적 현상으로 리더십의 의미를 더 명확히 이해하도록 이끄는 것입니다.

그래서 공통점을 포용하는 것은, 우리의 서로 다른 인생과 난관들에도 불구하고, 필수적입니다. 그리고 우리의 단호한 개인주의(유일하게 우리 스스로 만들고자 하지 않는 현상) 속에 갇혀 버리려는 경향으로부터 분리될 것을 요구합니다. 연대의 가능성을 줄이거나 없애는 개인적인 악, 인간적 불안, 좌절을 우리가 어떻게 총체적으로 다룰 것인가도 이번 강좌의 교수학습에서 가장 힘써야 하는 부분입니다. 왜냐하면 연대는 우리의 사랑하는 능력을 필요로 하기 때문입니다. 사랑은 지적인 오만, 조작된 안전망, 특권자들의 무관심, 또는 시선을 돌려 방심하게 만드는 것을 넘어서 우리 모두를 움직일 수 있는 힘입니다. 사랑은 관계 맺기의 공동체적인 방식을 의미합니다. 이것은 우리가 희생자도 희생을 시키는 사람도 아니며 오히려 우리가 연대하는 문화노동자, 동료 여행자인 세계의 방식입니다.

앞서 말한 바처럼, 나는 여러분이 이런 초기의 어려운 순간을 잘 버틸 수 있기를 바랍니다. 우리에게 불평등의 헤게모니적 구조, 정책, 실행의 영속화와 한 몸인 사회적 긴장의 거미줄에 우리 모두 잡혀 있다는 점을 잊은 채 개인을 평가하고 비판하도록 압박하는 모든 것에 대해 여러분 스스로 경계하는 과정에서 용기를 발견하길 바랍니다. 이것들은 명백하게 억압인 파시스트적인 수단을 통해서만이 아니라, 다수를 희생하여 소수를 이롭게 하는 지속적인 불평등을 보호하기 위한, 검증되지 않았지만 당연하게 생각되는 가치들과 연결된, 상식적인 개념을 효과적으로 사용하는 문화적 헤게모니를 통해서 자리를 잡고 있다는 것을 항상 명심해야만 합니다.

저의 가장 큰 소망은 우리가 목요일 수업에 함께 모였을 때 사회적 정의에 대한 헌신에 마음을 쓰고, 모든 형태의 인간 억압은 궁극적으로 억압을 받은 사람들뿐만 아니라, 알고 했든 그렇지 않든 간에, 사회의 상호의존적 목표를 약화하는 권력의 비대칭적 관계를 재생산하는 사람들의 인간성을 없앤다는 것을 상기하는 것입니다. 그래서 유기적인 연민은 통합적인 사고, 사랑, 마음, 신체, 정신이 모두 있어야만 합니다. 그리고 유기적 연민은 살아 있는 모든 존재에 대해 존중과 존엄성을 갖게 합니다. 나는 우리가 정직, 신뢰, 품위를 갖고 계속해서 세계를 읽어 나가기를 고대합니다. 살아가는 것보다 말하는 것이 항상 더 쉬운 법입니다. 모두 내일 만나 함께 여행을 이어 나가기를 바랍니다.

사랑과 연대의 마음으로

Dr. D.:)

⋯⋯⋯⋯⋯⋯⋯⋯⋯⋯⋯⋯⋯⋯⋯⋯⋯⋯⋯⋯⋯⋯⋯⋯⋯⋯⋯

교사는 권위와 자유의 변증법적 긴장을 효과적으로 다루는 능력이 비판적인 의식을 발달시키는 데 필수적이라는 것을 반드시 인식해야 한다. 프레이리[1998a]는 교사가 이런 긴장 관계에 개입하는 능력이 부족하면, 학생의 정치적인 원칙과 윤리적인 책임감, 즉 민주적 참여에 요구되는 주요 구성 요인의 발달을 심각하게 저해한다고 확신했다. 프레이리는 권위주의를 피하려는 많은 교사가 학생규율의 이슈에 대해서 더듬거리는 태도에 크게 우려했다. 이런 태도는, 교사가 권위와 권력의 사용에 관해서 무척이나 애매함을 경험하기 때문이다. 결과적으로 학생은 "자유의 거부에 의한 원칙의 부재와 권위의 부재에 의한 원칙의 부재"[p. 89] 사이를 왔다 갔다 하는 교사를 경험하게 된다. 이런 교육적 모순으로 인한 해로운 결과는 혁명적 실천과 동떨어져 있으며, 교사가 자유와 권위의 행사 간에 존재하는 변증법적인 관계나 긴장을 다루기 위해 애쓸 때까지 해결되지 않는다.

프레이리[1998a]에게 해방을 위한 투쟁은 개인적인 원칙을 자유롭게 행사하는 데 큰 책임의식을 가질 것과 더불어 민주적인 삶을 위해서 권위를 자유롭게 행사하라고 요구한다. 그는 이 과정을 윤리적 책임과 연계시켰는데, 이는 민주주의의 기능을 방해하는 자본주의의 억압적 구조에 대응한 투쟁을 위한 것이다. "분명한 것은 어떤 권위주의적인 난관일지라도 맞서서 민주주의를 움직이고, 조직하며, 비판적인 용어를 통해 인식하고, 깊고 단단하게 만드는 사람들은 민주주의가 작동하기 위한 필수적인 원칙을 만드는 사람들이기도 하다."[p.89] 그러나 이러한 윤리적 책임은 모든 학생의 인간성을 존중하고, 역사 변화의 의식적인 주체가 되기 위한 학생의 역량에 대한 깊고, 변치 않는 믿음을 기반으로 한 교실문화 속에서만 효과적으로 발달할 수 있다.

교실의 문화정치

혁명적 페다고지는 교사가 학생을 위해서 교실 상황을 어떻게 구성하는지와 밀접하게 관련되어 있다. 여기서 우리는 연구의 핵심으로 교실문화의 법칙을 다룬다. 그 속에서 학생은 자신을 그들 세계의 역사적 주체로서 명확하게 인식하고, 경험하게 된다. 학생은 "역사가 우리와 마찬가지로, 우리가 생산하는 지식에 의하여 조건화되고 제한되는 과정임을 이해하게 된다. 우리가 낳고, 살고, 생각하고 명백하게 만드는 그 어떤 것도 시간과 역사의 테두리 밖에서 일어나지 않는다."[Freire, 1997a, p.32] 학생은 그들의 문화적 정체성을 담고, 자기 자신을 역사의 정치적 존재로 이해하면서, 그들 세계에 대한 개인적이고 집단적인 개입을 통해서 역사의 과정을 바꿀 것이고, 또 바꿀 수 있다는 것을 발견하기 시작한다. 학생은 교실을 역사가 생산되는 문화적인 맥락으로 이해하면서 그들의 행동이 어떻게 지배적인 사회 형태 혹은 관계 맺는 방식에 긍정하거나, 이의를 제기하고 또는 방해하는지에 대해서 성찰하기 시작한다. 그들은 어떻게 그들의 개인적이고 집단적인 행동이 교실 속에서 발생하는 것들을 변화시킬 수 있는지에 관한 비판적 이해를 형성하게 되면서, 학생은 그들의 역사에 대해 설정되어 있는 고정관념을 뚫고 나아갈 수 있다. 학생은 문화의 사회적인 구조와 그것이 그들의 세계관에 영향을 주는 방식을 비판적으로 이해하기 시작한다.

프레이리[1998a]는 교사를 문화노동자로 언급하곤 했다. 왜냐하면 교사가 학생에게 개입하거나 혹 개입하지 않는 모든 방식을 통해 모종의 가치를 가르치고 있기 때문이다. 이 세상에서 살아간다는 것의 의미라든가, 다른 인간 존재와 관련을 맺는다는 것이 어떤 의미인지에 관한 가치를 포함해서 말이다. 수업에 임하는 모든 교사는 그들만의 신념과 가치를 갖고 있다. 이런 신념과 가치는 교사가 학생 및 부모와 관계 형성에 성공하는 경우(실패하는 경우)뿐만 아니라, 가르치는 방식, 가르치는 내용을 통해 전달된다. 그래서 교사는 자신의 행동에 관해 끊임없이 성찰해야 하고, 이를 통해 자신이 믿는 것에 관해서 좀 더 사회적인 의식을 가질 수 있다. 프레이리[1998b]는 행동에 관한 일관된 성찰을 통해 교사는 "말과 행동 사이의 괴리를 줄일 수 있다"[p. 22]고 확신했다. 그와 같은 성찰은 다음과 같이 비판적인 질문을 제기한다. 교육의 목적이라고 믿는 것은 무엇인가? 내가 가르치는 학생에 관해 믿는 것은 무엇인가? 나는 그들의 부모에 관해서 무엇을 믿는가? 내가 교사로서 속해 있는 공동체에 관해 믿고 있는 것은 무엇인가? 프레이리에게는 전반적으로, "우리 앞에 놓인 질문은 무엇이, 누구에 의해, 무엇에 저항하여, 누구를 위해 실현되는지, 그에 따라서 어떤 유형의 정치적 성향을 갖고 있는지를 아는 것이다".p. 22 비판적으로 질문하는 것을 넘어서, 교사는 자신의 행동에 관해서 비판적으로 경계하려 해야만 한다. 그래서 교사는 자신의 발언과 행동이 일관성을 상실하고 있음을 발견하게 될 수 있다.

일관성에 관한 질문은 프레이리1998b의 연구에서 중요한 윤리적 원칙이다. 그는 진보적인 교사들의 "필수적인 덕목"은 이론과 실천 사이의 일관성을 유지하는 것이라고 생각했다.

> (주된 요소들 간의) 차이를 줄이는 것이, 곧 우리가 스스로 해야만 하는 훈련이다. 교사와 학생 간의 민주적인 관계에 관해 대화하고 만들어 가는 경우가 있는가 하면, 학생들이 교사에게 불편한 질문을 하기 때문에 학생을 억압하는 경우도 있다. 전자는 교사의 진지함, 학문적 엄격성, 필수적인 윤리에 대해 말하는 것이고, 후자는 자기가 읽지도 않은 최근 출간 도서를 읽기 목록에 포함하는 것이다.Freire, 1998b, p. 119

그래서 "언행일치"를 달성하려면, 우리는 행동을 비판적으로 의식하고자 노력해야만 한다. 혁명적 실천의 맥락에서 일관성 있게 일하고 살아가기 위해서는, 교사가 동료 교사, 학생, 학부모와의 지속적인 대화를 통해 교실에서 무엇을 할지에 대해 끊임없이 비판적으로 성찰해야 한다. 프레이리1993는 "숨겨진 교육과정"이 특히 교사의 교실 행동에 미치는 영향을 감안할 때 이것은 매우 중요하다고 믿었다.

> 교사는 그들의 학생과 학생의 문화적 정체성을 존중하는

의무를 고려하면서, 이론적으로 분명한 입장을 가질 수 있다. 그러나 이전에 교사에게 주입되어 왔던 권위주의적 이데올로기의 권력은 교사를 이론적 모순에 다다르게 한다.Freire, 1993, pp. 119-120

예를 들어 학생들에게 글을 쓰도록 동기를 부여하고 싶어 하는 교사가 글쓰기 대회를 연다고 할 때, 교사는 어떤 문화적 가치가 강화되는지, 작고 단순한 교육적 활동으로 나타나는 담화에 어떤 가치가 존재하는지, 이런 유형의 활동은 협력과 협동의 정신을 강화하는지, 또는 학생들 간의 경쟁을 강화하게 되는지, 이런 대회에 내재된 가치를 영속화하는 것의 결과가 무엇인지, 한 명의 승자를 만들어 내기보다 공동체와 연대에 대한 관심을 강화하는 다른 형태의 교육적인 경험이 존재하지는 않는지, 어떻게 경쟁과 경쟁적인 동기는 시장경제의 이익과 관련 있는지를 성찰해야 한다.

문화정치로서의 교육, 그리고 문화노동자로서의 교사 개념은 교수 행위가 어떻게 교사의 세계관과 학교의 지배적인 가치들 모두에 의해서 영향받고 형성되는지에 대한 비판적 분석을 통해서 분명해질 수 있다. "교사의 정치관이 무엇이든 간에 교사 각자의 수업은 특정한 방향, 즉 사회와 지식에 관한 일종의 확신을 갖도록 한다. 교재의 선정, 학습의 구성, 담화의 관계는 교사의 확신에 따라"Shor & Freire, 1987, p. 33 그리고 교육청에 의해 위임된 정책에 따라 형성된다. 그래서 교사가 정치적 입장과 실천을 좀 더 일치시키려 할 때, 학습환경을 조율해 보는 것이 도움된다. 교사와 학생 사이의 상호작용 관계, 교사가 학생 행동을 해석하고 반응하는 방식, 올바른 지식으로 여겨지는 것은 어떻게 만들어지는지, 어떤 관계, 활동, 교재가 적절한지, 어떤 이슈와 어떤 학생들에 집중할 필요가 있다고 믿는지, 혹은 무엇을 그리고 누구를 무시해도 되는지 말이다. 교사는 이런 실천을 한계상황처럼 비판적으로 이해하는 것을 통해 자신의 페다고지에 개입하고 이를 변화시키기 위한 효과적인 방법을 찾기 시작하게 된다.

이런 질문은 교사가 교실에서 문화적 가치가 지식의 구조를 밝히는 방식을 인식하는 데 도움이 된다. 예를 들어, 전통적인 공교육의 방식은 수업 계획을 짤 때 규정되어 있고, 순차적인 내용을 강조한다. 이런 내용은 실제적인 학생의 교육적 요구나 관심과는 특별히 연결되어 있지 않은 경우가 많다. 한 가지 사례를 보자. 매우 유능한 교사가 한 달 동안 과학 수업을 진행하는 경우가 있을 수 있다. 이 수업에서 아이들은 꽃의 구조에 관해 배운다. 교사는 아이들을 위해서 놀라운 시각 자료를 제공하고 경험적인 활동을 진행한다. 그러나 아이들의 관심사는 최근 도착한 고래에 관한 새 책에 있었다. 아이들은 고래에 관해서는 매우 흥미가 높지만, 꽃에 관해서는 심각할 정도로 관심이 없다. 반면에 교사는 아이들의 관심을 고래로부터 떼어 내려고 애쓰고, 결국 다음 달에 고래를 공부할 것이라고 약속한다. 격렬한 저항 이후 아이들은 마침내 꽃에 관한 수업을 인정하고, 마지못해 돌아오게 된다.

위와 같은 사례에서, 교사는 무심코 권위를 사용해 학생의 관심을 호기심의 대상으로부터 돌리게 하면서 학습과정의 "활기를 떨어트린다". 교사는 학생의 지식 생산을 구조화하고 지시하면서 자신의 교수 행위를 학생의 참여 과정에 역점을 두기보다는 지정된 학습 진도를 나가는 것을 중요시한다. 그래서 꽃에 관한 교사의 수업이 창의적임에도 불구하고 교사를 다 아는 사람으로, 학생을 수동적인 대상으로 보는 전통적인 문화적 가치는 무심코 재생산된다. 그런데 이런 비판은 수업에서 목표를 제시하는 교사들에 대해서는 전면적 비판이 이뤄지지 않는다는 점을 분명히 해야 한다. 대신에 사례는 권위적인 교수법의 지배적인 문화적 기대를 내면화한 매우 유능한 교사가 호기심과 알고자 하는 욕구에 자극을 받아 배움을 시작하려는 학생의 학습 기회를 어떻게 사라지게 하는지를 보여 준다.

은행저금식 교육의 위계적이고, 권위주의적 토대를 드러내는 문화적 가치는 두말할 필요도 없이 혁명적 페다고의 문화적 가치와 정반대이다. 전통적인 교사는 외워야 할 내용의 양을 주로 강조하면서 "은행저금식 교육"과 한패가 된다. 그러나 가장 강력한 학습은 학습자의 호기심과 상상력에 유의미하게 관련 있고, 학생의 살아온 경험에 충실히 기초한 것이다. 그리고 학습에 가장 큰 영향을 끼치는 동기 중 하나는 학생의 호기심과 상상력을 자극는 학습의 대상이다. 결과적으로, 프레이리[1998a]는 획일화하는 은행저금식 교육에 의해 학생들이 억제되는 방식에 대해 깊은 우려를 표했다. "아이들은 일찍부터 그들의 상상력이 고장 난 것이라고 배우게 된다. 상상력을 펼치는 것은 거의 금지되고, 일종의 죄가 된다. … 교사로부터 자극을 받아야 할 필요가 있는 학생의 호기심을 일깨우고, 살아 있는 상태로 유지하기 위해 행해지는 것은 전무하다."[p.31] 불행히도 호기심을 꺾고, 질식시키는 전통적인 교실의 획일화하는 성향은 일반적으로 가려져 있고, 훼손되지도 않았다. 그래서 주체적인 지식은 은행저금식 교육이 장악한 폐쇄된 공간에서 수면 위로 올라올 수 없다.[Darder, 2015]

프레이리[1997a]는 "호기심을 교육하는 것이 중요하고, 지적 활동을 통해 지식이 그 자체를 성장시키고 개선하는 것처럼 호기심을 통해 지식은 구성되며, 질문의 교육만이 호기심을 촉발하고, 유발하며, 강화할 수 있다"[p.31]고 믿었다. 교사가 호기심의 인식론적 중요성 및 학습과의 밀접한 관련성을 제대로 인식하지 못하면, 학생이 그들 세상의 주체가 되는 기쁨을 경험할 수 있는 권리를 위해서 교사가 권위를 사용해야 하는 기회를 놓칠 수 있다. 아이들의 관심, 주의집중, 동기가 완전히 개입될 수 있는 중요한 교수학습의 순간은 학생을 수동적으로 만들어 버려 본의 아니게 활력을 잃게 된다. 불행히도 이런 일은 매우 빈번하게 발생한다. 지식의 표준화와 편의주의 정치에 포위되어 버린 교사는 학습과정을 학생친화적으로 만들기 위해 융통성을 발휘할 자유가 거의 없음을 느낀다. 두말할 필요 없이, 공립학교 교사는 "교재를 소화해야" 하고 표준화시험을 따라 학생을 "성공적으로" 준비시켜야 한다는 엄청난 압박을 받고 있다. 교사는 교실에서 교육적인 결정을 내릴 때 많든 적든, 계속해서 심한 압박감을 느낀다. 쇼어Ira Shor는 이런 교사의 상황을 잘 요약해 보여 준다.

> 교사는 학기 말까지 이런 경주에 의해서 억압된다. 그들은 특정 교과서를 사용하거나 규정된 순서에 따라 필수 학습 요목들을 다뤄야 한다고 압박받는다. … 너무 많은 학생과 함께… 학기 말에는 정해진 시험을 치를 것이고, 교육과정 운영상 다음 강좌는 이전의 강좌에서 특정 주제가 다루어졌음을 기대할 것이다. 이런 절차를 따르지 않은 교사는, 만약 학생이 표준화시험이나 후속 강좌에서 낮은 성적을 받게 되면 나쁘게 보이지 않을까 걱정한다. 어쩌면 그런 교사의 평판은 떨어질 것이고, 결국 해고당할 수 있다.Shor & Freire, 1987, pp. 87-88

미국에서 학교교육의 문화적 맥락을 개선하려는 지난 50년간의 노력에도 불구하고 이런 현실은 여전하다. 그러므로 학생의 현실을 성찰하는 것이 좀 더 실질적일 수 있다. 이런 압박의 결과로, 하위 계층 학생을 가르치면서 이 학생의 문화적 가치, 언어, 삶의 경험을 온전히 이해하지 못하는 교사는 지식을 구성하는 학생의 능력을 무의식적으로 저해한다. 그렇다고 유색인종 아이들이 자신과 같은 문화 공동체의 교사들로부터 교육받아야만 한다는 것을 의미하지는 않는다. 오히려 우리는 "하위 계층의 문화적 형태를 구성하는 사회적이고 역사적인 특수성, 문제, 아픔, 비전, 저항의 행위를"Giroux, 1985, p. xxi 출발점으로 삼아야 한다는 프레이리의 주장을 살펴볼 필요가 있다.

나아가 프레이리는 사회의 생산수단에 의해서 영향을 받고, 형성되는 역사적 과정에 뿌리를 둔 복잡한 현상을 문화가 구성한다고 했다. 이처럼 문화는 단순하고 뻔한 방식으로는 쉽게 설명되지 않는다. 문화의 근본적인 특성은 권력의 종속적이고 지배적인 관계가 가진 변증법적 긴장 속에서 투쟁과 모순의 영역으로 존재한다. 정확히 이런 이유로 문화적 충돌, 계층 혐오, 사회적 모순은 그 자체로 공교육의 맥락에서 현저하게 드러난다. 불평등이 사회 변화를 아주 쉽게 거부하는 미국에서도 이해 충돌은 항상 존재하는데, 이런 싸움은 결국 일정 순간에 특정한 학구를 통제하는 특정한 권력관계에 의해 분명해진다. 이 점에 관해서 프레이리[1985]는 다음과 같이 말했다.

> 비판할 수 있는 자유가 더 많이 존재할수록, 길들이려는 사회적 질서는 자기 보존을 위해 사회적 질서를 신성시하는 태도를 더욱 필요로 한다. 이런 의미에서, 교육은 사회적 통제를 위한 효과적인 기제로서 어떤 단계에서라도 가장 결정적인 역할을 수행한다. 교육을 '학습자를 그들의 환경에 적응시키는 것'이라고 생각하는 교육자를 찾는 것은 어렵지 않다. 그런데 정규 교육이 갖고 있는 원칙은 대체로 이보다 더 낫지 않다.Freire, 1985, p. 116

프레이리는 문화적 종속과 계층 배제의 정치를 고려하면서, 교사와 학생이 자기 가치와 믿음, 그리고 더 큰 해방의 정치적 비전의 결과를 비판적으로 살펴볼 필요가 있음을 계속해서 주장했다. 이러한 탈식민화의 비전은 인간 존재의 진정한 다중성plurality$^{Mignolo,\ 2013}$과 삶의 방식으로서 경제 민주화에 중요한 역할을 한다.

이것은 수업 실천에서 무엇을 의미하는가? 이것은 탈식민화하는 정치적 비전에 헌신하는 교사가 교실 수업에서 인종차별, 성차별, 동성애, 혐오 등 여러 형태의 구조적 불평등을 재생산하는 문화적이고 계급적인 편견, 언어 사용, 모순된 믿음의 문제를 비판적으로 분석하는 지속적인 과정에 자신과 학생을 참여시키는 것을 말한다. 만약 하위 계층의 학생이 학습과정에 자기 자신을 완전히 통합할 진정한 기회를 가질 수 없다면, 이들이 교실 생활의 맥락에 개입하는 것은 불가능하다. 프레이리는 이 점을 잘 알고 있었다. 하위 계층의 학생들에게 포르투갈어를 가르치면서, 프레이리는 자신의 특권에 대해 의문을 제기할 책임이 있음을 인정했고, 학생들이 직면한 문화적인 갈등, 특히 종속적인/지배적인 언어 사용의 문제 측면의 문화적 갈등을 인지하고 있었다.

> 중요한 것은… 교실에서 교사의 언어를 가치 있는 언어 용법으로 설정하는 것을 거부하는 것이었다. 내 언어는 중요하지만 학생의 언어도 중요하다. 내 언어는 변화하고, 학생들 언어도 그러하다. 표현의 민주주의는 상호적인 분위기를 형성했고, 이로써 학생은 '멍청하다'고 조롱받거나 벌 받을 것이라는 두려움 없이 자유로이 말할 용기를 갖게 되었다. 내가 학생의 말과 문화에 관심을 보인 것에 대해 학생들이 얼마나 놀라워했는지 동네방네 소문을 내고 다니고 싶을 정도이다. 교사가 학생을 진지하게 대하는 일은 매우 드물지만,

사실 학생들 또한 자신을 그렇게 진지하게 대해 본 적이 없었다.Shor & Freire, 1987, p. 23

프레이리에게 학생들과의 대화적 관계는 교육적 프락시스(발화, 비판적 성찰, 행동에 근거한 학습의 과정)의 초석이다. "'대화적인 관계'를 우선적으로 갖는 것은 학생의 문화와 학생이 학교에 가지고 오는 다양한 지식의 가치를 존중하는 것이다."같은 책, p. 102 대화적 과정을 통해서 교실의 문화는 그 자체적으로 민주화되고, 교사와 학생이 참여하는 세계에 관한 비판적 탐구의 장을 마련할 수 있다.

문화, 언어, 그리고 문해력

초기의 식민화 시기부터 현재에 이르기까지, 공적 영역에서 언어 문제는 뜨거운 논쟁거리였다. 결과적으로 미국은 역사에 걸쳐 이중언어주의에 대해 높고 낮은 수준의 관용을 베푸는 시기를 경험했다. 이민 역사의 초기 비영어권 정착자들의 시기부터 미국 원주민의 언어와 문화 탄압의 시기, 20세기 초반의 이민자들의 신물결이 등장한 시기, 양대 세계대전이 야기한 반이민 정서의 시기, 1960년대 단기간의 진보적인 행동의 시기, 마지막으로 9·11 이후 반이민 정서에 박차를 가한 자민족 중심주의자의 시기까지. 이처럼 "타인"을 향한 지배적인 국가적 수준의 사회적 태도는 학교와 직장에서의 언어 정책과 집행을 둘러싼 정책과 법안을 결정하는 핵심 요소였다.

그래서 프레이리는 언어의 정치적 성격을 고려해 보면, 문해력은 혁명적인 교육적 프락시스에서 투쟁의 중요한 영역을 구성한다고 주장했다. 종종 배제되기도 하는, 문화적으로 다양한 사람들이 공공연한 정치적이고 경제적인 불평등의 맥락과 공존해야만 하는 미국과 같은 사회에서, 교사는 문화와 언어가 교수학습 과정에 미치는 영향에 대해 잘 알고 있어야 한다. 교사는 언어가 인간 생존에 필요한 물질적 조건이라는 점뿐만 아니라, 개인적이고 집단적인 정체성에 영향을 주는 문화적 세계관 및 권력관계에 언어가 불가분의 관계에 있음을 이해해야만 한다. 그래서 아이들의 나이와 학년에 상관없이 학생의 문화적 정체성과 언어는 그들의 교육에 중심이 된다. 학생에 대한 존중은 그들의 언어와 문화적 정체성을 존중하는 것이 되어야 한다. 우리가 생물학을 가르치는지, 사회과학 혹은 표준어를 가르치는지는 비판교육자에게는 별로 중요하지 않다. 우리가 사회계급과 일반적으로 연결된 문화적, 언어적인 차이를 비판적으로 다루는 것이 중요하다. 프레이리 1993는 다음과 같이 주장했다.

> 교사는 학생의 언어, 그 언어의 문법과 의미 모두를 존중해야 한다. 교사가 하위 계층 아이들의 말을 무시하거나 최소한으로 다룰 때 존중은 사라진다. 특히 우리가 하위 계층 아이들이 말하고, 쓰고, 생각하는 방식에 대해 그들의 말이 열등하고, 틀렸다고 규정지으면서 암시하는 것 이상으로 싫음을 명백히 표현할 때 그러하다. 이런 일이 언어 및 헤게모니적 문화가 소수자라 불리는 사람들의 언어와 문화를 깔아뭉개고 얕보는 소위 다문화 사회에서 일어난다는 것은 분명하다.Freire, 1993, pp. 134-135

이것은 어린 학생의 문해과정에서 특히 문제이다. 소수 언어권 학생이 자기 모국어로 교육받을 수 있는 권리를 없애 버린 주州에서 이중언어 교사는 비판적인 문해과정을 수행하려 노력할 때 큰 불안과 좌절을 경험한다. 이 과정은 모국어의 교육을 통해 탈식민화하는 임파워먼트 과정을 만들어 낸다. 일부 학교는 교사가 학생에게 말할 때 영어 이외의 언어 사용을 엄격히 금지하고, 이중언어 권리 포기의 의사 표시(자녀를 위해 이중언어교육을 요구하는 부모의 법적 권리)에 관하여 소수자 언어 부모들에게 알리려는 교사들의 자유를 제한한다. 이와 같이 영어만 사용하게 하는 행정 정책은, 많은 이중언어 교사들이 큰 갈등에 직면하게 했다. 이런 정책은 이중언어 교사를 영어를 유창하게 구사하지 못하는 학생을 돕기 위해 "비밀리에" 활동하도록 만든다. 프레이리는 그와 같은 정책을 크게 우려했다. 왜냐하면 "교육에서 [영어]의 배타적인 사용은 계층 분열의 심화를 촉발하는 상부구조로서 [영어]에 의해 특징지어지는 이상한 경험을 초래하고"Freire & Macedo, 1987, p.111 이는 더 큰 불평등을 낳는다고 믿었기 때문이다. 이런 현상의 사례들은 신자유주의 시대에 넘쳐났다. 1986년 이후로, 미국의 30개 주와 수많은 자치구에서 영어를 공식 언어로 지정하는 법안을 통과시켰다.[7] 1920년대의 미국 이민운동의 물결과 관련한 제한적인 정책을 회상하게 만드는 이런 법안은 나라 전반에 걸쳐 벌어졌던 보수적인 영어 전용English-only 캠페인의 직접적인 결과이다. 이민자, 특히 (오늘날 이민자의 상당 부분을 차지하는) 라틴아메리카 인구에 대한 미국 사회의 깊은 적대감은 미국에서 언어적 권리의 미래와 제한적인 언어 정책의 영향에 관한 심각한 우려를 낳고 있다.

프레이리는 하위 계층의 소수 언어 발달에 대한 전통적인 교육정책이 가져오는 억압적인 결과에 대해 매우 잘 알고 있었기에, 자기 일생에 걸쳐 피억압 계층의 문해력 발달을 크게 강조했었다. 그는 "문해력과 교육은 문화적인 표현"이라고 주장했다. 왜냐하면 학생이 배우는

---

7. http://usatoday30.usatoday.com/news/education/2010-08-08-poll-spanish_N.htm. 참조.

교육적인 활동을 개발하고 실행하는 교사 및 교육자의 문화적이고 계급적인 가치에 의해 직접 영향을 받기 때문이다. 불행하게도, 많은 전통적 교육자들은 여전히 모국어권 문화와 모국어로 교육하는 것의 적절성과 하위 계층 언어 공동체 학생의 학문적인 발달에 그것이 주는 긍정적인 영향에 관해 의심하고 있다. 결과적으로, 교사는 언어 사용에 제한을 두려는 경향을 보인다. 이어서, 언어적으로 차별받는 사람들의 자녀 다수는 식민화하는 교실에서의 제약들을 경험한다. 주류언어지상주의는 학생의 학문적인 성취에 역기능으로 작용할 뿐만 아니라, 학생의 인지적 정당성을 부정한다.Paraskeva, 2014, 2016 그와 같은 교실에 들어서며, 우리 아이들은 그들의 문화적 자기표현을 허용하지 않는 이질적인 소리 체계와 인식론적인 감옥 안에서 의견이 없는 것처럼 간주된다.

예를 들어, 1950년대 내가 LA 동부 지역의 제1가 초등학교First street School(거의 99%가 라틴아메리카 학생이었던 학교)에 다녔을 때, 학교에서 스페인어로 말하는 것은 금지사항이었다. 교사는 학교에서 "영어만을 사용"하는 불문율을 위반한 처벌이랍시고 비누로 우리들의 입을 씻기거나, 어두운 물품보관실에 가두어 놓는가 하면, 복도에 꿇어앉게 했다. 교사는 부모님이 우리에게 모국어로 말하지 못하게 하려고, 스페인어로 말하는 것은 우리의 학습 능력을 심하게 저해할 것이고 부모님이 이런 경고를 무시한다면 앞으로 우리가 학업 실패를 경험하게 될 것이라고 단언했다. 그래서 그람시1971가 그의 연구에서 분명하게 밝혔던 언어의 문제La questione della lingua는 미국에서 식민화된 주체로서 내 지위에 따라, 태어나서부터 나의 일상에 매우 실제적인 부분이 되었었다.

게다가 스페인어를 사용하는 푸에르토리코 출신 아동으로서 내 삶의 경험에 오늘날 많은 소수 언어권 아동들이 여전히 직면하고 있는 언어적인 차별주의가 사람의 기를 죽이는 현상을 비춰 보게 한다. 영어가 우월한 것으로 간주되는 미국, 그리고 그 외의 국가에서, 이런 소수 언어권 학생은 일상에서 식민화하는 언어적 관습에 지배받는다. 이런 과정에서, 소수 언어권 아동들은 망각의 문화(은행저금식 교육이 식민화하는 공간Freire, 1970)로 무자비하게 끌려가고Darder, 2013, 의도적이든 그렇지 않든 간에 학생은 그들의 모국어를 사용하지 말라고 교육을 받고, 학교의 지배적인 문화에 의해 그들에게 부과된 헤게모니적 언어와 문화체계를 무비판적으로 수용하도록 교육받는다. 이런 문화적이고 언어적인 망각의 교실은 학생의 태생적인 문화와 언어의 공동체와 연결된 소속감, 위로감, 안정감, 행복감을 갖게 하는 친숙한 음성으로 기록된 기억들이 침투하지 못하게 막는다.

프레이리는 "문화는 자율적인 체계가 아니라, 사회적 계층화와 긴장에 의해 특징지어진 체계"Freire & Macedo, 1987, p.51라고 강조했다. 문화는 역동적이고 복잡한 역사적 현상이다. 그럼에도 오늘날 많은 교사가 여전히 문화를 이미 만들어진 계급성이 없는 용어로 인식한다. 게다가 문화는 학교에서 발견되는 특정한 사회적 구조에 의해 유지되는 계급, 젠더, 성, 능력, 인종차별적 구조들과 밀접하게 연결된 사회 과정을 대표한다. 문화적 과정은 중립적이라기보다는, 오히려 사회 조직을 통한 권력관계의 재생산과 관련되어 있다. 그래서 언어를 통해서 전달되는 문화적 가치와 신뢰 체계는 사람들 사이에 중요한 차이와 투쟁의 장을 구성한다.Johnson, 1983 문화에 관한 이런 비판적인 관점의 변증법적 함의는 다면적이다. 한편으로, 교사는 "언어 역시 문화"이고, 그러므로 언어는 "지식에 영향을 주는 힘"이라고 이해해야만 한다.Freire & Macedo, 1987, p. 53 다른 한편으로, 교사는 "문화적인 요소만으로는 모든 것을 설명할 수 없다"는 것을 이해해야만 한다.p. 70

읽고 쓰는 법을 가르치면서, 프레이리는 언어와 문화 사이뿐만 아니라 언어와 계급 사이에도 중요한 관계가 존재한다고 반복해서 주장했다. 우리가 말하는 방식은 특정한 물질적 조건과 생산양식의 맥락에서 역사적으로 재생산되는 특정 가치, 관계, 생존전략과 밀접하게 연관되어 있다. 그래서 우리가 태어난 곳, 자란 곳, 학교교육을 받은 곳, 일하는 곳, 사는 곳 등, 이 모든 곳은 우리의 언어적 표현에 영향을 준다. 다양한 학교와 공동체를 경험한 이들은 학생의 언어가 그들의 계층 배경에 따라 다르다는 것을 발견했다. 이 점은 영어를 사용하는 남미계 미국인 학생이나 유럽계 미국인 학생의 경우에서도 그렇다. 왜냐하면 세계와 관계 맺는 것과 학습의 인식적 스타일뿐만 아니라, 학생의 가치와 믿음에 관한 표현은 집단에서 사용하는 말이나 언어를 통해서 전달되는 모든 것, 문화와 계급에 밀접하게 연결되어 있기 때문이다. 프레이리[1993]는 그의 연구에서 다음과 같은 내용을 강조했다.

> 우리가 존재하는 방식, 즉 음식을 먹는 방식, 먹는 것, 옷 입는 방식, 행동 방식, 타인과 함께 자신을 발견하는 방법, 의사소통하는 방식, 교육 수준, 사회에서의 계층 등, 이 모든 것은 점차 우리를 구성하는 우리의 언어, 사고 구조의 일부가 된다. 우리는 언어로 자신을 경험하고, 사회적으로 언어를 창조하며, 마침내 우리는 언어적인 능력을 갖게 된다.[Freire, 1993, p.134]

이야기, 농담, 음악, 시 등 이 모든 것에는 역사적 사건에 대한 내면화된 태도와 연결된 매우 특별한 정서적인 언어 표현이 포함되어 있다. 이러한 태도는 특정한 계급 형성의 역학과 (선택 혹은 불가피하게 처절한 상황으로 인한) 계급투쟁에 의해 형성되었다. 그래서 가장 영향력 있는 문화전달자이자, 계급관계의 중재자 중 하나인 언어는 공동체를 위한 규칙을 전달하고 강조한다. 왜냐하면 규칙이 특정 시대의 생존의 역사와 집단의 정체성과 관계되기 때문이다. 따라서 언어는 학생들에게, 인간이 된다는 것에 대한 다양한 이해뿐만 아니라, 특별한 감정, 기분, 독특한 문학적 감수성, 사회에 대한 정치적인 인식을 갖게 한다. 더욱이 제2언어로 소통해야 하는 학생은 좀 더 큰 장애를 겪는다. 제2언어를 사용하는 학생은 학습과정에서 긴장을 풀거나 자발적인 태도를 취하기가 어렵다. 끊임없는 긴장은 그들의 외부적인 실재와 내부 세계 간의 부조화에서 오는 감정적 골을 깊게 한다. 그래서 지식 형성에 핵심적인 경험과 언어의 연결은 위태로운 상황에 처하게 된다.

프레이리[1985]는 언어를 "의사소통의 도구로서뿐만 아니라 사고를 위한 구조"로 보았고, "언어는 문화"라고[p. 184] 했다. 그래서 언어는 인식적 감각과 연결된다. 우리는 모국어 맥락 내에서 우리 존재에게 의미를 전달하는 소리, 어조, 억양을 통해 우리의 세계를 인식한다. 이것은 학생들이 일상적으로 다루어야만 하는 물질적인 실체와 언어의 관계를 암시한다. 그래서 언어의 문제와 읽고 쓰는 법을 가르치는 것은 항상 이데올로기적 질문과 관련된다. 학생은 언어를 통해서 공유된 역사, 계급, 문화, 공동체의 구체적이면서도 머릿속으로 그려 낸 경험과 연결된 강한 무의식적 관계를 만든다. 이런 경험은 세계에서 자신이 되고자 믿는 모습에 관한 개인적이고 집단적인 기억을 불러일으킨다. 프레이리[1997a]에게서 이것은 학생이 사회적인 위치에 "뿌리내렸다"는 감각을 형성한다. 이를 통해 학생은 자신을 외부로 확장해 낼 수 있고, 궁극적으로 세계시민이 되어 간다. 프레이리는 "어느 누구도 보편성에서 특수성을 찾지 않는다", "실존의 길은 그 반대이다"[p. 39]라고 썼다.

프레이리는 "연대와 상호의존의 정신뿐만 아니라 스스로 형성한 집단적 의식을 발달시키려는"[McLaren, 2000, p. 153] 억압받는 학생의 역량은 임파워먼트의 집단적 과정과 깊이 관련되어 있다고 가르쳤다. 교사들은 문해력을 지도하면서 학생의 문화적 경험을 통합하고 존중하는 교사의 능력을 통해 이러한 비판적 의식의 발달을 지원할 수 있다. 물론 이것은 교사가 액면 그대로 그와 같은 경험을 받아들여야 한다는 것을 의미하지 않는다. 오히려, 교사가 "학생의 생활환경과 학교에 가지고 오는 인생의 경험으로부터 형성된 지식의 중요성을 고려하지 않고 형성되는 과정인 존엄성과 정체성을 존중한다고 말하는 것이 왜 불가능한지"를 인식하는 것을 뜻한다. "나는 결코 그런 지식을 과소평가할 수 없다. 그것을 조롱하는 것은 더 나쁘다."Freire, 1998b, p. 62

그러나 프레이리가 하위 계층 학생의 원초적 문화와 언어의 가치를 인식하고 존중한다 할지라도, 그는 피억압 공동체의 학생에게 그들의 언어로만 가르치는 것은 충분하지 않다고 믿었다. 이 믿음 때문에 프레이리는 온갖 비판과 비난을 받았었다. 프레이리1998a에게 "언어의 문제는 항상 이데올로기 문제와 관련된다. [그리고, 그래서] 언어의 문제는 권력의 문제와도 연관되어 있다".p. 74 그는 하위 계층 공동체 아이들은 그들이 살아가는 사회에서 "학습 표준"이라고 판단되는 것(그것이 무엇이든지)에 따라 교육되어야 한다고 주장했다. 그래야 "자기 삶을 살아가기 위한 투쟁에서 불리함을 줄"p. 74일 수 있을 뿐만 아니라, 자신을 대상으로 한 부정의와 차별에 저항하기 위해 반드시 겪어야 하는 싸움을 위한 기본 도구를 얻을 수 있기 때문이다. 프레이리는 하위 계층 문화를 배경으로 가진 학생들 또한 지배 언어를 잘 구사할 수 있어야 한다고 보았다. 이를 통해 그들의 민주적 이해와 상충하는 제도적인 사회 규칙, 법, 정책, 관습에 효과적으로 투쟁하기 위한 준비를 할 수 있기 때문이다.

권력의 식민성은 이러한 언어의 문제들과 관련된다. 식민 지배자들은 사회 통제와 문화 억압의 수단으로 그들의 언어를 이식하기 위해 수백 년간 애썼다. 피지배자들은, 직접 말로 들었든 학습된 것이든 간에 권력의 모체에 내재된 인식론적 체계를 통해, 그들이 적절한 문화적 능력이나 지능을 소유하지 못했다는 이야기를 들어왔다. 식민 세력에 의해 강요된 이런 언어에 관한 말에는 피지배층에게 그들의 언어가 사실 진정한 교육적 지위를 가질 가치가 없는 비도덕적이고 열등한 체계라는 것을 믿게 만들려는 의도가 담겨 있다.Freire & Macedo, 1987, p. 118 학생의 모국어를 희생양 삼으면서 지배어를 강요하는 것의 파괴적인 영향은 오늘날까지 이어지고 있다. 소수 언어를 사용하는 많은 학생이 이중언어교육을 받을 권리를 잃어버리고 있기 때문이다. 결과적으로 프레이리는 "식민 세력의 언어만을 계속해서 가르침의 매개체로 사용하는 것은 문화적 지배의 유지를 지원하기 위한 조작적 전략을 계속 활용하는 것"같은 책, p. 117이라고 밝혔다.

프레이리1993에게 "단어, 문장, 의미가 분명한 담론은 맥락 없이 생겨나지 않는다. 오히려 그런 것들은 역사적이고… 사회적"p. 58이며 문화적 구성체이다. 문화, 언어, 문해력을 이렇게 이해해야만, 교사는 언어와 정체성 간에 존재하는 밀접한 관계를 이해할 수 있다. 언어는, 계급, 지위, 특권, 물질적 조건에 의해 정의되듯, 문화, 젠더, 성, 종교 등의 역사적인 관계로부터 나오기 때문에, 문해력과 관련한 혁명적 페다고지는 정확하게 학생들이 언어적으로 뿌리내린 곳에서 시작되어야 한다. 교사는 학생이 보유한 기존의 언어적 지식의 강점을 이용해서 유의미하고 궁극적으로 해방적인 방식으로 지배적 언어를 더 활용하려는 학생을 지원할 수 있다. 프레이리1993는 "읽고 쓰는 법을 가르치는 것은 무엇보다도 사회적이고, 정치적인 헌신"p. 115이라고 주장했다. 프레이리는 읽고 쓰는 능력의 비판적 관점을 열정적으로 지지하던 사람으로, 비판언어학적 접근법의 핵심 목적은 더 큰 사회의 억압된 구조에 도전하고, 분석할 수 있는 능력을 발달시키도록 지원하여 좀 더

공정하고 공평하며 민주적인 세계를 구성하기 위한 것이라고 주장했다. 이것은 기본적으로 대화적으로 읽고 쓰는 법을 가르치려는 정치적인 헌신을 요구한다. 그래서 교사와 학생은 억압적인 구조를 감추는 문화양식, 사회적 관습, 제도, 텍스트의 이데올로기적 측면을 드러내기 위해 함께할 수 있다.Macedo, 1994

순리를 거부하는 교육

교육의 혁명적 실천에 관해 알려 주는 정치적인 원칙을 깨달았을 때, 진보적인 교사는 순리를 거부하는 교육이 만들어 내는 긴장 속에서 매일매일 싸워야만 한다. 프레이리에게 영향받은 페다고지에는 공립학교의 전통적인 것들과 정반대이고 갈등을 일으키는 근본적인 방식이 존재한다. 힘든 시기 동안 진보적인 교사를 엄청나게 긴장하게 만드는 반대의 관점을 발견해 내는 능력은 소중하다. 혁명적인 교수 실천과 전통적인 교수 실천 간에 내재하는 정치적 갈등에도 불구하고, 실제 발생하는 긴장의 정도는 특정 학교에서의 공식적이고 비공식적인 권력의 관계에 대한 지역적인 방식에 의해서 대부분 결정되는 것이라고 인식하는 것 또한 중요하다. 이것은 영구적으로 불완전한 헤게모니적 조건과 투쟁의 영역으로서 교육을 이해하려는 우리의 입장과 일치한다.

학교교육에서 식민화하는 행위는, 학생이 기본적인 능력이 있는지, 공식적인 표준화시험을 잘 치르는지에 대해 주된 관심을 갖는 지식의 기능적이고 도구적인 관점을 영속한다. 이처럼 전통적인 교육은 하위 계층의 언어와 문화적인 가치를 희생해서, 지배적인 문화적 신뢰 체계와 언어의 우수성을 강화한다. 전통적인 교육은 노동자 계층의 문화적 감각, 미적 감각, 언어적 형태를 그들의 민족적 배경과는 상관없이 종속시킴과 동시에 자본주의 정치경제를 영속하도록 하는 것과 연결된 공상적인 "중산층" 기준을 특권화하는 것을 포함하고 있다는 점을 유념해야만 한다. 식민화하는 교육 실천은 공립학교 학생의 대다수를 차지하는 학생의 역사적인 조건들, 문화적이고 언어학적인 능력, 삶의 경험 등을 부정한다. 이처럼 종속적인 문화 공동체에서 온 학생은, 좀 더 순화된 표현으로, 문화적으로 박탈된 것으로 계속 간주된다. 게다가 식민화 이데올로기를 선전하는 사람들은 피해자를 비난하는 도덕적 태도를 취하면서, 전통적인 학교교육을 이끄는 식민화 이데올로기는 학교교육의 정치적인 성격과 사회적 기능을 대체로 부정한다.Freire & Macedo, 1987

식민화하는 교육은 교사를 자본주의 미국에서 학생의 생존에 요구되는 기본적인 정보만을 전해 주는 주정부의 중립적이고, 객관적이고, 친절한 대리인으로 본다. 불행히도 이것은 대개 노동계급과 하위 계층의 문화적 공동체 출신 학생들의 관심에 반하는 교육 행위를 낳고 자퇴를 촉발한다. 이와 같은 관점은 합법적이고, 적절하고, 수용 가능한 지식과 교육 실천이 무엇인지에 대해 절대적인 용어로 정의한다. 이때 서로 다른 문화와 계층 공동체 또는 억압적인 결과에서 작용하는 맥락적인 조건과 특정한 요구는 고려되지 않는다. 그리고 앞에서 암시했듯, 전통적인 교육 이데올로기는 계급과 관련된 이슈를 불분명하게 한다. 전통적인 교육과정 실천과 학습 자료가 시장 가치에 심각하게 물들어 있더라도 말이다. 그래서 학교는 자본주의와 민주주의의 "상식적" 개념[8]을 동의어로 볼 뿐만 아니라, 이를 무비판적으로 수용하고

---

8. "상식적"이란 용어는 그람시적인 함축(의미)으로 사용되었다. 상식은 실제의 진정한 개념과 왜곡된 개념들이 공존하는 인간 의식의 영역을 알게 한다. 질문의 결정적인 도움 없이도, 그러한 개념들은 적응과 저항의 아이디어를 통해 물질세계를 신비하게 하고, 정당화한다. 이 개념에 대한 토론을 위해서는 Henry Giroux(1997)의 『페다고지와 희망의 정치학』 3장을 참조.

보호해야 하는 안정되고, 자연스러운 현상이라고 강조한다.

이와 대조적으로, 교육의 혁명적 프락시스는 모든 인간이 의미를 생산하는 데 적극적으로 참여한다는 관점에서 시작한다. 따라서 지식의 변증법적이고 맥락적인 관점을 강조한다. 교육 실천은 정치적이고 문화적인 행위로 인식된다. 그래서 혁명적 프락시스는 (학생의 교과 내용에 대한 학습, 참여, 조사 탐색은 물론) 학생들이 그들의 문화적 역사와 삶의 경험에 관해 읽고 쓸 수 있도록 하는 데 집중함으로써 억압받는 이들의 교육과정을 고양시킨다. 혁명적인 교육 실천은 학생의 세계를 변혁시킬 목적으로 교육 제도 속에서 권력을 활용하여 학생을 지원한다. 이와 같은 실천은 학생들이 좀 더 넓은 사회적 맥락에서 그들의 삶과 사회적 관계를 비판적으로 성찰하도록 자극한다. 그래서 학생들은 어떻게 권력이 그들 공동체의 상황을 변화시키고 형성하는지를 이해하게 된다. 이것은 하위 계층의 사람들에게 강요된 인위적인 한계를 제거하고, 존재의 합당한 형태로서 다른 문화적 세계관과 고유한 전통을 인식하는 교육 실천이다.Grande, 2004

게다가 혁명적 프락시스는 학습자가 수많은 사회적 담론들 속에서 그들의 목소리를 인식하고 이해할 수 있는 가능성의 언어를 강화한다. 이것은 학생의 호기심, 상상력, 창의성, 모험, 질문하기를 격려하는 학교교육의 비판적 실천이다. 그리고 의심과 저항은 그들의 비판적 발달에 필수적이고 유용한 것으로 인식된다. 더욱이 이것은 교육자가 중립적인 것이 아니라, 변화의 역사적이고 정치적인 주체라는 분명한 인식과 더불어 수행되는 실천이다. 이러한 교사는 학생이 학문적으로 성취할 수 있는 조건을 학생들에게 진정성 있는 민주적 삶을 위한 새로운 방법을 구성할 목적으로 참가하고, 성찰하고, 비판하고, 의견을 내는 학생의 능력을 발달시키기 위한 지적이고 감성적이고, 신체적인 기회를 제공하는 과정을 통해서 만들어 내야 한다는 책임감을 짊어진다.

 상반되는 가치의 이 두 가지 교육의 관점을 생각해 보면, 진보적인 교사가 공립학교에 들어가 혁명적 페다고지를 실천하려고 애쓸 때, (특히 신규 교사들에게) 엄청난 스트레스의 원인이 되는 아주 많은 저항과 갈등을 경험하게 되는 것은 당연하다. 저항을 일으키는 사람들은 다양하다. 학생, 동료 교사, 학교 관리자, 교육행정가, 학부모 등. 결과적으로, 진보적인 교사가 가져야 하는 질문은, 혁명적 페다고지에 대한 저항 속에서 어떻게 교육 실천을 발전시켜 나가느냐이다. 교사가 이런 엄청난 모순 속에서 효과적인 수업 전략을 개발하기 위해서, 사회적 지위의 현상 유지와 관련한 학교교육에 대한 전통적인 기대가 이런 저항을 유발한다는 점을 잘 인식해야 한다. 그러나 저항은 잠재적으로 억압이 되거나 위협이 되리라 인식되는 것 혹은 사람에 대한 학습된 무비판적인 반응에 의해서도 발생될 수 있다. 이런 저항이 개인 혹은 집단의 이익에 반하는 기능을 할 때조차도 말이다.

 학생은 "너무 오랫동안 수동적인 학교교육에 익숙해져 있어서," 교사가 "그들에게 비판적 요구를 할 권리가 없다"고 느낀다.Shor & Freire, 1987, p. 25 그럼에도 학생들이 저항할 때 이들의 반응과 저항을 행동으로 옮기는 특별한 방식은, 학생들이 어떻게 세계와 자신의 공간을 보는지에 대한 중요한 정보를 제공한다. 교사는 학생의 저항을 페다고지의 장애물로 인식하기보다, 학생의 의식을 발달시키는 데 필요한 유의미한 과정으로 볼 수 있다. 교사는 노동계급 학생이 "반지성적인" 태도로 자기강박적 표현을 하는 것을 보게 되는데, 이는 교사가 뭘 가르치건 수업에 참여하지도, 배우지도 않겠다는 저항심을 드러내는 것이다. 많은 학생에게, 이런 저항은 학문적 억압으로 수년 동안 소외를 경험하며 발견한 유일하게 효과적인 자기보호 기제이다. 때때로 노동계급의 청소년들은 학업성취를 거두는 것이 친구를 배반하는 일이고,

그래서 또래 집단으로부터 배제되어 완전히 고립될지도 모른다는 두려움에 갈등하고 있을 수 있다. 따라서 우리의 가장 큰 과제는 학생들에게 학교교육과 관련한 그들의 개인 문제를 다룰 수 있는 시공간을 제공하기 위해 교실에서 기회와 관계를 만들어 내는 것이다. 이것은 교육에 대한 학생의 관점과 생각을 조사해 보고, 확인하며, 이의를 제기하고, 바꿔 보기도 하는 기회를 필요로 한다. 이 과정은 배움을 유의미하고 자신과 관련 있는 것으로 만드는 방식이 되어야 한다. 왜냐하면 그로 인해 학생은 그들이 세상에 무가치하다고 믿게 만드는 생각을 발견하고 도전하는 자유를 갖기 때문이다.

학생의 저항은 매우 수동적인 방식으로 나타날 수 있다. 일부 학생은 비판적인 질문을 던지는 방식으로 저항하는데, 자신들에 대해 어떤 기대를 갖고 있으며 합격 점수를 받기 위해 학생이 해야 할 일은 정확하게 무엇인지 구체적으로 듣는 것을 선호한다. 슬프지만, 이런 식의 저항은 초등학교 교실부터 박사과정에서까지 볼 수 있다. 사실 교사교육과정의 학생이 이런 저항을 보인다는 점은 그리 특별한 것도 아니다. 이런 교실 저항을 드러내 보이는 수동성은, 학생을 역사적으로 교사가 준 정보를 자기 "머릿속 은행"에 받아들이는 수동적인 학습자가 되도록 만든 방식과 분명하게 연관되어 있다.

이 문제는 교사가 학생의 수동성에 대화적으로 관여하기를 필요로 하는 중대한 과제이다. 이를 통해 학생은 학습의 참여 과정에 비판적으로 관여할 수 있는 능력을 발달시킬 수 있다. 학생이 과거의 교육적인 조건과 기대를 깨는 것은 쉬운 과정만은 아니다. 이런 페다고지가 종종 주류적인 기대를 벗어나게 되면, 학생은 급진적인 교사의 능력에 대해 의문을 가질 수 있다. 이런 일은 좀 더 나이가 찬 학생의 경우에 빈번하긴 하지만, 어린 학생의 부모들도 비슷한 문제제기를 하곤 한다. 『질문하기 배우기Learning to Question』에서 프레이리와 파운데즈

Freire & Faundez, 1989는 열성적인 교사가 경험할 수 있는 어려움을 인정했다.

> 지식은 과정이다. 그래서 우리는 지식에 관여하고, 대화를 통해서 그리고 과거와의 단절을 통해서 성취해야 한다. 많은 학생들이 이것을 수용하지 않는다. 계급제도적으로, (누군가) 정답을 갖고 있는 것, 교사의 것, 똑똑한 누구의 것에 익숙해져 있기 때문이다. 그래서 이 학생은 대화를 받아들이지 않는다. 학생에게 대화는 교사가 가진 약점의 표식이고, 지식에 대한 겸손함은 약함과 무지의 지표이다.Freire & Faundez, 1989, p. 32

혁명적 페다고지가 비판적으로 세계를 드러내는 데 학생을 참여시키려는 과정에서 벌어지는 직접적인 갈등 속에서, 학교는 지식 생산 과정에 학생이 비판적이거나 혹은 실질적으로 관여하는 것에 대해서는 전혀 고려하지 않은 채 주로 지식의 표준화와 교수 내용에의 권위주의적 접근법에 집중한다. 대신, 학생들이 무엇을 "배우는지" 이해하는 것과는 무관하게 현상 기술적인 내용에 대한 연속적인 암기를 강조한다. 프레이리와 쇼어Freire & Shor, 1987는 이러한 접근법에 대한 결정적인 비판을 남겼다.

> 지식을 건네주는 방식은 엘리트 권위주의를 유지하는 데 딱 맞는 교육 방법이다. 이런 전수 방법에는 우연이나 실수가 없다. 공동의 사회에서 불평등과 위계는 위로부터의 통제와 어울리는 교육과정을 만들어 낸다. 이 권위의 사슬은 수동적이고, 옮겨 주는 것에 그치는 페다고지가 전국의 학교

와 대학을 지배하며 끝이 난다. 이런 페다고지는 또한 교사를 소진시키고, 학생의 저항에 직면하며, 끊임없는 개혁을 유발하는 것을 결론으로 한다. 건네주기의 표준 교육과정은 프로그램을 조직할 때 기계적이고 권위주의적인 사고방식을 취하는데, 무엇보다도 이것은 학생의 창의성과 교사의 능력에 매우 자신이 없음을 암시한다.Freire & Shor, 1987, pp. 76-77

이러한 비판에 비추어 볼 때, 왜 학습 내용의 역할 또한 논쟁을 유발하는지 쉽게 이해할 수 있다. 무엇보다도, 여기서 몇 가지 이슈를 분명하게 하는 것이 중요하다. 프레이리[1993]는 교육 내용을 페다고지 과정의 중요하고 필수적인 측면이라고 확신했다. 더불어 그는 진보적인 교사는 "지식의 이전"이 아닌 "실재를 비판적으로 읽는 것"과 항상 연결된 내용을 가르치는 것을 목적으로 그들의 특정한 영역에서 유능해야 하고, 계속해서 연구해야 한다고 주장했다. 교사는 "교육 내용을 통해 생각하는 법을 가르친다".[p. 24] 그러나 프레이리는 "마치 학습 내용이 다루어지는 학교 맥락에 사회적인 갈등이 전혀 표출되지 않는 중립적인 공간으로 여겨질 수 있다는 것"만큼, "학습 내용 자체만을 가르친다"는 개념을 강하게 반박했다.

대화적인 방법으로 가르치는 진보적인 교육자는 보수적인 동료 교사나 학교 관리자로부터 학업성취 또는 표준화된 시험에 필요한 "지식"을 학생에게 가르치지 못한다고 "단순히 학생들에게 피해를 주는" 몽상가라고 부정한 비난을 받는다. (진보적 교사를 향한) 많은 보수적 교육자들의 비난은 늘 이런 식이다. 왜냐하면 이들은 학생에게 단지 교과지식을 채워 넣으면, 결과적으로 어떻게든 "마술처럼" 학생은 생각하는 법을 배우게 될 것이라고 여기기 때문이다. 프레이리[1997]는 그와 같은 관점을 맹렬히 반대했다. 대신에 그는 "비판교육"을 주장했다.

나는 비판교육을 해야 한다고 주장하고 또 주장한다. 학습자에게 은행 저축을 하듯이 내용을 가르치는 것이 어느 순간 실재에 대한 비판적 인식을 가져온다는 주장을 납득하기 힘들다. 진보적인 관점에서, 교육의 과정은 학습자에게 대상을 이해하고, 그래서 세계와의 관련성에서 대상을 학습하기를 요구하는 교육과정은 비판적 인식의 실행, 대상의 존재 이유에 대한 인식을 함축한다. 이는 학습자의 인식적인 호기심을 높이는 것을 뜻하는데, 이것은 대상의 개념을 단지 기술하는 것으로 만족될 수 없다. 나는 오늘날 진보적인 교육자로서 나의 과업의 일부인 비판적으로 글을 읽는 것과 함께 비판적으로 세계를 읽는 일을 무엇인지 모른 채로 남겨 두지 않을 것이다.1997a, p. 75

교실에서 이런 이슈에 효과적으로 개입하려는 진보적인 교사는 자기의 혁명적 프로젝트가 지닌 타당성을 절대적으로 확신할 뿐 아니라, 가르치는 교과 영역에서도 유능하고 전문적인 자질을 보여 주어야 한다. 프레이리는 이 이슈에 대해 평생 분명하고 일관된 입장을 가졌다. 특정 주제를 효과적으로 비판하는 유일한 방법은 그 주제에 대해 잘 아는 것이다. 그러나 학생을 엄격한 대화적인 학습에 참여시키려면 학생이 학습에 적극적으로 개입하리라 기대해야 한다. 그런데 학생들에게 이런 상황은 분명 낯설게 느껴질 것이다. 학생으로서 해야 할 일이란 앞으로 있을 시험을 준비하기 위해 잘 듣고 노트하는 것뿐이라고 믿으며, 현상 기술적인 내용을 가지고 "독백"하듯 강의하지 않으려는 교사를 엄밀함이 부족하다고 생각하는 학생들에게는 말이다.

권위주의 틀에서는 '엄격'하다(rigor)는 말을 지배적인 지식에 융통성 없이 절대적으로 고착되어 있다고 보는 반면, 비판적으로 생각하는 것은 자기 배움에 스스로 책임질 필요가 있는 아주 '엄밀'한 (rigorous) 행위를 뜻한다. 나아가 프레이리는 교사들에게 학생들이 "명령을 따르는 데 너무 익숙해져 있다는 것을 인식하도록 상기시킨다. 이것은 학생들을 자신의 발달을 구조화하는 권위에 의존하게 하고, 자동적으로 그들은 자유롭거나 대화적인 교육은 엄밀하지 않다고 생각하게 된다. 왜냐하면 대화적인 교육은 학생들에게 자기 형성에 참여하도록 요구하기 때문이다."Shor & Freire, 1987, p. 77 학생의 저항과 같은 이슈에 효과적으로 대응하기 위해서, 프레이리는 교사가 학생의 학습역량과 비판의식을 지닌 인간이 될 수 있는 역량에 대한 고집스러운 신념에 근거해서 교수 실천을 발전시킬 것을 힘주어 촉구했다. 그와 같은 신념이 없다면 불필요한 긴장과 좌절을 일으킬 수 있다. 예를 들어, 진보적인 교사는 학생이 비판적인 수업에 참가하고 결국 좀 더 전통적인 교실 환경으로 돌아가게 되면, 비판적인 수업에 참가한 것 때문에 부정적인 영향을 받거나 방해받은 것은 아닌지 종종 걱정한다. 이런 우려 때문에 교사는, 다른 삶의 방식에 관한 생생한 사례들, 인간성을 표현하는 다른 방식, 세계에 존재하고, 알고, 행동할 수 있는 방식을 제공하는 해방적인 환경에서 보내는 일 년 또는 한 학기 동안이 학생에게 어땠는지 제대로 인식하지 못하게 된다. 그리고 이런 경험은 모든 유의미한 경험들처럼 학생들과 함께 머문다. 우리는 그와 같은 순간에 우리의 학생들에게 평소보다 훨씬 더 큰 신념을 갖고 가르쳐야 한다는 조언을 받게 된다. 왜냐하면 어떤 혁명적 실천도 사랑 없이는 구축될 수 없고, 사랑은 역경의 시기에 학생이나 동료 교사, 또 우리 자신조차 포기하지 않게 하는 확고한 신념과 의지를 가질 수 있게 하기 때문이다.

진보적인 교사는, 학생의 비판적 형성과 해방과는 의도가 어긋나 보이는 학사일정과 시간적 제약 속에서 해방의 페다고지를 실행하려고 애쓸 때 경험하게 되는 어려움에 깊은 우려와 좌절을 표현하곤 한다. 열악한 상태의 학교 시설 및 책, 장비, 교재의 수준으로 인해 교사와 학생은 세상에서 자신들의 가치와 중요성이 어느 정도인지를 가늠할 수 있다. 불행히도 학교교육은 윤리적이고 사회적으로 책임 있는 세계 시민을 길러 내기보다 편의주의와 학교 통제에 우선순위를 두고 있다. 길들이려는 언어, 권위주의적 행위, 물리적 열외의 사용으로 인해 희망에 대한 교사의 감각은 시들어 가고 권한을 뺏긴 것처럼 느낄 수도 있다. 종신재직권을 얻지 못해 교직에서 쫓겨날지도 모른다는 두려움은, 신입 교사를 제도에 복종하도록 사회화하고 조건화하는 데 효과적인 수단이다. 교사의 개인적인 노력과 연대의 교육 공동체가 협력하지 않으면, 교사는 학교문화의 관료주의적인 망에 너무나 쉽게 사로잡힐 수 있다. 프레이리[2002]는 교사가 관료주의에 물드는 것에 대항해 싸워야 한다고 힘주어 말했다. 관료주의는 "창의성을 절멸시키고 인간을 상투적인 것을 단순 반복하는 사람으로 탈바꿈해 버린다. 교사가 관료주의화될수록, 교사는 소외된 채 더욱더 일상의 반복된 생활로부터 떨어져 서 있지 못할 정도로 고착될 것이다."[p. 117]

다른 제도에서처럼, 정치적인 반발의 이슈는 교육과 밀접한 관련이 있다. 억압적인 정책과 행위에 반대하여 목소리를 내거나, 그들의 학생 및 부모들과 함께 강하게 연대되어 있는 교사는 학교행정가와 보수적인 동료 교사들과의 관계에서 갈등과 적대감에 직면하곤 한다. 그들은 우려스러운 것에 대해 비판적인 목소리를 내고 학교와 지역에서의 일을 변혁하고자 노력하는 교사에게 귀를 기울이거나 지지해 주려 하지 않는다. 대부분의 진보적인 교사는 비난받고 말썽을 일으키는 사람으로 낙인찍히는 자신을 발견하게 된다. 심지어 공동체의 구성원과 학부모로부터 지지와 호응을 받을 때조차 이들은 소외되고 고립된 존재로서 위축되는 경험을 하기도 한다. 프레이리[1998b]는 "소위 문제를 일으키는 사람은 [제도적인 변화를] 공격적으로 반대하는 사람들에 대한 저항을 대표한다"고 짚어 내면서, "내가 보기에, 부당한 질서를 유지하려는 사람들은 도덕 및 윤리가 없다"[p. 68]고 지적했다. 학생과 학부모, 특히 종속 문화 집단의 학생과 학부모가 수동적이고 정치적 동면 상태를 유지하길 기대하듯, 학교 관리자들은 교사 또한 길들이기 위해 설치해 둔 관리체제를 기꺼이 받아들일 것으로 기대한다. 이런 교사는 해고되고, 다른 학교로 전출되고, 또는 견딜 수 없는 상황에 의해 "쫓겨나는" 방식으로 학교현장에서 종종 사라지게 된다. "의견을 말하고, 조직을 구성하고, 공식적인 교육과정을 일탈하는 사람은 퇴출의 대표적인 사례가 되고, 이런 사례는 남아 있는 이들에게 각인된다."[Shor & Freire, 1987, p. 59]

진보적인 젊은 교사가 학교 밖으로 나가서 그들의 꿈을 실현하려 노력하지만, 불행하게도 그들은 머지않아 좌절하고, 분노하며, 절망감을 느끼고 만다. 이것은 교사가 학생의 정치적, 문화적, 사회적 임파워먼트를 진정으로 지원할 수 있는 페다고지를 실천하려 시도할 때 겪게 되는 어려움 때문이다. 이런 교사는, 가장 취약한 학생을 분명히 더 소외되게 하는 교육정책과 실천을 묵인하는 제도화된 기대를 마주할 때면 지속적인 의심과 절망감을 경험한다. 이런 정책과 실천은 시험 치르기, 교육과정 운영, 점수 매기기, 평가사항에 관한 행정을 포함하는데, 이것들은 하위 계층 학생들이 학업적으로 유능해지고 성공하도록 실질적으로 도와줄 수 있는 강점과 능력을 체계적으로 간과하고 부정한다. 이런 정책과 실천은, 정치적인 중립, 자애로운 통제, 교육적인 편리함으로 가장한 채 역사적으로 세계 인구의 3분의 2 이상을 착취하고 지배하는 것을 허용하는 계급에 기반을 둔 인종차별화된 이데올로기적 구조를 영속화한다.

일단 교사가 학교나 공동체에서 어떤 형태든지 정치적인 투쟁에 뛰어들면, 계속해서 힘든 결정을 내려야만 한다. 기꺼이 감수하려는 위험이 무엇인지, 어떤 전투를 책임질 것인지, 교육 실천에서 학교에서 인정하는 합법적인 수준을 고려할 때 어느 정도까지 한계를 넓힐 것인지 등의 질문에 대답해야 한다. 교사가 얼마나 넓게 영향을 줄 수 있는가는 매우 개인적인 이슈이고, 어느 누구도 이런 상황에 처한 누군가를 위해 대신 결정을 내려 줄 권한은 없다. 궁극적으로 모든 사람은 자신의 결정에 책임져야 한다. 이는 자신이 내린 결정의 결과가 현실로 나타나게 될 때 교사다움을 유지하게 하는 중요한 과정이다. 우리 각자는 자신이 하려고 하는 일이 무엇인지, 어디까지 갈 것인지에 대해 스스로 분명하게 만들어야만 한다. 어떤 전투라도 엄청난 에너지, 많은 시간, 열정적 헌신을 필요로 하기 때문에, 교사가 자신이 어떤 전투에 임할 것인지 선택하는 것 또한 필수적이다. 교사는 자신이 감수해야 하는 위험의 성격, 위험을 감수하면서까지 실현해 내려는 목적, 실제 변화를 만들어 낼 수 있을지의 전망에 대해 비판적으로 따져 보아야 한다. 프레이리[1997a]는 교사가 내려야만 한다고 여겨지는 결정에 관련된 위험들을 성찰하면서 "위험은 위험 자체를 넘어설 만한 가치를 지닌 이유, 이상, 꿈을 위해 감수될 때에만 의미 있게 된다"[p. 73]고 주의의 말을 전한다.

프레이리는 진보적인 교사에게 힘든 결정, 즉 정치적이고 교사집단의 관계 분열을 가져올 수도 있는 결정을 내리는 데 필요한 용기, 안전, 자신감을 키워야 한다고 독려했다. 진보적인 교사는 종종 두려움과 고통에 직면해야만 한다. 그들은 학교 활동의 부정적 영향에 이의를 제기할 때마다 "이데올로기적"이라느니, "이기적"인, 또는 "학생에게는 관심 없는" 존재라며 비열한 정신적인 공격을 당하고 비난을 받는 가슴 아픈 경험과 싸워야 한다. 감히 모순과 부조화를 말하는 교사는 학교에서 일종의 "내부적인 왕따", 즉 "동료 교사와 학교 관리자에 의한 억압… 구속을 받고 반쪽짜리의 진실만을 이야기할 수밖에 없는 불쾌함"Freire, 1997a, p. 68을 경험할 수 있다. 어떤 교사는 자신의 일관성을 찾기 위한 개인적인 투쟁으로 인해 (공립)학교를 떠날 수밖에 없게 된다. 많은 교사가 학교를 떠나면서 자신이 하는 일의 의미를 되찾고, 진정한 민주주의를 위한 투쟁에 좀 더 온전히 다시 헌신할 수 있기를 희망한다. 프레이리1993가 브라질 상파울루시 교육감 자리에서 물러나면서 했던 말은 학교를 떠나는 교사들의 심정을 잘 보여 준다. "나는 싸움을 그만두는 것이 아니라, 단지 다른 전선으로 이 싸움을 옮길 뿐이다. 싸움은 똑같이 계속된다. 내가 어디에 있든지 나는 민주적인 학교를 위해 당신처럼 싸워 나갈 것이다."p. 140

많은 교사가 너무 잘 알고 있듯이, 학교에서 고립되거나 소외되는 것에 대한 압박, 긴장, 스트레스에 압도당할 수 있다. "프로그램에 따르고", 묵인하라는 압박은 교사에게 의심과 불안이라는 거대한 감정을 불러일으킬 수 있다. 진보적인 교사는 보수적인 학교 관리자 및 선배 교사에 의한 보복과 복수에 대한 개인적이고 공공연한 두려움과 더불어, 혁명적인 꿈에 반대하는 식으로 교육 제도 내에 흡수되고, 이용되고, 껍데기만 남게 되어도 할 수 있는 게 아무것도 없을지도 모른다는 두려움을 경험할 수도 있다. 교사가 이러한 두려움에 대응하려면, 혹은 "두려움을 제압"하려면, 누구라도 기존 질서인 제도적 권력에 맞설 경우에 이런 상황을 경험하는 것은 매우 현실적이고 평범한 일이라고 생각해야 한다. 이 이슈에 상당한 관심을 기울인 프레이리1998는 다음과 같이 강조했다.

우리가 실직하거나 승진을 못하는 것과 같은 사실적인 두려움에 직면했을 때, 우리는 자신이 느끼는 두려움에 구체적인 한계를 설정해야 한다. 무엇보다도, 우리는 두려움을 살아 있다는 것의 표시로 인식해야 한다. 나의 두려움을 굳이 숨길 필요가 없다. 하지만 두려움이 나를 움직이지 못하게 내버려 두면 안 된다. 만약 내 정치적 꿈이 확고하다면, 위험이 적은 전략을 택해 싸움을 계속해 나가야만 한다. 그래서 나는 두려움을 통제하고 그 두려움을 길들일 필요가 있다. 이로부터 나는 마침내 용기를 가질 수 있게 된다.Freire, 1998a, p. 41

두려움을 억제하고 용기를 키움으로써 교사는 학교에서의 권력의 문제와 우리의 참여와 헌신의 결과에 대해 좀 더 쉽게 비판적으로 날이 선 상태를 유지한다. 즉, 사회적·경제적인 부정의를 재생산하는 데 교육이 전반적으로 연루되어 있다는 것을 완전히 인식하게 된다. 그러나 프레이리는 혼자 행동하는 것은 "확실한 자살행위"Shor & Freire, 1987, p. 61라고 거듭 경고했다. "공상적으로 강자에 맞서는 것은 불가능하다! 당신은 당신이 의지할 수 있는 사람과 맞서 싸워야 하는 사람을 알아야만 한다! 당신이 이들을 아는 만큼, 당신은 혼자가 아닌 사람들과 함께할 수 있다. 혼자가 아니라는 느낌은 두려움을 줄여 줄 수 있다."p. 61 그래서 우리는 사회와 학교에 영향을 주는 사회적·정치적·경제적 구조를 변혁하기 위해, 역사적이고 윤리적인 책임을 아무런 타협 없이 받아들임으로써 두려움에 맞서 싸울 수 있다. 이 싸움은 고립되어서는 절대로 이길 수 없다.

교사가 학교에서 종종 경험하는 소외와 고립을 극복하기 위해서는 연대의 길을 만들어야만 한다. 이를 통해 교사는 자신이 매일 직면하는 많은 어려운 이슈들을 처리하는 데 필요한 정치적인 양분과 지원을 받게 된다. 교사는 함께 둘러앉아 각자의 실천을 성찰할 수 있는 기회를 필요로 한다. 교사에게는 교실에서 학생과 하고 있는 일의 효과성과 지속성에 관한 문제를 공개적으로, 그리고 계속해서 논의할 수 있는 장소가 필요하다. 이 장소에서 교사로서의 배움과 발전을 자유롭게 계속해 나갈 수 있어야 한다. 교사에게는 지적 공간도 필요하다. 이 공간에서 교사는 학교생활을 구조화하고 형성하는 권력관계의 특수한 배치를 이데올로기적으로 그려 낼 수 있으며 학교 일에서 권력의 역동성을 평가할 수 있다. 이로써 자신의 실천에서 현명한 판단을 내릴 수 있게 된다. 교사는 계속되는 프락시스의 요구를 고려해 볼 때 자신들의 연구 조직을 만들기 위해 함께해야만 한다. 이를 통해 어려운 이슈에 직면하게 되었을 때 그 이슈를 이해하고, 변화시킬 수 있도록 해야 한다. 프레이리는 교육 실천을 위해 스스로 해 보려는 의지가 있는 교사들을 강하게 옹호하는 사람이었다. 그는 "사회 변혁을 꿈꾸는 교사는 제도권으로부터의 전문적인 훈련을 기다리지 말고, 쉼 없이 자신을 형성하는 과정을 조절해 가야만 한다"고 믿었다.Shor & Freire, 1987, p. 47

역사적으로 교사가 학교 안에서 혼자 투쟁하며 싸울 수 없다고 인식하기 시작한 때는 투쟁과 역경의 고통스러운 순간이었다. 이 시기에 교사는 지역사회로 손을 뻗고 그 속에서 공간을 만들어 내야 한다는 시민적 책임감을 짊어졌다. 이 공간에서 교사는 억압적인 학교구조와 소외의 교육 관계를 변혁하기 위한 질문에 대해 자유롭고 개방적으로 논의할 수 있었다. 프레이리1998는 노동 착취를 영속화하는 실천과 정책에 이의를 제기하기 위해서 서로의 차이를 넘어 함께하기를 끊임없이 권장했다. 그는 『문화노동자로서의 교사』1998a에서 다음과 같이 썼다.

> 교사가 택할 수 있는 유일한 길은 교사의 권리를 방어하기 위해 그들의 다양한 이해관계 속에서 하나로 결집하는 것이다. 이런 교사의 권리에는 자유롭게 가르칠 권리, 자유롭게

말할 권리, 더 나은 수업 환경을 가질 권리, 계속해서 가르치지 위해 안식년을 가질 권리, 양심에 따라 행동할 권리, 보복에 대한 두려움 없이 관계자들을 비판할 권리, 그리고 살아남기 위해 거짓말하지 않아도 될 권리가 포함된다.Freire, 1998a, pp. 45-46

프레이리1993는 교사교육기관의 비판교육학자들을 향해, 교사가 학교에서 일상적으로 직면하는 현실 속에서 혁명적 실천을 학문으로 좀 더 잘 쌓아 갈 수 있게 노력하면서, 진보적인 교사 네트워크의 발달을 지원하고 지속적인 요구사항에 부응하기를 강력히 요청했다. 이것은 신규 교사에게 매우 중요하다. 예비 교사를 사회적 정의와 경제적 민주주의의 비판교육학 이데올로기로 준비시켜, 힘든 시간을 버틸 수 있는 필수적 지원이나 교사 조직 없이 감당하기 어려운 환경(학교)으로 내보내는 것은 정말 몹쓸 짓이다.

공립학교 교사는 학교교육을 변화시키기 위한 비판적 의도로 연구 집단과 다른 진보적인 교사 네트워크를 통해서 학교와 지역사회에 개입하기 위한 효과적인 페다고지 전략과 정치적 전략을 만들어 내야 한다. 나아가 교사는 문화노동자 및 교육 실천가로서 그와 같은 연대의 관계를 통해 인간에 관한 좀 더 엄밀한 이해에 도달해야 한다. 이것은 사람들이 "우리 앞에 있는 지배자의 권력을 과소평가하고, 뿌리 깊은 억압의 존재를 무시할 때"1997a, p.66, 이로 인해 발생하는 투쟁의 시행착오를 방지하는 데 도움이 된다. 교사는 연대의 관계를 통해 말과 행동 사이의 갭을 줄일 수 있도록 서로 도와야 한다. 언행일치는 계속되는 대화를 통해서 개선될 수 있다. 이런 대화를 통해 형성된 타인과의 인간관계는 교사가 삶의 경험에 근거한 비판적 의식을 잘 발달시키도록 해 준다. 그리고 교사는 대화를 통해 두려움을 뒤로할 수 있게 도움을 받을 수 있다. 지속되는 이런 과정은 확실하게 우리 사이에 "차이의 연대"Darder, 2015를 세워 나가는 데 필수적이다.

연구 공동체와 교사 네트워크를 만들어 갈 때는 교사의 경험이 다르고 헌신하는 정도에 차이가 있음을 인정해야 한다. 예를 들어, 교사가 학교 변혁을 위해 시민 불복종 행동에 참여하라고 요청받는다고 하자. 이때 두 번 생각하지 않는 교사가 있는가 하면, 자기 현실을 감안해 주저하는 교사도 분명히 있을 것이다. 그러나 이런 차이가 사회적 투쟁에서 흑백논리의 이슈는 아니다. 중요한 것은 책임과 목적을 갖고 의식적으로 행동하는 것이다. 우리의 결정이 무엇이든지 간에, 우리는 합의를 만들어 내고자 공동체 내 연대에서 긴장을 없애려 하지는 않는다는 점을 받아들여야 한다. 그와 같은 인위적인 과정에서 분파주의가 생겨날 수 있다. 프레이리에게 "해방적 페다고지의 역할은 긴장을 소멸시키는 것이 아니다. … 오히려 우리에게 다양한 긴장을 알도록 이끌고 그런 긴장을 효과적으로 처리하게 하는 것이다. … 이런 긴장을 부정하면, 마치 긴장을 극복했다는 망상에 이르게 된다. 긴장감이 실제로는 숨어 있는데도 말이다."Freire & Macedo, 1987, p. 49

학교생활에 존재하는 많은 과제들과 긴장을 고려할 때, 우리의 연대 관계는 세계에 대한 다양한 해석을 넘어 정치적 비전을 공유하고 함께하려는 진심 어린 의지에 기반해야만 한다. 우리는 해방에 대한 우리의 꿈을 서로 연결함으로써 모든 삶이 고귀한 세상, 모든 아이가 살아가고, 배우고, 사랑하고, 꿈꿀 자유를 갖고 태어나는 세상을 위한 새 길을 함께 놓을 수 있다. 그러나 우리의 투쟁은 당연히 힘들 것이다. 또한 좀 더 자명하게, 프레이리가 어리석게 보이리란 위험을 감수하면서도 가르침은 사랑의 행위라고, 왜 자신의 전 생애에 걸쳐 거듭 주장해 왔는지 그 이유를 알 수 있다. 맥라렌Peter McLaren, 2002은 사랑을 "피에 영양을 공급하는 혁명의 산소, 그리고 투쟁 정신"p. 172이라고 정확히 묘사했다. 의심할 여지 없이, 교사가 혁명적 페다고지를 받아들이고, 우리의 인간성을 회복하는 데 그 어떤 타협에도 굴하지 않고 헌신하게 되는 것은 오로지 그와 같은 사랑의 힘을 통해서이다.

제4장

프락시스로 살아가기:
교사들, 프레이리를 재창조하다

프레이리와 어린아이들의 교육 | 특수교육 아이들에게 희망 가르치기 | 사랑의 프락시스: 학생들과 함께 배우기 | 비판적 인종/민족 연구: 보일하이츠 학교에서의 프레이리 | 지도 나누기: 비판적 안내자로서의 교사 | 프레이리, 불확실함, 그리고 미완성 | 이름 짓기, 성찰하기, 행동하기: 비판적 문해를 가르치다 | 이념적 명료성과 이중언어/이중문화 교사의 준비 | 미 원주민 학생봉사대(NASSU)의 재창조 | 프레이리와 봉사학습의 탈식민화 | 학부모를 프락시스에 관여시키기: 부모 권력을 인간화하고 재규정하는 사랑의 페다고지 | 그린하우스 펠로우십 맥락에서 본 프레이리의 사랑의 페다고지 | 제도의 탈제도화: 청소년 사법 환경에서 프레이리를 재창조하기 | 파울로 프레이리: 비판교육학과 증언 치유 | 프레이리와 지역사회 인권교육: 멕시코 프로드센터의 경험

실천과 이론 간 변증법적 관계를 충만하게 살려 내야
한다.파울로 프레이리, 『문화노동자로서의 교사』, 1998a

나는 내가 소녀 시절에 만났던 많은 흑인 교사에게서 프
레이리의 사상과 살아 있는 교육이 서로 맞닿아 있었다는 것
을 꼭 강조하고 싶다. 그들은 자신들이 해방의 사명을 가지고
인종주의에 효과적으로 맞서 저항하도록 우리를 가르쳐야 한
다고 생각했고, 가르치는 일에 대한 기술과 실천에 대해 내가
지금 갖고 있는 생각에 지대한 영향을 미쳤다.벨 훅스(bell hooks),
『경계 넘기를 가르치기(Teaching to Transgress)』, 1994

파울로 프레이리는 지난 20세기에 걸쳐 그 어떤 교육자보다 진보적
인 교육가들의 삶에 많은 흔적을 남겨 놓았다. 다양한 인종적 특징을
지닌 이 교육가들은 헌신적으로 정의롭지 않은 사회-경제적 구조를
바꾸려 일해 왔다. 나 또한 푸에르토리코 노동계급 출신의 여성으로
25살이 될 때까지 가난하게 살아왔다. 프레이리의 저작들은 무엇보다
내 삶과 연결된 내면의 깊숙한 정치적 이슈들, 그리고 민주적 학교교
육을 향한 푸에르토리코, 뉴욕, 캘리포니아 및 미 전역의 많은 지역에

서의 역사적 투쟁을 떠올리게 했다. 프레이리가 글에서 사용한 언어들은 억압에 관한 논쟁과 직접 닿아 있어, 아이들이 학교에서 맞닥뜨린 상황들을 문화지배와 경제 착취의 정치학과 위협적으로 연결해 보여 준다. 그런데 이보다 더 중요한 것이 있다. 문화적으로 소외된 계층 출신의 학생들이 요구하는 것들이 우리가 (식민지적으로) 종속되어 있는 사회적 실재를 보여 준다는 시각을 대변한다고 느끼게 되었다는 점인데, 내게 이러한 느낌은 처음 있는 일이었다. 이들은 지배 문화가 투영된 이미지라든지 혹은 이들의 해석보다 자신의 관점에 터하여 사회적 실재를 제대로 보고 있었다.

이전에 함께 일했던 교사들이 있었는데, 나는 (프레이리의)『페다고지』가 이들의 지적·정치적 발전에 이와 아주 흡사하리만큼 강력한 영향력을 끼치는 모습을 보고 감명을 받았다. 비판교육학 또는 해방교육학을 이론화하는 능력뿐만 아니라, 교실에서 이러한 방식대로 실천하는 능력, 바로 이것이 이 책에서 보여 주고자 하는 핵심 중의 핵심이다. 따라서 이 장에서는 수년 동안 교사로 근무해 온 교육가 15명의 목소리를 전달할 것이다. 그 방식은 다양한데, 적어도 교실 상황에서 프레이리의 교육철학을 어떻게 "재창조"할 것인지에 대한 그들의 방식을 내용으로 전달할 것이다. 이들은 프레이리의 저작들을 통해 계급, 문화, 언어를 비판적으로 이해하고 늘 새롭게 성찰해 왔다. 또한 자신이 처한 매일매일의 삶과 교수학습에서 이러한 이해를 통합해 적극적으로 실천해 왔다.

여기에서 나는 프레이리[1997b: 2002]가 사용했던 "재창조reinvention"라는 말을 다시 끌고 들어왔다. 왜냐하면 프레이리는 이 말을 교사가 교육적이고 정치적인 기획인 자신의 생각 덩어리를 단지 "하나의 방법"Freire, 1998a으로 환원하지 않도록 경계한 개념이기 때문이다. 지금까지도 프레이리의 문해교육 프로젝트는 종종 해방적인 목적이 탈색되어 버린 채 일종의 '방법'으로 단순하게 수용되고 있다.『문화노동자로서의 교사』1998a 서문에서 마세도Donald Macedo와 안나Ana Maria Araujo Freire는 프레이리의 저작들에 대한 이러한 분파적 이해를 아주 심각하게 걱정하고 있다. 마세도와의 대화에서 프레이리는 자신의 입장을 이렇게 강조하고 있다.

> 교육 실천은 재창조하지 않고는 온전히 외부로 전해질
> 수 없다. 부디 당신의 미국 동료 교육가들에게 잘 전해 달라.
> 나를 수입하지 말라고. 그들이 내 생각을 다시 창조해 내고
> 또 새롭게 써내라고 간곡히 부탁한다.p. xi

프레이리가 제안했듯 나는 "재창조"라는 개념이 해방교육학의 근간을 이루는 정신이라고 믿는다. 무엇보다도 "재창조하라"고 말하는 것은 연대로의 열린 초대이고, 프레이리의 글을 통해 학생의 구체적인 필요를 채워 주려 이를 자유롭게 재창조할 수 있는 교사들의 능력을 깊이 공감하고 선언하는 것이다. 이러한 일이 마치 처음인 것처럼 말이다. 더 나아가, 재창조는 교사가 진정으로 자신을 역사의 주체라고, 그리고 자신들의 실천에 윤리적으로 책임감을 지녔다고 인식할 때만 갖게 되는 임파워먼트 행동이다. 재창조는 학교 학생들에게 혹은 동료 교사에게서 그다지 쉽게 이루어지지 않는다. 오히려 학교에서는 "교사 중심"의 방법과 표준화된 지식체계로 이끌려지는 재생산이 더욱더 추구되고 있다. 이러한 것들이야말로 재창조에서 본질적인 창의성에 반테제적인 것들이다. 왜냐하면 재창조는 상상력을 증폭시키기 때문이다. 불행하게도, 상상력은 학교에서 종종 의심의 대상이 되기도 하고 혹은 훼방꾼으로 여겨진다.

재창조하는 일은, 교사가 자신의 노동을 통해 온전히 지적이고 창의적인 주체로 만들어 갈 때 부딪히는 위험을 기꺼이 감내할 것을 요구한다. 이러한 교사는 학교에서 아주 구체적인 삶의 경험이 만들어내는 특수한 것들에 토대하여, 프레이리의 사상에 대해 비판적으로 성찰할 줄 아는 사람들이다. 『멘토를 멘토링하기*Mentoring the Mentor*』에서 프레이리[1997b]는 아주 강한 어조로 진보적 교사에게 "항상 스스로 움직이라고, 계속해서 자신을 재창조하고, 또 자신의 아주 특정한 문화적, 역사적인 맥락에서 민주적이라 의미 지어지는 것들을 재창조하라"[p. 308]고 주문했다. 그가 제안했던 것들에 연대하는 차원에서 15명의 이야기가 이 장에서는 조명될 것이다. 이들의 이야기는 프레이리의 사상이 단지 교육적인 것으로 들리는 것뿐만 아니라 오늘날 미국 공교육을 재창조하는 데 꼭 필요하다는 점을 보여 주는 생생한 예시들이다.

프레이리와 어린아이들의 교육

세구라 모라(Alejandro Segura-Mora), 초등학교 교사

"내 딸에게는 이민자를 두들겨 패는 경찰에 대해 이야기하지 않을 겁니다. 특별히 피트 윌슨Pete Wilson이라는 경찰이 한 일, 그리고 그가 우리 모두를 어떻게 추방하려 하는지에 대해서 이야기하지 않을 겁니다. 불쌍한 아이 같으니라고… 내 딸은 이 모든 일에 대해 걱정하기에는 너무 어립니다. 그 아이가 놀라는 것을 바라지 않기 때문입니다."

_ 스테파니(3학년)의 학부모

"제 남편과 나는 당신이 우리 아이들에게 가르치는 것에 대해 걱정이 많아요. 어젯밤 추수감사절 만찬이 있었습니다. 그 자리에서 딸애가 나와 내 남편에게 계속 따지듯이 물었죠. 추수감사절 전통의 시작이 된 미국 이민자들이 원주민들을 그렇게 많이 죽였는데, 어떻게 우리가 추수감사절 만찬을 즐길 수 있느냐고요. 그리고 몇 달 전 콜럼버스의 날의 가족 소풍에서도, 딸애는 콜럼버스가 이 땅에 살았던 수많은 원주민들에게 그토록 잔악한 일을 저질렀는데 어떻게 콜럼버스가 국경일의 주인공이 될 수 있었는지 따져 물었어요. 당신은 지금 우리 딸애를 혼란에 빠뜨려 놓았습니다."

_ 산드라(2학년)의 학부모

비판교육가로서 나는 학부모에게서 받게 되는 이러한 메모들이 상당히 중요하다고 생각한다. 이들은 학생들이 아주 익숙하게 생각하는 생활상을 잘 보여 주고 있기 때문이다. 학부모들은 자녀들이 부정적인 경험을 하지 않도록 보호하는 데 많은 신경을 쓴다. 그래서 가능하면 가족의 믿음과 가치체계에 대한 간섭으로부터 보호하려 한다. 어떤 사람들은 우리 같은 교사들이 여리고 순진한 학생들을 정치적이고 이념적인 쟁점들에 노출되지 않도록 해야 한다고 믿는다. 게다가 많은 학부모들이 학교는 가치 중립적인 지식 위에 서 있다는 믿음을 내면화하고, 따라서 비판교육학을 공공연하게 정치적이고 동시에 반교육적이라며 비난한다.

이와 함께 학부모들의 걱정은 학교에서의 교수학습 실천이다. 그러나 이들의 걱정인 교수학습 실천은 생각보다 더 심하게 학교에서의 역사적 투쟁을 살균 처리하여 제거하는 데 일조한다. "고차원적인 사고 능력"이 학생들에게 필수적이라고 한다면, 실제 상황은 여의치 않다.

즉, 진정한 의미의 비판적 탐구는 굉장히 많은 학교와 교실에서 위축되어 있고 더 나아가 금지되고 있다.Fine, 1991; Macedo, 1994 비판적 이해에 대해 이 같은 장애 요소는 학생들이 인종, 계급, 문화, 성 정체성 혹은 권력, 사회투쟁 등의 주제에 대해 질문하기 어렵게 억누른다. 불편부당하게도, 유색인종 출신의 학생들에게 이러한 방식의 교육 경험은 문화적 정체성과 자기 결정력을 희생하여 학교에서 성공할 수 있도록 한다.

내가 가르치는 어린 학생들은 계속해서 1차원적인 이미지, 즉 추수감사절 만찬에서 나누었던 "행복한 초기 개척자들"의 탈맥락화된 역사적 이야기, 혹은 "행복한 원주민"들이 살고 있던 미 대륙을 발견한 "행복한 콜럼버스"의 이야기에 무차별적으로 노출되어 왔다. 사실 이것은 놀랄 만큼 이상한 일도 아니다. 학교교육을 경험하는 아주 어린 나이부터 암기와 일상적인 반복을 통해 학생들은 미국이라는 나라에 "자유와 정의가 모든 사람들에게 주어져 있다"라는 잘못된 생각을 하게 한다. 특별히 쉽게 영향받게 되는 어린 학생들은 다양한 미신들을 천천히 주입받는다. 이런 미신들은 궁극적으로 학생 개개인의 정체성을 형성하도록 할 것이고, 교실과 사회에서의 부정의하고 비대칭적인 권력관계에 참여하라고 독려하게 될 것이다. 파울로 프레이리1970는 이러한 신화를 다음과 같이 폭로한다.

> 헤게모니적 통제는 기존 사회질서를 유지하는 데 불가피한 억압자의 신화를 예치하는 것으로 이루어진다. 예를 들어, 억압적 질서는 "자유 사회"라는 신화, 모든 사람은 자기가 바라는 곳에서 일할 자유가 있다는 신화, 이러한 질서는 인권을 존중하고 따라서 소중히 여겨야 한다는 신화, 부지런한 사람은 누구라도 기업가가 될 수 있다는 신화, 길거리 노

점상 또한 대기업 사장과 마찬가지의 기업가라는 신화, 모든 사람은 동등하다는 신화, 억압하는 계급의 영웅주의는 "서구 기독교 문명"을 "야만적 유물론"에 맞선 수호자라고 보는 신화, 엘리트들의 자선과 관대함의 신화, 주류 엘리트가 인민의 발전을 증진한다는 신화, 반역은 신에 대한 죄악이라는 신화, 개인 재산은 인간의 개인적 발전에 근본적이라는 (그래서 억압자들만을 발전된 인간으로 보게 만드는) 신화, 억압자들의 성실함과 피억압자들은 게으름 및 부정직함의 신화, 피억압자들의 열등함과 억압자들의 우월함은 선천적이라는 신화 등.pp. 135-136

따라서 우리는 다음과 같은 핵심 질문을 던지지 않을 수 없다. "도대체 우리는 어떻게 (해방과 사랑, 희망의 교육학인) 비판교육학을 어린 학생들과 함께 교육현장에서 실천할 수 있는 것일까? 정말 우리는 이 일을 할 수는 있을까?

내가 확고하게 믿는 것은, 적어도 우리가 우리의 학생들과 함께 비판교육학을 실천할 수 있고 또 실천해야 한다는 점이다. 프레이리1970는 대화 패러다임을 보여 준다. 교사는 대화 패러다임에서 본질적으로 가치 있는 지식과 경험을 이미 가지고 교실에 있는 학생들과 더불어 대화에 임하게 된다. 대화 패러다임은 프레이리가 "은행저금식 교육"이라고 불렀던 것에 대한 안티테제다. 교사는 이 은행저금식 교육 패러다임에서 자신을 지식의 소유자라고 인식하고 학생을 자신이 가진 지식을 옮겨 채워 넣어야 하는 텅 빈 그릇 정도로 인식한다. 내 교직 경험을 반추해 보면, 어린 학생들은 아주 중요해 보이는 쟁점에 대해서 충분히 대화에 참여할 수 있는 능력이 있었다. 그리고 아이들은 정말 그렇게 하고 싶어 했다. 더욱이 프레이리는 우리에게 우리 학생들에 대해, 그리고 그들이 지닌 힘에 대해 신념을 가지라고 한다. 우리 아이들은 그들의 삶에서 주체적 행위자가 될 뿐만 아니라, 자신이 살아갈 세상을 변혁해 낼 만한 힘이 있다는 점을 믿으라고 한다. 프레이리는 이를 "피억압자에 대한 신념"이라고 불렀다.

피억압자에 대한 신념

> "난 이 학생들에 대해 실망하지 않을 수 없습니다. 내가 이 학생들과 비판적인 쟁점들을 공유할 수는 있겠지만, 그래서 뭘 어쩔 수 있겠어요? 학생들은 이와 관련해서 할 수 있는 일이 아무것도 없을 겁니다."
>
> _ 경력 교사

> "내가 학생들과 비판적인 쟁점을 나누게 된다면, 이 아이들은 실망에 빠질 것이고 어쩌면 절망 속에 헤맬지도 모릅니다. 그러고는 주류 문화를 혐오하게 될 수도 있죠."
>
> _ 젊은 교사

나는 학교에서 교사로 6년을 보냈다. 그동안 사회정의 혹은 경제적 민주주의를 학생들과의 교수학습의 내용으로 연계하려 하지 않는 교사들을 수도 없이 많이 만났다. 사회정의를 다루는 쟁점을 정치적이라 여기고 교사로서 자신의 일은 결코 정치적이지 않은 것이라 생각하는 교사가 많다는 것이 뭐 특별할 것은 없다. 그러나 교사로서 비판교육학이 필요하다는 것을 인정하고 또 학교에서 실천되어야 한다는 점에 동의한다고 하더라도, 위에서 인용한 것처럼 말하는 교사들 또한 만나게 된다. 이들은 학생들이 비판적 쟁점에 개입할 수 있는 시공간을 만들어 내는 것을 주저한다. 첫 번째 교사는 학생들이 사회적 주체로 자신들의 힘을 행사하여 자신들의 삶과 이들이 살아가고 있는 세계를 변혁할 수 있으리라는 신념을 갖고 있지 않다. 두 번째 교사는 학생들이 사회의 불평등한 권력관계에 눈을 떠서 기죽게 만드는 일을 두려워하는 것 같다.

이들이 이렇게 말하는 데에는, 우리 사회의 실재에 대해 더욱 분명한 인식에 도달함으로써 학생이 겪을 상처를 피하도록 해 주는 것이 우선적인 목적이기 때문이라 보인다. 어떤 경우든 대화의 공간을 만들어 내지 않음으로 인해 생기는 결과는 "사회적 주제에 연결될 수 있는" 학생의 능력을 없애 버리는 것이다.Freire, 1970 마세도는 다음과 같이 코멘트를 달고 있다. "세계와 관련지어 말을 읽어 내지 못하는 것은, 싸우지 않으면, 더 나아가 깨지기 쉬운 민주적 제도를 와해시킬 것이다. 또한 현대 민주주의의 위선적인 특징으로 점철되어 온 부정의하고 비대칭적인 권력관계를 더욱 악화시킬 것이다."Macedo, 1994, p. 5

사회적 주제와 관련짓기

"아메리카 원주민(인디언)이면서 유럽 사람이기는 어렵지 않아요. 왜냐하면 둘 중 하나를 고르면 되니까, 아메리카 원주민(인디언)이든 유럽 사람이든."

_ 에릭(3학년)

"유럽 사람들이 이 땅에 오지 않았다면 좋았을 것입니다."

_ 에스텔라(4학년)

"선생님, 미국이 이전에 멕시코 땅이었다는 점을 저는

몰랐어요. 왜 지금까지 이런 이야기를 누구도 해 주지 않았
던 거죠?"

_ 페르난도(3학년)

  이것은 어린 학생들에게 자주 듣는 이야기들인데, 이들은 자신이
사는 세상을 이해하려 노력하면서 경험하게 되는 일들을 거리낌 없이
표현해 준다. 학생이 이런 이야기들과 맞닥뜨리게 하는 것은 큰 도전
이다. 그리고 나는 어린 학생을 가르칠 때 이것을 아주 특별한 과제라
고 믿는다. 그 이유는, 아이들이 집에서 하게 될 비슷한 이야기들을 듣
게 되는 부모들이 다시 던질 질문에 교사가 반드시 준비하고 있어야
한다는 점 때문이다. 따라서 어린 학생들과 함께 교실에서 만들어 내
는 대화의 공간은 부모들에게까지 미칠 수 있도록 확장되어야 한다.
그렇게 된다면 부모들과 연대를 만들어 낼 수 있는 아주 훌륭한 기회
가 마련될 것이다. 특히 아주 강한 문화적 정체성을 지닌 부모들이라
면 더욱 그러할 것이다. 이렇게 함으로써 부모들과 더 큰 과제를 맞닥
뜨리게 될 수도 있다. 비록 이들이 유사한 문화적 유산을 공유하고 있
다고 하더라도, 자신의 자녀들이 유색인종('유색인') 혹은 원주민('인디
오')이라 낙인찍히게 될까 봐 두려워하기 때문이다.
  세상의 복잡다단한 문제들을 이분법적으로 보려 하는 사회에서 사
람들은 대체로 한쪽으로 치우친 결정을 내린다. 예를 들어, 언어를 가
르칠 때 의미 중심 교육법과 발음 중심 교육법에 관한 논쟁에서 사람
들이 내리는 결정이 대체로 그러하다. 대체로 교사는 이 두 방법 중
한 가지를 택해야만 한다고 생각한다. 극단성을 깨고 두 방법에서 차
용할 수 있는 것이 모두 유용하다고 여겨 둘 다를 선택하려고는 하지
않는다. 우리는 에릭 같은 어린 학생들에게서 메스티소 정체성에 내재
된 문제적인 모순을 이분법적으로 해결하는 모습을 자주 보게 된다.

에릭은 자기 학교에서 피부색이 가장 밝은 축에 속한다. 그는 자신이 유럽인이 아닌 원주민(인디오)이라고 했다. 유럽 사람들이 원주민 공동체들을 무차별적으로 학살했다는 것에 관한 대화 이후, 에스텔라는 자신의 글쓰기 숙제에 이 땅에 유럽인들이 오지 말았어야 한다고 적었다. 페르난도는 지금 미국의 일부 영토가 이전에 멕시코에 속해 있었단 사실을 몰랐다고 했다. 그러고는 왜 누구도 이런 사실을 그에게 알려 주지 않았는지 알고 싶어 했다.

교사로서 나는 위에서 이야기했던 논쟁들에 대해서 우선적으로 다루지 않겠다고 선택할 수 있었다는 점을 알고 있었다. 만약 내가 이러한 문제들을 다루지 않는다면, 당시 학생은 위에서 이야기한 것과 같은 인식에는 이르지 못했을 것이다. 혹은 자신의 그러한 생각을 나와 나누려 하지도 않았을 것이다. 학생은 유럽 사람들이 이 땅을 침략해 많은 인디오를 학살하고 그 결과로 인디오들이 머물던 땅을 빼앗게 되었다는 것과 같은 사회적 주제들과 관련지을 기회가 없었을 것이다. 아이들과 대화할 때, 학생들이 종종 하는 말이 있다. 많은 교사들이 이런 주제를 우선적으로 피하려고 한다고 말이다. 그런 교사들과는 달리, 나는 학생들이 언급하기를 주저하지 않도록 노력했다. 학생들이 부정적이거나 이 사실을 통해 번민에 사로잡히게 되는 듯 보여도 말이다. 그런데 실제로는 이러한 논쟁거리들이 어린 학생들에게 심오한 방식으로 영향을 끼치고 있었다. 이러한 상황을 고려해 볼 때, 꾸밈없는 설명은 훌륭한 교수학습의 계기가 된다. 이를 억누르기보다는 오히려 기회로 이용해야만 한다.

나는 학생들과의 열린 대화를 촉진함으로써 학생들에게 더욱 큰 범주의 비판적 인식을 만들도록 지원하고, 또한 저항을 약화시키는 여러 방식을 극복할 수 있도록 돕는다. 이러한 저항의 유형을 잘 보여 주는 예가 농장노동조합The United Farm Workers의 투쟁을 다룬 역사 수업

이후에 있었다. 학생 중 한 명이 "모든 백인들은 나쁘다"는 의견을 내놓았다. 학생들이 어떤 이야기라도 자신 있게 표현할 수 있도록 비판적 공간을 만들어 넘으로써 교사는 학생을 지원하기도 하고 또는 과제를 제공할 기회를 얻는다. 이로써 학생은 세계를 제대로 읽어 내지 못하도록 왜곡하는 환원주의자들의 결론을 넘어서며 자신의 권한을 키워 나가려는 과정에 간섭하게 된다.

학생들과의 비판적 대화

최근 수행된 연구는 또 하나의 중요한 질문을 우리에게 던져 준다. "도대체 우리 교사는 학생들과 어떻게 비판적 대화를 할 수 있나요?" 의도적으로 활동을 계획할 수 있을 것이다. 하지만 가장 흥미로운 대화는 학생들이 만들어 내는 학습 경험으로부터 나온다. 사실은 나도 학생들과 비판적 대화를 어떻게 해야 하는지에 대해 정확하게 아는 것이 거의 없다. 학생들과 비판교육학을 실천하는 것은 아주 어려운 일이다. 학생들과 직접 관련된 문제들에 토대하여 진정한 대화를 촉진시켜야 하기 때문이다. 이러한 방식의 교수법은 거의 항상 큰 반향을 불러오기 마련이다. 물론 주어진 교육과정에 따라 가르치는 것보다 훨씬 더 어렵지만 말이다.

(학생들과 비판적 대화를 하면서) 내가 발견한 것은, 학생들이 사회 정의의 문제와 관련된 신념 혹은 가치 등을 담고 있는 무언가에 대해 말하거나 혹 행동으로 보여 주게 되었을 때, 바로 이때가 결코 놓쳐서는 안 되는 기회이자 계기가 된다는 점이다. 스미스[Nancy Jean Smith, 1995]에 따르면, "우리는 정말이지 많은 기회를 놓치고 있다. 강렬할 정도로 풍부한 가르침의 순간들이라 할 만한 것들 말이다. 즉, 우리가 아이들의 생각 속에 담긴 의도를 주의 깊게 듣지 않거나 혹은 아이가 읽고 있는 온전한 환경을 읽기 거부할 때 그런 일이 생긴다."[p. 243] 일단 가르

침의 순간이 다가오면, 경험적으로 이것을 통해 더불어 변화될 수 있다는 것을 알게 된다. 교사로서 나는 선택의 상황에 처한 나 자신과 싸우곤 한다. 내 손안에 있는 이 문젯거리를 학생들 입장에서 다루어야 하는지, 아니면 학교문화가 주는 압력에 굴복하여 그 문제를 내던지고 주정부에서 처방해 주는 교육과정을 따라야 하는지 말이다. 현실은 이렇다. 동료 교사는 대체로 비판교육가들을 소외시켜 버린다. 이들이 "일상의 평범한 학교 업무"의 흐름을 망쳐 놓는다고 보기 때문이다. 그러나 불편하기 짝이 없는 문제일지라도 학생들과 함께 논의하게 될 때면, 이 문제를 다루겠다는 내 의지는 교사로서 그리고 한 인간으로서 가져야 할 위엄을 더욱 강하게 느끼게 해 준다.

내가 가르치는 학생들과 어떻게 비판적 대화를 하게 되는지를 보여 줄 수 있는 가장 좋은 방법은 내가 담당한 유치원 교실에서 실제 일어나는 일들, 즉 내 경험을 나누는 것이다. 내가 맡은 유치원생들의 대부분은 학교가 파한 후 부모들이 벌써 데리고 갔다. 남아 있는 아이들 중 두 명은 부모를 기다리면서 여전히 식당가 로비의 매트에 앉아 있었다. 가끔은 한 아이가 일어나서 혹시 누군가 자기를 데리러 오지 않았나 하며 문에 달린 흐릿한 유리창 너머를 바라보았다.

우리 학급에서 피부색이 검은 편인 어니스트가 스페인어로 전혀 기대하지 않았던 질문을 했다.

"선생님, 우리 엄마가 나를 백인으로 만들어 주는 약을 줘요."
"정말이야?"
내가 대답했다. 물론 스페인어로.
"그런데 너는 왜 백인이 되고 싶은 거지?"
"나는 내 피부색을 좋아하지 않으니까요."
"나는 네 피부색이 정말 예쁘다고 생각해. 그리고 너는 정말 예쁘

단다."

나는 그가 한 말에 정말 슬프고 놀랐다는 걸 들키지 않으려고 노력
했다. 어니스트가 계속 자기 이야기를 했으면 하고 바랐으니까.

"어두운 색깔을 좋아하지 않아요."

그가 설명했다.

어니스트보다 약간 더 검은 피부색의 엄마가 문을 열고 들어왔다.
어니스트는 엄마에게로 달려갔다. 둘은 집을 향해 갔다.

어린 시절의 기억

어니스트와 이야기하고 나서 어린 시절에 겪었던 일이 떠올랐다. 엄
마는 한 손으로 아기였던 동생들을 안고는 내 손을 잡고 있었다. 3명
의 형들과 누나는 뒤에서 따라왔다. 우리는 교회에 가고 있었고, 나는
행복했다. 형들이 나에게 던지는 욕을 더 이상 못 하게 하는 방법을
알아냈기에 걷는 길이 가벼웠다.

"넌 원숭이야." 형들은 나를 볼 때마다 이렇게 이야기했다. 형제
중 유일하게 나만 곱슬머리였다. 원숭이라고 부르는 것뿐만 아니라
형들은 나를 시미오[9], 치네카[10], 혹은 우르코[11] 등으로 경멸적으로 불
러 댔다.

교회에 들어서자 엄마는 백인 성인들, 십자가에 달린 백인 예수, 그
의 어머니 앞에서 기도하기 위해 제단으로 우리를 이끌고 걸어갔다.
그 전날에 나는 성경 이야기를 듣지 않았지만, 하여간 하느님은 왜 어
린이에게 곱슬머리를 주신 것일까? 그러나 그날 이후, 내게는 소망이

---

9. (옮긴이 주) ape(유인원)을 뜻하는 비속어.
10. (옮긴이 주) 곱슬머리를 놀리는 말. 더욱이 끝에 a를 붙여서 여성화시킴으로써 더욱 듣기 싫
게 만드는 말.
11. (옮긴이 주) 영화 〈혹성탈출(The Planet of the Apes)〉의 대장 이름.

하나 생겼다. 두 눈을 감고는 사막에 비라도 내려 달라는 심정으로 기도했다.

"하느님, 당신이 진짜 살아 있다면, 내 머리칼을 곧게 펴 주세요. 저는 곱슬머리가 싫어요. 당신도 알다시피, 많이 힘들어요. 그러니까 내가 셋을 셀 동안 부디 이 곱슬머리가 곧게 펴지게 해 주세요. 하나, 둘, 셋."

그러고는 잔뜩 긴장한 가운데 눈을 떴다. 손을 뻗어서는 머리칼을 만져 보았다. 눈에서 눈물이 흐르고 있었다. 의자를 향해 걸어가면서 나는 나직이 속삭였다.

"내가 그럴 줄 알았어. 신은 없어."

어니스트에게 그가 믿는 신은 알약과도 같았다. 그 당시 내게도 신은 내 알약이었다. 지금까지도 의문스러운 점이 남아 있다. 어니스트는 앞으로 자신의 약이 듣지 않는 상황에 어떻게 대처해 나갈 것인가 말이다.

가르침의 순간

우리가 알고 있건 그렇지 않건 간에, 교사는 문화노동자다. 교실에서 가르치는 문화 그리고 가치에 대해 교사가 질문하지 않는다면, 우리는 학생들에게 인종, 계급, 성, 능력 등에 따라 구조화되어 있는 사회 불평등을 단지 받아들이라고 사회화할 뿐일 것이다. 그러나 교사는 백인우월주의자들이 내세운 가치에 도전할 수 있고, 또 그렇게 해야만 한다. 그러면서도 자신을 사랑하는 방법을 가르쳐야 한다.

나는 어니스트의 진실함에, 또 자신의 이야기를 들려줄 만큼 내게 보여 준 신뢰에 감사했다. 어니스트는 인종주의를 몰랐으면서도 인종주의에 대해 교실에서의 생생한 대화의 문을 열었다. 아름다움과 피부색에 관한 대화를 다시 수면 위로 올리기 위해 나는 아이들의 책을 선택했다. 이 책들은 (몇 권 되지 않지만 한 분류인) 백인 특권에 도전하는 내용이었다. 『니나 보니타*Niña bonita*』('아름다운 여자아이'라는 의미)라는 책은 알비노 토끼에 관한 이야기를 전해 준다. 이 토끼는 여자아이의 검은 피부색이 지닌 아름다움을 동경하며 어떻게 하면 검은 털을 가질 수 있는지 찾고자 한다. 책 제목에서 이미 저자의 관점을 확인할 수 있었으므로 나는 그 책의 제목을 가렸다. 나는 아이들이 이 책을 읽기 전에 검은 피부의 소녀 그림 표지를 어떻게 인식하는지 알고 싶었다.

"이 여자아이가 예쁘다고 생각하는 사람은 손들어 볼래?"

내 말에 14명이 손을 들었다.

"이 여자아이가 못생겼다고 생각하는 사람, 손 들어 보세요."

내가 다시 묻자 15명이 '못생겼다'는 말에 동의했다. 어니스트도 이 중 한 명이었다.

이 결과에 대해 그리 놀라지는 않았다. 우리가 나눔의 날이라고 정한 매주 금요일, 아이들이 교실에 갖고 들어오는 흰 피부의 인형 물결을 생각해 본다면, 어쩌면 이 숫자가 더 많아야 하는 게 아닌가 생각했었다. 여기에 이전에 아이들이 했던 이야기, 즉 검정 피부색은 못생겼다고 단언했던 말까지 생각한다면….

아이들에게 책 표지에 있는 여자아이가 왜 못생겼다고 생각하는지를 물어본 후, 다음과 같은 논쟁이 시작되었다.

한 학생이 대답한다.

"그 여자아이는 흑인 피부잖아. 머리는 진짜 곱슬하고."

어니스트도 가세했다.

"왜냐하면 그 여자아이는 피부색이 검잖아."

"그렇지만 너도 저 여자아이처럼 피부가 검지 않니?"

몇몇 아이들이 이 말에 수긍하는지 고개를 끄덕이는 동안, 스테파니가 재빠르게 어니스트를 가리키며 이야기했다.

"도대체 어떻게 저 아이를 싫어할 수 있지?"

"나는 흑인 여자아이를 좋아하지 않으니까."

어니스트도 재빠르게 대답했다.

몇몇 아이들도 어니스트의 말에 동의하며 "맞아" 혹은 "그렇지"라고 했다.

"모든 아이들은 예뻐."

모든 아이들을 방어하면서 스테파니가 대답했다. 카를로스가 여기에 끼어들었다.

"너희들이 착하게 행동하면, 너희 피부색도 바뀔 수 있어."

"네가 착하다면 네 피부색이 더 검어질 수 있다고 이야기한 거니?"

내가 이렇게 물었다. 카를로스가 한 말의 의미를 아이들이 이해할 수 있도록 돕고 싶었다.

"흰색."

카를로스가 대답했다.

"무슨 소리야, 피부색을 바꿀 수는 없어."

몇몇 아이들이 대답했다.

"불가능해."

"너는 피부색이 바뀐다는 것을 어떻게 알지?"

이렇게 물어봄으로써, 카를로스가 자신의 대답을 좀 더 폭넓게 이야기할 수 있기를 바랐다.

"엄마가 이야기해 줬어요."

"그렇다면 너는 네 피부색을 바꾸고 싶다는 거네?"

"아니요."

내가 묻자 부끄러운 듯 미소를 지으며 카를로스가 대답했다. 나는 카를로스가 자신의 피부색이 검지 않기를 바랐었는지 궁금해졌다. 그런데 그렇다고 대답하고 싶지 않았던 거다.

피부색이 바뀐다는 카를로스 엄마의 이야기에 곧바로 어릴 적 아이가 태어났을 때 우리 집과 우리 동네에서 사람들이 하던 말들이 떠올랐다. "이 아이를 좀 봐, 금빛 색깔이 얼마나 예쁜지." 이 말은 아기가 유럽 사람처럼 혹은 그들의 피부색과 비슷할 경우 듣게 되는 아주 일반적인 표현이었다. 만약 아이의 피부색이 검다면, 마치 어니스트처럼, 이 경우 듣게 되는 말은 주로 "불쌍한 아기 같으니라고, 아주 검게 세상에 나왔구나"라는 말이었다.

교직원들이 모여 있는 사무실의 동료로부터도 이와 유사한 말을 듣게 된다. 전형적인 말이라면, "우리 반에 라울이라고 봤어요? 걔는 정말 아름다운 푸른 눈을 가졌어요." 정도다. 그토록 많은 학생이 인종주의에 맞서 점점 어려운 싸움을 해야 하는 것이 놀라운가? 물론 어떤 아이들은 절대 싸우지 않겠다고 했을 것이다.

학생들에게 도전하기

『니나 보니타』에 나오는 흑인 소녀를 왜 못생겼다고 생각하는지 설명해 보기를 바라면서 나는 이렇게 질문했다.

"저 소녀가 검정 피부를 가져서 못생겼다고 생각한다면, 왜 검정 피부가 그 소녀를 못생기게 했을까?"

"저는 검은색을 싫어해요."

이베트가 먼저 말을 꺼냈다.

"그 색깔은 어둡게 보이고 어둠 속에서 잘 볼 수 없거든요."

마르코는 이렇게 말했다.

"내가 불을 껐을 때, 모든 것이 어두워지고, 나는 겁이 나거든요."

물론 우리 유치원 학급의 아이들은 대부분 검정 피부가 이 사회에서 얼마만큼 하찮게 여겨지고 있는지를 정확하게 표현하지 못한다. 그렇지만 그토록 많은 교사가 무시하고, 피하려 하고, 그리고 존재조차 거부하려는 문제들에 대해 최선을 다해 분투하는 모습에 감동을 받았다. 동시에 나는 우리 반 아이들의 다수가 이미 백인 특권 개념을 내재화하기 시작했다는 점을 좀 더 분명하게 알게 된다.

책을 읽고 이에 대한 토론이 끝나 갈 무렵, 나는 학생들이 『니나 보니타』에 대해 어떤 생각을 하게 되었는지 다시 한번 의견을 물었다. 한 명 한 명에게 왜 그렇게 생각하게 되었는지 묻고 싶었다. 이번에는 18명이 흑인 소녀가 예쁘다고, 11명이 못생겼다고 대답했다. 어니스트는 여전히 못생겼다는 쪽에 손을 들었다.

"왜 그 여자아이가 못생겼다고 생각해?"

내가 묻자 이번에는 학생들이 나서서 대답하려고 하지 않았다. 아마도 아이들은 니나 보니타에 대해 호의적인 아이들에게 언급하는 것과 달리 내가 부정적인 답변을 좋아하지 않는다고 느꼈을지 모르겠다. 검은 피부를 옹호하면서, 몇몇 아이들은 다음과 같은 설명을 내놓았다.

"그 애의 피부는 검고 예뻐요."

"여자아이들은 모두 예뻐요."

"저는 검은색을 좋아해요."

『니나 보니타』에 대한 토론을 통해 네 명의 아이들은 어떤 피부색이 아름다운지 혹은 그렇지 않은지에 관한 자기 생각을 바꾸었다. 어쩌면 이 네 명은 자기 선생님을 기쁘게 해 주고 싶었는지도 모르겠다. 그러나 한 가지만은 분명하다. 그 책과 토론으로 말미암아 몇몇 아이들이 피부색과 관련된 문제를 새로운 방식으로 보게 되었다는 점 말이다. 마찬가지로 중요한 것은, 니나 보니타는 우리 아이들과 나 자신에게 평생 영향을 주는 문제에 관해 토론을 촉발할 수 있게 하는 강력한 도구가 되었다.

우리 반은 이번 학년도 내내 아름다움과 못생김의 개념에 대해 비판적인 대화를 계속해 왔다. 앞서보다 더 많은 토론을 불러일으켰던 이야기가 있었다. 바로 안데르센Hans-Christian Andersen의 『미운 오리 새끼The Ugly Duckling』다. 우리 반 아이들은 대중적으로 인기 있는 동화를 반복해서 해석하고 또 해석해 냈다. 원래 내용의 의도와는 상관없이 말이다. 이 책은 아주 못생긴 작은 오리 새끼 이야기다. 그 오리의 깃털은 검은색인데, 행복은 이 오리 새끼가 아름다운 흰색의 백조로 바뀌는 때에 일어난다. 이 책을 택하게 된 것은, 주류 아이들의 이야기가 무심코 어린아이들에게 인종주의적 시각을 심어 주고 있다는 점을 잘 보여 주었기 때문이다. 이렇게 대중적인 이야기가 아이들의 자아 형성에 큰 영향을 미친다는 것을 고려해 볼 때, 우리 아이들이 그러한 생각이나 관점에 동의하지 않거나, 더 나아가 도전할 수 있기를 바란다.

우리 아이들과 이와 같은 이야기를 나눌 때면, 내 생각을 많이 담아 즉각 전달하고 싶어진다는 점, 나 또한 잘 알고 있다. 하지만 나는 학생들이 이 문제에 관해 먼저 논쟁하게 하려고 애를 쓴다. 아이들이 말을 꺼낸 후, 나는 아이들의 관점에 대해 질문을 하고 또 자신이 한 말이 무엇을 의미하는지 분명하게 하고자 또 질문한다. 어린아이들과의 공부가 가져다주는 즐거움 중 하나라면, 가르침은 실험의 연속이라는 점이다. 그 실험에서 아이들의 솔직한 대답이 늘 나를 놀라게 한다. 아이들의 천진난만한 대답들로 인해 나는 하루를 어떻게 잘 보내야 하는지 돌아보고 수정하게 된다.

나는 교사로서 내가 가르치는 어린 학생들과의 관계에서 권력을 행사하는 자리에 있다는 점을 잘 알고 있다. 이 아이들에게 주류 담론을 말하지 못하게 하고 교사의 생각을 받아들이라고 설득하기도, 또 그렇게 아이들을 조종하기도 쉽다는 점을 아주 잘 알고 있다. 어떤 용어를 사용하건 그것에 너무도 익숙해져 있는 사회에서 아이들은 한 가지 말을 다른 것 대신에 받아들이게 된다. 그것은 어른들도 마찬가지다. 그러나 이 사회는 이 과정에서 아이들이 조심스럽고 주의 깊게 문제를 고민하도록 요구하지 않는다. 나는 대화의 공간을 만들어 내려고 분투하고 있다. 그 속에서 아이들이 자신들의 삶을 빚어내는 불평등한 권력관계의 다양한 형태들을 비판적으로 조망하도록 말이다. 이러한 사회적 관계들은 5살밖에 되지 않은 아이들이라고 하더라도, 자신의 피부색, 종국에는 자기 자신을 사랑하게도 혹은 증오하게도 만들어 버린다.

『니나 보니타』를 두고 벌였던 토론을 끝내면서, 나는 아이들과 내가 느낀 생각을 나누었다. 나는 아이들에게, 이야기 속의 여자아이가 아름답다고 말했다. 내 피부색 또한 아름답다고 말했다. 나는 내 얼굴을 어루만지거나 계피 색깔 나는 내 손에 여러 번 행복한 표정으로 그리고 격정적으로 입 맞추었다. 아이들은 아주 구체적으로 내가 내 피부를 사랑한다는 것을 보게 되었다. 우리 반에서 상대적으로 피부색이 밝은 게라르도 또한 아름다운 피부색을 지녔다고 했고, 어니스토 또한 그렇다고 했다. 게라르도 역시 태양빛 아래 오래 나가 있을 수 없다고 했다. 피부가 타 버릴 것이기 때문이다. 그러나 나는 더 오래 버틸 수 있는데, 그 이유는 좀 더 검은빛의 피부가 태양으로 인한 피부 손상을 더 잘 보호해 주기 때문이다. 나는 아이들에게 어니스트는 우리보다 더 오래 버틸 수 있는데, 그의 아름다운 검정 피부가 좀 더 강하게 보호해 주기 때문이라고 말했다.

아름다움, 못생김, 피부색에 대한 토론에도 불구하고, 어니스트는 자기 생각을 바꾸려고 하지 않았다. 하지만 희망적이게도 그는 이 토론을 결코 잊지 못할 것이다. 바라건대, 어니스트가 입속에 마술 알약을 넣을 때마다(어니스트의 엄마가 나중에 이야기해 준 바에 의하면 이것은 플린스톤의 비타민C 정제), 그는 아름다워지기 위해 '반드시 하얘져야 해'라던 자신의 생각에 친구들이 어떻게 도전했었는지 기억하게 될 것이다. 로레나가 "검은 피부를 가진 아이들은 아름다워요. 저도 검은 피부를 가지고 있어요"라고 했던 말을 내가 잘 기억하고 있듯이, 어니스트 또한 늘 이 말을 기억하기 바란다.

마지막 성찰

> "아이들에게 진실을 말하라."
>
> _ 밥 말리(Bob Marley)

우리 반 아이들, 그리고 어니스트와 했던 경험은 너무도 중요하다. 아이들이 해방교육에 참여하도록 하는 투쟁이 영구적(결코 끝이 없다)이라는 점을 잘 보여 주기 때문이다. 이것은 1년 동안의 학교 수업에서 이루어질 수 있는 일이 아니다. 평생의 과업이다. 앞으로는 이 학생의 교사가 아니겠지만, 내가 이 아이들과 나누고자 했던 대화와 성찰의 비판 능력이 획일화를 목적으로 하는 교육기관에서 점점 더 어려워지는 싸움을 이겨 내도록 돕기를 바란다. 아이들은 이토록 어린 나이에 자신의 자아 개념을 인종주의적이고 경제적 불평등의 문화 속에서 훈련받아 만들어 가고 있다. 이러한 문화들은 학교와 집에서 아이들을 지속적으로 사회화하게 되는 부모와 교사들의 정체성 또한 형성하도록 해 왔다.

내가 배우게 된 가장 강력한 교훈은, 어린아이들이라도 자신이 정체성과 삶의 문제를 성찰할 수 있다는 점이었다. 아이들의 세계는 어른들의 세계를 지배하는 것과 똑같은 가치와 신념에 의해 지배된다. 이러한 이유로, 프레이리가 비판교육학에 기여한 바는 어린아이들의 교육에도 똑같이 가치 있게 적용될 수 있다. 비판교육가로서 우리는 두 문화를 공유하고 있는 아이들, 그리고 모든 아이의 삶에 영향을 미치는 중요 문제들을 다룰 용기를 쌓아야 한다. 그것이 인종적인 문제든 아니면 다른 사회 부정의에 관한 것이든 말이다. 나는 어린아이들은 자기의 문제를 공개적으로 표현할 수 있도록 격려받을 때 정말 많은 것을 얻게 된다고 믿는다. 이는 대화 과정의 끝이 아니라, 교사와 학생 모두에게 의심할 여지 없이 풍부한 배움과 성장을 가져다주는 일의 강력한 시작점이 될 것이다. 학생들이 사회 문제에 대해 도덕적인 판단을 하도록 고무될 때, 토론이 시작된다. 그와 동시에 학생은 자신의 의견을 발전시켜 나가게 되는데, 이것은 세상에서 임파워먼트 되어 가는 느낌에 이르도록 하는 근본적인 촉매제이다.

더 나아가, 우리가 아이들의 부모들과 비판적 대화를 발전시켜 나갈 방안을 탐색하는 것이 필수적이다. 부모들의 삶을 조형하는 비대칭적인 권력관계, 그리고 아이들의 정체성 형성에 영향을 미치는 방식에 대해 이야기할 수 있을 것이다. 참여적 학부모 프로젝트를 통해 더 많은 학부모가 스스로를 임파워먼트 하도록 하고, 자녀들의 교육뿐만 아니라 자신들의 발전에서도 해방적인 역할을 감당하게 될 것이다. 학부모의 지식을 교실에 혹은 교육과정 혁신에 가지고 오도록 하는 다양한 교육 프로젝트를 통해 학생, 학부모, 교사는 프레이리가 소위 '프락시스(이론과 실천의 결합을 의미하는 말로, 세상을 변혁시켜 나갈 수 있는 목적적 행동)'라고 불렀던 것을 더불어 만들어 갈 수 있을 것이다.

특수교육 아이들에게 희망 가르치기

바바라 골드슈타인(Barbara S.C. Goldstein), 초등학교 특수학급 교사

파울로 프레이리는 여전히 내가 담당한 교실에서 그리고 학생들과 만나는 모든 곳에 살아 있다. 프레이리는 학생의 삶 속에서 나와 함께 했던 교육적 경험에 큰 영향을 끼쳤다. 이들 중 대부분은 다름의 효과, 즉 억압을 경험한 아이들이지만 그의 이름도 알지 못한다. 프레이리의 삶과 글들은 이들의 교실 경험, 즉 교육과정, 교수법, 평가, 학생 관리, 훈육, 부모 참여, 학생-교사 관계 등을 만들어 왔다. 매일매일의 우리 학급 생활 속에 프레이리가 여전히 존재한다고 말하는 이유는, 그의 글들이 나의 교육철학을 형성해 왔고, 내가 교사 경력을 시작하는 때부터 지금까지 내 교수 접근에 많은 것을 더해 주고 있기 때문이다.

교육 실천에 비판교육학적 원리를 스며들도록 노력하는 교사로서, 나는 매일 교실을 관리하는 아주 현실적인 문제로 씨름하고 있다. 아이들을 출석하도록 하는 일, 아이들의 작업을 철하는 일, 점심 티켓을 나누어 주는 일, 비 오는 날을 기억해 일정을 조율하는 일, 교사모임에 참여하는 일, 야외 활동이 있는 주간에 화장실 가는 시간 확보하는 일 등. 이러한 일들은 몇 시간에 걸친 수업 이후 조금이나마 남아 있던 몸의 에너지를 방전시켜 버리곤 한다. (내가 한 일에 대해) 동료 교사들과 더불어 성찰하고, 토론하고, 질문해 보고, 공유할 수 있는 시간 찾기란 여간 힘들지 않다. 더욱이 왜 우리가 최우선적으로 교사가 되고자 했는지에 대해 기억할 만한 시간도 주어지지 않는다. 교사들 중 많은 사람이 교육체제를 바꾸겠다고, 우리 공동체에 헌신하겠다고, 가족과 아이들의 삶을 좀 더 낫게 만들겠다고, 그래서 더 나

은 세상을 만들어 보겠다고 교사가 되었다. 그러나 불행하게도 늘 혼란스러운 소동 속에서 이러한 꿈들은 길을 잃었고, 우리의 비전과 가능성을 새롭게 하려 다방면으로 탐색하면서 고군분투하고 있다.

프레이리를 발견하다

이런 탐색 도중에 나는 처음으로 프레이리의 강연을 접하게 되었다. 로스앤젤레스 동부에 있는 국제노동자학교연구소International Institute's Escuela Laboral에서의 강연이었다. 당시에 그가 던진 마을학교 개념은 학교체제에서도 실현될 수 있다고 생각했었다. 학생들이 자신이 배울 교육과정의 범위와 내용을 정하도록 한다는 생각은 그다지 새로운 것은 아니었지만, 교육을 진정 해방적이도록 하기 위해 제시된 대화적 페다고지란 개념은 성인 혹은 고학년 학생들에게만 적용되어서는 안된다고 느꼈었다. 그러나 안타깝게도 비슷한 생각을 공유하고 있다고 생각하는 동료들과 이 문제를 토론했을 때 이들은 나름 도움을 주기는 했지만, 내가 가르치는 아이들의 필요에 부응하도록 내가 이를 실천하는 데에는 아무런 도움이 되지 않았다.

나는 고학년 학생들과 마찬가지로 어린 학생들 또한 침묵하도록, 그리고 맹목적으로 복종하도록 강요받고 있음을 잘 알고 있었다. 내 개인적인 경험, 즉 학생으로서, 교사로서, 여성으로서, 그다지 전형적이지 않은 가족인 멕시코계 노동자 계층 출신으로서 겪었던 경험을 통해서 알고 있다. 아이들 중에서 저항하고 반항하는 기미가 보이면, 눈을 내리깔게 하고는 책상 의자 뒤로 나가 수모를 겪게 하거나, 힘 있는 어른들에게 엄청나게 욕을 얻어먹어야 했다. 감히 꾸중하는 사람에게 대꾸한다거나, 허락도 받지 않고 다른 아이에게 말을 건넨다거나, 지시에 따르지 않고 자기 생각대로 움직이는 아이들은 흔히 문제아로, 비행아로, 혹은 학습부진아로 낙인찍혔다. 이런 아이들 중 많은 수가 실제로 교실에 다시 나타나지 못하게 되었고, 교육과정에서 나가떨어졌다. 이 과정은 상당히 교활하게 진행되는데, 거의 대부분의 맘 좋은 교사들조차도 이러한 경제적·사회적 질서 유지에서 자신이 얼마나 중요한 역할을 담당하고 있는지 알아채지 못했다. 아니 지금도 알아차리지 못하고 있다.

나는 프레이리의 『페다고지』1970를 읽고서 충격을 받았다. 책 속의 이야기와 (프레이리의) 생각들을 우리 가족이 겪었던 사회적, 정치적, 문화적 발전과 연결시켜 보았기 때문이다. 교사로서의 내 실천, 내 학교가 속한 교육체제에 대한 불신은 우리 가족이 학교에서 목도해야 했던 싸움, 그 투쟁에 대한 기억으로 인해서였다. 특히 내 아버지가 겪었던 일들이 큰 부분을 차지한다. 피억압자들은 자신이 겪고 있는 억압적 상황에 자발적으로 동참하게 되는데, 학교에서의 읽기 자료들은 아주 익숙한 역사적 사건들에 대해 명료하면서도 분명한 초점을 부여한다. 교사로 성장해 오면서 별 인식 없이 한 개인에게 주어지는 열등감을 체화한 것은 정말 중요한 요인으로 작용했다. 여기에 더해, 내가 깊이 뿌리박고 있는 문화적, 언어적, 인종적 정체성의 양면성을 이해할 수 있도록 했다. 이러한 것들을 내가 가르치는 아이들에게서도 고스란히 발견하게 된다.

나는 영어와 제2언어로서의 영어 과목을 가르치고 있다. 그동안 수많은 읽기 자료들이 얼마나 많은 개인과 집단이 생존을 위해, 성장과 발전을 위해, 해방을 위해 다양한 방식의 투쟁을 벌여 왔는지를 기록하고 있음을 확인했다. 그러한 맥락에서 나는 중등학교 학생들이 그들의 삶과 관련된 역사적 이야기들을 다루는 토론에 참여할 수 있고, 또 읽기 자료들과 이 학생의 일상적인 생활에 관련된 개별 혹은 그룹 프로젝트를 통해 관심사를 유지시켜 나갈 수 있음을 알게 되었다. 이웃, 지역사회, 가족의 역사와 연계하여 학생들이 직접 고안한 프로젝트는 강력한 학습 기회를 제공해 주는데, 탐구를 위한 비판성을 키워 줄 뿐만 아니라 전통적 교육에서 중요하게 여겨지는 기술과 방법론을 익힐 수 있게 해 준다. 따라서 내 어린 학생은 글을 읽을 줄 아는 것뿐만 아니라 세상을 읽는 법도 배우게 된다.

비판교육학과 어린아이들

경제적, 문화적, 정치적으로 힘겹게 살아가는 가정의 아이들은 비판 이론에 근거한 교수학습 실천에서 혜택을 입을 수 있다. 왜냐하면 이미 그들의 세상에는 모든 것이 정의롭지 않다는 생각이 자리 잡고 있기 때문이다. 종종 이런 아이들은 가족들을 위한 문화적이고 언어적인 매개 역할을 담당하게 되는데, 아주 다른 두 세계 사이에서 타협하려 노력한다. 게다가 이들의 학교와 가정은 일반적으로 다른 두 세계관을 갖고 있다. 따라서 규칙 및 규범에서 서로 긴장 관계에 있게 된다. 아주 어려서부터 내 학급의 아이들은 다양한 세계와 존재 양식 속에서 교묘하게 살아남는 법을 배워야만 한다.

이 아이들에게 부족한 것이 있다면 동급 친구들 및 '교사'와의 상호 작용에 대해 토의하고, 질문하고, 또 분석할 수 있는 기회이다. 바로 이 지점에서 프레이리가 비판적 의식을 발전시켜야 한다고 했던 생각들이 아이들과 관련을 맺게 된다. 비판적 의식을 가장 잘 표현해 본다면, 어린아이들의 인지적이고 언어적인 역량과 발전에 비례하여 키워져야 하는 과정으로 이해될 수 있다. 결과적으로 아주 어린 나이지만 아이들에게 비판적 의식과 비판적 목소리를 키우도록 기회를 부여하는 것은 정말 중요해진다. 내가 가르치고 있는 초등학교 학생들과 함께 나는 비판적 목소리를 함양하고, 키워 가며, 더 강화하는 방법을 찾을 수 있었다. 심지어 학교에 막 입학한 1학년 학생들조차 말이다.

프레이리의 사상을 어린아이들과의 관계에서 다룬 교사 혹은 연구자들이 거의 없는 이유라면, 아마도 비판적 의식의 발전이라 개념화되는 "의식화"에 자신의 생각, 행동, 동기 등을 돌아보고 비판할 수 있는 능력이 필요하기 때문일 것이다. 더욱이 동료 및 멘토와 지속적으로 대화해 나가는 과정이 요구된다. 역사적이고 문화적인 맥락과 특정 정치적인 지형 안의 특정 장소와 시간에서 자신과 주변 환경을 분명하게 인식하는 것이 필요하다. 비판적 의식을 발전시키는 데에는 학습자 공동체 내에서 이러한 특성들을 분석하는 능력이, 그리고 이러한 특성들 간의 관계와 이들이 우리 삶에 미치는 파급효과를 발견해 낼 수 있는 능력이 필요하다.

마지막으로 이러한 발견들을 구체적인 활동으로 해석해 내고, 우리 삶의 모습을 더욱 정의로운 것으로 변혁해 내는 능력도 요구된다. 하지만 우리는 이러한 페다고지적 활동에 요구되는 인지적, 언어적, 감성적 발전이 어린아이들에게는 충분하지 않다고 전제하는 듯하다. 이 아이들이 소위 '복잡한' 문제들을 이해하는 능력이 부족하다고 생각하기 때문이다. 대부분의 교사는 비판적 대화와 행동에 관한 문제제기의 특성이 단지 "성숙한 청중"들에 속한 것이라고 보거나 혹은 다루어야 할 주제들이 어린 감성에게는 너무 강렬한 것이라는 생각을 하고 있다.

특수교육과 사회정의

특수교육 교사로서 내가 발견한 것이 있다. 어린아이들에게 비판교육적 경험을 갖도록 하려면 차이라는 부가적인 차원을 내세울 의지가 필요하다. 이 부가적인 차원으로서의 차이는 삶의 질과 사회정의라는 문제에 아주 밀접하게 관련되어 있다. 내가 비판적 대화와 분석을 위한 기회를 기획하면서 지금까지 기억해야 했던 것이 있다. 바로 특수교육 학습자들의 힘과 필요, 그리고 우리 공동체에 아주 독특한 이들 삶의 문제였다. 특수한 필요를 지닌 어린아이들에게 개인적으로 혹은 집단적으로 사회에서 자신들의 독특한 입장을 최대한 분석하도록 지원하는 초기의 작업들은 언어, 학교 수업, 혹은 건강 문제에 이른 시기에 개입하는 것만큼 중요하다. 만약 특수한 필요를 지닌 우리 반 아이들이 일찍부터 자신을 대상이 아닌 주체로 보게 된다면, 억압적 환경으로부터 자신들의 해방을 이끌어 낼 기회가 더 많아질 것이다. 이들의 장애로 인한 차이는 사회적 무시와 편견에 근거한 억압적 상황을 만들고 있다.

내 학급의 특수교육 대상 학생은 1, 2학년생들이다. 이들은 학습장애 혹은 언어장애를 가진 학생들로 관련 교육 프로그램을 받고 있다. 대부분의 아이들이 경제적으로 어려운 가정 출신이고, 스페인어가 모국어이거나 학교에서 영어를 배우고 있는 아이들이다. 나는 프레이리의 글들이 이 아이들의 삶에 직접 대응했던, 어쩌면 지금도 대응하고 있는 이야기들이라고 믿는다. 나이, 발달 정도, 사회경제적 배경, 인종/언어적 편견 때문에 이 아이들은 진정 억압에 처해 있기 때문이다. 따라서 프레이리가 그려서 보여 준 페다고지는 이들의 해방교육에 밀접하게 관련되어 있다. 그러나 내가 당면했던 도전 과제는 아이들의 힘을 키우는 데 가닿을 수 있는 문제제기 상황과 대화적 상호작용을 통해 성공적으로 일하는 데 요구되는 소통 구조와 분석 방식을 마련하고 개편해 나갈 수 있는지 찾아내는 것이었다. 여기다가 기본적인 생활기능, 개별화된 교육계획, 일반적인 교육과정 내용을 비판적인 교육환경 속에 통합해 낼 필요가 있었다.

이 가운데에서도 가장 핵심적인 문제는 가르치기 가장 어렵다고 낙인찍혀 있는 아이들이 궁극적으로는 자신이 속한 삶의 다양한 양상들을 변혁해 낼 수 있도록 프락시스, 성찰, 행동에 나설 수 있도록 분석, 비판, 대화 양상에 참여할 능력이 있다는 점을 보여 주어야 하는 것이다. 이들은 단지 글을 읽고 쓸 줄 아는 능력뿐만 아니라 이 마음속 이야기를 말하고, (자신을 향한) 편견에 도전하고, 일반화 및 연결하는 법을 배워 나갔다. 또한 공부가 쉽지 않다는 것, 시간도 걸리고 엄청나게 노력해야 하며, "즐겁지만 가혹"하다는 것도 배우게 되었다. 이 아이들은 자신이 살아 있는 역사이자 책을 쓰는 사람이라는 것을 알게 되었다. 자기 자신의 이야기를 할 수 있다는 점, 무엇보다도 자신의 삶을 바꿔 나갈 힘이 자기에게 있다는 점, 사회구조와 체제를 바꾸려면 지역사회에서 활동해야 한다는 점을 알게 되었다. 이 아이들은 각자에게 있는 일종의 한계에도 불구하고 서로를 다그쳐서 자신의 삶을 바꿔 나갈 수 있다는 것, 끈질긴 노력을 통해 자율적으로 활동하는 데, 서로의 생각과 일들을 비판하는 데, 교사의 계획을 바꾸라고 제안하는 데 안전한 환경을 만들 수 있었다.

나는 비판교육학이 특수학급 교사에게 특수교육의 진단, 평가, 교수법, 진화 이론 및 모델을 검토할 수 있도록 해 준다고 믿는다. 이런 맥락에서 비판교육학은 지금까지 발전과 실천이 이루어지고 있다. 여기에 더해, 비판교육학은 (장애를 가진 아이를) 특수교육 대상 학생으로 규정해 버리는 사회적인 맥락을 더욱 분명하게 제시해 준다.

언어 및 학습장애를 바라보는 비판적 관점은 신경계통, 몸의 기능, 혹은 이들로 인한 행동장애에 초점을 두기보다는, 프락시스를 가져올 수 있는 비판적 의식 및 비판 문해의 발달을 강조한다. 학생들이 겪는 곤란함은 문화/언어적 종속이라는 역사적 조건, 공동체 속에 자리 잡은 인종주의의 영향, 이들의 교육 경험에 영향을 미치는 빈곤과 차별의 파급효과라는 측면에서 검토된다. 학습의 어려움에 관한 모든 진단은 이러한 교육 역사적이고 교육 경험을 소재로 한 비판적 분석을 동반해야 한다. 이러한 방식의 학생평가 수행은 교사에게 달려 있는데, 교사가 아이들의 가족, 교육지원요원, 다른 학생들 사이에 협력하는 분위기를 만들어야 하기 때문이다. 여기에는 대안적이고 대화에 토대한 평가 활동이 포함된다. 물론 전통적인 교육과정, 교수법 프로그램, 교수 접근에 대한 평가도 포함하면서 말이다. 독서 및 언어 발달을 위한 활동은 아이들의 글쓰기 수업으로 끼워 맞춰지는, 그래서 자아, 가족, 공동체에 관한 학생의 고민거리와 경험을 성찰할 수 있도록 하는 자신의 이야기를 바탕으로 해야 한다. 가장 효과적인 학습 경험은 비판적 분석과 성찰을 요구하는 행동 연구의 일부를 특징으로 할 때이다. 비판교육학 관점에 토대하고 있는 특수교육의 목표는 해방적이고 변혁적인 교육 경험을 만드는 것이다. 이러한 경험은 학생과 그 가족들이 사회적으로 정의롭고 민주적인 사회의 주체, 창조자 또 참여자가 되도록 할 것이다.

비판적 비상 교육과정

프레이리가 해 온 일을 매일매일의 특수학급 환경에서의 실천으로 엮어 내려고 시도하면서 내놓은 교육과정은 홀리스틱/구성주의적인 접근을 비판교육학과 학습장애아를 위해 고안된 전통적인 특수교육 교수법에 통합한 것들이다.Goldstein, 1995 학생의 개별화교육계획 Individualized Education Plan, IEPs에서 언어와 문학적 소양을 담당하는 영어(읽기/언어/문학) 교과의 내용을 이루는 핵심은 아이들이 쓴 글과 아이들의 이야기들을 토대로 구성된다. 구체적인 기능을 가르치는 교수법은 읽기 및 쓰기를 위한 소단위 학습으로 제공되었다. 거기다 학생은 『읽기를 위한 쓰기Writing to Read』1982라 제목 붙여진 컴퓨터 읽기, 분석 및 단어 공부 프로그램을 받았다. 오후 시간에는 이미 배운 문학 수업과 연계된 내용으로 통합된 수업 유형이 진행되었다. 사회수업, 미술, 음악, 무용, 노래, 과학, 체육, 외국어로서의 영어 등의 교과들이 해당되었다.

선정된 아이들의 작문을 대상으로 하는 수업을 통해서, 아이들은 글의 구조(사건의 순서, 이야기의 요소들), 새로운 단어, 문장 구조, 그리고 읽는 즐거움을 얻게 된다. 내가 수업을 위해서 선정하는 이야기들은 사회적 주제, 인물, 사건, 혹은 장소들을 아우르는 것으로, 학생은 이러한 것들을 개인과 연결하게 된다. 학생은 이야기를 읽거나 듣고, 혹은 궁금한 것들을 질문하게 된다. 이때 아이들은 토의하거나 묘사를 하거나 자신이 관찰한 바를 한두 문장을 받아 적게 된다. 또한 이야기의 구조, 자신이 발견한 핵심 단어, 이야기와 관련하여 채 답변하지 못한 질문들에 관해 정보를 담고 있는 학급 게시판과 개인별 기록표를 작성하게 된다.

책에 관한 후속 토론들, 관련된 다른 이야기책들, 아이들만의 토론거리들은 책과 내용을 비교할 수 있게 했다. 이야기책에 관한 질문은 원문에 관한 것에서 더 추상적인 것으로 나아갔고, 토론은 더욱 복잡한 수준으로 되어 갔다. 학생은 이야기책에서 확인했던 생각 혹은 사회적 이슈와 관련된 자신만의 이야기를 만들어 내기 시작했다. 그리고 자신의 개별적 이야기에 비추어 원문을 비판적으로 다시 읽어 내려가게 되었다. 비슷한 쟁점, 문제, 해결책 등을 비교하는 것은 결국 학생들이 애초 제시했던 이야기들에서 확인된 쟁점들에 대응하는 것으로 실질적인 행동 계획으로 이어졌다.

액션 프로젝트는 액션 디자인의 일부로서 기획, 추진되고, 나중에는 평가를 거쳤다. 학생은 계획, 행동, 결과에 대한 성찰적 토론을 통해 자신이 확인한 쟁점들에 대해 더 깊이 이해할 수 있었다. 또한 이로 말미암아 다각적인 시각으로 문제를 검토해 볼 수 있는 기회를 가졌다. 즉, 학생은 이야기책 저자의 시각뿐 아니라 이야기 속 인물들의 시각, 이야기를 제공했던 학생 저자들의 시각 등을 경험할 수 있었다.

요약하자면, 내가 담당한 학생은 이야기 글을 어떻게 이해했는지를 발표하고 또 그 이야기를 다시 (자신의 이야기로) 들려주는 방식으로 문학 수업에 임했다. 이야기를 처음 접하고는 이것에 대해 어떻게 생각하는지 토의하고 글을 작성했다. 그러고는 이야기의 특성에 대해 추상적이고 해석적인 이해의 수준으로 토론하기 시작했으며, 종국에는 자신들의 이야기를 직접 써냈던 작가의 워크숍에 참여하기도 했다. 그런가 하면 여유 있게 시간을 갖고 이야기 글과 자신들의 사적 이야기들을 비판하기도 했고, 텍스트가 전달하고자 하는 가정들이 무엇인지 따져 보기도 했다. 이들은 생각, 단어, 구문을 표현하기 위해 생성어 및 체계화를 사용했다. 이야기와 자신들의 작문에 대한 비판에서 영감을 받아 일련의 활동을 만들어 내기도 했다. (수업) 계획에 대한 권력 분석을 해 보는가 하면, 각각의 계획들이 추진되는 데 어떤 방해 요소 혹은 자원들이 있는지 검토하기도 했다. 학생은 직접 계획하고 이행하기 위한 큰 그림을 그렸다. 마지막으로, 학생은 활동 결과라는 측면에서 이야기 글과 자신들의 작문을 다시 읽어 보고 비판했다. 이들은 권력 분석 도표와 점검표를 검토했다. 비판적 이야기에 대한 평가에는 활동, 토론, 지지하는 글들이 무엇이었고 어떠했는지에 대한 평가를 담았다. 학생은 생성어, 종합단어 목록, 체계, 글의 구조도, 평론 등으로 구성된 자신들의 포트폴리오를 분석했다.

내가 사용한 평가는 협력적이었고 개인별로 또한 그룹으로 진행했다. 학생 개인별로 상담 시간을 통해 부족한 부분과 요구들을 확인했다. (평가에는) 일련의 수업시간을 통해 구체적인 교과 기능에 관련된 (학생의) 활동들이 포함되었다. 학생은 "읽기 위한 쓰기" 활동을 개별 작문과 교과서 읽기에 통합해 냈다. 학생 개개인이 문학 수업에 접근하는 방법은 개인의 상황과 맥락에 따라 달라졌다는 점은 특별히 강조할 만한 부분이다. 다시 말하자면, (학습의) 과정은 교사와 학생의 역량에 따라 또 각자의 관심사에 대한 대응과 그에 대한 재대응에 따라 그 형태와 순서가 달라졌다.

이야기책을 사용함으로써 학생은 이야기의 개념을 더욱 효과적으로 이해할 수 있었다. 문법에 관한 공부는 다른 사람들과 공유하고 대화할 때 자신의 이야기를 이해할 만한 수준으로 구성하고 만들어 가는 데 중요한 발판이 되었다. 우리 반 아이들 중 다수가 표현이 풍부하고 수용적인 언어 구사에 어려움을 겪고 있으므로 이야기를 구성하기 위해서 손쉽게 따를 수 있는 방법을 제공하는 것이 아이들과 성공적으로 활동을 진행하는 데 중요하다.

내가 교실에서 사용하는 이야기책 중 많은 것들이 어린이들에게 적절한 방법으로 사회적 주제를 가르칠 수 있다는 작가의 의도를 담고 있다. 일반적으로 저학년에서 이런 주제들을 다루고 있지는 않지만 말이다. 나는 이미 알고 있었지만, 아이들이 직접 쓴 작문을 함께 읽고 토론하면서 이 아이들은 이러한 이야기책에 묘사된 사회적 주제에 너무 친숙하다 할 정도로 잘 알고 있다는 점을 다시금 발견하게 되었다. 예를 들어 거처 없이 떠도는 것, 사회적 편견, 가난, 두 가지 문화적 정체성 사이에서의 혼란스러움 등. 이 아이들의 이야기와 토론은 이들이 살아가고 있는, 그러나 거의 인지되고 있지 않은 쟁점에 대해 이 아이들이 어떻게 느끼는지 그리고 어떤 생각을 하는지 알 수 있게 해 준다.

가장 가르치기 힘들다고 여겨졌던 아이들이, 자기들 삶의 여러 측면에서 변화를 가져온 프락시스, 행동, 성찰을 불러온 분석, 비판, 대화에 참여할 능력이 있다는 점을 잘 보여 주었다. 실패의 경험을 안고 있던 아이들이 읽고 쓰는 법을 배웠다. 자기 마음을 이야기할 줄 알고, 편견에 도전할 줄도 알고, 일반화와 연계를 만드는 법도 배웠다. 우리 모두 공부라는 것은 정말 어려운 일임을, 여기에는 시간과 노력이 필요하다는 것, 그러나 함께 배우는 것은 즐거운 일이 될 수 있음을 배웠다. 물론 공부한다는 것은 가르치는 것과 배우는 것이 하나로 되어 일어나는 일이라는 것을 전제한다. 나 또한 아이들에게 배웠다. 우리 모두 자신의 이야기를 할 수 있다는 것을, 그리고 이야기를 해 나가면서 우리가 변화된다는 것을 말이다. 행동과 성찰을 통해 우리는 사회 구조, 체제, 우리 삶 자체를 바꾸어 나갈 능력이 있음도 알게 되었다.

무엇보다 내가 강조하고 싶은 것이 있다. 내 학생들은 내게, 모두가 서로의 노력을 지원할 수도 있고, 또 이런저런 한계 상황을 지닌 서로에게 도전하게 만들 수도 있다는 것을 알게 해 주었다. 학생은 지속적인 노력을 기울이면서 자율적이고 주도적으로 실천하고, 서로의 일을 비판하며, 변화의 가능성을 위해 말하고 행동하는 데 안전한 환경을 만들 수 있다는 것도 배웠다. 우리가 걸어가면서 길을 만들 수 있다는 말이 사실이라면, 내 학생은 이미 희망의 길을 향해 자신의 길을 걷기 시작했다고 볼 수 있다. [나는, 그래서 당신들과 이 이야기를 나누고자 한다.]

사랑의 프락시스: 학생들과 함께 배우기

에밀리 바우티스타(Emily Bautista), 고등학교 교사 및 청소년조직가

UCLA에 갓 입학한 1학년 시절, 나는 불공평한 체제에 의문을 갖고, 억척스럽게 나 스스로를 사랑하려 했다. 그리고 집단적 행동을 통해 정의로운 사회를 만들어 갈 수 있다는 가능성을 그리는 여정을 시작했다. 로스앤젤레스통합학교구Los Angeles United School Districts, LAUSD 학교체제에서의 교육을 거쳐 UCLA에 입학하기까지, 다양한 교

육적, 사회적, 경제적 배경을 가진 동년배 학생들과 함께 학업성취도 경쟁에 놓이게 될 때마다 이들과 나 사이에 얼마나 큰 차이가 있는지 깨닫게 되었다. 일반적인 교육과정 속에서 내 친구들 중 많은 수가 수업시간은 단지 복습하는 것 정도밖에 안 된다며 웃어넘길 때도, 나는 새로운 내용을 공부하면서 쩔쩔매야 했다. 기숙사에서 나는 다른 백인 혹은 동아시아계 아이들과 친하게 지내려고 애썼다. 좀 더 많은 유색인종 친구들이 있기를 바랐다. 특권화된 백색의 학교에서 살아남고 잘 지내는 것이 마주하기 힘든 현실이 되었다.

세상을 읽는 법 배우기

나는 필리핀 이주민 부모 밑에서 자란 형제들 중 막내였다. 집안에서 오빠가 보여 준 모범 사례를 따라, 자기주도적이고 학생들이 운영하며 심지어 학생들이 자금을 내야 하는 사마항 필리핀 교육 지속 Samahang Pilipino Education and Retention, SPEAR 프로젝트에 참여했다. 이 프로젝트는 지역사회프로그램사무소Community Programs Office, CPO 에서 실시하는 다른 정체성 기반 봉사&지속 프로젝트와 함께 진행되었다. 나는 이곳에서, 제도에 대한 도전 및 변혁을 이야기하는 파울로 프레이리[1970]의 문제제기식 교육과 아이들의 힘이 몰고 올 해방적 가능성에 대해 처음으로 접하게 되었다.

나는 지역사회프로그램사무소CPO에서 SPEAR의 인턴으로 일하고 있었는데, 『필리핀인들의 잘못된 교육The Miseducation of the Filipino』 Constantino, 2002이라는 책을 알게 되었다. 이 책은 필리핀과 미국 사이의 식민지 역사, 그리고 이러한 역사가 필리핀에 미친 사회, 정치, 경제적 영향에 대해 알 수 있도록 안내해 주었다. 인턴십 기간에 나는 프레이리[1970]의 『페다고지』를 읽었다. 프레이리의 사상은 내 주변의 세계를 읽고 또 이름 지을 수 있는 권한에 대해 더욱더 잘 알 수 있도록 해 주었다. 내가 받았던 교육에 문제제기식 접근을 해 봄으로써 말이다. 나는 필리핀에서 이주한 인구가 많은 도시 지역 공동체인 캘리포니아 카슨에서 자란 경험을 되새겨 보았다. 프레이리가 강조했던 학생의 역사와 이들의 생생한 경험의 중요성을 마음에 두고, 우리 부모님이 나를 가르치기 위해 감당했던 저항이 어떠했는지 이름 지어 보기 시작했다. 특히 내가 모국어인 일로카노Ilokano를 배우는 것, (내 피부는 좀 더 검었는데) 겪었던 피부색 편견에 익숙해지는 것 등에 대해서. 특히 부모님은 필리핀계 미국인들의 문화를 향한 경멸이 필리핀과 미국 사이의 식민주의적 유산이 낳은 결과라고 표현했던 다양한 것들에 대해 가르쳐 주었다. 이러한 문화적 유산은 프레이리가 이야기했던 문화적 침략과는 좀 다른 형태였다. 나는 인종/민족 연구에 푹 빠져들었고, 내 생각의 탈식민화를 도와줄 수 있는 가능한 한 많은 필리핀 지역연구 강좌를 들으러 열심히 돌아다녔다. 이를 통해 내가 지닌 문화사적 배경을 더욱더 잘 이해할 수 있게 되었다.

지역사회프로그램사무소CPO에서 나는 다른 유색인종 학생들이 지닌 풍부한 역사와 유산에 대해 배우게 되었다. 이들은 역사적으로 소외되어 온 학생을 제대로 지원해 주고 있지 못한 대학의 실패를 신랄하게 비판하는가 하면, 학생들이 주도하고 운영하는 프로그램을 통해 더욱 창의적으로 대응할 수 있는 공간과 자원을 확보해 나갔다. 이런 프로그램으로 나 또한 많은 혜택을 받을 수 있었다. 다시 말하건대, 프레이리1970는 학생과 지역사회의 단결이 중요하다고 강조했는데, 이 부분은 내 속의 정치적 관점을 형성하는 데 아주 중요한 역할을 했다. 프레이리의 이러한 강조는 내가 대학 재학 시절에 참여했던 다양한 학생조직운동에 반영되었다. 학생운동을 통해서 나는 아직 미숙한 사람이지만 지지를 받았고, (필리핀계 혹은 다른 유색인종 공동체에 속한) 동료 학생들과 더불어 연대하여 투쟁할 수 있었다. 나는 이 운동에서 내가 필리핀 지역연구에서 배운 것들을 더욱 구체적으로 발전시킬 수 있었고, 내가 속한 공동체에서의 다음 세대를 위한 봉사, 지역 활동, 학교 지속 프로젝트 등이 중지되지 않도록 하기 위한 추가 자원을 만들고자 했다. 물론 경제적인 곤궁함이 늘 엄습하곤 했지만, 나는 어린 나이에 했던 이러한 경험을 통해 변화를 만들어 낼 수 있는 힘과 아이들의 잠재성에 대해 직접 배울 수 있었다. 다시 반복하지만, 이런 일련의 경험은 피억압자들의 힘에 대한 프레이리[1970]의 믿음을 되새기게 했다. 특히, 인간다움을 두고 타협하려는 작금의 상황과 여건을 재창조하려는 아이들의 힘에 대한 믿음 말이다.

UCLA를 졸업할 즈음, 내가 손꼽히는 엘리트 대학교에 받아들여지고, 또 재학할 수 있었던 것, 그 시간과 장소에서 인종/민족학 공부를 통해 나를 사랑하는 방법을 배우고 또 연대 활동을 통해 지역사회 조직운동을 강화할 수 있었다는 것이 범죄였다는 분석에 다다랐다. 이토록 귀중한 지식이 어떻게 유색인종 공동체에는 접근 가능하지 않은지에 분개하게 되었다. 결국 나는 내 공동체로 돌아가 내가 속한 공동체의 고유한 지혜를 재발견하고, 프레이리의 글 속에 담겨 있는 비판적 시각을 실천함으로써 해방적 잠재성을 실현해야 할 책임감을 느끼게 되었다. 내가 공동체와 이들의 지원으로부터 얻게 된 특권에 대해져야 할 책임을 감당할 수 있는 최선의 길은 로스앤젤레스의 학교 교사가 되는 길이라고 확신했다.

선의에도 불구하고

공교육에 경기 침체 여파가 심각했고 또 교육 민영화에 대한 개인적인 고민에도 불구하고, 나는 로스앤젤레스 남부의 공립 차터스쿨에서 교직을 시작했다. 이 학교에 매력을 느끼게 된 것은 특별히 취약계층을 위한 학교였기 때문이다. 이 학교의 아이들은 공립 혹은 차터스쿨에서 쫓겨났던 적이 있었다. 또한 학교 경영자들은 좋은 대학을 나온 교사들과 함께 간학문적이며 프로젝트에 기반을 둔 사회정의를 주제로 한 수업을 지원하고 있었다. 따라서 내가 이 학교에서 가르치는 것이, 교육과정과 프로젝트를 위해 지역사회 조직 원리를 범학교적인 접근에 도움이 되도록 하는 데 지렛대 역할을 할 수 있었다. 프레이리 1970가 "은행저금식 교육"이라 불렀던 것에 대응하고자 했던 것이기도 하다. 그렇다고 해서 우리의 의도가 기존의 헤게모니에 저항하는 실천으로 이어지는 것은 아니었다.

예를 들어, 학교 전체에 걸쳐 잘 진행되었던 프로젝트 중 하나는 "그것과 관련된 사랑은 무엇이지?"라는 핵심 질문을 던졌다. 여기에는 학생들이 만든 미술품, 시작들, 공예품들이 가득 전시되었다. 그런데 이 프로젝트를 수행한 이후 도대체 내가 왜 이토록 피곤하게 됐는지, 이렇게 정교하게 기획된 행사 이후 녹초가 되어야만 하는지를 생각해 보게 되었다. UCLA에서 학생조직운동을 담당하던 시기를 되돌아보면서, 비로소 왜 그러한지 깨닫게 되었다. 학생 시절 조직가로 행사를 준비할 때는, 스스로 결정한 비전을 바라보고 일한다고 하는 일종의 정치적 목표가 분명히 있었다. 그런데 학교를 대표하는 프로젝트는 학생의 경험을 반영하려는 시도이기는 했지만, 실제로 학생들에게 의미 있는 행사가 되지 못했다. 학생은 참여해야만 한다니까, 그래서 일종의 학점을 얻을 수 있다고 하니까 참여하는 행사가 되었다. 아이들은 자신이 역사의 주체로서 이 행사를 기획하고 진행하는 데 적극적으로 임한 것이 아니다. 교사가 학생들에게 의미 있을 것이라고 제시한 것에 수동적으로 대응한 것이 전부였다. 무심결에 내게 있는 권력과 이전의 조직화 경험이 은행저금식 교육을 재생산하도록 했던 것이다. (이 행사를 준비하면서) 나는 행사를 조직하는 전문가였고, 학생은 단지 여기에 맞춰 따라오도록 했을 뿐이다. 되돌아보면 나는 학생

을 위해 일했을 뿐 학생들과 함께하지는 않았던 것이다. 이러한 성찰
을 바탕으로 나는 내 실천을 변혁하도록 노력해야 했다.

더불어 학습을 위한 환경 만들기

우리 학교를 대표할 만한 프로젝트의 이름을 지역사회행동 프로젝
트Community Action Projects로 바꿨다. 그리고 이 활동에 내가 경험에
서 배운 것과 프레이리의 문제제기식 교육의 비판 원칙을 통한 지도
가 좀 더 온전히 적용되기를 바랐다. 내가 가르치는 정부 관련 수업에
서 나는 학생들이 자기가 속한 공동체의 경험을 성찰하도록 재촉했
다. (이 과정에서) 학생들이 계속해서 식별해 내는 것 중 가장 주목할
만한 것은 경찰의 잔악함과 다양한 형태로 행사되는 공권력에 의한
폭력이었다. 학생의 지역사회를 잘 모르는 담당 교사의 제한된 관점
을 바탕으로 교실 프로젝트를 조직하는 대신, 나는 학교 바깥으로 나
가 '로스앤젤레스 카운티 감옥들에서 경찰 폭력 근절을 위한 연합The
Coalition to End Sheriff's Violence in LA County Jails'과 협력하고자 했다. 이
런 협력적 활동은 이미 지역사회 조직화에서 나름대로 의미 있게 진
행되고 있었기 때문에 내 수업에서 이들과 연합하는 것은 학생의 경
험을 더욱 존중해 주는 것이라고 믿었다. 물론 학교 교실에서는 진정
한 배움의 경험을 통해 함께 학습하도록 지원해 주었다. 여기에 더해
프레이리가 강조하듯, 교사로서 나는 학생을 위한 학습환경을 조성해
줄 필요가 있었고, 그 속에서 나는 학생들과 더불어 배워야 했다. 이
러한 방법은 이 학생의 일상적인 투쟁의 가치를 인정하고, 또 이들의
생생한 경험에서 비롯된 문화적·계급적 지식을 온전히 존중해 주는
것이었다.

'로스앤젤레스 카운티 감옥들에서 경찰 폭력 근절을 위한 연합'과
의 협업을 통해, 지역사회행동 프로젝트의 일환으로 우리는 지역사회

주민모임Community Town Hall을 조직하도록 했다. 단지 일회성 행사를 조직하고 또 이를 위해 학생들에게 일거리를 나누어 주는 방식으로 하기보다는 이 행사를 학생들과 함께 만들어 가고자 했다. 이미 학생들이 가지고 있는 경험에서 무언가를 끌어내도록 격려하면서 우리는 지역사회에서의 초대 행사를 만들어 갈 수 있는 다른 많은 것들을 알게 됐다. 사실 이 과정에서 학생은 행사를 조직하면서 프로그램에 도움이 되는 아동돌봄 서비스와 디제잉에 재능 있는 친구를 찾아내 포함시키기 시작했다. 이 과정에서 내가 하는 역할은 전형적인 지역사회 조직 환경에서, 예를 들어 학생들이 (관련) 자료를 준비하는 상황에서, 모임 장소를 주관하는 지역 단체와 협력을 요청하는 상황에서, 지역 주민들을 접촉하여 모집하는 상황에서, (로스앤젤레스 카운티 감옥 교도관들의 폭력에 관한 지역사회 주민모임에서) 발표하려고 준비하는 시작품 혹은 행동 연구 프로젝트 결과를 다듬으면서 학생들의 단어 사용을 지도하는 것이었다. (여담이지만) 내 학급의 몇몇 학생은 직접 혹은 가족, 친구, 동네 사람들을 통한 간접적인 방식으로 (경찰 및 교도관들의) 폭력을 경험했다.

이 행사를 성찰해 보면 학생은 힘이 넘쳤고, 어떻게 하면 행사가 더욱 잘 준비될 수 있는지에 대해 많은 의견을 내놓았다. 자신들의 노력에 대해서 "운동의 시작"이라고 느낀다는 말을 듣고 나는 감동에 겨워 눈물이 났다. 학생은 바로 이 경험을 통해서 프레이리[1970]가 프락시스라고 불렀던 것을 진정으로 경험할 수 있었다. 학생은 다양한 상황에서 자신들의 경험과 재능을 끄집어내었고, 지역사회의 구체적인 변화를 위해 일하는 과정에 직접 개입할 수 있었다. 학생들과 했던 경험은 여러 측면에서 많은 것을 다시 생각하게 했다. 아이들과 함께 교육과정을 만들어 간다는 것이 무엇을 의미하는지, 권위와 자유 사이의 변증법적 실천을 이야기하는 탈식민주의적 페다고지에 어떻게 참여하는 것인지, 지역사회, 학부모, 학생의 문화, 역사, 생생한 일상적 경험을 통합해 더 나은 학교를 지속적으로 어떻게 만들어 갈 수 있을지에 대해서 질문하고 다시 생각해 보게 되었다.

비판적 인종/민족 연구:
보일하이츠 학교에서의 프레이리

호르헤 로페즈(Jorge A. Lopez), 인종/민족 연구 담당 고교 교사

나는 대학교를 졸업하기 바로 전에 처음으로 프레이리에 대해 알게 되었다. 그의 생각들은 내가 그토록 찾아다니던 것과 정확하게 일치했다. 4년에 걸쳐 치카노 연구, 인종/문제 연구를 듣고 학생조직과 학생운동에 참여해 오면서 내가 무엇을 배우고 있었는지, 그리고 교실에서 이러한 배움이 어떻게 보이는지 생각하게 되었다. 나는 대학교 2학년 때 장래 교사가 되어야겠다고 결정했다. 그렇다고 교사로 계속 살아야겠다는 생각을 했던 것은 아니다. 그럼에도 불구하고 교사라는 직업이 사회운동에의 헌신, 그리고 사회정의를 위한 투쟁의 길이라 여겼다. 이러한 경력을 택하겠다고 맘먹었던 이유라면 공부했던 지식과 대학 과정(읽기, 대화, 행사, 학생운동)에서 경험했던 것들이 내게 임파워먼트, 해방감과 함께 치유를 느끼도록 했기 때문이다. 대학을 다니면서 해방적 의식을 발전시키고, 내 정신세계에서 억압의 무게가 덜어지는 느낌을 겪으면서, 내가 경험한 유사한 것들을 다시 만들어 내고, 또 고등학교 교사로서 이러한 것들을 모델화하기 위해 행동하기 시작했다. 대학 이전의 내 학교교육 경험은 탈문화화, 인종주의, 식민주의, 고통스러운 사건들로 인한 탈인간화 등의 경험과 기억으로 점철되어

있다.

활동가이자 비판적 교육가로 해방을 위한 일을 시작하기 전에 나는 우선 내가 경험한 억압을 이해해야 했고, 내 삶과 물질적 조건에 영향을 미치고 있는 제도적이고 구조적인 억압에 대한 비판의식을 발전시켜야 했다. 동시에 내 가족 혹은 선조들이 종속되어 있던 억압적인 역사를 공부하고 지식을 넓혀야 했다. 대학교 1학년 때 아마도 내 비판적 의식이 발달하기 시작했을 것이다. 1학년 말 치카노 교육론Chicana/os in Education 프로그램을 위해 수강했던 강좌 중 한 수업에서 나는 프레이리의 글들과 비판교육학에 대해 알게 되었다. 즉각적으로 이러한 교육적 접근이 교실에서 해방의 공간을 창출해 내도록 도울 수 있다는 것을 깨달았다. 내 친구들, 앞으로 교사가 되고 싶어 했던 학생들, 그리고 나는 이러한 해방의 공간에 대해 꽤 오랫동안 토론해 왔다. 그래서 비판교육학이 무엇인지 이해하고자 프레이리와 프레이리 연구자들Antonia Darder, Perter McLaren, Henry Giroux의 글을 읽게 되었다. 글을 읽으면서 미래의 교사로서 이들의 생각을 어떻게 적용할 수 있을지 머릿속에 그려 보았다.

프레이리가 해 온 일은 비판교육가로 성장해 나가는 데 든든한 받침돌이 되었으며, 로스앤젤레스 동부에 위치한 보일하이츠 고교Boyle Heights High School에서 보낸 14년의 교사 경력에 지침이 되었다. 프레이리는 내게 늘 우리는 교사와 학생으로서 자신을 역사적 존재로 위치 지어야 하고, 세계와의 관련성을 이해해야 하며, 우리의 상황적 조건과 존재성을 성찰하며, 지배, 소외, 착취, 억압이 없는 장소로 우리가 사는 세상을 변혁해 나가야 한다고 깨닫게 해 주었다. 세계를 변혁해야 한다는 혁명적 프락시스는 교육가들에게 지역사회와 함께해야 한다고 강조한다. 우리를 비인간화시키고 우리가 자유롭게 표현하고자 하는 바를 가로막는 부정의한 것들을 드러내고 이에 맞서도록 말

이다.Darder, 2015, pp. 6-7

　가르치는 일은 혁명적이고 정치적인 행동이다. 이로써 기존 체제를 유지시키고 특별히 치카노(라티노)와 같은 유색인 학생들이 식민주의적 정신상태를 갖도록 하는 헤게모니적 학교교육의 구조를 흐트러뜨리고 깨뜨리게 된다. 인종/민족 수업을 담당하는 교사로서 나는 프레이리의 접근법을 통해 가르치고, 문화적으로 관련성이 높은 인간화하는 교수학습 방법을 사용한다. 그리고 교실 내에서 혹은 비판교육가 및 이웃한 문화활동가들과 함께 지역사회를 조직해 나간다. 내 희망은 학생들에게 해방의 교육 경험을 제공해 주는 것이다.

인종/민족 수업, 비판교육

　식민통치, 노예, 착취, 인종주의, 혹은 억압의 다른 유형들처럼 뼈아픈 역사를 가르치는 일은 해방을 향한 것들이다. 전통적인 교육과정이 이러한 식민통치의 수단으로 봉사했었다는 것을 기억하고 인정하는 일 또한 그렇다. 루스벨트 고교Roosevelt High School에서 사회과 교사로 일하면서 보낸 여러 해 동안, 나는 주요 교과와 함께 선택 교과로서 인종/민족 수업에서 교육적 프락시스에 어떻게 비판적 접근을 하게 되는지 체득하게 되었다. 수업에서 학습은 핵심 단위를 중심에 두고도 문제제기식 접근과 해방적 접근을 통해 가르칠 수 있다고 확신한다. 문제제기식 접근은 구조적 불평등, 억압의 체제에 초점을 두고 있으며, 학생은 해방적 접근을 통해 더 나은 세상을 만들기 위해 변화시키겠다고 희망하는 상황을 이름 짓도록 학습하게 된다.

　요즘 루스벨트 고교에서는 모든 9학년 학생들이 1년에 걸쳐 인종/민족 수업을 들을 수 있도록 프로그램을 만들었다. 나는 이 수업을 만든 세 명의 교사 중 한 사람이다. 우리는 우리가 가르치는 강좌의 교육과정을 함께 만들고, 교수학습에 비판적이고 이론적인 접근에서 공동의 입장을 취하고 있다. 더불어 변혁적 차이를 만들어 내기 위해 노력하는 청소년들, 활동가들, 지역사회와 함께하고 있다. 우리는 이 수업을 만들고 진행하는 데 일종의 목적의식이 분명하게 있다. 인종/민족 수업은 비판적인 인식틀에 의해 정보를 제공하고 또 지도한다. 학생들이 경험해 왔고 또 계속해서 부닥치고 있는 트라우마, 스트레스, 억압적 상황 등에 대응하기 위해 교실의 해방적 공간을 만드는 데 프레이리의 이론적 작업을 핵심으로 한다.

대화, 학생-교사 관계

9주간 진행된 인종/민족 수업의 초기 몇 주 동안은 소위 학교교육의 모델에 관해 문제를 제기한다. 알다시피, 대부분의 학생은 미국의 학교교육 상황에서 뻔히 예상하는 것들이 있다. 예를 들어 학생과 교사 사이의 위계적 권력관계라든지, 교수학습에서 은행저금식 접근이 이루어질 것이라든지 말이다. 프레이리[1970]는 교육이란 학생을 억압적 세계로 교화하고 적응시키려는 의도를 통해서 지배를 실천하는 것이라고 했다. 학생과 교사들 사이에 관계를 형성하고, 돌봄의 문화를 만들고, 또 서로 지지해 주는 것은 이스트사이드 지역 학교들The Eastside Schools에서 공부하는 학생들에게 익숙한 방식과는 정반대의 것들이다. 그보다는 교사가 학생의 삶에 별 신경을 쓰지 않고, 수업시간에 온갖 잡스러운 이야기들, 심지어 학생들에게 욕설과 함께 무시하는 말들을 내뱉는다고 보고되고 있다. 어쩌면 학생은 교실에 수업하러 들어가면서 자연스럽게 교사들로부터 비인간적이고 억압적인 경험을 하게 될 것이라 기대하는지도 모르겠다. 자신이 그렇게 살아온 것처럼, 그리고 역사적으로 미국의 학교에서 유색인종 출신 학생들이 경험해 왔던 것처럼 말이다. 내 학생들은 '바보 같은', '게으른' 등의 말로 자신들의 인간성을 깎아내리던 교사들의 공격에 대해 이야기해 주었다. 한 학생은 교사가 자신을 한 학기 내내 '최저임금'이라고 불렀다고 털어놓았다. 교사의 비인간적인 말들은 학생의 영혼을 산산이 부수어 놓고, 공부해 봐야 소용없다는 절망감에 휩싸이게 한다. 결국 이런 말들은 학생의 꿈과 열정을 배반해 버리는 행위가 된다.

새 학년이 시작하는 시점에 내 목표는 학생의 신뢰를 얻는 것이다. 그리고 내가 담당하는 인종/민족 수업의 시작부터 배우는 내용이나 가르치는 방식이 전통적인 교과수업에 반하는 것이라는 점을 분명히 한다. 학생들은 자기 교실에서 진행하는 수업이 1968년 이 학교에서 학생운동을 조직하고 또 가두시위를 나갔던 유색인종 청소년들이 요구했던 그 수업이라는 점을 알게 된다. 나는 학생들이 기억해 낼 수 있는 온갖 종류의 역사적 인물과 관련된 활동을 통해 가르친다. 그 속에 얼마나 많은 여학생이 있었는지, 또 얼마나 많은 유색인종 학생이 있었는지를. 곧 학생은 자신들에게 부여되는 학교교육과정이 백인 남성을 표상하는 것이라는 점을 알게 되고, 유색인종이 90%를 차지하는 학교구에서 유색인종의 삶과 경험이 무시되고 있다는 점을 깨닫게 된다.

학생들이 자신의 삶의 연대기를 만들어 보는 것이 이 수업에서 제시하는 첫 숙제 가운데 하나이다. 이를 통해 학생은 (그것이 긍정적이든 혹 부정적이든) 기억할 만한 자신의 역사를 돌아보게 되고, 미래를 밝혀 줄 자신의 소망이 무엇인지 상상해 보게 된다. 지금까지 살아오면서 기억할 만한 사건을 최소 10가지로 제시해 보라고 한다. 트라우마, 분투, 기쁨, 축하할 일 등. 또한 각자가 이루기를 소망하는 미래의 사건들도 적어 보게 한다. 변화된 '나'와 변화된 '세계'를 상상해 보면서. 이 프로젝트를 시작하기 전에 나는 내 삶의 경험에 관한 연대기를 학생들에게 보여 준다. 마찬가지로 내가 내 삶에서 바라는 미래와 우리 사회의 변화에 대해서 상상한 것도 들려준다. 열린 마음으로 솔직하게 나의 이야기를 공유하는 것이 교사에게는 정말 중요하다. 학생들이 자신의 이야기를 솔직하게 공유하기를 원한다면 말이다.

학생들과 관계를 형성하는 데 필요한 것 중 하나는 분투했던 경험, 트라우마 혹은 기뻤던 일들에 대한 생생한 역사를 나누는 일이다. 진지한 태도로 이야기를 나누는 교사는 우리 경험을 정말 솔직하게 수평적인 대화의 과정으로 삼아야 한다. (이 점에서) 프레이리[1986]가 (수평적 관계 형성으로서의) 대화는 "공감"과 "사랑, 겸손, 희망, 신념, 신뢰 등을 특징으로 하는"[p.86] 태도를 만들어 낸다고 한 것을 기억하게 한다. 나는 교실에서 학창 시절 교사로부터 받았던 인종적이고 충격적인 공격의 경험을 들려준다. 이로써 학생은 내가 이민 온 농장 노동자의 자식이라는 것, 빈곤했던 내 어린 시절의 삶에 대해 알게 된다. 또한 유럽 중심적인 사고관 혹은 백인 중심적인 사고관에 따른 학교교육과정 때문에 나의 문화, 언어, 갈색 피부, 멕시코 원주민 조상들을 부끄러워했다는 점도 이야기한다. 나는 학생들에게 할아버지와 아버지가 질병으로 죽었을 때 내가 경험한 고통과 아픔, 고민을 솔직히 드러낸다. 학생들은 내가 그들을 대하면서 드러내는 교육철학이 내 정체성, 내 삶의 투쟁과 관련되어 있다는 점, 젊은이들 그리고 우리의 인간성에 대한 사랑에 깊이 관련되어 있다는 점을 알게 된다.

나는 수업에 대해, 교실 환경에 대해, 나와의 관계 설정에서 학생들이 보이는 시각과 태도가 바뀌고 있다는 점을 늘 느끼게 된다. 물론 자기를 가르치는 권위자로서의 교사가 진실되게 이야기할 경우에 말이다. 학생은 수업이 진행되는 내내 자신의 이야기를 진실되게 들려주려고 한다. 그리고 수업시간에 우리가 하려고 하는 프로젝트의 모든 것에 헌신적으로 참여한다. 학생은 자신의 이야기, 꿈을 담은 말들, 사진들, 혹은 다양한 그림들을 준비하여 시각적으로 창의적인 자신의 시간표를 준비하게 된다. 치유하는 모임 속에서 나눔의 과정을 통해 학생은 용기를 보여 준다. 그리고 자신이 누구인지, 어떤 사람이 되고 싶은지에 대한 생각을 키울 수 있게 한 삶의 가장 중요한 사건을 이야기하면서, 자신이 얼마나 상처받기 쉬운 상태였는지를 드러낸다. 많은 학생이 울음을 참지 못하고, 어떤 학생은 좀 더 희망적인 미래에 자신이 어떤 모습일지에 대해 흥분하기도 한다. 아무튼 나는 특히 대화의 가능성에 관한 프레이리의 글들이 인종/민족 수업의 과정을 잘 보여 준다고 믿고, 또 신뢰, 사랑, 희망의 관계를 적극적으로 지지해 주는 것이라 믿는다.

창의적 청소년 기르기

학생은 자신의 연대기를 만드는 프로젝트를 하면서 씨름하게 되는 기억 혹은 꿈들을 구어체로 된 시적 표현을 이용해서 작성한다. 표현을 할 때 학생은 문학적 방법에 접근하게 되고, 구어의 역사, 스타일, 목적을 배우게 된다. 또한 청소년 혹은 지역사회의 시인들에 대해서도 듣게 된다. 이들은 희망의 문화, 투쟁, 회복력과 같은 넓은 범위의 주제들에 대해 감정이 가득 실린 정말 멋진 글들을 써내게 된다. 다음은 한 학생의 글이다.

나는 매일 아침 눈을 뜬 이후에 먹는 시리얼 한 그릇에 행복해한다. 그러나 그럴 수 없었다. 왜냐하면 월요일부터 일요일까지 내 아침 식사를 이미 바퀴벌레가 차지하고 있었기 때문이다. 나는 엄마 아빠가 서로 다투는 소리를 들으며 한밤중에 눈을 뜬다. 그달 집주인에게 지불할 집세가 모자라기 때문이다. 눈가를 깨끗하게 닦은 엄마는 내게 미소를 지으며, 별문제 아니라고 한다. 하지만 엄마는 이미 내가 모든 것을 알고 있단 사실을 안다. 나는 내가 살았던 거리를 수도 없이 오르락내리락하면서 엄마들이 온통 피투성이가 된 아들을 아주 딱딱한 길 위에서 양팔로 부여잡고 울부짖는 소리를 듣곤 한다. 난 엄마의 아들이다. 엄마는 싸움꾼이다. 엄마는 고통스러운 시간을 보내며 자신의 방식대로 싸울 것이다. 이 모든 것이 아픔의 순간에 내가 어떻게 나답게 싸울 것인지 가르쳐 주었다.

학생들은 각자 쓴 시를 서로에게 읽어 준다. 그리고 성찰을 위해 그 활동을 잠시 멈춘다. 다른 활동에서도 그러하듯, 나는 그들에게 자신의 삶에 대해 깊이 생각해 볼 것을 요구한다. 활동을 잠시 멈추는 것을 통해 학생은 원주민들이 행해 왔던 활동에서 유래하는 치유 모임을 경험한다. 치유를 위한 모임 공간을 만듦으로써 청소년들은 힘들었던 삶의 경험을 공유할 기회를 얻고, 학교와 교사들이 거의 다루지 않았던 혹은 거의 들어 본 적 없었던 감정을 갖게 된다. 이 모임은 안전한 공간으로 작동하여 학생들은 자유롭게 울고 팔라브라[palabra(말)]를 통해 무거운 사회적 독성의 무게를 풀어놓게 된다. 구어적 시와 치유 모임은 서로 연결되어 있다는 느낌이 들게 하고, 인간다운 인간이 되려는 집합적 노력과 분투의 실천을 탈식민화하도록 한다. 학생들 스스로 지지하고 높여 주는 말들을 통해 사랑과 돌봄을 보여 주고, 다른 학생의 가슴속 이야기를 들음으로써 한 가족이 되어간다는 느낌을 표출하게 된다.

학생은 '콘크리트 바닥에서 자란 장미The Rose that Grew from the Concrete'라 제목이 달린 예술 분석에도 참여한다. 이는 샤커Tupac Shakur의 시 작업에서 영감을 받아 만들어진 것이다. 학생은 작은 규모의 그룹 단위로 아주 커다란 예술품을 만들어 낸다. 콘크리트에서 자라나는 장미를 표상함으로써 가난과 자본주의가 판치는 세상에서의 자기 삶을 연결시킨다. 샤커는 "우린 모두 장미다. 이것은 콘크리트다. 이것들은 상처 입은 장미 꽃잎들이다"라고 말했다. '콘크리트에서 피어난 장미'라는 상징을 사용함으로써 학생은 한 공동체에 속해 있다는 것을 느끼게 되고, 이를 창의적으로 그리고 묘사한다. 또한 다양한 매체를 통해 사회문제를 분석하고 자신들의 삶, 가족, 지역사회, 꿈들이 이를 통해 어떻게 영향받게 되었는지를 그려서 보여 주는 것뿐만 아니라 글로 작성한다.

프레이리의 관점을 통해 인종/문제 수업을 진행할 때, 교사는 교육과정을 조직할 수 있는 다양한 인식의 틀과 접근법을 만날 수 있다. 프레이리1998b는 "학생이 자신을 사회적, 역사적, 사상적, 소통적, 변혁적, 창의적 존재로 인식하고 경험할 수 있도록" 학습환경을 만드는 것이 비판교육가의 중요한 책무라고 주장한다.p. 45 프레이리의 사상은 학생들이 만들어 내는 많은 것들, 예를 들면 개별 연대기, 구어로 만든 시, 예술작품 등에 잘 녹아들어 있다. 학생은 자신을 역사적 존재로 보는 법을 배우게 된다. 역사적 존재로서 학생은 사회구조에 영향받았던 그 속에서 역사를 만들어 왔던 부모, 조부모, 조상들의 경험과 연결되어 있다는 것을 느끼게 된다. 학생이 프로젝트의 모든 활동을 통해 자기가 경험한 것들과 소통하도록 하고, 어떻게 다가오는 미래와 다음 세대를 만들고 변혁할 것인지 고민하게 한다. 우리는 교사로서 비판교육과정을 조직할 수 있어야 한다. 이러한 교육과정을 통해 교실 한복판에서 프로젝트들을 실천함으로써 학생들의 창의성, 그들의 목소리가 차고 넘칠 수 있도록 해야 한다.

인종/민족 수업은 인간 존재가 처한 조건에 대해 끊임없이 성찰할 수 있는 가능성을 열어 줄 것이고, 프레이리의 프락시스를 통해 학생과 교사가 인간 존재의 미완결성과 씨름하도록 추동할 것이다. 우리가 만들어 내는 프로젝트 속에서 학생들은 희망을 가지고 자신들의 삶과 공동체에 대해 새롭게 상상하는 경험을 하게 될 것이다. 프레이리 1998b가 강조하듯, 희망은 "우리 인간의 역사적 경험에서 없어서는 안 되는 재료"다. "이것이 없이는 순전한 의미의 숙명론이 역사를 대신하게 될 것이다."p. 69 마지막 프로젝트를 통해 학생들은 창의적인 생각들을 책에 담았다. 나중에 이 수업을 듣게 될 학생들에게 교육 자료가 될 것들을 만들면서 우리는 학생들이 스스로의 현실을 새롭게 내다보고 새롭게 써 내려가도록, 그래서 지역사회의 문화적 일꾼으로 역사를 만들어 가도록 했다. 프레이리의 글은 교실 공동체를 활기차게 만들었다. 그 속에서 학생들은 자신들에게 세상을 변혁할 힘이 있다고, 자신이 변혁해 내고자 희망하는 미래를 만들어 가기 위해 행동을 해야 한다고 믿게 된다.Darder, 2002

지도 나누기: 비판적 안내자로서의 교사

카트린 차즈코우스키(Katrine J. Czajkowski), 고교 교사

나는 1990년에 남캘리포니아로 이주해 왔다. 조지타운 대학교 애드문드 월시 국제봉사대학The Edmund A. Walsh School of Foreign Service, Georgetown University을 막 졸업한 때였다. 내 학위는 국제정치학으로 과학과 기술을 포함하여 다학제적인 관심사들을 포괄적으로 다루는 것이었다. 처음에 교사가 되었을 때, 조지타운 대학교에서의 경험에 따른 망상에 사로잡혔었다. 당시 나는 내로라하는 엘리트 기업 및 정부기관을 상대로 취직 인터뷰를 진행하고 있었다. 나는 그때의 내 결정에 대해 이렇게 설명하곤 했다. 다른 누군가를 위해 돈을 벌어다 주려고 하루 종일 컴퓨터 앞에 앉아 있는 나 자신을 상상할 수 없다고

말이다. 요즘에는 그런 특권의 딜레마가 탄생한 것에 대해 그토록 무지했었는지를 떠올리며 나 자신에 대해 놀라곤 한다.

　나는 아마도 교직에 들어서면 좀 더 쉬운 길을 택하는 것이라고 생각했던 것 같다. 교사로서의 첫 번째 학교는 미국-멕시코 국경에서 4마일 북쪽에 있는 중학교였다. 여기에서의 교직 경험은 내가 '국제정치학'을 완전히 새롭게 이해하도록 이끌었다. 이 나라의 학교들은 결코 공동의 목적을 위해 봉사하는 것이 아님을 알게 된 것이다. 지금 나는 여전히 교사다. 학교가 비판적 역할을 통해 역사적으로 핍박받아 온 문화 공동체의 정체성을 지닌 학생을 가르칠 수 있음을 알게 되었기 때문이다. 지난 9년 동안 나는 내가 학생 시절 알던 사람들과는 정말 다른 학생을 가르쳤다. 한때 샌디에이고에서 가장 가난한 지역의 학교에서 교사로 근무했다. 당시 내가 만났던 학생과 학부모로부터 겸손과 존중이 무엇인지 그 의미를 배우게 되었다. 이들은 '아메리칸 드림'의 신화를 부여잡고 매일매일 고군분투하는 사람들이었다. 내가 처음으로 프레이리의 『페다고지』를 읽었을 때, 이 책은 내 생활에서 목격하고 경험하는 현상을 아주 정확하게 설명해 주었다. 이로 말미암아 나의 교수 행위, 내가 가르치는 학생을 완전히 새로운 방식으로 생각해 보게 되었다. 결과적으로 나는 대학원 과정에서 비판교육학에 초점을 두고 공부하게 되었고, 학생들과 더욱 개별적이고 또 전인적인 관계를 만들어 가고자 꾸준히 노력했다.

　표준화시험과 입법에 관한 수사가 드높이 비쳐지는 상황 이면에서 공교육은 보이지 않는 많은 적에 둘러싸여 전쟁을 치르고 있었다. 가난한 학생, 유색인종 출신 학생은 너무도 자주 이들의 의도하지 않은 희생자가 되고 있었다. 거의 모든 지역의 학교에는 아주 잘 훈련된 교사가 늘 부족했다. 나는 프레이리의 글들을 통해 특권적 엘리트 배경을 가진 교사가 학교에서 사회정의를 위해 특별한 역할을 수행해야 한다는 것을 이해하게 되었다. 내가 경험한 바에 따르면 특권의 문제는 거의 언급되지 않으며, 비록 언급된다고 하더라도 생색내듯 기만적이고 얼빠진 자유주의자들의 사탕발림으로 끝나 버리곤 한다. 학생들과 겪었던 경험을 떠올려 보면, 아이들은 정말 강력한 힘을 발휘하는 진실을 말한다. 아이들의 목소리를 가볍게 흘려 버릴 수 있는 교사들보다 자기들에게 필요한 것이 무엇인지 더 잘 알고 있기 때문이다. 그래서 나는 학생들이 살아가는 세상과 강제로 출석해야 하는 학교에서 이들이 알아 가게 되는 세상 사이에서 발생하는 충돌을 중재할 방법을 찾아보겠다는 생각으로 이들에게 귀를 기울이기 시작했다. 나는 너무도 자주 소외와 적의를 불러일으키고 있는 교육체제를 탐색하면서 학생을 지원할 방법을 찾았다.

우리 학교의 학생 중 75%가 유색인종 출신이고, 70%가 무료급식을 제공받거나 급식비의 일부를 지원받는다. 이들이 받는 교육은 앞으로 이들이 감당할 미래의 가능성을 담보할 수 있는 유일한 끈이라고 할 수 있다. 그러나 쌓여만 가는 통계 자료들은 이들에게 그리 호의적이지 않다. 이는 내가 가진 특권적 상황과는 판이하게 다르다. 내 부모님은 의사였다. 어머니는 덴마크에서 의대를 졸업한 후 미국으로 이민을 왔고, 하버드 의대에서 폴란드인인 아버지를 만났다. 베트남전이 치열하던 시기에 부모님은 독일에 거주했고 나는 그곳에서 태어났다. 독일어를 유창하게 구사하고 유명한 대학의 학위를 갖고 있던 아버지는 독일의 미 육군 병원에서 일했다. 그 이후 오리건주 포틀랜드로 이사했고, 나는 그곳에서 고등학교를 마쳤다. 나는 스탠퍼드 대학교에 2년차 학생 자격으로 입학할 수 있었다. 교육적 기회를 통해서 대학 입학을 위한 AP과정을 충분히 이수했기 때문이었다.

나는 어렸을 때 부모님으로부터 독일어나 덴마크어를 따로 배우지 않았다. 그럴 이유가 별로 없다고 두 분은 생각하셨던 것 같다. 요즘 어머니는 내가 스페인어를 배우는 것을 두고 신경을 곤두세우곤 한다. 나도 스스로에게 완벽히 설명할 수 없는 것을 어떻게 어머니에게 다 설명할 수 있겠는가? 나는 지난 7년 동안 몸담고 있는 학교에서 4블록 떨어진 곳에 살고 있다. 티후아나라는 멕시코 국경 읍내가 학교의 풋볼 경기장에서도 보인다. "너는 도대체 왜 하수도 문제가 있는 해군 도시에 내려가 살고 있니?" 어머니의 질문이다. "UCSD University of California, San Diego 근처로 올라가 살거나 아니면 학술적 토론을 즐기는 사람들이 사는 동네로 가면 어떠니?" 이런 질문을 받게 되면 나는 어머니에게 단지 그럴 권한이 있었고, 또 준비가 되어 있었다는 이유 때문에 당신은 사회주의 국가에서 의대를 다닐 수 있었다는 점을 상기시켜 드리고 싶다. (의대를 졸업하기 위해) 10만 달러를 내야 할 필요가 없었던 것이다. 그러나 나는 아무 말도 하지 않았다. 단지, 나는 내가 사는 지역 근처의 마비스타 고교Mar Vista High School 아이들이 어떤 미래를 갖게 될 것인지 생각하지 않을 수 없다.

학생들에게 고등학교는 종종 "마지막 정류장"으로 간주된다. 노동계급 자녀인 학생들에게 졸업은 곧 "줄의 끝"이다. 너무도 자주 말이다. 공교육은 모든 학생들이 대학 진학을 준비하도록 고안된 것이라는 점을 내세운다. 그러나 소외계층 인구의 학생 대부분은 결코 대학에 진학하지 못한다. 이곳 마비스타에서는 1998년에 졸업한 고교생의 단 15% 정도만이 4년제 대학에 진학했다. 나머지 85%는 최저임금을 받는 일을 하고 있거나 몇몇은 2년제 커뮤니티칼리지 혹은 직업훈련원 등에 다녔다. 커뮤니티칼리지에 등록한 학생들 중 5% 미만만이 나중에 4년제 대학으로 옮겨서 공부를 계속하게 된다. 4년제 대학에 입학했다고 하더라도 거의 절반에 이르는 학생들이 채 2년을 보내지 못하고 중도 탈락하게 된다. 이러한 통계 수치들은 너무도 분명하게, 고등교육 권력은 늘 권력을 쥐고 있던 사람들의 손에 집중되어 있음을 알게 한다.

프레이리[1994]는 "(대화적) 만남을 위해 적절한 도구가 마련된다면 모든 개인은 자신과 관련된 일뿐만 아니라 사회적 실제에 대해, 그리고 그 속에서 일어나고 있는 긴장과 갈등에 대해 서서히 알아 나갈 수 있을 것이다. 자신이 이러한 현실을 인식하고 있다는 것을 깨닫게 되고, 이를 비판적으로 대처해 나갈 수 있을 것이다"[p. 14]라고 썼다. 교사로서 내가 맡은 주요한 책임은 학생들에게 이러한 경험을 제공해 주는 것이다. 프레이리는 학생들이 "각자 발견한 것들을 가지고 체계적인 연구를 수행할 수 있다"[p. 100]고 보았다. 물론 이들에게 그렇게 할 수 있는 기회가 주어진다는 조건하에서 말이다. 수학, 영어, 사회 교과 등이 복합적으로 들어 있는 내 수업의 다학제적 접근을 통해, 학생들은 별로 상관없을 것 같아 보이는 많은 문제들 간의 연결고리를 찾도록 적극 동기가 부여되고 또 그렇게 하도록 지도받는다. 내가 지금까지 발견한 것은 되도록 내 수업을 특정 교과로 분할하여 별개로 가르치지 않는 것이 학생들 입장에서 학습자료에 대한 이해도 및 그들 삶에 미치는 영향도를 크게 할 수 있다는 것이다.

비판적인 다학제적 교실

나는 지난 몇 년 동안 다학제적 교실에서 학생을 가르쳤다. 이 교실에서는 9학년 학생 40명이 영어, 수학, 사회과를 한 과목처럼 공부했다. 즉, 하루에 한 과목을 세 시간 가르쳤다는 말이다. 초등학교에서는 그다지 주목할 만한 일이 아니겠지만, 한 시간 수업이 50분으로 꽉 짜여 있는 중등학교에서는 거의 드문 일임이 분명하다. 한 번에 세 과목을 가르치면서 알게 된 점은 학생을 개인적으로 더 잘 알게 된다는 것이다. 이런 장점 때문에 나는 "'주어진 것'을 시각화할 수 있는 시작점"을 보다 정교하게 결정할 수 있고, "학생을 관찰하는 동안 이들이 실재를 인식해 나가는 과정에서 혹 어떤 변혁들이 일어나는지 그렇지 않은지 알 수 있게" 된다.Freire, 1994, p. 88 반복해서 내가 발견하게 되는 것은, 대화란 것이 이 세 과목의 영역을 정말로 엮어 낸다는 점이다. 더욱 긴 시간이 주어짐에 따라 좀 더 유연한 탐색을 할 수 있도록 하고, 프레이리가 "생성된 주제들"이라고 묘사한 표현이 가능해진다. 학생들과 의미 있는 교수학습 경험을 만들어 가는 데에는 당연히 시간이 걸린다. 그러나 전통적인 중등교육체제 안에서는 시간이 축소되기 마련이다.

나는 고등학교의 9학년과 12학년을 담당하고 있다. 내가 가르치는 AP 영어반의 대부분은 마비스타 고교에 다니기 시작했을 때 내가 담당했던 9학년 학생들이었다. 수업명을 보면 수업에 참여하는 학생들이 특권적 배경을 가진 엘리트 학생들이지 않을까 여길 수도 있지만, 사실 마비스타 고교의 AP 프로그램은 지역사회를 대상으로 진행하고 있다. 이곳 거주민들은 소위 대학에서 수업을 들어 본 사람이 10%도 채 안 된다. 수업에 오는 학생은 대학에 지원하려고 마음먹는 것조차 가족 중 첫 번째인 경우가 대부분이다. 많은 학생이 대학에 진학하도록 하는 것은 우리에게 중요한 일이기 때문에, 이 일을 위해 모두가 함께 열심히 일한다. 물론 우리는 정말 오랜 시간을 들여, 엘리자베스 시대의 시들에 어떻게 접근하고 또 그것이 부여하는 힘이 어떤 것인지에 대해 토론한다.

프레이리의 저작, 특히 비판교육학은 너무 이론적이라든가 너무 추상적이라고 종종 비판받고 있다. 대부분의 경우 복잡한 이론적 언어와 이념적 토대에서 실천이 사라진 것처럼 보인다. 분명한 것은, 해독하기 어려운 글들은 많은 시간과 높은 집중력을 요구한다. 그러나 교사로서 내가 하는 일이 교실에서 매 순간 내가 하는 실천, 행동, 결정에 대해 이론적 관점으로 상호작용하고 또 성찰한 결과라는 점을 진정으로 배우게 되었다. 이는 프레이리가 소위 프락시스라고 정의했던 것으로 단지 실천이라는 말과는 다른 것이다. 예를 들어, 9학년 학생을 대상으로 하는 내 수업은 첫 6주 동안 학생들이 누구이고 어떤 특성이 있는지 발견하도록 하고, 학생들이 제기하고 공부할 질문들이 결과적으로 자기들 삶의 경로를 바꿀 수 있도록 짜여 있다. 나는 여름방학 동안 10대 혹은 대중문화를 주제로 최근의 여론조사나 설문조사 결과가 담긴 신문/잡지 등을 수집했다. 나는 시의적절한 신문 기사들을 언어예술(국어) 시간에 학생들과 함께 공부하는데, 이를 통해서 저자가 10대 아이들 혹은 다른 부류의 사람들에 대해 무엇을 가정하고 있는지 집중하도록 하는 더블앤트리저널Double-entry Journal 노트 작성 방법을 학생들이 배우도록 한다. 더불어 나와 함께 저자가 은근히 보이는 편견이 무엇인지, 여론조사에 돈을 댄 그룹/단체에 대해서도 살펴본다. 그러고 나면 통계적 표집 방법에 대해 논의하고, 표집된 인구를 가지고 일반화하는 데 사용하는 비중의 문제를 다룬다. 규범, 가치, 관례 등의 이슈는 이 단원에서 다룰 수 있는 사회과학적 측면이다. 이 토론을 통해 학생은 신문 기사에 나오는 인구학적 구성 및 특징이 자신이 살아가는 학교 및 지역사회의 것과 아주 대조된다는 것도 알게 된다.

이러한 수업 단원은 영어 및 수학 교과 내용도 포함하고 있다. 신문 기사의 설문조사 내용을 비판적으로 분석하면서 학생은 키스네로스Sandra Cisneros의 『망고나무 길가 집House on Mango Street』이라는 글도 동시에 읽는다. 또한 그래프 계산기 사용법을 배우고, 자기 삶과 관련된 영역의 연구를 고안, 진행하면서 필요한 무작위표본추출 방법도 배우게 된다. 이러한 연구들은 개별적으로 혹은 짝을 짓거나 팀을 이루어서 진행한다. 자기들만의 가설을 함께 설정하며 독자적 연구 모델을 사용하여 이 가설들이 제대로 된 것인지 검증해 본다. 이들 가설은 학기 초 학생들이 읽었던 신문 기사에서 확인했던 가정들에 기반한 것들로, 팀 연구 프로젝트의 목적은 타당한 연구 방법을 활용하여 자신들의 생각을 검증해 보는 것이다. 작년에 학생들이 검증했던 가설들의 예를 잠시 보자. "요즘 10대 청소년들은 광고에 더욱 많은 영향을 받고 있는가?" "대부분의 10대 청소년들은 학교에서 정신적으로 공허해지는가?" 학생들은 설문조사 방식을 택하여 문항을 만들고, 설문을 받아 수집된 자료를 분석용 엑셀 프로그램의 스프레드시트에 옮겨 담았다. 결과들을 종합해 보고 이를 토대로 결론을 도출하는 데 활용할 수 있는 그래프와 표를 만들었다. 세미나 형식으로 진행된 수업에서 학생들은 아주 공식적인 발표를 했고, 이를 공식적인 보고서 형식으로 발간했다. 이 보고서는 연구 초록, 연구 방법론, 발견 사항, 연구 결과, 연구 제안, 참고 문헌 등을 담고 있다. 학생들이 이 모든 것을 해냈다. 9학년이었는데도 불구하고 말이다.

안타깝게도 나와 함께 수학을 가르치는 동료 교사는 내가 학생들에게 가르치는 방식이 그다지 가치 있다고 보지 않는다. 의도가 너무 좋다고 하는 경우에도 표집, 설문조사 시 발생하는 왜곡에 대한 분석, 연구 디자인, 유의미한 혹은 무의미한 주장을 둘러싼 원칙 정하기 등의 주제를 다루는 데 시간을 쏟아부을 수 없다고 한다. 전통적인 방식으로 가르치는 대부분의 수학 교사와 마찬가지로, 이들도 아주 익숙한 회귀 방정식의 세계에 머물러 있기를 더 선호한다. 이들은 대부분의 학생을 결국 소외시켜 버리는 아주 동떨어진 느낌의 전문적 지식과 추상적 개념을 바탕으로 학생을 'y=mx+b'로 이끈다.

프레이리의 『페다고지』[1994]를 살펴보면서, 나는 내 학생들이 수행하는 설문조사 프로젝트가 대부분의 고등학교 교사가 점령하고 있는 무대에서 한 발짝 물러나는 과제를 안겨 주었다는 것을 깨달았다. "교육자가 사람들에게 제공하는 프로그램을 단지 꼼꼼하게 챙기는 사람이 아니듯, 연구자들 또한 애초에 결론이 나 있는 지점에서 시작하여 주제로 가득 찬 세상을 연구할 때 연구 일정만 꼼꼼하게 챙기는 사람이어서는 안 된다.",p.89 따라서 내 학생이 비판적 연구 능력과 주어진 시각에 도전할 수 있는 능력을 습득하기 원한다면, 나는 이 학생의 학습과정에서 내가 행사할 수 있는 전권을 양도해야만 가능하다는 것을 배워야 했다. 학교에 표준화시험을 촉진하는 "책무성 평가"를 동반하고 있는 "표준교과 내용"에 대한 열정은 교실에서 교사들의 권위와 학생들 자유 사이에서 조화를 추구하려는 비판교육자들의 활동에 위협을 가하고 있다. 그러나 당연하게도 내가 확신하는 바는, 학생들과 함께 연구 프로젝트를 수행하는 것은 진정으로 학생들에게 더욱 관심을 보이고 학생이 학업 진전을 이루도록 기민하게 지도할 수 있게 만들었다.

교사 권력

프레이리1994가 종종 우리에게 상기시키는 말이 있다. "민중을 향해 확실히 헌신하고 있는 사람들은 끊임없이 자신을 돌아봐야 한다.",p.42 (실천하기가) 항상 쉽지는 않은 말이다. 학생들과 친밀한 관계를 형성했기 때문에, 우리는 종종 학생들에게 중요하거나 혹 문제가 되는 상황에 대해 이야기를 나누곤 한다. 언젠가 이러한 관계가 교사인 내게 뭔가 아주 어려운 결정을 내려야만 하게 했다. '그날 나가야 하는 진도에 맞춰 수학 공부에 집중해야 하는지, 아니면 대화를 계속 이어 가고 부족한 수학 진도는 내일 보충해야 하는지…' 결정을 잘 내리는 교사의 능력은 교실에서 교사가 언제 중요하게 힘을 행사해야 하는지 보여 준다. 즉, 그날의 수업 내용과 활동을 선택할 수 있는 힘이 교사에게 있다.

이러한 상황을 보여 주는 일이 있었다. 한 학생이, "에이즈HIV/AIDS는 신이 동성애자들에게 내리는 벌이야"라고 주장했다. (이 말을 들고) 내가 이 학생의 말을 막고 무시한 다음 수학 방정식 수업을 계속 하는 것이 당연할까? 과거의 경험에 비추어 내가 그런 결정을 한다면 학생은 공개적으로 저항할 것이다. 이 학생의 코멘트는 셰퍼드Matthew Shepard의 잔혹한 죽음[12]과 접하는 것이었기 때문에, 대부분의 학생은 아주 강한 입장을 보였다. 그래서 나는 이 문제에 대해 학생의 주의를 모아 내자고 생각했다. 샌디에이고 조합 신문San Diego Union Tribune이 논설 경진 대회를 지원한다는 점을 떠올려, 나는 학생들끼리 혹은 나와 대화를 진행하고서 이 신문사에 논설을 투고해 보도록 권고했다. 학생들은 이 사회의 인종주의, 불관용, 무지 등의 문제를 다루는 사설을 작성했다. 멜리사라는 학생은 동성애에 대해 교회에서 들었던 것을 썼고, 같은 교회에 출석하는 쉘리는 신께서 진정으로 우리에게 서로 미워하라고 하신 것인지에 대해 질문하는 글을 썼다.

당시 몇몇 학생은 인종주의, 편견, 고정관념 등의 주제에 대해 솔직하게 터놓고 토론하는 장을 마련하자는 취지에서 새로운 동아리를 만들었다. 교장 선생님은 이 동아리 자문 교사인 내게 동아리 전단지에 "동성애"라는 말이 나오도록 허용한 것에 대해 경고했다. 그는 "다른 단어를 사용하라"고 조용히 말했다. 교장실에서 이루어진 이후의 면담에서, 교장은 동아리 회장에게, 한 학부모가 화난 목소리로 교내에 동성애 학생을 위한 동아리가 있는지 묻고, "이런 일이 허용되는 학교에는 절대 내 딸을 보내지 않을 겁니다"라고 한 사실을 설명했다. 동아리 회장인 제시카는 교장 선생님을 바라보며, "글쎄요, 우리는 그 딸아이가 자기 아버지처럼 그렇게 무지하게 자라기를 바라지 않을 겁니다. 아닌가요?" 나는 이 학생에 대한 존경심을 주체할 수 없었다. 내게 원한을 잔뜩 품고 있는 윗사람에게 보기 좋게 한 방 날린 셈이다.

---

12. 1998년 미국 아이오와주에서 발생한 동성애자라는 이유로 납치되어 고문당하고 살해당한 사건을 이야기한다.

이 에피소드는, 교사가 우리가 살아가고 있는 세계의 정치적 비전과 연관된 교육적 결정을 내려야 한다는 점을 새삼 깨닫게 했다. 교사가 지닌 힘을 우리 학생의 목소리와 지적 발달을 지원하는 데 사용할 것인가, 아니면 사회 불평등에 도전하지 못하도록 순응적 태도를 갖게 하는 데 사용할 것인가?

어느 날 내 수업 경험에서 좀 이른 시기에 발생했던 특별히 힘든 일이 생각난다. 6교시 수학 시간에 내가 아이들을 호되게 꾸짖었다. 나는 학생들에게 "가끔은 너희가 내가 가르치려는 것을 조금이라도 배우고 있는지 의심스러워"라고 거만한 태도로 말했다. 갑자기 교실 뒤쪽에서 내 말에 대들며 외치는 소리가 들렸다. "선생님들 아무것도 모르잖아요. 아닌가요? 선생님이 하는 모든 것을 우리는 배우고 있어요. 그게 선생님이 가르치고 싶어 하는 것이든 아니든 간에 말이죠." 바로 그날, 나는 교실에서 교사가 갖고 있는 엄청난 권력이 무엇인지 깨닫기 시작했다. 교사의 태도와 경솔한 언급들을 통해 학생들이 어떻게 영향을 받는지, "겸손함이 없이는 대화란 결코 존재하기 어렵다"Freire, 1970, p. 71라는 점 말이다.

미래지향적 교육

프레이리가 내 가르침에 영향을 준 것을 감사하게 생각하는 이유가 있다. 내가 가르쳤던 학생들이 종종 나를 찾아온다는 것이다. 자신들의 새로운 삶에 대해 이야기하면서 제자들은 수업시간에 가졌던 대화를 다시 들려주곤 한다. 학생들에 대한 희망과 믿음이 없다면 대화는 결코 존재할 수 없다고 프레이리는 믿었다. 이 말은 진짜 맞는 말이다. 내게 가르침이란 늘 도전으로 가득 차 있을 것이다. 그리고 희망과 기쁨으로도 가득 차 있다. 내 기쁨의 근원은 사만다와 같은 제자들의 이야기다. 사만다는 1998년 마비스타 고교를 졸업했다. 그녀의 부모님은 대학 근처에도 가 보지 못한 중국계-멕시코계였는데, UCSD 와 UC-Berkeley 두 학교에서 모두 입학허가를 받았다. 그녀는 UC-Berkeley를 선택했다. 입학을 앞둔 6월 오리엔테이션에 가려는 사만다에게 인터넷으로 지도 찾는 법을 도와준 기억이 난다. 사만다는 버스를 타고 UC-Berkeley 캠퍼스에도 제대로 잘 갔다.

사만다는 대학에 입학한 해 11월 나를 찾아왔다. 나는 9학년 학생들 수업시간에 자신의 고교 시절 경험을 이야기해 주길 부탁했다. 사만다는 고교 시절에 자신이 성취해 낸 것들에 대해 자랑스러워하며 자신감에 차서 이야기했다. 혹시 가족이 그립지 않은지라는 질문을 받고 사마다는 단지 "네"라고만 대답했다. 그러고는 UC-Berkeley 대학에서의 수업과 자신이 읽고 있는 책에 대해 이야기했다. 강연이 끝난 후 사만다는 자신이 배웠던 모든 것에 대해, 그리고 그것을 통해 자기와 동급생들이 대학을 잘 다닐 수 있게 된 것에 대해 고마움을 표현했다.

함께 걸으며 사만다의 이야기를 들을 수 있었다. 오클랜드 기술고교의 모든 교실에 상업적으로 지원된 텔레비전과 학생들에 대한 기대가 터무니없이 낮은 교사에 대해 말할 때는 화가 난 듯한 눈빛을 보였다. 사만다는 그 학교에서 인턴 실습을 했다. 1년 후 사만다가 다시 나를 찾아왔다. 그녀는 경영학과 교육학 이중 전공을 하겠다는 결심을 이야기해 주었다. 사만다는 교사가 되고 싶어 했다. 도대체 "안에서 무슨 일이 벌어지고 있는지" 알게 되었다고 느꼈기 때문이다. 사만다의 열정을 들을 수 있어 기뻤고, 자신의 미래를 만들어 가는 이야기를 나누는 것은 나에겐 특권처럼 느껴졌다.

프레이리, 불확실함, 그리고 미완성

에두아르도 로페즈(Eduardo F. Lopez), 교사교육가

지난 11년 동안 나는 대학교 교사양성과정에서 교강사로 일했다. 본 교사양성과정에서는 특별히 사회정의 교사들을 지도하고 훈련하는 데 집중하고 있다. 우리는 예비 교사에게 도심 학교에서의 (열악한) 환경에 도전하고 이를 변화시켜 나갈 수 있도록 역량을 키우고 자금을 얻을 수 있게 하는 것을 목표로 한다. 나는 일하면서 다문화 배경을 가진 학생을 위해 인간적이고 친밀한 교실 환경을 만드는 데 열정적이고 헌신적인 정말 훌륭한 교사들을 많이 만났다. 이 일을 하는 것이 매우 만족스럽고 고무적임에도 불구하고, 종종 분노와 절망에 휩싸일 때가 있다. 이런 변증법적인 긴장은 비판적 교사교육가로 일하는 중에 늘 일어난다. 나는 교실 수업을 참관하면서 예비 교사가 학교에서 흔히 볼 수 있는 교육적·경제적 불평등을 어떻게 다루는지 보게 된다. 뿐만 아니라 학생 및 가족들과 함께 꿈과 같은 가능성을 창출해 내고자 이런 난관을 과감히 이겨 내는 모습들도 목격하게 된다. 이런 장면들을 보게 되면서, 나는 학교가 단지 불평등을 재생산해 내는 것뿐만 아니라 해방의 공간이 될 수 있다는 점을 깨닫게 된다.

불확실성과 신자유주의적 개혁

나는 지난 수년간 학교 고유의 변증법적 갈등에 효과적으로 맞서는 데 어려움을 겪고 있었다. 현재 도심 교육을 주름잡고 있는 듯한 신자유주의적 정책과 행태들과 조화를 이루기 위한 싸움이 치열하게 전개되는 와중에 민주주의 교육의 미래는 매우 불확실해 보인다. 천천히 시간이 갈수록 나는 허무주의에 항복하라고 협박하는 절망감의 순간

을 경험하곤 한다. 이런 불만족스러운 느낌을 곱씹으면서, 나는 2007 년 서브프라임 사태의 결과였던 경기 침체 이후 발생한 일련의 사건들을 살펴보게 된다. 이 경기 침체로 자산과 고용에서 막대한 손실이 발생했다. 특히 흑인과 히스패닉 노동자 계층에게 그로 인한 타격은 극심했다. 2008-2009, 2011-2012학년도 동안 등록 학생의 80% 이상이 유색인종으로 분류되는 로스앤젤레스통합학교구LAUSD는 예산 부족을 이유로 8,000여 명의 교사 및 직원을 해고했다.Budget Policy Brief, 2012

　캘리포니아주 로스앤젤레스 및 미국의 다른 학교구들도 이와 별다르지 않은 해고 절차를 진행했다. 간신히 해고를 피한 교직원들의 경우에도 봉급 삭감, 무급휴직(일시 해고), 학교일수 감소, 학급당 학생수 증가, 추가 고용 동결, 프로그램 축소 등의 조건에 반강제적으로 동의해야 했다. 이 시기 예비 교사들을 지원하는 것은 그 자체로 도전적이었다. 왜냐하면 많은 수의 프로그램 이수자들이 안정된 고용 상태에 이를 수 없었고 결과적으로 교직을 택한 것에 회의에 빠지기 때문이었다. 대학 차원에서도 우리는 예산상의 문제에 부닥치지 않을 수 없었다. 강사들은 해고되었고, 이후에는 파트타임 혹은 비정규직만 뽑는가 하면, 일 부담은 갈수록 증가했다. 교수진뿐만 아니라 예비 교사에게 이러한 상황은 엄청난 스트레스, 불확실성, 두려움을 가져다주었다.

　예산 삭감이라는 엄중한 상황에서 〈웨이팅 포 슈퍼맨Waiting for Superman〉과 같은 다큐멘터리 영화들이 등장하며 신자유주의적 학교개혁을 부추겼고, 이로써 공교육의 지형을 근본적으로 바꾸어 나갔다. 이런 다큐멘터리 영화들은 경기 침체기 동안 학교와 유색인 노동자 계층 사회를 황폐케 한 경제적 정책이 어떤 파급효과를 가져왔는지 살펴보기보다는 불성실하고 무능하며 문제 많은 교사들을 보호하는 교원노조로 인해 학교가 실패했다는 자료들을 확인하려 애썼다. 차터스쿨은 구세주로 비쳐졌고, 이와 대조적으로 학교의 실패는 기정 사실로 보였다. 캘리포니아의 경우 차터스쿨은 스튜던트퍼스트Student First와 같은 비영리단체, 2010년 학부모 관련 법Parent Trigger Law의 통과에 따른 조처, 엘리브로드 재단Eli Broad Foundation, 게이츠 재단Bill and Melinda Gates Foundation, 월턴 재단Walton Family Foundation 등으로부터 추가적인 재정 지원을 받아 거의 폭발적으로 증가했다. 현재 캘리포니아에는 58만 1,100명의 학생이 차터스쿨에 등록해 있는데[13], 이는 미 전역에서 가장 높은 수치이다.

이런 위기의 순간에 예상되듯, 생계를 보전하려는 전략적 실용주의가 또아리를 틀기 시작했다. 학교에서 필요로 하는 교사 수가 제한된 상황에서, 예비 교사는 주로 차터스쿨에서 교사가 될 수 있었다. 몇몇 차터스쿨은 사회정의를 목표로 삼아 실천하는 데 지지하고 격려하는 입장이었지만, 그렇지 않고 적대적인 태도를 보이는 학교들 또한 있었다. 엄하게 학업을 준비시킨다는 미명하에 표준화시험 점수에 매달리는가 하면 온종일 학생들이 침묵하기를 기대하는 학교에서 교사가 되어야 하는 예비 교사들을 내가 어떻게 지지하고 격려하면 좋을지 자신이 없었다.

이것이 이야기의 전부는 아니다. 지난 8년 동안 이루어진 사건들의 정점이라면 비관주의가 만연하게 되었다는 것이다. 신자유주의는 이러한 분위기에서 전혀 방해받지 않고 전진하고 있다. 이런 상황에 대해 파울로 프레이리[1998a]는 다음과 같이 적절하게 지적했다. "교사는 냉소주의의 먹잇감이 될 위험에 처해 있다. 왜냐하면 그들은 형편없는 봉급, 교직에 대한 존중이 결여된 학교 환경에서 노동해야만 하기 때

---

13. "2015-16년도에 58만 명 이상의 학생이 차터스쿨을 선택하다."

문이다. 또한 교사는 자신을 길들이고 사물화하려는 고차원의 관료화된 구조에서 기능해야만 한다." 그럼에도 불구하고 우리가 되새겨 볼 프레이리의 교훈이 있다. 만약 교사가 교직에 있으면서 즐겁고 희망적이려면, "(희망을) 포기하기 전에 수천 번 시도해 볼 수 있는"p. 5 용기와 수단을 개발해야만 한다는 것이다.

미완성의 힘

나는 교사가 2년 동안 성장하는 모습을 지켜볼 기회가 있었다. 교사양성 프로그램에 있는 예비 교사는 첫해에 교사자격증을, 2년 차에는 석사학위를 받게 된다. 결과적으로 나는 학생들이 자신감을 갖고 학교 정책과 실천에 도전하도록 성장하는지 볼 수 있다. 대체로 이들이 복무하게 되는 학교들은 학생의 이익을 최우선으로 여기지 않는다. 이들이 경험하는 너무도 많은 부조리와 열악한 근무 및 교수 환경에도 불구하고 교사는 학생의 생생한 경험을 연결하는 의미 있는 교육과정을 만들어 내고, 또 가르치는 방법을 찾아낸다. 이 순간 나는 앞서 프레이리가 이야기한 '포기하기 전에 수천 번 시도하라'는 말과 함께 프레이리1998b가 이해하고 있는 미완성의 힘을 상기하게 된다.

> 이 세계는 완성되어 있지 않다. 항상 뭔가로 만들어지는 과정 중에 있다. 내가 이 세계와, 그리고 이 세계에서의 내 역할에 변증법적으로 관련짓고 있는 주체성은 지금 일어나고 있는 일을 단지 관찰하는 과정으로만 국한되지 않고, 이 세계에서 일어나는 일의 한 주체로서 참여하게 만든다. 이 세계에서의 내 역할은 일어나는 일을 기록하는 사람의 역할만이 아니라, 그 일이 일어나도록 뭔가 투입하는 사람의 역할까지 포함한다. 나는 역사적 과정에서 한 명의 객체이자

이와 동등한 주체다. 역사, 문화, 정치라는 맥락에서 내가 사건을 기록하는 것은 그 사건에 적응하기 위함이 아니라, 물리적 세계 자체에서 일어나는 그 사건들을 변화시키기 위함이다.Freire, 1998, pp. 72-73

세상의 문제들이 압도적인 듯한 상황에서 프레이리의 말과 예비 교사들의 실천은 나를 버티게 하는 힘이 되고 있다. 비록 그 문제가 아무리 나쁘다고 한들, 세상이 끝나지는 않는다. 우리의 행동과 말에는 세계를 펼쳐 낼 힘이 있다.

UCLA의 교사교육 프로그램의 특징은 유색인종 노동자 계층 학생의 삶을 변화시키도록 헌신을 고양하는 데 있다. 희망과 가능성은 오로지 교사가 사랑하는 마음, 상호 존중, 관용, 겸손, 즐길 줄 아는 성격, 끈질긴 투쟁 등을 품은 기질을 개발할 때만 유지될 수 있다.Freire, 1998a 비판교육을 움켜쥐고 급진적 가능성을 이해하는 사람은 바로 교사다. 이들이 지닌 가능성이 곧 교실을, 학교를, 지역사회를 바꾸어 나가도록 할 수 있다. 이들은 우리 교육체제가 노동자 계층 학생들에게 입힌 깊은 정신적이고 영적인 트라우마를 계속해서 치료해 나갈 것이다. 무엇보다 이들은 거대한 꿈을 꾸게 할 힘을 키워 갈 것이다. 프레이리는 교육을 바꾸는 데 이 능력이 필수적이라고 믿었다. 급진적이고 유토피아적인 꿈을 통해 예비 교사는 학교가 기준들, 기금마련, 시험 문화 등에 좌우되지 않는 학교 세상을 바라보고 있다. 이런 것들을 대신하여, 예비 교사는 사랑, 평등, 평화, 연대의 가치가 협력적으로 공유되는 미래를 그리고 있다. 잘 알고 있듯이, 이러한 가치는 모든 도심 학교 교사가 매일매일 실천해 낼 수 있기를 바라는 꿈이기도 하다.

이름 짓기, 성찰하기, 행동하기:
비판적 문해를 가르치다

에반젤리나 부스타만테 존스(Evangelina Bustamante Jones), 교사교육가

나는 거의 30년간 교사로 일했다. 내 학생들은 대체로 가난한 동네의 히스패닉계 가정 출신이었다. '중도탈락', '지진아', '영어 미숙달' 등의 꼬리표가 이들을 소외시켜 왔다. 나는 많은 학생이 불평등한 학교교육의 영향하에 있는 것을 보고 느꼈다. 지난 8년 동안 나는 이러한 경험을 바탕으로 교사교육 프로그램에 참여했다. 나는 '학생의 가르침'이라는 강좌를 담당하고 있다. 이 외에도 예비 교사에게 초등학교 및 중등학교의 이중언어 혹은 비이중언어 학급 언어 과목 및 읽기 방법을 가르치고 있다. 수업에서 나는 미래의 교사가 교수학습에 대해 프레이리가 기여한 바가 무엇인지 배우도록 한다. 민주적 학교교육의 비전을 제시하는 데 프레이리의 사상이 핵심적인 역할을 한다고 믿기 때문이다.

내 수업에서 교사자격증반 학생들은 현재의 교육체제가 지식의 가치를 전달하는 데 역사적으로 실패하고 있으며, 문화적이고 언어적으로 비주류 학생의 교육적 필요를 제대로 채워 주지 못한다는 걸 알고 있다. 그런데 대부분의 수강생들은 이 일이 왜, 그리고 어떻게 일어나고 있는지 생각해 볼 기회가 없었다. 우리 학교에 내재된 구조적 불평등을 이해할 때 이들의 차이점을 염두에 둔다면, 내 첫 과제는 비판이론의 기초를 가르치는 것이다. 우선 나는 미국의 대다수 학교는 소위 "은행저금식 교육"(학생을 단지 수동적인 존재로 남아 있도록 하는 이데올로기Freire, 1987를 가리킨다)으로 불리는 교육 이데올로기에 따라 세워졌다는 점을 인식하게 한다. 이러한 이데올로기는 차례로 학습자들

을 불구로 만드는 사회화를 야기한다.Shor, 1987 프레이리1970는 이와 대조적으로 세계 내 자신의 경험과 입장을 성찰한다면 사람들은 비판적으로 생각할 수 있고, 성찰을 통해 나타나는 인식을 기반으로 행동할 수 있는 주체적 존재가 된다고 주장한다. 내 수업을 들었던 학생 중 헥터Hector가 작성한 다음 글은 이를 잘 드러내 보여 준다.

> 나는 내가 지금까지 받은 교육을 통해서 뭔가를 단순하게 배웠다. 그렇게 하라고 들어왔기 때문이다. 나는 내가 공부한 것이 쓸모 있고 또 내게 정말로 중요한 것인지 아닌지를 질문하고 또 질문해 보았다. 내가 받은 교육을 통해 남들이 내게 원하는 이미지에 맞춰 나를 만들어 갔지만, 내가 정말로 원하는 나의 이미지가 무엇인지에 대해 질문하고 생각해 볼 기회는 없었다. 이것이 내게 필요한 방식이라 들었고 나는 또 이대로 믿었다. 지금 나는 내게 맞는 것이 무엇이든 나 스스로의 것을 만들어 갈 힘이 있음을 알게 되었다. 내게 부족했던 것은 나한테 얼마나 큰 힘이 있는지 알지 못했다는 것이다. 비판교육학은 당신이 누군지, 당신의 과거가 무엇인지, 당신과 당신 주변에 일어나고 있는 것을 어떻게 바꾸어 갈 수 있는지 깨닫게 한다.

프레이리의 사상이 보여 주는 힘에 큰 영향을 받았음에도 불구하고, 학생들은 학습자로 자신의 역할을 다시 정립하고 자신이 과거에 가졌던 교사관을 부수기 시작하면서 발생하는 모호함에 저항하기도 한다. 그러고는 지속적으로 자기들을 가르치는 교수인 나에게 내가 직접 부여한 과제의 해결에 필요한 모델과 형식을 정리해서 전달해 주기를, 혹은 교실에서 부딪히는 상황들에 대한 처방적 해결을 제공해 주기를 원한다. 학교교육체제에서 내 학생들은 졸업에 합당한 수준에 이를 만큼 성공적이었고, 수동적인 객체로서 자신의 역할을 수행하는 데 상당히 유능했다. 이들은 이 범주 내에서 상당히 편안함을 느낀다. 그리고 그 안전함을 포기하고 싶어 하지 않는다. 기존의 학교교육이 보여 주는 방법과 실천에 거의 16년 동안 노출되어 사회화된 상황에 저항하기는 쉽지 않다. 이 예비 교사들은 학생의 삶에 대한 자신의 통찰력을 신뢰하는 것 또한 힘들어 보인다. 적어도 이러한 것들이 비판적 인식의 형식으로, 학교에서의 매일매일의 실천에 녹아 들어가야만 한다는 것을 알고 있음에도 말이다.

사실 이런 상황에서 나는 가끔 이들이 원하는 것을 해 주고 지나갈까 하는 유혹에 빠지기도 한다고 고백하지 않을 수 없다. 그 편이 훨씬 더 쉽고, 깔끔하고 간단하기 때문이다. 그러나 이렇게 하는 대신, 나는 학생들이 비판적 교사로서 일을 해내는 데 필요한 역량, 창의성, 자원을 이미 갖추고 있음을 깨닫도록 배움의 맥락을 제공하려 애쓴다. 나는 학생들이 자신의 발전을 평가하고 학습자로서 스스로 걸어온 역사가 앞으로 자신의 가르침을 형성할 토대가 된다는 것 그리고 학생들이 교실에 들여오는 생생한 경험을 관찰하는 것이 곧 통찰과 비판적 인식을 가져오게 된다는 점을 알게 되길 바란다. 예비 교사는 자기 자신에게, 그리고 자신들의 역사로 되돌아가 보도록 안내된다. 그러면 앞서 헥터가 다다른 결론에 거의 똑같이 닿게 된다. "당신이 누군지, 당신의 과거가 무엇인지, 당신과 당신 주변에 일어나고 있는 것을 어떻게 바꾸어 갈 수 있는지 알게 하는, 이것이 비판교육학이다."

비판적 문해에 관한 프레이리의 원칙들
나는 초등학교 문학 수업법을 가르치면서 성찰적이고 문제제기식의 과정을 활용한다. 이를 통해 수강생들은 자신들의 역할을 문화의 매개자로 인식하게 된다. 이 접근법은 색다른 방식을 사용한다. 이중문화 교사는 주류 사회에 의해 감추어져 있는 권력과 주류 사회가 이중문화 학생의 언어, 문화에 끼치는 영향을 잘 알고 있는 사람들로, 학습 방법으로 이중문화적으로 긍정하는 학습 맥락을 만들어 내는 데 학생의 생생한 경험을 활용한다.Jones, 1998 이러한 비판적 접근은 프레이리가 제시한 문화, 권력, 언어, 학교교육의 개념 속에 확고히 자리 잡고 있다. 다음에 이어지는 것들은 예비 교사에게 이러한 접근법을 소개하려고 내가 노력했던 몇 가지 사례들이다.

학생은 두 번에 걸쳐 8주 동안의 실습을 수행하는데, 이 기간에 예비 교사는 강의 및 수업 참관을 통해 배운 문해이론 및 전략을 수업에 적용하게 된다. 학년이 끝나 갈 즈음, 이들은 문해에 관한 자기 철학을 글로 써서 제출하도록 되어 있다. 이들이 작성한 것은 직무경력철에 넣어 보관하게 된다. 직무경력철은 이들이 교직과정을 이수하면서 배우고 성취한 것들에 관해 총체적이고 체계적으로 정리하여 보여 주는 자료이다. 그러나 다른 많은 연구보고서와는 달리, 이러한 글쓰기는 몇 단계에 걸쳐 진화한다. 학생은 첫 학기 동안 자신들의 문해경험에 대해 간단한 성찰을 담은 여러 편의 글을 작성한다. 이러한 것들은 첫 학기가 끝나 가는 즈음 쓰게 되는 문해에 관한 보고서의 토대가 된다. 두 번째 학기가 되면, 이들은 더욱 깊어지고 늘어난 지식을 반영하여 이전에 썼던 글에 대해 다시 생각해 보고 수정하게 된다. 따라서 마지막 보고서는 생생한 경험, 이론적 형식, 직접적인 관찰, 가르침의 경험을 담은 1년 동안의 탐색을 보여 준다. 이러한 활동을 통해, 학생은 자신의 지식이 어떻게 발전, 전개되어 왔는지를 역사적으로 인식하기 시작한다.

성찰적 글쓰기를 통해 많은 학생이 혼란스럽고 적대적이기조차 한 학교 환경에서 이민자로 자신이 겪은 기억들을 연결해 냈다. 혹은 계급, 언어, 문화적 가치라는 측면에서 중산층의 관점을 지닌 교사가 학생들에게 갖는 낮은 기대를 인식하도록 했다. 학생은 이러한 기억들과 (수업시간에 검토하도록 했던) 비판적이고 구성적인 문해이론과 전략들을 겹쳐 놓게 되었다. 우리 부서가 확신하고 있는 것은, 학습자가 자신의 기존 지식과 경험을 활용하여 글 속의 의미를 만들어 가도록 하는 구성주의 및 비판적 접근이 반드시 모든 아이의 문해 발달에서 기본이 되어야 한다는 점이다. 주류 계층과는 다른 언어와 계급문화에 속한 학생에게 자신의 경험과 생각을 활용할 기회가 주어지는 일은 흔하지 않다. 이들의 언어와 문화적 가치라는 것이 주류 사회의 중산층적 시각을 보여 주지 못하기 때문이다.

성찰마다 보이는 관점은 다르다. 따라서 학생은 자신의 삶에서 일어나는 모든 문해적 사건들을 의미 있는 것으로 볼 수 있도록 관점을 점차 넓혀 가게 된다. 예를 들어 첫 학기가 시작할 즈음, 학생은 (문해에 관해) 부모, 조부모, 가족 중 누군가, 혹은 자신을 돌봐 주었던 사람들이 읽어 준 이야기에 대한 기억을 가장 먼저 떠올린다. 수업시간에 우리는 자신을 사랑하는 사람들이 읽어 준 이야기를 듣는 것과 이 이야기를 다시 들려주고자 하는 마음을 동하게 하는 것 사이의 관련성에 대해 토론한다. 또 다른 성찰은 학생의 문해적 사건에서 가족이 어떤 역할을 했는지를 다루고 있다. 가정에서 이루어진 문해는 어떤 방식이었는지에 대해 논의하는 것이다.

학교에서 이루어지는 문해 성찰은 등교 첫날, 첫 영어 수업에서의 경험을 다룬다. 내 수업을 수강하는 학생 중 많은 수가 멕시코 혹은 중남미의 여러 국가에서 왔다. 이주한 시기의 학생의 나이대도 스페인어 숙달 정도도 다양했다. 히스패닉계이지만 다른 부류의 학생은 이미 이중언어를 구사하며 학교에 들어왔다. 이들의 작문에는 영어와는 다르게 스페인어를 대하는 상황에서 겪게 되는 문제들, 영어를 구사하지 못하는 사람들을 위해 중개 역할을 하는 자신의 모습이 담겨 있다. 물론 학급에는 고등학교, 대학에서의 수업, 혹은 외국 거주 경험을 토대로 스페인어를 능숙하게 구사하는 영어 사용 학생도 있기는 하다. 외국어 학습자로서 이 학생은 교과수업과 문화적 융합의 경험을 표현한다. 이들의 경험은 미국으로 이주해 온 학생의 경험과는 판이하게 다르다. 이런 경험을 회상하는 것은 고통스러움, 혼란스러움, 절망감 등을 불러내곤 하지만, 이 회상들은 (언어지배와 문화적 침략과 깊은 관련을 보이는 덜어 내는 과정이라기보다는) 개인적 선택을 통해 만드는 더하는 과정이 무엇인지 잘 보여 준다.

학생은 학교에서의 문해 경험이 어떠했는지를 탐색하는 작업을 이어 가면서 교사들의 수업 방식을 분석해 보게 된다. 잘했든 그렇지 않았든 간에 상관없이 말이다. 교사가 학생들과 맺는 관계의 양상이 어떠한지를 되돌아보고 급우들 간에 사회적 배경 및 서로의 관계 양상이 어떠했는지 따져 보게 된다. 많은 학생이 학교에서의 문해를 성찰한 내용을 글로 옮기는 것을 어려워했다. 우선 몇몇 학생은 내게 이러한 경험을 회상하는 일이 너무 고통스러워 글로 옮기는 것 자체가 다시 고통스러운 경험을 하는 것처럼 느껴진다고 했다. 이러한 발언에 대해 공감을 표시하기는 했지만, 학생들이 되도록 많은 것을 공유해 주기를 부탁했다. 몇 주 동안 이어지는 수업에서 종종 이런 일을 하는 것이 너무 어려워서 고통스럽다고 했던 학생 대부분이 바뀌어 가는 것을 볼 수 있었다.

자신의 학교교육 초기 경험에 대해서 기억나는 것이 없다고 하는 학생들도 있다. 수업시간 내내 잠만 잤다고 하는 학생이 있는가 하면, 미술 활동을 했던 한두 가지만 기억해 내는 학생도 있다. 이런 학생들이 작성한 첫 보고서는 모호하고, 개괄적이고, 관점이라고 할 만한 것이 들어 있지 않았다. 모든 보고서에 대해 내 코멘트 혹은 질문을 달아 피드백을 주었다. 모호한 내용의 보고서는 이들이 작성한 글의 내용에 토대하여 분명하고 구체적인 질문을 담아 돌려보냈다. 예를 들어, 어떤 학생이 "선생님은 내게 친절했어요. 그런데 나한테 무슨 말을 했었는지 아무것도 기억나지 않아요"라고 썼다. 이에 대해 나는 "이게 모든 학생에게 일어나는 일일까? 이 선생님이 좀 더 개별적인 관심을 기울였던 학생은 없었을까? 선생님이 가장 많은 이야기를 했던 학생의 자리가 어디였는지 생각나니? 네가 앉았던 자리는 어디였어? 어떤 친구가 네게 말을 걸었어? 너를 도와준 친구가 있었어? 어떻게?" 등의 질문을 덧붙여 돌려준다. 즉, 학생들이 작성한 것에 피드백을 하면서 문제를 제기할 수 있도록 독려하는 것이다.

여기서 몇몇 학생은 교실에 있었던 학습 도우미들을 기억해 낸다. 그러면 나는 이들에 대해 몇 가지 질문을 던진다. "그 학습 도우미는 선생님과 비교했을 때 얼마나 오랫동안 있었지? 학습 도우미와는 어떤 것들을 했어?" 일부 학생은 이 질문을 받을 때 혼란스럽다는 말을 했다. 그 이유인즉, 한편으로는 자신이 교사에게 직접 지도받기에는 그다지 똑똑하지 않았다고 결론 내렸기 때문이고, 다른 한편으로는 학습 도우미와의 시간이 그리 나쁘지 않았기 때문이었다. 다른 몇 명의 학생은 다행스러웠다는 느낌을 받았다고 했다. 그 학습 도우미의 도움이 진정성 있었다고 보기 때문이었다. 이 학생들에게 학습 도우미는 교실에서 가장 중요한 어른이었던 것이다. 많은 학생이 학습 도우미가 자신을 잘 돌봐주고 자신에게 높은 기대를 하고 있었다고 기억했다. 이런 관계를 기억해 내는 것은 상당히 중요하다. 특정 개인이 어떻게 학생의 학교 정체성 발달에 큰 진전을 가져오게 하는지 보여 주기 때문이다.

성찰 보고서 숙제를 낼 때마다 글로 쓰인 것이든 혹은 말로 이루어지는 것이든 대화가 생겨난다. 학생들 간에, 교사와 학생 간에 이루어지는 지속적인 관계 속에서 친구들이 드러내는 것들을 통해 기억의 조각들이 조금씩 나타나게 된다. 하나의 이야기가 다른 학생들에게 비슷한 사건 혹은 감정들을 떠올리도록 하는 것이다. 이제는 학생들 간에 혹은 자신에게 더욱 진지한 질문들을 던지게 된다. 문제제기 과정에 참여하면서 학생은 점차 전체 그룹 토론 혹은 소그룹 토론에서 주도적인 역할을 하게 된다. 시간이 지나면서 학생은 자기가 쓴 글을 더 상세하게 다듬어 자기가 기억해 낸 사건들이 무엇을 의미하는지에 대해 점점 더 많은 통찰을 보여 준다. 그리고 서서히 이런 통찰을 수업시간, 더 나아가 교육실습을 통해 자신이 보고, 듣고, 배운 것들과 연관 짓게 된다.

학년 말에 이르면 대부분의 최종 보고서에는 문해 발달의 이론적인 측면뿐만 아니라 실천의 측면에 대해서도 온전하고 심층적인 이해가 담긴다. 내게 깊은 인상을 남긴 특별한 보고서가 있다. 다른 학생들과 마찬가지로 그 보고서는 문화적으로 관련성 있는 교실을 묘사하고 있다. 그 교실에서는 학생이 자기 생각을 말할 수 있고, 또 격려를 받고, 다문화가 존중되고 부모들 또한 환영받았다. 수업이 진행되는 학년도 동안 이 학생의 글이 전개되는 과정을 떠올려 보면, 이 학생은 영어를 제2언어로 사용하는 학생이 흔히 겪는 것과는 정반대의 경험을 한 것으로 보인다. 이 학생은 이렇게 글을 마무리 짓고 있다. "저는 어렸을 때 제게 필요했지만 갖지 못했던 문해교육을 하는 교사가 되고 싶어요." 이 감동적인 문장에서 젊은 히스패닉 여학생은 자신의 실천을 이중문화적으로 의식 있는 문해교사 자격으로 알려 주기 위해서, 이중문화 학생으로서 자신이 생생하게 경험했던 일들을 되돌아볼 능력이 있음을 보여 준다. 이제 교직을 시작하려는 예비 교사에게서 이 정도 수준의 인식을 접하게 될 때, 나는 그녀와 같은 미래의 교사가 반드시 만들어 낼 꿈같은 일에서 희망을 본다.

가르침의 도구로 생생한 경험 활용하기

한 개인의 경험에 대해서 성찰하고 대화하는 것은 분명하고 비판적인 교수 행위의 발전을 가져올 수 있다. 뿐만 아니라 이러한 과정은 다른 사람들의 경험을 검토하는 데 활용될 수 있다. 우리 대부분은 상당한 관심을 갖고 교사로서의 경력을 시작한다. 우리는 학생의 미래를 만들어 가는 데 필요한 기술, 태도, 지식을 가르침으로써 학생들이 사회에 온전히 참여할 수 있도록 한다. 하루하루 일의 소동 속에서 우리의 관심으로 학생이 학교의 억압적 환경을 어떻게든 넘어서게 할 것이고, 그다지 심각한 결과에 맞닥뜨리지 않고도 불평등한 여건을 비판하거나 이에 맞설 수 있게 하는 일종의 수호신으로 기능할 것이라 여긴다. 그러나 새로운 교사는, 질문하기 혹은 독립적 사고를 허용하지 않는 체제에서 자기를 보호하고 살아남을 수 있는 책임감을 가져야 한다는 점을 알아야만 한다. 자기 보호는 자기 의식화의 한 부분이다. 이는 자신의 일이 더욱 크고 강력한 체제 내에서 이루어진다는 비판적 의식에 토대한다.

학교에서 하는 자신의 일을 정치적인 맥락에서 검토하지 못하거나 혹 논쟁에 참여하는 결과들을 제대로 파악하지 못하면서도 보살피는 것에 헌신적인 교사가 있다. 이들은 교직 경력에서 위험에 처하는 경우가 많다. 내가 중요하게 생각하는 것이 있다. 내 학생들에게 불평등을 목도했을 때 결코 잠자코 있지 말라는 것, 그러나 이데올로기에 따른 저항 행동이 가르침의 기회에서 가질 수 있는 효과를 이해하고 이를 구현하려 준비해야 한다는 것. 나는 학생들이 비판교육의 맥락에서 저항이 하는 역할을 이해하는 것이 무엇보다도 중요하다고 생각한다.

파울로 프레이리가 밝혔듯이, "급진적 교육가는 사람들이 저항하는 형태와 방법을 알아야만 한다. 저항의 이유를 숨기기 위해서가 아니라 이론적 수준에서 저항의 본질을 드러내기 위해서 말이다. … (이로써)

학생 스스로를 해방하도록 해 주는 교육적 구조를 제공하게 될 것이다."Freire & Macedo, 1987, p. 95 교과 학습의 맥락에서 삶의 생생한 경험을 들여다보면, 자신이 공부하고 있는 것에 대해 문제제기하지 않을 수 없게 된다. 이러한 문제제기는 지식의 본체라는 것이 어떻게 시작되었는지, 어떻게 구조화되어 왔는지, 이 구조화에 누구의 목소리가 반영되었는지, 그 결과는 어떠한지라는 질문을 이해하기 위해 기존의 생각 밑으로 파고들어 가도록 한다.Shor, 1987 문제화하기는 문제제기 혹은 질문하기의 형태로 접근된다. 이러한 것들은 이전에는 결코 질문하지 않았던 것에 대한 비판적인 분석에 중점을 둔다.

예를 들면, 학생-교수 간 세미나에서 우리는 성미에 맞지 않는 교사들에 관해 쓰인 논문을 읽고 토론했다. 그 자리에서 학생들에게 내 이야기를 공유하기도 했다. 나는 교사교육가로서 내 권력이 내가 직접 가르치고 배우는 것에 관한 이야기에서 나온다고 믿는다. 또한 그 권력은 비판적 성찰을 목표로 학생의 경험을 이끌어 내는 내 실천에서 비롯된다고 본다. 내 경험을, 혹은 내 학생의 경험을 단지 즐길 거리로 사용하리라 믿지 않는다. 대신에 우리는 우리 자신을 학교 공동체에서 비판적 문해의 리더가 되도록 돕는 과정에 이러한 경험을 활용하여 진지하게 참여해야 한다.

이념적 명료성과 이중언어/이중문화 교사의 준비

크리스티나 알파로(Cristina Alfaro), 교사교육가

"내 이념은 내가 함께하는 학생 및 지역사회와 별개가
아니라 오히려 그 일부분이 된 자아의식에 기반합니다. '영

어만 써야 하는' 교실에서 이중언어교육 환경으로 이동시키
려는 헤게모니적 실천을 위해 나는 공평한 사회와 사회정의
에 투신하고 있습니다."

_ 팔로마(Paloma), 초등 5학년 이중언어 교사

이념적 명료성을 지속적으로 높이려고 노력하는 팔로마와 같은 교
사들은, 그러한 교사들이 자신들의 이중언어와 두 문화를 대변하는
목소리이면서, 동시에 그와 같은 학생들의 지원군이기도 하다는 점을
깨닫게 된다. 현재 이중언어 교사들은, 미국 각지에서 기하급수적으
로 늘어나는 이중언어 프로그램 수요에 맞추기 위해서 교사들의 준비
와 연관된 문제를 어떻게 파악하고 명명하고 대응해야 하는지, 관련한
과제에 대해 관심을 두고 있다. 엄밀한 기준에 맞춰 모범 교육 사례를
발굴하는 것이 중요하긴 하지만, 이것으로 충분하지 않다. 더 중요한
것은 역사적으로 종속된 학생 집단과 교사들이 일하고 관계 맺는 방
식에서 이념이 어떤 역할을 하는가를 탐문하는 일이다. 프레이리는 학
교에서의 가르침과 배움이 지배계급을 위해 작동하는 이념적 힘과 연
계된 정치적 행위의 일부인 것을 우리가 깨닫게 해 주었다.[1993] "교육
은 한 번도 중립적인 적이 없고, 현재에도 그렇지 않으며, 앞으로도 그
렇게 되지 않을 것이다."Freire, 1993, p.127

이중언어 교사로서의 경험과 교사교육 프로그램을 담당한 학과장
으로서의 경험에서 볼 때, 나는 다양한 노동계급 학생들과 그 지역사
회의 문화적·언어적 자산을 존중하는 해방적 이념에 기초해서 예비
교사들이 교육 실천을 할 수 있도록 하지 않으면, 그 어떠한 교육개혁
노력도 실패할 것이라고 확신한다. 이 글에서 나는 교사양성교육을 포
함하여 30년간의 교육 여정에서 내가 얻은 교훈을 제공하고자 한다.
여기에 담긴 내 생각은 중남미계 여성 교사교육가로, 학과장으로, 연

구자로, 전직 학교 관리자로, 또 이중언어 교사로서의 관점에서 형성된 것이다.

엘 카미노: 여정

교사교육가로서 나는, 가난한 지역에서 언어적으로나 문화적으로 다양한 학생들의 삶에 긍정적인 변화를 만들고 싶어서 교직을 선택했다고 말하는, 그러한 열정과 역동성을 지닌 이중언어 예비 교사를 거의 만나 보지 못했다. 내가 만난 예비 교사들은 교사양성 교육과정에서는 기존 교육 제도와 관행의 문제를 강하게 비판하다가도 나중에 교실에서는 기존의 교육 제도를 지속시키거나 헤게모니적인 교육 행위를 답습하는 모습을 보였다. 이러한 현상을 자주 목격하게 되면서, 나만의 교육 실천 역사와 경험을 비판적으로 검토하기 시작했다. 교사들이 교사 준비과정에서부터 자신의 이념적 명료성을 형성하는 것이 절대적으로 중요하다는 점을 깨달았다. 이것을 프레이리의 페다고지에 기초해서 나의 이념을 비판적으로 성찰하고 난 뒤에 알게 되었다. 이러한 이념적 발전 또는 프레이리가 비판적 의식이라고 부른 것은 예비 교사들이 이중언어교육 방법을 배우는 과정과 동시에 진행되어야 한다.

나는 교사 준비와 "모범 사례"에 관련된 전통적인 담론을 비판적으로 바라보면서 나의 이념, 그리고 내가 가르치던 예비 교사들의 이념에 대해 더 심도 있는 검토를 하기 시작했다. 이러한 비판적 검토를 통해 교사의 용기와 연대성 그리고 사회 변화를 위한 헌신의 정도는, 교육 제도를 통해 지속적으로 생산된 지배적인 이념들과 자신의 해석 관점을 비교함으로써 교사가 스스로의 이념적 지향을 관찰하고 인식하고 이름 붙일 수 있는 능력에 달려 있다는 점이 분명해졌다. 같은 문화적 집단의 교사들까지 포함하여, 학생들과 같은 모어를 사용하는 이중언어 교사들이 준비과정에서 잠재적인 억압의 이념을 더욱 분명하게 인지하고, 그러한 이념이 교실에서 잠재적 차별로 발현되는 일을 더욱 적극적으로 예방할 수 있게 하는 종합적인 노력이 필요하다는 점을 내 경험을 통해 확인할 수 있었다.

학생들과 같은 소수인종 교사라고 반드시 학생들의 반헤게모니적 관점을 수용하는 것은 아니다. 실제로 많은 교사 및 예비 교사가 학생 내면의 차별적 세계관에 전염될 수 있기 때문에, 교사들은 해로운 이념을 내면화하거나 수행하는 일에 의식적으로 저항해야 한다.

> 교사들은 두려움을 갖게 된다. 그리고 지배자의 그림자와 권위주의적 행정관리 이념을 내면화한다. 처벌의 위력과 위협적인 지배 이념이 교사와 학생 사이에 들어오게 되면 교사는 더 이상 학생들과 함께하지 못한다. … 다시 말하자면 교사들은 학생들과 함께하지 못하도록 금지당하는 것이다.Freire, 1998a, p. 9

이념적 명료성의 형성

바르톨로메Lilia Bartolomé는 이념적 명료성을 사람들이 세계에 대한 자신의 설명과 지배적 사회질서가 설파하는 설명을 비교하고 대조하는 지속적 과정으로 설명한다.2002 이념적 명료성을 통해서 기대되는 바는, 교사들이 이념을 의식적으로 비교함으로써 "자신의 신념 체계가 혹시라도, 그리고 언제, 어떻게 지배 세력의 신념을 무비판적으로 반영하여 불공평한 조건들을 지지하게 되는지를 더 잘 이해하는 것"이다.p. 168 이념을 객관적으로 비교하고 대조할 수 있는 능력, 프레이리가 "세상을 읽어 낸다"라고 말한 이 능력이 바로 이중언어 교사 준비 과정에 참여한 학생들의 지적 성장 과정에서 제공하고 형성해야 할 능력이다.

결과적으로, 이념적 명료성은 교사들에게, 다양한 문화의 학생(특히 노동계급 지역사회 출신)과 비표준 언어와 학생들이 교실에 갖고 오는 많은 지식을 바라보는 결함 있는 관점을 살펴볼 수 있는 능력을 갖게 하기에 필요하다. 나아가 프레이리는 지배적인 학교교육의 모순을 이용하고 탐문하거나 극복하기 위해서 장애물 또는 "제약 상황"을 파악하는 것이 얼마나 중요한지 강조했다.[1997a: 1970] 그러므로 교사 준비 과정은 연수의 형식으로 축소되어서는 안 된다. 프레이리는 교사들이 역사적으로 종속된 학생 집단을 억압하는 여러 불공평함을 거부하기 위해서 전문적 기능 이외에도 불공평함에 관한 지식, 그리고 용기와 연대성 및 윤리의 가르침이 필요하다고 주장했다.[1998a: 1998b] 나에게 이 주장은 교사 준비가 전문적 기능 형성을 넘어서야 하며, 역사에 기반해야 하고 교사가 개인적이자 집단적인 존재로서 윤리를 형성하는 과정이어야 한다는 의미로 다가온다. 교사는 자신이 개인적인 것보다 더 큰 이야기 속의 한 부분에 존재하며 그것을 만들고 있다는 인식을 통해 힘을 키워야만 한다. 교사는 다양한 앎과 존재 방식을 자신의 전망에 포함시키기 위해 시야를 넓힐 수 있다는 것을 배워야 한다. 하지만 그렇게 하기 위해 자신의 이념적 명료성을 더 큰 이야기의 한 부분으로 인식해야 한다.

언어 이념과 교실 페다고지: 당부의 말

이중언어 교실에서는 보통 다양한 종류의 스페인어가 사용되지만, 기존의 이중언어 교사 준비과정은 이중언어 상황에서 교육하는 데 필요한 핵심 내용과 지식 및 기능에 중점을 두고 있다. 이러한 교사양성 교과과정은 표준 스페인어 구사 능력을 학습과제로 포함시킨다. 더구나 공립학교에서 영어 전용 정책을 수십 년간 시행해 온 결과 다수의 이중언어 교사들은 스페인어 구사 능력이 부족하다. 그 결과 학습 내용을 스페인어로 원활히 가르치는 능력과 관련된 교사양성과정의 개혁을 위한 노력이 전국적으로 진행되고 있다. 나도 이러한 노력이 중요하다는 점에 동의하지만, 장래의 이중언어 교사들에게 학교와 사회에 존재하는 지배적인 이념과 불공평한 권력관계에 개입하고 도전하게 하는 준비 없이 표준 스페인어 능력을 강화하려는 노력만으로는 불충분하며 또 부적절하다고 생각한다. 더욱이 불평등의 헤게모니적 성격을 염두에 두면, 많은 예비 교사가 노동계급의 소수 언어 집단 학생들에 대해 결함 있는 시각을 가졌을 가능성이 높다. 그렇다면 예비 교사들은 이중언어 교사 양성과정에 들어가기 전까지 한 번도 자신의 고정관념이나 편견(무의식적인 이념에 기초한)을 해부해 보거나, 또는 지배적인 교수학습 행위를 벗어나 자신의 생각을 자유롭게 펼쳐 볼 기회를 갖지 못했을 것이다.Ek, Sanchez & Cerecer, 2013

이에 대해 나는 비판적 이념의 프레임의 입장에서 이중언어 예비 교사 교육이 하나의 획일적 구성이어야 한다는 생각에 반대한다. 그래서 나는 이중언어 예비 교사 교육과정이 복합적인 정치적·경제적 관계와 긴장에 내재된 문화적·언어적 지배에 직면해 비대칭적인 권력관계에 비판적으로 개입하는 과정이어야 한다고 생각한다. 학생들이 "못 배운" 또는 "열등한" 비표준 언어, 또는 "사투리"를 사용하기 때문에, 기초 언어 교사들이 공격적으로 표준이 되어야 한다는 가정이 숨어 있다.Flores & Rosa, 2015; Garcia, 2009 우리는 한 사람의 기초 언어 또는 가정과 지역사회의 언어가 그 사람의 정체성과 불가분의 관계에 있다는 점을 알고 있지만Darder, 2012a; Norton 2010, 이 요소는 완전히 무시된다. 그렇지만 일찍이 1981년에도 사회학자 페날로사Fernando Peñalosa는 이 점이 이중언어교육의 주된 문제라고 지적한 바 있다.

멕시코계와 푸에르토리코계 아이들의 대다수는 스페인

어를 하는 경우에도 지역성과 옛말, 그리고 영어에 큰 영향
을 받은 비표준 변종 언어를 사용한다. … 이중언어교육 프
로그램에 참여하든, 일반적인 고등학교나 대학교의 스페인어
교실에 참여하든, 이들은 필시 표준 스페인어를 구사하는 교
사로부터 자신들이 사용하는 방언이 매우 낮게 평가받는 경
험을 할 것이다.Peñalosa, 1981, p. 56

　페날로사는 같은 글에서 이중언어 교사들이 이 문제를 계속 다루
기를 희망하면서, "점점 더 많은 멕시코계와 푸에르토리코계 교사들
이 양성되고, 그들이 표준어를 완비한 이후에도 비표준어 사용 학생
들을 이해하고 수용하면서 이들을, '결손' 학생이 아니라, '차이가 있
는' 학생으로 대할 때에만 개선될 것"이라고 했다.강조는 저자, p. 156
　이중언어 교사로서 나는, 내가 만나는 노동계급의 이중언어 학생들
이 수업시간에는 바깥세상의 편견과 멸시, 오해로부터 보호받고 있다
고 믿고 싶다. 그러나 많은 이중언어교육 프로그램이 성공했다고 하
더라도, 사회계급과 언어에 따른 편견이 이중언어 교실에서 지속적으
로 재생산된다는 점이 연구자들에 의해 제시되고 있다.Cervantes-Soon,
2014; Garcia, 2009 나는 이러한 현상이 일어나는 직접적인 이유가 교사들
이 사회적 배제의 지배 이념Gramsci, 1971을 상식처럼 내면화한 데 있다
고 단언한다. 프레이리에 따르면, 학생들의 문화와 언어 경험이 만들
어 내는 지혜를 낮게 평가하는 교사들은 교수법이나 교육으로의 헌
신성과 무관하게 교실에서 굳건하게 엘리트주의를 추구하거나 표현한
다.Freire, 2002

변혁적 페다고지 과정으로
　잘 정리된 이념적 입장을 지니면, 교사는 언어에 대한 문화적·민주

적 권리에 근거를 두는 반헤게모니적 수업 진행을 통해서 이중언어교육을 둘러싼 사회정치적 의제들을 능숙하게 횡단하고 또 다룰 수 있다.Darder, 2012a 따라서 이중언어 교사 양성 프로그램은 이중언어, 이중문화에 속한 학생들과 그들의 공동체 근저에 있는 문화적·언어적 신념과 태도, 핵심 열정과 가치를 포괄하는 해방의 이념을 양성과정에 포함시켜야 한다. 이중언어교육에 포함된 이념적 요소들의 중요성과 이 문제에 대응할 필요성에 대한 인식이 점차 증가하고 있기 때문에, 비판적 이중언어 교사들 사이에서는 이중언어 교사의 준비와 전문성 개발 과정에 작동하는 사회정치적·이념적 긴장을 어떻게 명명하고 어떻게 대응할 것인지에 관심이 모아지고 있다.

교사들이 기존 체제와 자신의 신념, 그리고 교실 수업에 의식적으로 의문을 제기하지 않으면, 교사는 기껏해야 이중언어교육에서 끊임없이 나타나는 지배 이념과 불평등의 구조를 다시금 유지시켜 주는 기술자가 될 것이다. 그러나 교사가 자신의 삶에 작동하는 문화적 헤게모니로부터 탈피하고 인식에서부터 연대성과 용기를 배양하고자 한다면, 교사는 이념적으로 명료해지기 위해 각별히 분투해야 한다. 특히 교실에서 나타나는 헤게모니적 언어 행위의 문제에 대해 명료성을 가지려고 분투해야 하며, 그 과정에서 사회정의와 공정성을 가르치는 데 장애가 되는 이념적·구조적 장애물을 "선언함으로써 부인한다"는 것의 의미를 이해해야 한다. 나는 교사교육가와 학교 교사들이 일상의 교육 활동 속의 끈질긴 헤게모니적 이념과 행위를 중단하고 저지하는 일이 강력한 변혁적 페다고지 과정이자 깊이 있고 긴급한 정치적 페다고지 과정Darder, 2015; Freire, 1993이라고 생각한다.

미 원주민 학생봉사대(NASSU)의 재창조

샬럿 데이비슨(Charlotte Davidson), 미원주민문화센터 소장

> 모든 사람은 아무리 '무지'하더라도 또는 그 어떤 '문화
> 적 침묵'에 처하게 되었더라도 타자와 대화하는 만남을 통해
> 서 세계를 비판적으로 볼 수 있는 능력을 갖게 된다. 이러한
> 만남을 위한 적당한 도구를 갖게 될 때 모든 사람은 서서히
> 자신의 개인적·사회적 실제, 그리고 그 속의 모순까지 인식
> 할 수 있다. 그럼으로써 자신의 인식에 대해 깨닫게 되고 그
> 래서 그 인식에 비판적으로 대응할 수 있게 된다.Freire, 1970

내가 대학원 시절 중서부 지역의 한 대형 대학에 다니면서 알게
된 것은, 주류 페다고지 맥락이 디네족Diné, 맨던족Mandan, 히다차족
Hidatsa, 아리카라족Arikara 여성으로서 '나'라고 하는 인간 행위자에
어떤 방식으로 어긋나는지였다(이 대학의 주요 전통에는 미 원주민의
이미지들을 상품화하고 미 원주민 학생들을 주변화하는 사업도 포함되어
있다). 이런 과정을 가만히 들여다보면, 나는 입학 이후 일종의 개천의
용 취급을 받았다. 미 원주민 학생들을 위한 임파워먼트 환경을 제공
하는 것을 목적으로 한 원주민 대학 출신이기 때문이었다. 그러나 동
시에 나는 백인이 중심인 이 대학에서 아무런 이해나 지지를 받지 못
했다. 이 대학에서는 원주민 보호구에서 성장한 나와 달리 도시에서
성장한 원주민 자녀들이 이 대학에 적응할 때 경험하는 유일한 어려
움이 미 원주민 학생봉사대(NASSU) 현장 봉사를 견뎌 내는 것이라고
설명되곤 했는데, 이 역시 원주민 학생들에 대한 이해나 지원이 얼마
나 결여되었는지를 잘 보여 준다. 그 속의 나는 비인간화의 담론이 무

의식중에 사용되는 이 사랑이 부재한 장소를 변혁시키거나 헤쳐 나갈 언어와 도구를 갖고 있지 못했다.

당연한 말이지만, 내가 경험한 것은 그 정도와 성격에서 별로 특별하지 않았다. 주류 대학이나 사회기관에 들어온 역사적으로 식민화된 집단의 사람은 주류의 정책과 행위에서 자신의 문화적 이야기들이 주변으로 밀려나 있음을 알게 된다. 인간성 획득을 위해 개인적인 투쟁을 전개하던 나에게 필요한 시간에 맞춰 개입해 들어온 것은 가장 기초적인 비판교육학 텍스트인 파울로 프레이리의 『페다고지』였다. 교육이 해방의 도구가 될 수 있다는 그의 사상을 알게 되면서, 당시 대학 환경에서 강하게 억압당했던 내 이야기들은 더 이상 분절될 필요가 없어졌고, 침묵당하기를 거부하는 새로운 이야기와 다시 언급될 이야기들이 생겨났다. 프레이리의 작업으로 현재에 이르러 원주민 학생들의 자연스러운 "타향의 집"으로서 미 원주민 학생봉사대the Native American Student Services Unit, NASSU를 변혁적 가능성의 장소로 만들 수 있는 확실하고 강력한 방식을 만들어 낼 수 있었다.

자궁 기반 페다고지

내가 프레이리를 이해하는 데 중요한 점은 디네족, 맨던족, 하다차족, 아리카라족 여성인 나에 대한 인식적 감각이다. 베푸는 사람, 유지하는 사람, 생산하는 사람, 삶의 보호자로서 내가 자궁 기반 페다고지를 살아 냄으로써 미 원주민 학생에 대한 이해를 왜 더욱 복잡하게 몸으로 구성해 내야 하는지, 그리고 그러한 이해가 어떻게 온갖 장소들과 탯줄처럼 연결되어 있는지를 알게 되었다. 다음을 고려할 때 깨달음은 특별히 중요하다.

미 원주민 학생들은 교육받고자 하는 바로 그 기관이

식민화한 땅에 산다. 협약과 법, 기타 정책적 합의와 미 원주
민의 주권 문제는 학생들 경험의 일부다. 그러한 성향을 갖
추고 대학에 입학하는 학생들은 다른 곳에서는 찾아볼 수
없다.Springer, Davidson & Waterman, 2013, p. 112

　나는 내가 세상을 읽어 내는 방식, 즉 호조족의 역사적·정치적 행
동을 중심으로 하고 이것을 페다고지적으로 표현하는 방식으로 자궁
기반 페다고지를 더 정교화시켰다. 인간 존재로서 해를 끼치거나 치유
할 수 있는 역사적·현재적 역량을 인식하고, 다른 선택을 내릴 때 그
것이 가져오는 파생 작용을 고려해야 하는 디네인들의 의무이자 존재
양식이다. 호조Hóhó[14]는, 고등교육 환경 속에서 매일매일의 상황을 내
가 어떻게 이해하고 책임지며, 대응하거나 다룰지를 안내해 주는 선조
들의 길이자 과정이다. 프레이리의 작업과 접목하면서, 자궁 기반 페다
고지는 지극한 행복으로 향하는 가능성과 희망의 공간을 대화를 통
해 창조하고 풍성히 하는 것을 추구할 수 있었다.

창조 행위로서 대화

　프레이리의 저작에서 볼 때 자궁 기반 페다고지를 인식하는 데 가
장 중요한 방법은 부족 원로들과 대화를 갖는 일이다. 부족 원로들의
목소리는 미 원주민 학생들을 위한 통상적인 정책과 관행에 깊은 연
관이 있음에도 배제되었고, 아직 의미 있게 다루어지지 않고 있다. 프
레이리는 이러한 전통의 계승자들을 소외시키는 일을 폭력 행위로 간
주했다. 미 중서부의 중간 규모 대학의 미 원주민 학생봉사대 대표로
서 나는, 미 원주민들이 온전히 인간화될 수 있는 페다고지적 조건을

---

14. (옮긴이 주) 나바호족 언어로 균형과 아름다움을 통칭하는 개념이다.

만들어 내는 일이 모카신[15]을 신고 내딛는 나의 첫 여정의 핵심이었다. 이러한 인식적 걸음을 내디디면서 나는 대화가 어떻게 치유의 순간을 만들어 내고 이어 교육에서 붕괴된 신뢰를 회복할 수 있는지에 대해 깊이 이해하게 되었다.

생성적 주제 도출

우리 대학의 미 원주민 학생봉사대를 모집하는 데 사용될 생성적 주제들을 찾는 데 중요한 계기가 되었던 것은 부족 원로들이 교육에 대해 언급한 종합적인 견해였다. 이들은 교육을 인간들의 헛된 짓 집합소로 바라보았다. 극심한 고통과 분노는 기숙학교 경험과 관련된 역사적 트라우마에서 야기된 것이었다. 그들에게 교육자와 학습자 사이의 신성한 약속은 훼손된 상태였다. 백인 중심의 기관에서 이러한 트라우마의 순환을 끊겠다는 의지를 보이는 일로서, 미 원주민 학생봉사대의 직원들과 나는 담뱃잎 바구니를 선물로 드리면서 부족 원로들과의 대화 공간을 만들었다. 원주민들에게 담배는 성스러운 식물로서 기도와 보호 및 치유의 의식에서 사용되어 왔다. 담뱃잎을 주는 특별한 행위는 "인간-세계 관계"를 행위하는 것으로서 미 원주민 학생봉사대의 재창조를 위한 하나의 구성 행위가 되었다. 모두가 기숙학교 경험에서 나오는 고통의 눈물 또는 대화의 기쁨에서 나오는 눈물을 흘렸던 대화와 비판적 성찰의 시간을 거쳐 세 가지의 생성적 주제가 대두되었다. 첫째, 원주민 학생들이 더 목소리를 낼 수 있게 독려할 것. 둘째, 우리 자신을 회복하도록 도울 것. 셋째, 원주민 학생들이 귀향 요청에 응답할 수 있도록 준비할 것.

---

15. (옮긴이 주) 북미 인디안의 뒤축 없는 신.

삼연식 티피[16] 천막집을 함께 만들면서 얻은 이 세 가지 생성적 주제는 미 원주민 학생봉사대라는 사물을 우리가 어떻게 공동의 노력을 통해서 인간화할 수 있었는지에 대한 발달된 감각을 갖도록 해 주었다. 이는 티피 천막집을 물리적으로 세우기 위해서 가장 먼저 해야 하는 것이 먼저 세 개의 막대기둥을 원뿔처럼 묶어 세우는 일인 것과 비슷했다. 그 후 막대들이 균등한 간격으로 더해지면서 결국 바닥이 원형인 집이 만들어진다. 티피 천막집은 전면에서 보면 연결점이 세 개밖에 없는 모양으로 보이지만, 위에서 내려다보면 각각의 모든 막대가 천막을 온전히 유지하는 핵심적인 역할을 한다는 것을 알 수 있다. 미 원주민 학생봉사대가 지원할 학생들의 문화적 배경을 반영한 티피 천막집은, 단순히 전통적 거주 형태로만 인식되는 것이 아니라, 여성적 행위자의 상징으로 자궁을 표현하는 것으로 인식된다.

치유와 회복의 안식처

티피 천막집에 비유되는 페다고지적 구성은 자궁 기반 페다고지의 실천에 대해 비판적 성찰을 제공한다. 현대 고등교육이 발명되기 이전에 존재했던 티피는 누구도 소외시키거나 인종화하지 않으며 그 어떤 형태의 배제나 폭력을 허용하지 않는다. 티피의 최우선 기능은 해악을 반복하는 외부의 힘으로부터 인간을 보호하는 안식처의 역할이다. 자궁의 의미에서 보면 티피는 어머니이다. 왜냐하면 티피는 우리에게 인간다움을 제공하는 공간이기 때문이다. 미 원주민 학생봉사대는 마찬가지로 모두에게 어머니가 될 수 있다.

자궁 기반 페다고지가 가장 아름답게 발현되는 공간에서 소외된 사람들뿐만 아니라 모든 사람들을 위한 희망과 사랑이 잉태된다. 무엇이

---

16. (옮긴이 주) tipi trifecta. 세 개의 기둥으로 시작하는 원뿔형 천막집.

배움과 성장에 위협이 되는지 이해하는 자궁 기반 페다고지는 진정한 의미로 교육을 해방시키는 환경을 조성한다. 왜냐하면 이 페다고지는 모성의 고결함을 잃지 않은 채 마음에 대한 문화적 공격으로 진행된 식민지적 폭력을 경험하고 견뎌 냈기 때문이다. 규모 있는 기관 내에서 전개되는 자궁 기반 페다고지는 교육이 만들어 내는 트라우마를 전쟁 트라우마와 같은 종류로 간주하기 때문에, 식민화의 피해로부터 회복하는 방식으로 우리를 치유와 회복 가능성의 공간으로 초대한다.

프레이리와 봉사학습의 탈식민화

코트니 헤르난데즈(Kortney Hernandez), 봉사학습 교사

"돌아보건대, 왜 사람들은 봉사활동을 부끄럽게 생각할까?"

_ 봉사학습 학생, Weekly Reflection, 2015

봉사학습 교육자인 나는 학교교육 후반기의 결정적인 시기에 프레이리의 저작을 접했고, 솔직히 말하면 그의 책을 읽고 나서 과거의 나와 더 이상 같은 사람일 수 없게 되었다. 지독하게 헤게모니적이며 정치적인 억압 상황에서 견디고 생존해야 하는 많은 이중문화 교육자들도 비슷한 변화를 겪은 것으로 알고 있다. 『페다고지』는 나와 나의 학생들이 우리가 살아가고 가슴 깊이 느끼고 있는 긴장과 모순을 좀 더 온전하게 표현할 수 있는 언어를 발견하고 발전시키는 데 페다고지적 버팀목과 같은 역할을 했다. 프레이리를 직접 만난 적은 없지만, 다더Darder의 글을 통해서 프레이리의 사상을 만났을 때 마치 그를 개인

적으로 알게 되는 느낌을 받았다. 다더는 사랑의 힘으로 자유를 위한 투쟁을 하는 것이 어떤 의미인지를 글 속에 담아내는 살아 있는 영혼이다. 주장하는 것을 실천하는 사람들이 그다지 많지 않은 세계에서, 프레이리와 다더의 저작들에는 헛되게 살기를 거부하며 혁명적인 용기로서 투쟁하기를 멈추지 않은 정치적 삶이 구현되어 있고 거부하는 삶이 주는 위안이 들어 있다.

최근 나는 프레이리와 다더의 이론을 적용하여 봉사학습 교실 운영과 관련된 나의 실천을 바꾸기 시작했다. 봉사학습이 우리가 봉사하는 지역사회와 봉사 학생들이 함께 지식을 구성해 내며 연대하는 관계를 형성해 가는 집단적인 과정이라는 점을 엄밀하게 인식하는 것으로부터 이 변화를 시작했다. 나 자신이 억압받는 이중문화적 존재라는 점을 점차 알게 되면서, 이 변화를 위해 나 자신이 개인적인 변혁을 해야 한다는 것을 알게 되었다. 이는 프레이리가 새로운 존재가 탄생하게 되는 고통스러운 출산이라고 부른 과정이다. 나의 개인적 변혁은 봉사학습 수행의 폭력적이고 잔인하며 식민지적인 이념적 함정에 대항하기 위한 노력이며, 이는 정치적 각성과 비판적 의식을 지속적으로 발전시키는 일을 포함한다.

식민주의자들에 봉사하는 것

"나는 자유롭다고 느끼지 않습니다. 나는 사회규범으로부터 속박을 느낍니다. 내 조국의 과거와 현재에 대한 지식이 많아지고 나의 지적 수평선이 넓어질수록 미래가 더 불안해지는 거죠. 여기 미국 '민주주의'의 뒷면을 들여다보면 볼수록 위선만 보입니다. 자본주의만 보입니다. 신자유주의는 노동자들을 자본으로 간주하는 소외 체제를 미화하는 말입니다. 그렇다고 우리가 이를 받아들일 필요는 없습니다. …
우리는 생각했던 것보다 훨씬 더 큰 힘을 갖고 있죠."

_ 봉사학습 학생, 정치적 명료성 시낭송 모임, 2015

해시태그와 유행어, 그리고 화려한 구호가 난무하는 사회에서 자원봉사활동의 보편적 확산은 우리 정치경제 체제와 교육 제도에도 들어와 우리의 몸과 마음, 담론과 실천에도 반영되기 시작했다. 교육에 대한 프레이리의 깊은 철학적 입장은 학교교육의 숨겨진 교과과정인 은행저금식 교육이, 실제로는 학생들을 프로그램대로 움직이는 로봇처럼 만들려는 나쁜 의도 아래 진행되는 교육의 파산과 식민화 과정임을 보여 주었다. 봉사활동이 제공되는 가난한 노동계급의 지역사회가 지속적으로 봉사를 제공받는 대상으로 여겨지는 반면, 그 지역사회의 지식이 가치 있게 여겨지거나 어떠한 봉사를 필요로 하는지 스스로 결정하게 되는 일이 거의 없다는 면에서, 나와 학생들이 자주 의문을 제기하는 은행저금식 접근은 봉사활동 학습에서도 반복, 지속되고 있을 뿐만 아니라 문화적 침략의 페다고지로 작동하고 있다.

봉사학습 영역에서 수혜 지역과 그 학생들이 자신을 열등하고 결함 있는 존재로 간주하는 봉사 이념의 체제에 편입되고 교육을 받는다는 면에서, 지역사회에 대한 문화적 침략은 식민화의 페다고지이기도 하다. 대상을 열등하고 결함 있는 존재로 간주하고 접근하는 봉사학습은 사실상 주류의 학문적, 자유주의적, 자본주의적 패러다임이 갖는 정당성을 유지하기 위해서 대상을 탈권력화하며 식민화하는 일이다. 이렇게 탈역사적이고 탈정치적인, 그리고 인식적 식민화를 꾀하는 체제는 독실한 숭배자들에 의해 유지된다. 이들 숭배자 중에는 대학생, 교수, 교직원, 비영리단체장들이 많은데, 이들은 모든 봉사가 선한 의도와 결과를 갖는다고 믿는다. 다더는 착한 봉사 담론이 학교뿐만 아니라 사회에 어떤 의미를 갖는지 잘 알고 있었다. 따라서 그녀는 모든 곳에서의 모든 봉사는 같은 성격이라는 관점이 기성 문화와 권력 프레임을 유지시켜 주며 착한 봉사 담론은 이를 위해 기능하는 것으로 보편화되었다고 파악한다. 프레이리가 지적했듯이, 교육은 항상 정치적 행위였다. 그러므로 역사적으로 종교적 선교 논리에서 파생된 봉사 행위 역시 그 성격은 드러내 보이고 도전받아야 하는 정치적 행위이다.

살기 위해 죽어야 한다

> "어느 날 나는 보았습니다. 어느 날 나는 이 사회가 어떤 짓을 하는지 본 겁니다. 그리고 내가 어떤 세계에 있는지 깨달았죠. 어느 날 나는 더 배워 보기로 결정했습니다. 어느 날 나는 들은 대로 받아들이지 않고 내 목소리를 내기로 결정했습니다."
>
> _ 봉사학습 학생, Weekly Reflection, 2015

나는 대학생으로 자원봉사학습 프로그램에 참여하면서 지배적인 주류 페다고지가 어떻게 헤게모니적 봉사 담론과 실천을 구조화하고 유지시키는지 알게 되었다. 대학생들의 봉사학습이 내세우는 선한 의도와 아름다운 의미는 실제로는 어떤 교육적 의도를 위장하고 있는 것으로서, 신자유주의적 봉사학습이 내재하고 있는, 변명할 여지 없는 불의가 은폐되도록 한다. 이로써 가려지는 것은 신자유주의적 봉사학습 영역을 구성하고 있는 탐욕, 거짓 자선, 거짓 인도주의, 착취, 문화적 침략, 그리고 개인주의이다. 바로 이 이유로 인해 나는 봉사학습 학생들과 함께 『페다고지』를 하나의 주 텍스트로 사용하여 우리 프로젝트의 정치성에 토대를 제공하고 우리의 개인적·집단적 실천이 정치적 명료성을 띠도록 하였다. 비록 "봉사"에 대한 표준 모델과 방법을 선호하는 많은 학생들을 만나기는 했지만, 교실 수업에서 정치적 명료성에 초점을 맞추고 준비하는 과정은 우리가 지역사회에 찾아가는 방식과 그곳에서 일상을 살아내는 방식에 큰 변화를 가져왔다.

프레이리가 직접 수행하던 교사연수 세미나에서 강조해서 말했듯이, 교육의 방법과 기술을 강조하는 것보다 정치적 명료성을 강조하는 것이 무엇보다 중요하다. 프레이리가 볼 때 대학생들에 제공되는 기존의 교육학 훈련은 "식민주의자들에 봉사하는" 특권과 지위 및 계급을 강화한다. 해방을 위한 투쟁에서 이러한 지식인/학생들이 탈식민화 과정(카브랄의 표현으로 하자면 재아프리카화 과정)에서 하나의 집단으로서는 소멸해야만 혁명적 문화 일꾼으로 재탄생할 수 있다. 그렇게 함으로써 우리는 억압받는 사람들과 "섞여 사는" 것이 아니라 "함께 사는" 데 투신하는 새로운 존재로 다시 태어나기 위해 기꺼이 죽어야 한다.

내가 보기에 프레이리의 저작들은 실천으로의 간절한 요청이다. 즉 프레이리의 사상과 비판교육학을 주류 봉사학습 문헌이나 현재와 같은 자유주의적 지역사회 체험 담론에서 다룰 때 말로 하는 행동이 충분한 것처럼 이해되는 것은 흔히 범하는 탈정치화된 오독이나 오해다. 프레이리는 이를 넘어서는 실천을 촉구한다. 이 말은 우리를 죽이고, 뼛속까지 진정한 혁명가가 되려는 과정에서 경험하는 비판적이고 의식적인 존재, 즉 억압당한 상태로 살기를 강요당하는 집단 편에서 이들과 함께 싸우겠다고 결연하게 헌신하는 존재가 되기 위한 재탄생을 의미한다.

프레이리와 다더의 저작에 담긴, 항상 새롭게 시작할 수 있는 역량이라는 비판적 원리는, 우리 봉사학습 교실에서 수행하는 것과 같은 유기적인 탈식민화 실천을 이끄는 페다고지로서 계속 살아 있다.

진행 중인 탈식민화 봉사학습 페다고지

> "나는 이 분야에 초보이고 더 배우려고 합니다. 그러나 내게는 갈망하는 능력조차 없습니다. 내 좁은 우물 넘어 보이지 않는 것을 보려는, 알려는, 자유로워지려고 갈망하는 능력조차. 나는 우리에게 채워진 족쇄와도 같은 이 사회적 각본을 바꾸고 싶습니다. 나는 내 친구들의 풍요로운 경험을 당신에게 전달해 주고 싶습니다."
>
> _ 봉사학습 학생, 정치적 명료성 시낭송 모임, 2015

나에게 프레이리의 사상에서 가장 심오한 점은, 우리는 모두 불완전한 존재이며, 그렇기에 항상 어떤 과정에 있다고 표현한 것이다. 이 말의 의미는 지역사회와 함께한 나의 작업에서 다음과 같이 부각되었다. 우리는 탈식민화를 어떤 추상적이고 완전하며 기계적인 것이거나 우리가 타인에게 해 줄 수 있는 무엇으로 이해하기보다는, 하나의 지속적인 과정으로 이해할 필요가 있다. 다더가 강조하듯이, 지속적 과정으로서 탈식민화는 급진적인 활동가들과 교육가들이 이중문화에서 생성된 지식과 의식을 생략하거나 없애는 이른바 인식론적 말살을 포기하는 대신, 끈기 있는 노동을 하려는 확신, 그러한 부담을 감수할 확신을 요구한다. 지역사회 봉사를 실천하는 혁명적 문화노동자인 우리가 감수해야 할 위험부담이란 봉사학습이라는 허울로 끊임없이 공격당하는 사람들의 편에 서서 끈기 있게 싸울 준비가 되어 있는지에 관한 것이다. 당신이 비판교육학에 엄중히 헌신하고 있다면 말이다. 그리고 우리가 우리 프로그램과 기관 및 지역사회가 안고 있는 역사적 유산을 알아야 한다는 점을 의미하며, 동시에 이 사회의 정치적·경제적·억압적 조건들이 봉사 행위를 둘러싸고 여러 경쟁적인 맥락들을 만들어 내고 있다는 점을 의미한다.

봉사학습과 자원봉사의 오랜 전통을 고려한다면, 탈식민화가 지속적 과정이라는 점은 우리가 탈식민화 방향의 변혁에 조심스럽게 개입해야 하며 항상 많은 도전에 직면할 것을 시사한다. 나와 내 학생들은 덜 억압적이고 덜 비인간적인 실천을 구상하기 위해서, 그리고 그동안 봉사의 공식에서 배제됨으로써 사실상 지역사회에서 배제되었던 그 목소리들을 실천의 중심에 위치시키기 위해서 집단적인 노력을 기울였다. 우리가 진정한 "도움"을 주려는 지역사회에 들어갈 때, 말하는 것보다 들을 필요가 훨씬 더 크다는 프레이리의 관점을 나와 학생들은 진지하게 받아들였다. 많은 소소한 방법으로 나와 학생들은 봉사학습에서 나타나는 다음과 같은 헤게모니적이고 억압적인 조건을 물리치고 변화시켰다. 모집 홍모물의 언어 변경, 지역사회의 구성원 가족들의 기대 높이기, 현지 봉사학습의 은행저금식 교과과정의 변경과 문제제기식 과정의 구성, 지원 기관장들에게 비판적 편지나 이메일 쓰기, 정치적 시낭송 모임 개최, 학습 내용과 함께하기-실천의 비판적 연계 등. 이렇게 우리의 현지 작업이 점점 진화했다는 것은, 우리가 봉사학습이 위치한 현재의 조건들과 그 속에서 그동안 비판적이고 인간적인 요소들이 어떻게 제거되었고 그 자리를 고리대금업체 같은 자본주의가 어떻게 채웠는지를 이해하기 시작했다는 것을 의미한다.

이 경험이 주는 의미에는, 우리가 문화활동가로서 수행하는 지역봉사 실천과 문화적 침략자들 사이에 변증법적인 긴장이 존재한다는 점을 늘 주시하고 인식하고 있다는 점이 포함된다. 우리는 이 과정에서 경제적이고 구조적인 억압의 조건 아래 사람들이 매일 죽어 가고 싸우고 있다는 점을 알게 되었고, 그에 대한 반성으로 제공되는 것이 일회용 반창고 수준의 지역봉사라는 점도 인지하게 되었다. 지역 주민들을 위한 자선적 행동은, 과거 지역사회에서 강제 채혈과도 같았던 잊을 수 없는 기억과 이미지를 덮어씌우고 이에 대한 저항을 상징적으로나 실제적으로 고갈시키기 위해 계획된다. 그러나 이것은 우리 모두의 숙명이 아니다. 상처가 쓰라리더라도 그만큼 거짓 자선의 일회용 반창고를 떼어 버리고 비인간적인 봉사를 되돌려 보내 우리의 집단권력 찾기와 해방을 우리 손으로 일궈야 한다. 그래서 우리를 위해 상상된 적은 없지만, 우리가 상상해 낼 세계 속으로 우리 지역사회를 재창조해야 한다.

학부모를 프락시스에 관여시키기: 부모 권력을 인간화하고 재규정하는 사랑의 페다고지

매시 친(Maisie Chin), 지역부모단체 소장

"우리 마을에는 아직 사랑이 살아 있습니다!"

_ CADRE 부모 지도자, 2015

우리는 보통 사랑이 부모 참여의 언어나 페다고지의 하나라고 생각하지 않는다. 그러나 공교육을 회생시키고 새롭게 구상할 수 있기 위한 사람들의 능력을 믿어야 하는 것처럼, 우리가 사람들에게 새로운 정치적 현실을 함께 구축할 수 있는 능력이 있다고 믿는다면, 우리는 프레이리의 사랑의 페다고지를 선택하지 않을 수 없다. 그 의미는 부모들의 사랑과 조건 없는 프락시스가 가져올 인간화가 이러한 변화를 만들어 낼 것이라는 점이다. 여기에는 특별한 사랑, 즉 혁명적 사랑이 요구된다. 나는 정말로 이러한 사랑이 없다면 공립학교체제에서 권리의 주체이자 당사자이지만, 계속 억압받는 학부모들과 진정한 관계나 연대를 맺을 수 없다고 믿는다.

학생들과 함께 또 학부모들과 함께 우리가 프레이리의 사상과 사랑의 페다고지를 실천하고 있는지, 그리고 가장 소외되고 배제된 학생들의 가장 소외되고 배제된 부모들과 사랑을 실천하고 있는지 살펴본다면, 우리가 어디에서 무엇을 소홀히 하고 있는지 알아차리기가 어렵지 않고, 우리가 처한 모순이 더 분명해진다. 그러한 부모들을 학교교육과정과 문화에 포함시키려고 노력하는 이유는, 바로 그 모순들을 해결하기 위해서이다. 그렇지 않다면 우리는 억압적 권력과 기성 체제를 유지시키고 부모들과 그들의 현실을 대상화할 위험부담을 갖게 되고, 결국 프레이리가 『페다고지』에서 "거짓 친절", "거짓 자선"이라고 했던 일을 실천하게 된다.1970, pp. 26-27

내가 이렇게 주장하게 된 데에는, 지난 17년간 학부모와 돌봄 노동자 소모임들을 형성하고 여기서 정치적 전망과 성장할 수 있는 조건을 만들려고 노력해 오면서 얻은 교훈과 의식, 그리고 자기 낮춤이 바탕에 있다. 학부모와 돌봄 노동자 소모임들은 여러 해 동안 스토리텔링, 관계 형성, 인생사 쓰기를 다양한 방식으로 반복 수행하면서 정치적 비전을 형성해 갔으며, 또 이를 통해 사랑의 페다고지에 생명을 불어넣기 시작했다. 사랑의 페다고지는 프락시스를 통해 탄생했으며, 로스앤젤레스 중남부지구에서 풀뿌리 학부모 조직화와 지도력 형성을 위한 센터가 출범하는 토대가 되었다.

우리는 학부모가 교육기관의 이익과 관행에 따라 조종되어 "보다 온전한 인간으로 될"p. 26 가족의 역량을 훼손당하는 일이 더 이상 일어나지 않도록 해야 한다는 절실한 목적의식으로 이 작업을 시작했다. 이 작업은 학부모가 교육 현실에 대한 문제제기자이면서 문제해결자, 또 행위자로 나설 수 있는 프락시스의 조건과 기회를 만들려는 목적 아래 추진되었다. 또한 소외된 학부모이지만 이제 자식들의 교육 접근권을 확보하기 위해 노력하는 삶의 주체가 되기 위한 목적도 포함한다.

이 센터의 지도자들과 구성원들은 미국에서 가장 큰 구역에서 여러 세대에 걸쳐 아이들과 학생들을 두고 있는 흑인/아프리카계 미국인들과 라틴계 부모와 돌봄 노동자들이다. 이 센터의 약칭 'CADRE'[17]는 풀뿌리 학부모들이 결속력 있는 새로운 집단으로 변모하고 있다는 의미를 부각하기 위해서 만들어졌다. 새롭게 결속된 학부모들은 일종의 장기적 관점에서 권력을 형성하고 실현하는 학부모 지도자들을 위한 토대를 만들고 유지하는 역할을 했으며, 여기서 형성되는 새로운 권력은 학교에서 발생하는 인종화된 억압을 문제시하고 비판적으로 개입하며 학교-지역사회 관계를 재규정하는 작업을 의도적으로 맡는다는 의미를 띤다. 이를 통해 학교-지역사회 관계는 비엘리트적이며, 인간화를 지향하며, 민주적이며, 인권 실현을 위해 헌신하는 관계로 설정된다.

비판적 연대성

이 길로 더 나아가기 위해서는 학부모들 사이에 비판적 연대성을 형성하면서 계속해서 재구성하고 새롭게 상상하면서 또다시 헌신하는 과정이 필요했다. 학부모들 사이의 비판적 연대성은 단지 인종과 민족, 언어와 소득수준 및 경력의 차이만을 넘어서는 것을 의미하는 게 아니라, 삶의 배경에서 나오는 "권력"에 대한 개인주의적인 대응을 넘어서는 연대성을 의미한다. 소외된 학부모들에게 권력의 관념은 극심한

---

17. (옮긴이 주) Community Asset Development Re-defining Education. http://cadre-la. org/newhome/our-story/ 참조.

가난과 권리 박탈로 야기된 개인적인 생존 싸움과 강제 이주와 감금, 그리고 경제적 착취의 서사로부터 불가피하게 생성된다. 이러한 권력 인식에는 경쟁 또는 경쟁 능력이 "좋은" 부모 또는 부모의 "권력"을 규정하거나 "부모 참여"의 목적을 설명하는 대표적인 기준이 된다. 우리는 이러한 기준을 뒤집으려고 무진장 애썼다.

이 센터는 활동해 온 17년 중 15년 동안 협소한 비영리적 기금모금과 홍보 영역을 비집고 정치적 존재감을 잃지 않는 비영리단체로서 기능했다. 센터는 종종 단체 존립을 위해 억압 철폐라는 우리의 해방적 전망을 일정 기간 내려놓도록 하는 압박이 상존하는 상황에 처하기도 했다. 전 지구적으로 자본과 정치 권력이 공고화되는 현 시기에 이 센터의 공동설립자로서 또 운영자로서 나는 동료들과 함께 잘못된 선택을 거부하고자 노력해야 했다. 우리는 부모의 역할을 다음 세 가지로 한정하려는 시도들을 거부했다. 부모의 역할은 첫째, "학교 구성원으로서" 학교를 도우면서 현재 상황에 비판을 제기하지 말고 오직 학생의 출석과 성적을 올리는 데 집중한다. 둘째, "지역 주민으로서" 문제가 생기면 제기하되 학교 관리자를 교체하거나 관료 조직을 우회해서 민간업체에 학교 업무를 외주를 주도록 하는 정도로만 비판을 제기할 수 있다. 셋째, 교육체제에 대한 관심은 "우리 아이만"으로 국한될 것이라고 규정된다. 이 세 가지가 학부모 역할의 전부일 것이라는 생각이 지배적이었다.

이러한 학부모 규정을 모두 거부한다는 것은 재정 지원이든, 지지그룹 네트워크 진입이든, 인지도든, 정치적 인맥이든 자원으로부터 배제된다는 것을 의미했고 현재도 그러하다. 우리 센터가 풀뿌리 학부모들이 자신의 삶과 경험으로부터 배우는 학습자로 변모하여 자기만의 방식으로 더 온전하고 더 인간적인 학부모 권력을 가질 수 있는 독립적인 정치적 공간으로 존재하기 위해서는 불가피한 선택이었다.

우리 일에 관심을 보이는 학부모들과 관계를 맺기 위해서 우리는 현재의 공교육 제도 안에서 학부모의 권력을 인간화한다는 것이 어떤 의미가 있는지 매일 성찰하고 발전시켰다. 이렇게 해서 우리는, 결정권을 주지 않고 어떤 목적에 따라 학부모들을 전술적 조직화의 대상으로 전락시키는 것을 거부하고 학부모가 주체가 되는 방향에 계속 헌신할 수 있었다.

역사적 존재로서 학부모들

우리 경제체제와 정치체제는 구분하기가 거의 불가능해졌다. 우리 학부모들이 사회적으로 소외되고 물리적으로 감금된 상태라는 면에서 학부모를 우선 역사적 존재로 보아야만 한다. 예를 들어, 학부모들의 지리적 감금과 관련된 역사는, 거주지에 대한 낙인, 젠트리피케이션과 일자리 축소, 현금 소득의 축소와 세계의 디지털화, 그리고 경제적 박탈에 따른 영구적인 추방 또는 형사처벌 중심의 정책을 포함한다. 우리가 학부모를 역사적으로 바라보기 시작하면 우리 자신과 기성 체제의 모순에 도전하는 일이 더 쉬워진다. 여기서 기성 체제의 모순이란, 그들이 개별 소비자, 그리고 자식 교육의 계약 당사자일 뿐이고, 그 이상 아무것도 아니라고 격하시키고, 학부모가 가족과 지역을 위해서보다는 교육 제도의 목적에 더 이바지해야 한다고 믿는 것을 말한다. 이러한 격하가 학부모를 비인간화시키고 사회적 관계에 무한한 정치적 장벽을 쌓아 오로지 교육기관을 위해서 봉사하도록 만들거나 아니면 반대로 학교 일에 적극적이지 못하다고 비난받게 한다.

사람들은 학부모를 정치적 해방의 프로젝트에 참여시키는 일에 거의 나서지 않는다. 그렇게 되면 제도적 이익이 예상할 수 없을 정도로 위태로워질 수 있기 때문일 뿐만 아니라, 육아 자체를 개인적인 행위나 가족 안에서 물려받는 행위로가 아니라 본질적으로 정치적 행위로 보도록 만들기 때문이다. 학부모를 정치적 행위자로 보는 입장은 학부모의 역할은 우선 개인의 경제적 이익에 봉사하는 것이라고 간주하는 개인주의적(즉, 경제주의적) 관점을 뒤흔든다. 이 입장은 지역사회의 집단적 사회 현실을 재구성해 냄으로써 공동체와 연대성, 그리고 인간성에 대한 사회의 책임을 다하는 것을 학부모의 정치적 역할로 본다.

은행저금식 모델에 도전하기

비백인 학부모의 교육 문제 참여 과정을 지역사회의 물질적 조건과 분리시키는 일, 학부모의 의식화를 막음으로써 실제 학부모의 물질적 조건과 "공립학교 학부모"로 기대되는 바가 서로 모순을 일으키고 억압적 관계로 만드는 일은 통상 학교에서 학부모를 비인간화하는 방식이다. 체제 유지 방식의 "학부모 참여"는, 추상적인 중산층 학부모 행동에 기반을 둔 "좋은 부모", "나쁜 부모", "참여적", "무관심"이라는 척도로 학교가 원하는 방식의 학부모가 되도록 훈련시킨다. 그래서 이들이 다르게 행동하면 교육 당국은 이를 기존 제도를 거부하는 신호로, 즉 위협으로 받아들인다. 이는 프레이리가 설명한 학생 교육에서의 "은행저금식 개념"과 유사하다. 학부모가 자신의 실제 생활 맥락과 괴리된 기대를 갖도록 하고 이를 정당화하는 데에는 종종 정치적 망각이 중요한 역할을 한다. 우리가 학부모를 "학생"으로 간주하고 학교 교직원을 아동 교육과 기존 제도에 학부모를 "참여"시키는 "교사"로 간주하게 된다면,

> … 학생들의 행동은 저금할 돈을 받아 채워 놓고 유지하는 것으로 제한된다. 그들에게도 사실 자신이 보관한 것을 분류하고 재차 수집하는 사람이 될 기회는 있다. 그러나 앞

서 분석한 내용에서 볼 수 있듯 (좋게 이야기해) 오도된 시스템에서 창의성, 변혁, 지식의 결핍을 통해 매끄럽게 깎여 나가는 존재는 바로 그 학생들이다.Freire, 1970, p. 53

은행저금식 개념에 대항하기 위해 우리는 학부모들을 "조직화"하는 차원에서 학부모 권력의 인간화에 초점을 맞췄다. 이 접근법은 개념이나 세력의 과시, 또는 어떤 결과로서 더욱더 진정한 의미에서 프락시스가 되었다. 그리고 "문제제기식 교육"p.60과 비판적 탐구를 학부모의 참여를 이끌어 내는 우리의 기본적이고 필수적인 접근으로 취해 학부모들이 직접 자유를 실천하는 일, 특히 대화와 공동 조사의 자유, 그리고 억압과 소외의 조건을 비판적으로 변혁시킬 자유를 직접 실천한다는 것이 우리의 조직적 비전이 되었다.

학교와 지역사회를 변혁시키기

우리가 알아차리지 못한 채 첫 5년의 경험을 통해서 이러한 과정이 구체화되었다. 되돌아보면 학부모 참여의 목표가 사전에 설정되지 않았기 때문에 우리 학부모들이 점차 대화와 탐구의 범위를 넓혀갔던 것으로 보인다. 다행스럽게도 그들은 매번 대화의 전개에 신뢰를 보여주었고 다음 대화 모임에도 연이어 참석했다. 그들은 과거 학생으로서 학교문화를 경험하고 관찰했던 것들과 이제 학부모로서 학교문화 그리고 교직원들과 학부모의 괴리를 연결시켜 생각하기 시작했고, 학교제도의 비민주적인 관행들을 더 큰 정치적 맥락과 역사적 억압의 순환 속에서 다시 보기 시작했다.

학부모들이 발견하기 시작한 것은 자기 자식들에 대한 비인간적이고 굴욕적이며, 종종 영혼을 죽이는 방식의 퇴출이 자행되고 있다는 사실이었다. 흑인 및 라틴계 학생들은 "학교 규율", "교실 관리", "질서", "학교 안전"으로 표현되는 불공정한 기준을 적용하는 학교 관행에 의해서 교실에서 일상적으로 추방당한다. 또 학부모들이 알아차리기 시작한 것은, 그들이 자식들의 인간다움을 변호하거나 상황에 대한 깊은 이해, 또는 자기 아이들이 학교에서 왜 지적, 퇴출, 강제전학, 심지어 구속되는지 그 이유를 찾아보자고 제안하면, 그 학부모는 어린애 취급을 당한다는 사실이었다. 자식들을 위해 발언하는 학부모에 대한 반격은 이들을 자녀의 "나쁜" 행동을 부정하며 자식을 싸고도는 무지한 사람들로 격하시키는 방식으로 진행된다. 이 문제를 식별하게 되면서 그들은 자신과 자녀에게 가해지는 인종주의와 인종차별적 인식의 증거들을 찾아내어 체계적으로 인종과 빈곤에 기초한 배제가 자행되는 것이야말로 "교정"p. 65되어야 할 대상이라는 점을 부각시켰다.

이러한 문제제기와 자기 학습 및 훈련에 초점을 둔 학부모 활동이 10년을 넘어가면서, 우리는 학교 규율과 관련된 정책 및 관행이 만들어지는 제도 영역에서 작지만 파급력 있는 몇 가지 변화를 가져올 수 있었다. 이 접근법은 인종 간 불평등과 이를 정당화하는 반흑인-반이주민 편견, 성전환자에 대한 혐오, 빈곤층에 대한 편견을 부각시키고, 회복과 복지, 건강한 관계와 권력의 공유에 기초한 대안을 제시함으로써 "학교 환경"을 전환시켰고, 이는 지역사회 학교의 활성화를 핵심으로 했다. 아직 이 학교들을 민주화하는 데는 많이 부족하지만, 우리는 학교와 학생, 학부모, 지역사회 간의 관계에 어떤 문제가 있는지에 대해서 정치적 관심을 집중시킬 수 있었다. 이러한 관심이 모아지자, 우리 학부모들은 새로운 문제들을 한 묶음으로 제기할 수 있었고 자식들을 믿고 보내는 학교의 억압적 환경을 변화시키기 위한 비판적 개입을 더 수행할 수 있었다.

프레이리의 개념을 적용한 결과 얻게 된 가장 핵심적인 생각은 학부모의 참여와 권력을 "보다 온전히 인간화되는 역사적 사명"p. 65의 일환으로 보게 되었다는 것이다. 이 때문에 우리는 학부모들의 정치적 해방의 잠재력을 굳건하게 확신하고 지지하게 된다. 학부모들이 "의문의 제기와 비판적 변혁에 참여"p. 65할 때 비로소 "학부모 참여"는 진정한 의미를 갖는다. 학부모들의 해방적 참여와 궁극적으로 인간화되는 권력에 대해 비판적으로 성찰하면, 우리는, 교육가들은 특히 사랑의 페다고지가 구현되어야 할 필요성을 이해하기 시작한다. 이 사랑의 페다고지는, 우리 자신의 근본적 변혁을 통해 기존 체제의 변혁에 초점을 맞춘 행동들과 그 결과로 만들어질 급진적 제도 개혁에 대한 요구와 가능성을 통해 구현된다.

이 때문에 우리 센터는 자신들의 세계를 창조하고 변혁하며 작용을 미칠 수 있는 학부모의 권력을 복구, 회복, 활성화하고 나아가 재규정하고 재구성하는 데 초점을 두고 있다. 이렇게 형성된 학부모의 권력은 민주적인 삶과 교육기관의 민주화 구현, 그리고 억압적 세력으로부터 자신과 자신의 마을을 해방하는 구체적인 사례를 자신들 속에서 그리고 협력을 통해서 만들어 낸다.

문화적 작업의 힘을 통해서 학부모들이 존중받는 주체이자 비판적 사상가로, 문제제기자이자 해결의 설계자로 변모하게 될 때 어떤 일들이 벌어질 수 있는지를 그들이 직접 살아 있는 사례로 보여 주었다는 점은 분명하다. 사실 학부모들은 아주 근본적인 문화활동가다. 나는 우리 지역사회에서 학부모야말로 공립학교에서 소외되고 고립된 가족들을 변혁시키고 그 악순환을 끊어 낼 핵심적인 정치세력이라고 굳게 확신하게 되었다.

궁극적으로 이 영역에서 집단적 인간성과 행동, 권력의 가능성을 만들어 낼 수 있는 사람들은 함께 활동하는 학부모들이다. 그러나 이 성취는 우리가 교육의 변혁을 통해서 사회정의를 추구하는 데 해방적 실천을 창조하기 위해 가능한 모든 역량을 확장해 내었을 때에만 가능해진다. 그리고 이 성취의 시작은 학부모와 함께하는 급진적 연대성, 즉 학교와 지역사회를 변혁시키기 위해서 반드시 있어야 할 이 연대성에는 사랑과 믿음이 필수적이다.

그린하우스 펠로우십 맥락에서 본
프레이리의 사랑의 페다고지

아시프 윌슨(Asif Wilson), 지역사회 청년 조직가

우리는 공공성이 파괴되고 있는 시대를 살아가고 있다. 신자유주의 이념은 과거 식민지 제국주의적 이념의 발자취를 따라 우리의 삶을 규정하는 구조 속으로 스며들었다. 정책 개발과 자유시장, 그리고 학교교육을 통해서 확산되는 이 신념 체계는 21세기의 교육과 학습에도 상당한 영향을 미쳤다.^{Harvey, 2005} 넓은 의미의 지역사회와 그곳에서 배출된 학생들과 교사들은, 개인주의와 경쟁적 행동을 우대하는 교육제도나(12학년 교육 환경에 대한 평가를 보라), 긴축 조치(예를 들어, 시카고가 지난 15년간 구 예산 삭감으로 인해 겪은 상당한 폐교 및 교사 해고 사태), 이른바 학교의 선택이라 불리는 공공/민간 파트너십 정책(전 세계적인 차터스쿨의 실태), 또는 식민화와 제국주의적 교육(예를 들어, 유럽 중심적 서구화된 교과과정과 소수민족 연구의 배제)에 배치되는 경우가 자주 있다.

신자유주의의 파급력은 위에서 말한 것보다 더 크지만, 절대적인 것은 아니다. 신자유주의가 절대적일 것이라는 숙명론의 함정에 빠지기는 쉽다. 이러한 숙명론은 박탈당한 사람들이 변화해서 행위자가 되고 저항을 창출할 능력이 있다는 점을 부정한다. 프레이리는 세

계 속에 존재하는 개인은 세계로부터 "조건 지어지지만 결정되지 않는다"[1996b]고 말한다. 우리는 우리가 참여하는 구조로부터 조건 지어지지만, 그 구조는 우리의 운명을 결정짓지 못한다. 이 구조의 가변성을 알아차릴 때 박탈당한 사람들은 억압의 결과로부터 치유하는 길을 결정하고 자신의 세계를 변화시킬 길을 개발하여 인간성을 회복할 수 있다.

만나서 반가워요, 프레이리 선생님

나는 초보 교사 3년 차이던 젊은 시절에 프레이리를 "만났다". 당시 나는, 교육이 (학교 안팎에서) 기술 습득을 훨씬 넘어서는 것이지만, 정확히 하자면 살아온 경험을 탐구하는 것이라고 믿었다. 나는 『페다고지』에 대해서 많이 들었고 여러 번 읽어 보려고 시도했지만 (시도했다는 의미는 한 문단 정도 읽고 무슨 뜻인지 몰라 다시 접었다는 뜻이다), 프레이리 사상의 이론적·실천적 깊이까지 들어갈 수 없었다. 사실 나는 파울로 프레이리에 관한 대학원 수업이 개설되고 그 수업에 등록할 때까지 프레이리가 이 책 말고 다른 책을 썼는지도 몰랐다. 돌이켜 보면, 내가 그 수업에 등록한 이유는 "사회정의를 위한 교육가가 되려면 파울로 프레이리와 더 좋은 관계를 맺자"라는 믿음 때문이었다.

2002년판 『페다고지』를 처음 만나고 빠르게 4년이 지나 2012년이 되었지만, 나는 그의 사상을 내려놓을 수가 없었다. 그의 사상은 나의 가르침과 배움의 경험에 바탕이 되는 가치로 자리 잡았을 뿐만 아니라 내 삶의 철학이 되었다. 내가 프레이리를 만난 초기에 일어난 일들에는 마법과 같은 면이 있는데, 이후 그의 저작과 그를 계승한 연구자들의 저작을 읽을 때마다 비슷한 마법이 발생했다. 나는 아직도 그의 언어를 소화하기 위해서 엄청나게 많은 시간을 쏟고 있는데, 그의 사상은 나의 실천에 목적과 토대를 주었고 지금도 그러하다. 실천의 토대를 찾음으로써 나 자신의 해방과 다른 박탈당한 지역사회의 해방을 지지하는 힘을 지니게 되었다. 이는 곧 "지속적인 성찰과 말하기, 참여와 행동하기, 그리고 연대성이 문화적·민주적 가능성을 진전시키는 재료가 되는 대화의 프락시스이며, 이 프락시스는 혁명적이면서 인간적인 진화의 과정을 지속시킨다."Darder, 2015, p. 111

프레이리의 사상 특히 그의 민중교육적 접근(이른바 문제제기식 교육이라고 불리는)은 다른 저작들과 다른 방식으로 나에게 말을 걸어왔다. 그의 사상은 내가 해방의 과정이 어떤 모습인지 이론적으로 또 실천적으로도 이해할 수 있게 해 주었다. 프레이리의 사상은 내가 방향을 잡을 수 있는 계기도 되었고 또 비판성을 찾은 계기도 되었다. 교육가들은 자주 세계를 보는 관점 또는 통로로서 "창문"을 만들어 내지만, 자신이 행위를 비판적으로 바라보는 "거울"을 만드는 데는 실패한다. 나는 자신의 프락시스를 비판적으로 돌아보는 자신의 "거울"을 만들어 내어 사고와 실천이 어떤 의미를 갖는지 더 깊게 이해하는 법을 프레이리로부터 얻게 되었다. 그리고 학생들이 같은 작업을 할 수 있도록 기회를 만드는 것이 중요하다고 생각하게 되었다. 프레이리의 민중교육적 접근법이 내 페다고지의 토대가 되었다. 이러한 프락시스는 나에게 아래와 같은 도움을 주었다.

- 나와 학생들이 가르치고 배우는 일을 동시에 할 수 있는 방식을 개발할 수 있었다. 우리의 이런 경험과 다른 이들의 경험을 모아 "희망의 기회를 드러내는"Freire, 2002, p. 3 과정을 만들 수 있었다.
- 우리가 갖게 된 비판적 희망은, (교사-학생인) 우리를 세계에 대한 숙명적 이해와 권력을 재창조하기를 거부하는 입장으로부터 집단적 행위자로서 우리의 권력을 이해하는 쪽으로 이동시켰다.

즉 우리를 더욱 완전하며 보다 인간적인 존재에 가까이 가도록 이끌었다.

• "차이를 횡단하는 연대"를 이룰 수 있는 희망의 프락시스를 길러 낼 수 있도록 했다. 우리가 경험한 강력한 연대는 교사와 학생들이 "함께 배우고, 함께 가르치고, 함께 안달할 정도로 궁금해하며, 함께 생산하고 장애물에 함께 저항하는"Freire, 1998b, p. 69 일을 가능하게 했다.

희망의 페다고지로서의 그린하우스 펠로우십

2015년, 나는 시카고 동부에서 고등학교 졸업자들과 함께 리더십 형성을 위한 교육 프로그램에 참여할 기회가 있었다. 시카고 동부의 인디애나는 일리노이주의 시카고시 중심에서 25마일 정도 동남쪽에 위치한다. 이 지역은 산업화되면서 대지와 대기가 유독성 물질로 크게 오염되어 환경이 피폐해진 곳이다. 또 노동시장의 세계화로 인한 대량 실직이라는 면에서 경제적으로도, 고부담 학력 증진 제도로 야기된 저임금 직종의 유색인종화라는 면에서 교육적으로도 피폐해졌다. 그러나 이러한 상황은 학생들이 가족과 주민들과 함께 생성해 낼 수 있는, 영감과 방향성, 그리고 사회적·언어적·가족적·정치적 자산이 모인 풍요로운 문화적 자원Yosso, 2005이기도 하다. 이러한 자원이 존중되거나 공식적으로 보존되는 일이 많지 않았지만, 지역 주민들의 이야기와 옛 출판물, 빛바랜 사진들 그리고 선주민 선조들로부터 알게 모르게 전수된 "몸의 기억들"Gonzales, 2012. 영문본에는 "blood memory"을 통해 존재한다.

내가 그린하우스 펠로우십이라는 이름의 이 프로그램의 책임자로 고용되었을 때, 나는 프레이리의 철학에 따라 학교 밖 청소년들을 위한 종합적인 연간 프로그램을 만들어 낼 수 있다는 생각에 흥분했다. 프레이리가 지지자들에게 반복하지 말고 재창조하라고 촉구했다는 것을 알고 있었기에, 나는 민중교육적 접근이 내가 처한 맥락과 내가 수행해야 하는 역할 속에서 어떤 모습을 띨 수 있을까 탐구하기 시작했다. 이 과정에서 나는 프레이리가 "교육의 속성이 사회적이고 역사적이며 정치적이기 때문에 우리는 어떤 불변의 보편적 교사 역할을 설정할 수 없다"고 말한 바를 계속 되새겼다.^{Shor, 1987, p. 211} 내 역할은 미리 정해진 절차에 따라서가 아니고, 우리(나와 펠로우들)의 집단적 프락시스로부터 도출될 것이었다.

나는 희망과 사랑, 그리고 인간화를 증진시키는 방식으로 세계를 비판적으로 읽고 (다시) 쓰는 능력이 "리더십"이라고 생각했기 때문에, 이 단체에 채용된 청년들에게도 이러한 능력을 획득할 기회를 제공하고 싶었다. 그 결과로 이 단체는 네 가지 가치를 핵심에 두게 되었다. 자신다움, 지역 공동체, 이론, 실천. 네 가지 가치는 총체적으로 정의를 내렸으며, 우리의 프락시스에 따라 변경되었다. 자신다움의 가치란 자기 돌봄의 중요성과 자신의 행동과 스스로에 대해 비판적으로 관찰할 책임을 의미한다. 지역 공동체의 가치는 지역사회의 필요를 아는 것뿐만 아니라 개인보다는 집단을 지원하는 방식으로 행동하겠다는 의지를 강조한다. 이론의 가치는 개인으로서 또 함께 집단으로서 세계를 관찰하고 이해하는 비판적 역량을 갖추는 것으로 정의되었다.

프레이리가 말한 인간화 의지

마지막으로, 지역사회에서 우리가 한 작업은 지역사회 구성원들이 정의와 사랑, 공평함과 협력을 증진하는 방식으로 현실을 움직이는 행동의 필요성을 대변하는 것이기도 하다. 같이 지낸 1년 내내 우리는 이러한 가치에 기초해서 인간화하는 희망의 페다고지를 발전시켰다. 이 접근법은 "시민적 책임에 관한 혁명적 윤리와 모든 사람들을 위한 사회적 가치"^{Darder, 2002, p.15}를 표현하는 것이다. 비판적으로 질문하기, 성찰하기, 행동하기의 반복 순환을 통해서 우리는 우리가 만들고 싶은 세계의 모습을 상상하며 생성해 내기 시작했다. 이러한 형태의 사회적 의식은, "비판적 대화와 사회적 관계를 통해 우리 시대를 함께 거쳐 오면서 활발하게 만들어지고 또 성장했다. 이것은 우리 상호 간의 인식과 관계를, 그리고 교사로서 우리가 반드시 살아가야 할 세상을 새롭게 만들어 주었다."Darder, 2002, p.15 이러한 질문하기 및 행동하기와 같은 변증법적 과정을 통해 우리는 우리의 맥락과 삶, 그리고 욕구에 적용할 수 있는 리더십을 점차 명료하게 정의할 수 있게 되었다.

공교육 안과 밖에서 사회정의에 헌신하는 교육가들 모두에게 프레이리는 가난한 지역사회에서 희망이 자라나도록 하는 길을 안내하는 한 묶음의 철학을 제공해 준다. 숙명론으로 포장된 조건들로부터 기운을 뺏긴 젊은 사람들은 종종 자신의 삶과 세계에 대해 아무것도 할 수 없다고 생각한다. 파울로 프레이리의 저작들은, 나에게도 그랬고 내가 함께 작업하는 청년들에게도 이러한 숙명론적 결정론에서 빠져나와 희망의 공간으로 나아갈 수 있도록 하는 일련의 페다고지 원리들을 가져다주었다. 우리가 만들어 낼 수 있었던 희망의 공간은 성찰과 행동이라는 프락시스를 재가동함으로써 보다 인간적이고 서로 사랑하는 세계로 더 나아갈 수 있게 한다.

제도의 탈제도화:
청소년 사법 환경에서 프레이리를 재창조하기

스콧 배스천(Scott P. Bastian), 소년사법치유센터 교육가

부정적인 자기 이미지는 가능성을 제약하고, 꿈을 죽이며, 절망의

씨앗을 심는다. 감옥에 들어와 있는 고등학교 3학년 학생이 이렇게 반항적으로 말했다. "난 수학 안 해! 난 졸업에 관심 없어. 나가서 몸 팔면 되니까." 2주마다 새로운 조직폭력단에 가입한 12세 수감 소년은 이렇게 자랑한다. "난 평생 깡패 하면서 살 거야. 감옥에 가게 되면… 뭐 어때! 형하고 삼촌한테 좀 기대야지." 나는 지난 16년간 소년원, 요양정신병원, 지역 요양교육센터, 카운티(군) 청소년피난쉼터 등의 청소년 사법 교육기관에서 일하면서 이러한 종류의 말을 수없이 들었다. 나는 이러한 자기 선언을 들을 때마다 항상 이것을 한 사회에 속한 우리가 아이들에게 자아 이미지를 형성하도록 돕는 대신, 장애물 격파를 해야 사는 스턴트 의식과 열망을 심어 주었다는 사실의 증거로 보면서, 이러한 발언들을 듣고 해석해 왔다. 장애물 격파의식과 열망은 결국 끊임없이 반복되는 자기 실망과 자기 파괴, 제도에 승복하는 라이프스타일의 쳇바퀴에 "갇히는" 경험으로 이어져, 빠져나갈 수 없다는 숙명론을 더 굳게 심어 주게 된다.

나는 이전에 이 분야의 초보 교사 시절에, 교사자격을 이수하기 위해 4년간 숨 가쁘게 야간 교직과정 수업을 들었다. 모든 수업이 기본적으로 프레이리가 은행저금식 접근이라고 불렀던, 즉 전문가로서 표준을 가르치고, 수업 내용을 체계적으로 분할하고, 학생들이 시험을 잘 치도록 준비시키고, 사회규범을 수용하도록 하고, 데이터를 수집하고, 더 좋은 결과 데이터를 위해서 수업을 개선하라고 주문하는 교수법을 우리에게 가르쳤다. 이것은 학생들의 성공을 보장하고 지역 당국이 사회적으로 좋은 평가를 받기 위한 전략의 일환이었다. 정말로 그 목적은 국가의 표준을 과시하고 교육을 많이 하는 것을 과시하기 위한 것이었다! 메시지는 분명했다. 이런 과제들을 수행하라, 그러면 분명 최고는 아니더라도 만족스러운 평가를 받을 것이다! 그러나 내가 받은 거의 모든 교직과정 수업에 무언가 빠져 있었다. 그것은 비판적 교육법이었다. 이것은 전통적으로 "규정된" 교수 방법과 지도를 모두 거쳤어도 여전히 실패하는 학생들이 여기와 같은 환경에서 혜택을 볼 수 있는 교수법이다. 내가 함께 공부한 학생 중 상당수는 전통적 접근법을 취한 여러 교육 프로그램을 그 이전에 이미 거친 상태였다. 거기서 별로 효과가 없었다는 점이 대다수에게 분명했다. 그러면 나의 학생들을 위해서 내가 할 수 있는 일이 무엇일까? 그리고 왜 그렇게 많은 흑인 및 라틴계 청소년들이 소년원에 들어갔다 나오고 또 들어가는가? 나는 학생들의 태도에서 여러 유사성이 있음을 발견했지만, 당국의 기대치를 맞추면서 동시에 학생들에게 이득이 되는 일을 어떻게 달리, 새롭게 할 수 있는지 파악할 수 없었다.

우리 학생들이 무엇을 필요로 하는지 확실히 파악하기 위해서, 나는 인종차별과 경제적 장애 조건들을 경험하면서도 적절한 삶을 이루기 위해 또 생존하기 위해 거쳤던 나 자신의 투쟁을 되돌아보아야 했다. 인간 행동에 관해 공부하는 석사 과정을 밟으면서, 나는 시나리오 기획이라는 전략 개념을 알게 되었다. 나는 기후변화, 전쟁, 쓰나미, 글로벌 전염병 발생 등 상상할 수 있는 거의 모든 상황에 대응하고 번창할 준비를 갖추기 위해서 기업과 정부가 어떻게 팀을 꾸려 가능한 미래 시나리오와 구조화된 대응책을 준비하는지 매우 궁금해졌다. 내가 지금 거대 기업의 시나리오 계획을 칭찬하는 것은 전혀 아니다. 그렇지만 나는 몇 년 전 캘리포니아에서 있었던 대규모 교사 해고 사태에서도 부양해야 했던 것처럼 "여기서 견뎌 내야 해"의 경험과 시나리오 기획의 연관성을 알게 되었다. 이 전략에서 핵심은 무엇인가? 그것은 비판적 사고, 비판적 대화, 그리고 가능한 미래가 여러 개라는 점과 여러 개 중 하나의 시나리오는 성공할 것이라는 믿음이다. 나도 해고될 가능성이 있다는 것을 알았을 때, 기회가 될 때마다 동료들과 다른 직종 사람들과 비판적 대화를 나누면서 나는 비판적 접근의 시나리오 기획이 유용하다는 것을 알게 되었다. 그러나 그러한 경험에서 현재의 나를 만들어 낸 진정한 추동력은 인디애나에서 내가 만난 다수의 학생들은 갖지 못했던 희망이었다. 그렇다면 왜 희망이 필요하고, 학교와 지역사회에서 희망을 어떻게 길러 내고 키울 수 있을까?

2010년부터 2014년까지 나는 카운티 보호관찰정신건강국에서 운영하는 입소치료센터에서 가르쳤다. 특별수업 전담 교사인 나는, 맞춤형 특수교육 서비스를 제공하기 위해 만들어진 개별화 교육 프로그램에 여러 신청자격 기준을 통과해 등록한 아이들을 가르치게 되었다. 해당 법규인 장애인교육법에는 열 가지가 넘는 장애 범주가 규정되어 있었지만, 그중에 사법처리 유경험자 청소년들에게 가장 일반적으로 부여되는 진단은 정서장애와 특정청각장애였다. 그러므로 나의 학생들은 정신건강 치료 대상으로 간주되었을 뿐만 아니라, "정상적인 환경"에서 학습이 불가능한 사람으로 범주화되어 있었다. 이러한 낙인의 무게를 감안할 때, 이 학생들이 건강한 자아 이미지를 갖는 것은 너무나 어렵다는 것을 알 수 있었다. 나아가 다음과 같은 시설 자체가 갖고 있는 낙인 효과가 이들의 가능성을 어떻게 더 위축시키는지에 대해서도 고려할 필요가 있었다.

1. 정신건강 치료센터
2. 청소년보호관찰기숙사
3. 카운티 청소년법원학교
4. 관련 법 1조 4항 예방과 개입에 의거, 재정 지원을 받는 학교
5. 방치, 탈선, 위기 아동/청소년을 위한 프로그램

이러한 시설에서 만들어지는 낙인은 장애와 저성취 학생들을 위한 특별 프로그램이 부여하는 여러 낙인 위에 겹겹이 존재하고 작동한

다. 이런 상황에서 내 수업에 참여한 전형적인 학생들이 반복해서 이야기한 바에 기초해, 이들이 자신을 편견 대상으로 만들고 권력을 박탈하는 데 사용하는 내면화된 부정적 자기 이미지들의 낙인이 어떤 것인지 정리해 보면 아래와 같은 목록이 된다.

1. 정신 건강 = 미쳤다
2. 보호관찰(학생 징계) = 범죄자
3. 법원 학교 = 학업 실패자, 비행 청소년
4. 방치된 아동 = 가난한 집, 부모 없는 집 출신
5. 탈선 = 나쁜 아이
6. 위기 청소년 = 실패 예정자, 하층 계급 출신
7. 특별 수업 = 학습 능력 부재
8. 특별 수업 = 저능아
9. 특별 수업 = 문제 행동 학생
10. 특별 수업 = 지진아

이 목록은 10겹의 낙인을 보여 주지만 얼마든지 더 긴 목록을 만들 수 있다! 이렇게 깊고 견고하게 낙인찍힌 학생들이 다시 자신을 신뢰하고 조금이라도 희망을 가질 수 있다고 그 누가 기대조차 할 수 있을까? 모든 관심이 학생의 잠재력이 아니라 결손에 초점을 맞추고 있다면, 미래의 가능성 하나라도 실현할 수 있을까? 사람은 보통 타인으로부터 어떤 낙인을 받게 되면 그에 맞춰 살든가 아니면 벗어던지려고 싸우든가를 선택한다. 종종 낙인이 갖는 비인간화의 충격은 그 자체로 자기실현적 예언이 되기도 한다.

파울로 프레이리 읽기

프레이리의 저작들은 내가 사회정의를 위해 헌신하는 해방적 교육가로서 내 일에 그의 사상을 적용하면서 나의 비판적 교육 원리를 만들어야 한다는 과제를 주었다. 『페다고지』를 읽으면서 나는 내 학생들의 임파워먼트를 이끌어 내는 교육적 기회를 그들에게 제공하고 증대시킬 수 있는 나의 잠재력을 이해하기 시작했다. 나에게 큰 영향을 끼친 프레이리의 교훈은, 우리는 모두 희망의 의식을 발전시키기 위해 우리 학생들과 함께 싸워야 한다는 것이다.

그 의미는 내가 아이들에게 희망을 가르쳐야 한다는 것이 아니라, 반대로 함께 만드는 세계에 대한 우리의 교육과 학습이 그 결과로 희망을 만들어 내도록 설계되어야 한다는 것이다. 그래서 그다음 작업은 우리 학생들의 삶의 투쟁을 이해하는 것으로부터 희망을 획득하는 길을 배우는 일이었다. 프레이리의 해방적 교육론에 기초하여 나는 학생들과 개별적으로나 또는 집단적으로 민감한 이슈에 대해서 열린 대화를 하는 것이 적절하다는 것을 알게 되었다. 여러 비판적 대화를 하고 나서 우리는 다 함께 과거의 꿈과 현재의 두려움에 대해서 이야기를 나누었다. 더 중요한 것은 이 과정에서 학생들이 과거의 시설 구금과 노숙, 또는 범법자 생활과 관련된 자아 이미지들과 거리를 두면서 새로운 자아를 상상하기 시작했다는 점이다.

나는 건설 노동자, 자동차 수리공, 미용 전문가와 같이 이미 주어진 직업군이 아니라, 학생들의 장래의 진짜 꿈에 대해 항상 물어보았다. 이러한 직업에 문제가 있어서가 아니라, 이른바 "위기" 청소년들에게 말을 걸거나 교육을 하는 교육가들이 전형적으로 언급하는 것이 오로지 이런 직업들뿐이기 때문이다. 나는 내 학생들이 자기 스스로와 자신의 능력을 바라보는 방식이 변화하여 열정과 열망이 반영된 자신의 이미지를 갖기를 원했다. 학생들이 자신의 미래를 위해 스스로 무엇을 가장 하고 싶은지 스스로 찾고 인지하기 시작했다. 학생들은 그 꿈을 이루기 위해 향후 다니게 될 것이라 상상되는 대학을 동부LA대학, UCLA, CSUs, LMU 등으로 구체적으로 거명하기 시작했다. 그때 나는 흥미로운 진로나 직업의 전망을 알려 주거나, 우리 학생들과 비슷한 배경의 대학생들이 나오는 대학생활 사진들을 보여 주곤 했다. 이렇게 하면서 우리 반 학생들은 모두 변혁과 임파워먼트의 길에 나선 것으로 보였다. 그러나 한 가지가 아직 빠져 있었다. 아이들의 앞길에 우리가 계획한 것과 달리 틀어지는 일이 발생하면? 그런 경우에는 무엇을 해야 할까? 우리 학생들 다수가 이 질문에 생각이 막혔다. 그들은 처음에 몇 개의 계획으로 충분할 것이라 생각했다. 대비책으로 계획 B를 갖고 있다면, 계획 A를 잘 이행하면 될 것이라고 대부분 생각했다. 그래서 나는 그들에게 "살다가 이럴 때는 어떻게 하지?"라고 문제를 제기했다.

비판교육학의 시선을 통해서 보고 해석한 시나리오 기획론과 나의 경험을 활용하여, 나는 미래에 대비하는 기획 능력을 학생들에게 가르치기 시작했다. 나는 학생들에게 대규모 기업이나 정부기관에서 필요한 시나리오 기획 능력이 개인적인 수준에서 어떻게 적용될 수 있는지 한번 설명해 보라고 했다. 우리가 당시 있던 곳이 캘리포니아 서부 해안 지역이었기 때문에 쓰나미가 발생할 때 생기는 잠재적 피해와 혼란에 대한 대형 시나리오를 사례로 사용했다. 학생들은 예상되는 결과와 가능한 해결책을 찾으려고 함께 작업했다. 이 작업은 재미있었고 참여도가 높았다. 학생들은 이를 통해 자연재해에 대한 대형 시나리오 기획에 필수적인 비판적 대화와 비판적 사고가 어떻게 사회 불의나 개인적인 상황에까지 적용되거나 왜 의미가 있는지 알기 시작했다.

이제 교실에서 진행되는 대화는 이전에 불안과 절망으로 채워진 토론과 달리 희망과 임파워먼트의 감각을 갖기 시작했다. 숙명론적, 자기실현적 예언들이 문밖으로 퇴장하기 시작했고 비판적 의식과 희망의 씨앗이 뿌리내리기 시작했다. 불행히도 나는 인원 감축 조치 때문에 그 일을 계속할 수 없었지만, 2014년 소년원 학교의 교감으로 승진 발령받았다. 이 새로운 환경에서 나는 지금까지 동료 전문가들과 특수교육 직원들과 함께 우리가 교육 방법상 더 해방적으로 되기 위해서 새로운 가능성들을 구상하는 작업을 해 오고 있다. 현재도 진행 중이다. 나는 이전 정신건강치료센터 프로그램 이수생 한 명과 계속 연락을 취하고 있다. 이제 성인이 된 이 친구는, 자기가 스스로 실패자가 되어 버렸다고 믿고 있었고, 남들도 자신을 그렇게 낙인찍고 있던 시기에 자신을 믿어 주어서 고맙다고 말했다. 그는 현재 일하면서 학교에 다니고 있는데, 내가 학생들에게 심어 주고 싶었던 그러한 희망의 감각과 자신감을 갖고 자기표현을 하고 있다. 나는 교육가들과 교사들에게 학생들을 위한 가능성에 대해 심사숙고하면서 그들이 가능한 미래를 믿고 준비할 수 있도록 끈기 있게 작업할 것을 독려하고 싶다. 비판적 성찰을 통해서 교사와 학생들 그리고 학부모들에게 주고 싶은 다음의 메시지를 얻었다. 의심이 가는데도 이를 무시하려고 애쓰지 말자. 대신 희망을 추구하는 방향으로 애를 쓰자. 희망을 가장 필요로 하는 사람들과 함께 싸우자.

파울로 프레이리: 비판교육학과 증언 치유

마쿵구 아키니엘라(Makungu M. Akinyela), 교수 겸 가족치료사

1980년대 초반 내가 가족치료사 과정을 밟고 있을 때 멘토이자 친구였던 다더가 프레이리의 책을 소개해 주었다. 그때 나는 프레이리를

처음 만났다. 그 당시 나는 프레이리가 학문적 교육가이자 치료사로서의 나의 삶에 그렇게 강력하고 지속적으로 영향력을 미치리라고 예상하지 못했다.

나는 프레이리의 사상이 파농Frantz Fanon, 1967, 멤미Albert Memmi, 1965, 카브랄Amilcar Cabral, 1973과 같이 반식민주의 실천과 글쓰기를 통해서 서구의 문화적 정치적 지배에 도전했던 반식민주의적 운동가-지식인들과 공명을 이루었기 때문에 그에게 이끌렸다. 이 시기는 동시에, 화이트와 엡스턴Michael White & David Epston, 1990과 같이 상담을 받는 가족과의 관계에서 치료사가 전문가의 지위를 갖는다는 명제에 분명한 거리를 취한 후기구조주의 치료사들의 사상을 내가 알게 되었던 시기이며, 또 그래서 가족치료 자체가 도전을 받는 시기였다. 반식민주의 사상만큼 공공연하게 "정치적"이지는 않지만, 두 분야의 서사적인 사상은 모두 서구적 지식과 치료 행위의 우월성에 대해 그 내부로부터 도전하는 것이었다.

치료 행위도 억압받는 사람들의 이익과 조건에 유리하도록 반식민주의적 작업의 정신으로 수행될 가능성이 있다고 생각하게 된 나는, 이 작업을 프레이리의 『페다고지』1985 관련 저술과 연결시킬 수 있다고 생각했다. 프레이리는 모든 페다고지 경험이 억압의 경험이거나 아니면 자유의 경험이 될 것이라고 설명했다. 치료와 관련해서는 치료사가 도움을 받기 위해 온 사람에게 자신이 정한 의미, 즉 "치료법"에 대한 해석을 일방적으로 적용할 때 억압의 경험이 발생한다. 타인의 삶의 의미가 갖는 비밀과 그에 대한 해석을 치료사가 어떤 방법으로든 파악하고 적용할 수 있다고 가정하는 것은, 도움을 구하고자 하는 사람의 마음과 생각을 더욱 식민화하는 데 기여할 뿐이다.

치료 과정에서 자유 개념의 중요성에 대한 이러한 핵심적인 사상으로부터 프레이리의 비판교육학으로 이어지는 관심을 통해서 나는, 개인화된 치료와 개인적 향상에 초점을 맞추는 대신 지역 공동체 구축과 집단적인 작업을 수행하는 데 초점을 두는 것을 나의 치료 작업의 핵심으로 삼게 되었다. 이러한 접근법은 내가 일하며 살고 있는 흑인 지역사회와 그 문화에 더 잘 결합하는 치료였고 이러한 치료의 중요성과 잘 맞았다. 대화식 교육을 통한 상호의존적인 지역사회를 세우는 프레이리의 페다고지적 실천은 내가 흑인들의 말하기 중심 문화로 이해한 바에 잘 어울리는 것이었다.

프레이리는 은행저금식 교육Freire, 1987, 또는 학생들의 머리에 단순히 지식을 주입하는 교육에 대해 경고했다. 그래서 치료에서 자유의 경험을 만들어 내기 위해, 나로부터 또는 주류 문화로부터 파생되는 해석이 주입될 어떤 가능성도 없는 자유로운 공간을 제공하는 일이 치료사로서 나의 책임이 되었다. 앞에서 설명한 것처럼 식민화의 영향 때문에 흑인들이 자신의 신념과 꿈을 유럽 중심적인 가치와 판단에 지배당하도록 허용하는 일이 너무 자주 있었기 때문이다.

가족 구성원들이 모여 가족의 삶에 있었던 사건들의 의미를 함께 찾으면서 서로의 삶과 관계에 어떤 것을 원하는지 확인하고, 또 자신의 삶과 자아의식에 널리 퍼진 유럽 중심적인 가치와 판단으로부터 자유로워지는 기회를 갖는 것은 가족치료의 핵심 목적 중 하나이다.

그러므로 치료사로서 나의 전문성은 상담하러 온 가족의 삶을 해석하고 이에 대한 진단을 내리는 일에 있지 않다. 나의 전문성은 오히려 지배적인 유럽 중심적 문화가 어떤 방식으로 흑인들의 삶에 영향을 미치는지, 그리고 그 가족들이 자신의 삶을 직면하면서 이해할 수 있는 맥락을 어떤 방식으로 만들어 낼지 항상 의식하고 있다는 점에 있다.

소외와 정서적 건강

미국 사회를 지배하는 주류의 의도는 각자 분수에 맞게 살라는 것이다. 각자 분수에 맞는 위치는 보통 한 사람의 개인적 또 집단적 삶에 그때그때 작용하는 인종과 젠더, 성적 지향과 피부색, 경제적 지위 등의 맥락에 따라 정해진다. 그러나 그 사람의 위치가 정해진 맥락에 맞지 않을 경우, 대개는 개인적으로는 따돌림, 사회적으로는 소외를 경험한다. 이 경험은 프레이리가 처음 가르친 학생들에게 설명했던 "숙명론과 냉담"Freire, 1985을 쉽게 야기할 수 있다. 이러한 고립과 소외를 경험한 피억압자는 자기 삶에 대해 얘기할 때 부적절한 정서를 표출하는 것으로 보일 수 있다. 자기 아이의 죽음에 대해서 아무 감정을 보이지 않는 어머니 또는 제대로 챙겨 주지도 않는 여러 명의 여성과 낳은 자식들에 대해 허풍스러운 자랑을 늘어놓는 남자가 그런 예이다. 프레이리는 사람들이 자기 삶의 조건에 대해 질문하고 도전하는 법을 배우면 세계에 대한 지식을 형성하는 데 자기 주체성이 얼마나 중요한지를 하나씩 경험하면서 배울 것이라고 가정했다. 프레이리는 이 과정을 "비판적 의식화"라고 불렀다. 나는 치료사로서 나의 작업에서, 즉 사람들이 자신에 대한 이야기에 도전하고 그 이야기를 그들을 지배하고자 하는 주류 사회가 미리 설정한 의미가 아니라 자신이 실제 살고자 하는 삶의 "증언들"로 재구성하도록 하는 내 작업을 통해, 그러한 결과를 내고자 한다.

질문하고 증언하기

앞서 이야기했듯, 치료사가 되기 위한 준비 기간 초기에 만난 프레이리가 나의 개인적이고 직업적인 발전에 그렇게 중요한 역할을 하리라고 그때는 예상하지 못했다. 아마 내가 그의 비판교육학으로부터 배운 위대한 점 두 가지는 질문 제기의 중요성과 내가 상담하는 사람들에게 질문하기를 독려하는 일의 중요성일 것이다. 질문하기와 응답하기의 대화를 통해서 공동체가 공유할 수 있는 이야기가 생성된다. 이렇게 생성된 이야기들은 갑질은 불가피하다거나 당하는 건 어쩔 수 없다는 억압적 이야기에 도전하고 모순을 일으키게 한다. 공유되며 생성된 이러한 이야기들을 나는 증언이라고 부르고, 그런 이야기를 하는 행위를 증언한다고 말한다. 이 이름은 미국 법제에서 언급되는 법률적 의미가 아니라, 미국 흑인들의 영적 경험에 기초한 문화적 의미로 붙여졌다. 따라서 누군가의 증언은 자신들의 이 같은 종교적 전통에서 나온 경험 속에서 선택된 자기 삶의 이야기라 할 수 있다. 이 이야기는 주어진 삶이 그 사람에게 부여한 것이 아니라, 그 사람이 선택한 이야기다. 증언은 자기 결정과 행위자가 되기 위한 수단이다. 증언 치료가 수반하는 치료의 과정은 증인이 택한 공동체와 함께 의도를 가진 행위와 상호작용을 하는 것을 통해서 증언자의 비판적 의식 형성에 다가간다.

비판교육학과 마찬가지로 증언 치료는 비대칭적인 사회관계와 인간 생활의 여러 면을 교차하는 맥락으로부터 삶과 문화가 창조된다고 이해한다. 이러한 교차면들의 맥락을 위계적으로 배치하고 그 결과로 만들어지는 억압을 "정상"으로 간주하는 사회에서, 의도된 전복적 대화와 정상성에 대해 질문하는 증언 치료는 피억압자로 하여금 억압적 사회의 삶의 방식인 고립과 소외에 모순을 일으키는 공동체를 세우는 일을 통해서 자신을 치유하도록 한다.

프레이리의 비판교육학 방법론은 나에게 문화적 저항과 자기 결정이 갖는 치료의 의미와 사상을 실제 현실 세계에 효과적이고 정통한 방식으로, 그리고 일상적으로 적용할 수 있는 틀을 제공해 주었다.

프레이리와 지역사회 인권교육: 멕시코 프로드센터의 경험

루이스 아리아가(Luis Arriaga, S. J.), 가톨릭 예수회 신부 겸 인권 변호사

이 글에서 나는 파울로 프레이리가 그의 사상을 인권교육에 어떤 방식으로 나누어 주었는지를 1988년 예수회가 설립한 단체의 관점에서 살피고자 한다. 이와 관련하여 이 글은 후아레스인권센터Miguel Agustin Pro Juarez Center Prodh(프로드센터)의 사명 소개, 센터의 역사, 교육 활동, 영감을 주는 가이드라인, 그리고 파울로 프레이리가 기여한 이론적 페다고지적 기반으로 구성되어 있다.

프로드센터의 사명

프로드센터는 멕시코의 억압적 정권이 사회활동가, 교회 지도자, 정치 지도자, 지역사회와 민간단체 구성원들을 탄압하는 데 대항해야 한다는 사회활동가들의 요구에 의해 1988년 설립되었다. 센터는 멕시코 예수회가 정의 구현을 사명으로 내세우며 운영하는 기관이다. 창립 이래 센터는 생명 존중과 지행합일, 개인의 안전과 관련된 시민적 정치적 권리의 보호와 증진에 초점을 두고 헌신해 왔다. 2002년 프로드센터는 사이비 종교 피해자 집단을 대변하는 활동을 통해서 경제적 사회적 문화적 환경적 권리(스페인어로 DESCA 약칭)를 보호하고 증진하는 분야로 활동을 넓혔다. 현재 프로드센터는 소외되고 취약하거나 주변화된 사람들과 집단의 인권을 보호하고 증진을 목적으로 활동하고 있다. 인간의 존엄성을 완전히 존중하는 더 공정하고 공평한 민주사회 형성에 기여하기 위해서 말이다.

프로드센터는 지난 28년간의 교육 및 법률 지원 경험으로부터 발전

시킨 자체의 방법론을 가지고 활동을 전개한다. 법률 지원을 통한 변호활동은 "통합적 변호"라고 부른다. 센터의 방법론은 센터 각 부서의 협력을 통해서 수행된다. 분석/홍보부에서 사건을 널리 알리고 전국적인 홍보 캠페인을 전개한다. 국제부에서는 사건을 국제적으로 알리고 해외의 관련 단체들과 연계한다. 교육부는 사건으로부터 부각시켜야 할 이슈와 쟁점을 조사하여 이슈에 대한 대중적 이해를 돕고 조사에 기초하여 해당 주제에 관한 교육 워크숍을 진행한다.

이러한 전략을 수행한 결과 프로드센터는 멕시코의 인권 상황을 감시하는 데 중요한 기여를 할 수 있었다. 특히 프로드센터가 다룬 사건과 이슈들은 국내와 해외 여론의 반향을 일으켰다.

프로드센터 교육 사업의 역사적 과정

창립 이래 프레이리로부터 영감과 영향을 받은 센터는 지역사회 차원의 교육을 인권 증진에 핵심적인 요소의 하나로 삼아 왔다. 교육부의 작업은 전국에 걸쳐 각 지역마다 인권위원회를 설치하는 데 초점을 맞췄다. 인권을 소개하는 워크숍을 개최했고, 인권위원회나 인권단체의 인권 사업을 강화하기 위한 상황에 따른 이슈 중심 워크숍을 개최하기도 했다. 다루었던 주제들에는 지역 거버넌스의 형식, 토지법, 토지와 소유지, 선주민의 자치권과 민주주의 등이 포함된다. 법률적 이슈와 관련된 워크숍은 처음부터 준비된 내용을 제시하는 방식이었지만, 시간이 지나면서 워크숍들은 통합적 변호의 관점에서 변화, 발전했다. 이러한 방식으로 많은 인권단체가 탄생했는데, 현존하는 다수의 인권 단체는 프로드센터에 기원을 두고 있거나 센터의 교육 프로그램의 결과로 만들어졌다.

동시에 단체에 소속되지 않았지만 인권에 관심 있는 사람들을 위한 교육도 필요하다는 점이 분명해졌다. 이러한 이유로 센터는 인권 이외의 분야에서 활동하고 있는 단체와 사회 집단에게 초점을 맞추는 '촉진자학교'를 1999년에 세웠다. 참가자들은 직업을 바꾸거나 그만두지 않고도 인권의 관점을 자신의 업무나 활동 분야에 적용하는 방법을 찾기 시작했다. 이 학교의 목표는 참가자들이 자신의 직업 현장에서 인권 촉진자가 되어 이들의 존재가 지역사회에서 인권 보호와 증진의 구심점 역할을 하도록 하는 것이었다. 이렇게 해서 센터의 사업과 교육계획의 윤곽이 잡히게 되었다. 사업 계획은 한 축으로는 다양한 사회 집단과 단체들 각기 다양한 방법으로 인권을 보호하고 증진하도록 하는 것이었고, 다른 한 축은 인권 침해 피해자들의 지원과 소송 위임, 그리고 또 한축은 지역사회의 구체적인 문제들을 인권의 관점으로 대응하는 일이었다.

2003년 센터의 교육부는 소송부와 함께 선주민들이 다수를 이루고 있는 멕시코의 여러 주와 지역에서 선주민 인권촉진가 교육 프로젝트에 참여하게 되었다. 프로젝트 수행 지역은 폭력 발생률이 높은 지역들이었다. 이 프로젝트는 선주민들이 자신들의 문화의 관점에서 인권 문제를 보고 대응하는 방향으로 수행되었다. 그 결과로 이 지역에서 인권 구심점 역할을 하는 19명의 촉진자들이 생겨났다. 후에 내가 센터 소장으로 일하게 된 때에는 오아하카주 후아레스시에서는 인권교육 프로그램이 시행되고 있었고, 베라크루스주에는 지역 인권촉진자들의 연결망이 만들어졌다. 이렇게 하면서 센터는 사회적 불평등이 매우 심하고 프레이리의 가르침이 무엇보다도 의미를 지니는 이 나라에서 무엇이 필요한지를 계속 파악하고자 노력한다.

영감을 주는 가이드라인

프로드센터의 교육에서 사업 가이드라인 중에서 영감을 주는 가이드라인은 파울로 프레이리의 가르침에 기초한 것이다. 그가 알려 준

원리들은 주민들의 참여와 함께 인권 프로그램을 만들어 가려고 하는 센터의 계획에 디딤돌이 되었다. 센터의 계획에는 멕시코 사회에서 배제된 집단들이 선택지들을 찾아가며 정치적으로 활성화되는, 지역 교육 프로그램들이 포함되어 있다. 교육 프로그램과 병행해서 센터는 새로운 교육 사업을 개발함과 동시에 여러 사회단체와 운동조직과도 협업하는 데에도 초점을 둘 필요가 있었다. 이는 지금까지의 경험과도 연속성을 가지는 것이었다. 사회운동을 지원하면서 인권교육 자료를 더 발전시키고 사회단체와 지역의 교육가들과 증진된 협력을 추진하는 것이었다.

이렇게 해서 프로드센터는 사회적 안전과 건강한 환경, 그리고 깨끗한 물에 대한 접근권을 위해 싸우는 사회 집단을 형성하는 데 기여할 수 있었다. 시간이 지나 각 집단은 고유한 목적을 추구하는 사회운동체가 되었다. 프레이리에 따르면Darder, 2015; Freire, 1970, 이 과정은 인권교육이 곧 불평등과 불의의 이념을 지속시키는 패권의 가면을 벗겨 내는 정치적 행동이라는 점을 보여 준다. 이 목표를 위해 프로드센터는 주멕시코 유엔인권최고위원회가 발간한 『멕시코 인권 상황 진단』을 쉬운 언어로 재구성한 16권의 소책자를 발간하는 등 인권교육 자료를 개발해 왔다.

프로드센터의 최신 목표는 사회집단, 사회단체, 법률 지원을 받는 사람들 속에서 인권 보호 및 증진을 실천하는 주체 역량을 강화하는 것으로 한다. 이를 구현하는 실천은 사회운동과의 협력, 사회적 주체들의 연수, 자료 구비, 피해자 변호 지원, 센터 구성원의 인권 역량 연수 등이다. 연수와 교육, 세대 간 지식 형성과 조직화를 통해 프로드센터는 분명한 논점에 기초한 전략과 특정 인권의 타당성을 드러내는 도구들을 보강하는 데 노력을 기하고 있다.

이론적-페다고지적 기초

프로드센터의 이러한 계획은 멕시코의 교육 상황과 맥락 속에서 만들어진 것이다. 무엇보다도 교육은 구체적인 맥락 속에서 진행되는 역동적인 과정이다. 이러한 성격의 사회적 과정을 이해하는 데는 지속적인 대화의 역할이 핵심적이다. 지속적인 대화는 개인주의적 관성을 약화시키고 배움의 공동체를 함께 만들려는 목표로 이어진다.Darder, 2002, p.103 줄곧 이러한 의도를 가지고 있었던 프로드센터는 항상 인권교육을 시대의 문화적, 정치적, 사회적 조건에 위치 지으며 또 맞춰 가게 한다. 이런 면에서 보면, 인권교육이 직면한 가장 큰 도전은 과정의 페다고지를 위한 조건을 어떻게 만들어 낼 수 있는가이다. 대화를 가능하게 하는 조건을 만들어 내기 위해서 센터는 존엄성과 정의, 그리고 인권 존중을 위한 조건을 형성하는 데 노력을 기울인다.

이러한 접근이 시사하는 바는 크다. 첫째, "타자"를 대화의 기초로 생각할 필요가 있다. 타자로서 대화에 임하는 개인과 집단이 인간 동료로서 만나는 것이 곧 대화이며 깊은 감동을 만들어 내는 과정이기도 하다.Freire, 2002 둘째, 참여하는 모든 사람이 배우는 과정이 곧 교육이라는 점이다. "타자"를 만나는 일이 곧 지식의 길이기도 하다는 점이 여기에 전제가 된다. 이 전제로부터 우리 모두가 미완의 존재이므로 항상 "타자화"되는 상태에 처해 있다는 점을 인정하게 된다. 프레이리는 『자유의 교육학』1998b에서 사랑과 연대, 그리고 참여가 이러한 열림의 기본 요소라고 정리한다. 교육가는 의미가 형성되는 사회적 맥락과 그 속의 학생들과 문화에 대해서도 잘 알아야 하지만, 동시에 이러한 맥락에 작용하는 권력관계에 대해서 잘 알아야 한다. 우리는 배제되고 주변화되고 빈곤에 처한 사람들에게 우선적으로 열게 된다. 이러한 방식을 통해야만 우리는 진정한 문화와 민주적 에토스를 증진시킬 수 있다.

프로드센터는 인권 문제에 대한 정보를 사회단체와 교사, 학생과 지역사회 지도자들로부터 모은다. 양측은 이렇게 협력하면서 멕시코의 맥락에서 인권교육이 갖는 가능성과 한계, 그리고 새로운 도전들에 관한 정치적 토론과 이에 대응하는 페다고지 형성에 함께 기여하려고 한다. 프로드센터의 페다고지 방법론은 대화와 참여, 그리고 비판적 사고에 초점을 둔다. 교육 활동을 통해 얻은 중요한 결론 중 하나는 이러한 교육을 위해 인권에 대한 이해를 조직적이고 집단적으로 증진시킬 필요가 있다는 점이다. 이러한 필요 때문에 센터는 다른 프로그램의 일환으로 배치되는 경우를 제외하고는 인권 입문과정 워크숍보다는 이를 넘어서는 프로그램에 집중하기 시작했다. 경제적, 사회적, 문화적 권리를 중요하게 포함시킨 경험이 있는 센터로서는, 교육 프로그램의 주요 내용이 이 분야를 다루어야 한다고 생각하고, 예외적인 경우를 제외하고는 이 권리들을 워크숍 방식보다는 교육 자료의 발간을 통해서 부각시키고 센터 사업에 포함시키는 방향으로 적용한다. 프로드센터는 다른 민간단체들처럼 파울로 프레이리와 같은 사람들의 가르침으로부터 영감을 받은 대안적인 방법론을 사용하여 이러한 교육을 발전시켜 왔다. 그러한 접근법은 자기의 권리를 자각하는 사회적 행위자들의 의식화를 통해서 대화와 수평적 관계가 형성되도록 한다.

이렇게 해서 지역사회는 프레이리의 철학과 같은 방향으로 인권의 개념과 실현을 해방의 정치적 프로젝트로서 이해했고, 그럼으로써 함께 실천할 수 있었다. 실천함으로써 각 지역의 맥락 속에서 패권적 과정에 도전하는 연대체를 형성할 수 있었다. 상시적인 인권침해와 폭력의 맥락 속에서 프레이리의 교육학적 철학을 지역사회를 변화시키는 작업에 녹여 내는 일은, 사회적 의식의 증진과 불의한 사회 구조의 변혁으로 이르는 참된 혁명적 프락시스를 이끌어 내는 일이다.

제5장

신자유주의 배제 시대의 교육

신자유주의 세계화 | 경제적 불평등, 식민화, 배제 | 신자유주의 교육개혁 | 신화를 폭로하다 | 불평등의 조건 | 쓰고 버리는 정치 | 사회운동의 구축

개발도상국에서는 10억 명 이상이 빈곤에 허덕이고 있는데, 이들의 고통을 직접 다루지는 못하더라도 수월성이 웬 말인가? 이들은 몸집만 커졌지 공존하는 '빈곤'과 고통에 대해선 냉담할 뿐이다. 셀 수 없이 많은 사람이 집이 없어 거리에서 잠잘 때 안락한 침대에서 잠자리에 드는 것이, 그리고 그들이 길거리에서 노숙하는 것은 순전히 그들만의 잘못이라고 말하는 것이 수월성인가? 성, 계급, 인종에 대한 차별에 맞서 싸우지 않는 것이 수월성인가? 파울로 프레이리, 『희망의 교육학』, 1994

지난 30년 동안, 신자유주의 정책과 그 집행은 미국을 비롯한 여러 국가의 교육 지형을 크게 바꾸었다. 이것은 교육과정, 학생 평가, 교사 준비, 수업지도력 및 학생의 학업성취에 영향을 주는 모든 학습 여건들을 다루는 주와 전국 단위 교육정책 논쟁에 큰 변화를 가져왔다. 노동계층이 살아가는 지역사회의 교육 여건이 열악한 가운데서도, 특히 시카고, 뉴욕, 로스앤젤레스의 흑인과 라틴계 지역사회의 교육 여건은 특히 심각한 상황이다. 억압받는 이들은 경제적 구조조정, 후기 산업사회의 도심 생활 환경, 광범위한 젠트리피케이션으로부터 심각한 영향을 받고 있기 때문이다. 그런데 고용, 주택, 교육, 보건 서비스의 중

대한 변화가 반영된 이들 도시의 상황은, 교육정책의 영역에서 중요한 화두로 다뤄지지 않는다. 교외 지역[18]이나 시골의 치솟는 빈곤율은 교육정책 담론의 초점을 이러한 지역사회에 사는 학생의 삶에 어떤 결핍이 있는지 효과적으로 다루는 것으로 이동시키기에 충분하지 않았다.

신자유주의 파편화가 낳은 엄청난 결과 중 하나는, 공교육을 완전히 무시하는 담론을 통해 공교육 체계를 불구로 만들어 버렸다는 점이다. 이는 극렬한 민영화 찬성론자들이 손쉽게 설치한 수단에 의해 "실패"할 운명인 학교가 적대적으로 인수되는 것으로 끝이 났다. 그러나 공격적인 신자유주의 정책과 그 집행의 잔해 속에서, 공교육에 대한 대규모의 공격에 대항하는 일관된 투쟁을 위한 정치적인 비전도 부재했다. 이 과정에서 공교육은 대규모의 재정 축소를 감내해야 했을 뿐만 아니라, 민주적인 삶의 본질을 파괴하는 경제 논리에 따라 학교교육의 목적은 파편화, 반역사화, 도구화, 탈정치화되었다. 교육은 모두에게 개방된 공공재로 인식되는 대신, 명백하고 확실한 규제 없이 자본 변동에 따라 조절되고 교환될 수 있는, 나아가 판매될 수 있는 사적 재화, 즉 시장의 상품으로 변모했다.

공교육에 대한 정치적인 공격에 숨겨져 있는 것은 자본주의 수요에 맞추어 노동자를 준비하는 것으로 학교의 역할을 고정시키려는 잔인한 생각이다. 훨씬 더 당황스러운 것은 신자유주의가 취해 온 방식이다.

---

18. 전국 4,600만 빈곤층의 대략 40퍼센트가 교외에 살고 있고, 이는 1970년도에 20퍼센트였던 것에 비해 증가한 것이다(Dreier와 Swanstrom, 2014). 그리고 도시의 빈곤층이 23퍼센트 증가한 것에 비해 대도시 교외 지역의 빈곤층은 53퍼센트 증가했다(Tuttle, 2011). 인구증가율, 일자리의 탈중앙화, 주택의 노후화, 이민, 지역적으로 넓게 펼쳐진 경제 침체 그리고 수년 동안 지속되어 온 저소득가구의 이주를 가속화하는 정책의 결합은 저소득층의 교외 주거 비율을 높였다. 2000년에서 2010년까지 도시의 빈곤층이 23퍼센트 증가한 것에 비해 대도시 교외 지역에서는 53퍼센트 증가했다. 참조: "퍼거슨과 같은 교외의 게토는 시한폭탄"(《워싱턴 포스트》), 그리고 "교외의 게토: 치솟는 교외 지역의 빈곤율"(《타임 매거진》).

(신자유주의는) 부유한 투자자들과 대기업의 이윤이 사회 및 경제 정책을 정하기 때문에, 보수부터 진보까지, 정치적 스펙트럼의 모든 정파에 의해 받아들여진다. 자유시장, 기업, 소비자 선택, 기업가 정신, 정부 규제의 악영향 등은 신자유주의의 교리다. 실제로 기업이 통제하는 미디어의 의견은 부유한 엘리트의 이익을 위해 봉사하는 신자유주의 정책의 경제적인 결과가 모두에게 유익하다고 대중이 믿게 한다.Ross & Gibson, 2006, p. 2

신자유주의 세계화

1980년대 말, 세계화는 경제적 제국주의와 이들이 자행하는 무자비한 자본축적 메커니즘에 관한 완곡한 표현이 되었다. 이 과정에서 세계화는 신자유주의 담론을 정치경제 영역에서 혁신으로 간주되도록 만들었다. 레이건 정부의 낙수효과 기조에 의해, 세계화는 지난 수년간 시민권 운동이 이룩한 것들을 해체하기 위한 정치, 경제적인 작업에 유용한 위장막이 되었다. 문화적인 통합을 추구하는 민주적 요구와는 정반대로, 개인의 책무성, 경쟁, 시민적 책임의 자유시장 가치가 탈규제 및 시장화의 정책 담론에 스며들었고, 이 모두는 신자유주의에서 우선적인 이윤을 증진하기 위해 투입되었다. 따라서 국내 문제로서 다루어졌던 노동, 주거, 시민권, 심지어 교육과 같은 인간을 둘러싼 문제는 세계화에 포함된 경제적인 용어로 바뀌었다.

세계화는 세계 자본주의의 글로벌 융합정책을 통해 지구의 다양한 사회들이 복잡한 방법에 의해 조정되고 통합되는 현상을 수반한다. 세계화[19]는 "자본주의가 재화와 서비스의 교역에서뿐만 아니라, (훨씬 더 중요한 것은) 자본의 흐름 및 통화와 금융상품의 거래에서 점점 더 초국가적 기반에서 구성되는 과정"으로 정의된다.McChesney, 1998, p. 1 간략하게 말하자면 신자유주의 세계화는, 특히 신자유주의적 이익에 따라 조정되는 국제적인 자본의 움직임을 의미한다.

> 요약하자면, 1973년 이후 전 지구적 차원에서 신자유주의식의 자본주의 발달은 기본적으로 금융자본이 주도하는 자본주의 정책의 맥락을 반복하며 다음을 포함했다. (a) 전후Post war 사회구조 속 자본축적의 변화, (b) 산업자본과 금융자본 사이 권력 균형의 이동과 자본주의 경제 전반의 독점적 이윤의 조정, (c) 세계 자본주의 세력으로부터 이념적, 정치적, 역사적인 패배로 인한 노동조합의 영향력 감소. 이러한 세계경제에서 전 세계적인 신자유주의로의 전환은 '자본 이동'의 근본적인 변화뿐만 아니라 국제통화기금IMF, 세계은행, 국내 대리인이나 기관과 같은 국제금융조직이 추구해 온 특정 계급을 위한 정책의 결과를 반영한다.Polychroniou, 2014

그러나 우드Ellen Meiksins Wood, 1998는 세계화와 그에 따른 신자유주의 정책이 자본주의 논리의 주요한 전환을 반영하기보다는 오히려 "자본주의 자체가 성숙해지는… 포괄적 체계로서의 자본주의의 결과"를 반영한다고 주장한다.p. 47 그래서 새로운 형태, 새로운 리듬, 새로운 자극에도 불구하고 많은 사람들이 "세계경제"라고 부르는 자본의 세계화 과정 또는 "자본주의의 보편화"는 1980년대가 아닌 1492년도에 시작되었다고 한다. 이와 관련해서 그라이더William Greider, 1997는 "역사에서

---

19. 지난 20년간 〈Monthly Review〉에서 제기된 세계화에 관한 논쟁 참조.

수 세기에 걸친 정복과 경제적 식민화는 유럽과 북미의 산업자본주의 부상에 필수적이었지만 결과물은 전혀 공유되지 않았다. 사실, 세계경제는 오래전부터 세계 대부분의 지역을 낮은 수준의 상품 생산자로서 머무르게 했다"고 주장했다.p.19

지난 30여 년 동안 세계자본주의의 팽창 결과, 높은 수익과 판매를 이루는 데 인간의 노동력은 많이 필요하지 않게 되었다. 경쟁과 시장화의 신자유주의 윤리 속에서 인간 존재의 모든 측면이 상품화와 금융 투기의 게임이 되어 버려 노동자들은 점차 쓸모없게 되었다. 월호프Claudia von Werlhof, 2012는 신자유주의적 세계화에 관한 글에서 이렇게 말했다.

> 오늘날 지구상의 모든 것들은 상품이 되고 있다. 즉, 모든 것들이 '거래'와 상업화를 위한 대상이 된다(참된 의미는 유동화, 모든 것이 유동자금으로 변형되는 것). 이러한 신자유주의 단계에서 자본주의는 비용 집약적이지 않으면서 가급적이면 '인건비가 들지 않는' 상품 생산을 추구하는 것만으로 충분하지 않다. 삶 그 자체를 포함한 모든 사람과 모든 것을 상품으로 변형시키는 것을 목적으로 한다. … 우리는 눈을 가린 채 '화폐화'에 의한 총체적인 자본주의/유동화라고 이름 붙일 수 있는 '생산양식'의 폭력적이고 절대적인 결말을 향해 질주하고 있다.von Werlhof, 2012, pp.35-36

그로 인해 현재의 노동 수요가 기술로 대체되었고 필요로 하는 노동자 수에 극적인 변화가 생겼다. 1980년대부터 미국 기업의 대규모 구조조정 또는 직장 폐쇄는 아웃소싱과 역사적으로 벌이가 괜찮았던 제조업 공장을 세계 곳곳의 "값싼 노동력"이 있는 곳으로 이전시키며 시작되었고, 오늘날까지 이어지고 있다.

한때 미국을 산업사회에서 지식사회로 이전시키기 위한 적극적인 노력은 이제 더욱 강력하게 미국을 전 지구적인 STEM(과학, 기술, 공학, 수학) 자본으로 만들어 갔다. 신자유주의적으로 긴요한 일에 중점을 둔 전 지구적 변화는 노동의 국제적인 영역을 선명하게 재정립했다. 이러한 차원의 세계화는 "노동시장과 고용조건에 대한 실질적인 통제권과 구매력을 상실한"Greider, 1997, p.24 노동자에게 가장 큰 타격을 입혔다. 반면에 최고위 경영자, 컨설턴트 및 고문의 급여 및 수당은 급증했다. 통제력의 분산은 기업이 전 세계적인 망을 형성하여 국외 주주를 국내 주주보다 덜 가시적이고, 덜 책임지며, 덜 시끄러운 대규모의 분산된 그룹으로 만드는 결과를 낳았다. 자본주의의 가혹한 불평등의 개선을 추구했던 기존 근대 복지국가의 사회보장제도는 점차 약해져 갔다. 전 지구적 신자유주의는 전적으로 "국가의 정체성이나 정치, 사회적 결과와는 무관한 자본수익"p.25을 극대화하기 위한 경쟁을 강조한다. 한편 "제3세계"는 강요된 경제체제의 결과, 산업용 천연자원의 착취, 세계시장에 대한 의무적인 참여로 인해 점점 더 경제적으로 종속되어 갔다. 카바너John Cavanaugh, 1996는 이 결과를 "국제경제의 아파르트헤이트"라 불렀으며 지루Henry Giroux, 2010a는 "경제적 다윈주의"라 말한다.

이런 이유로, 지난 30년간 "세계화의 지배적인 행위자는 몇 안 되는 백여 개의 세계 최대 민간 기업들이며, 이들은 국경을 넘어 생산과 마케팅을 점차 통합해 왔다."McChesney, 1998, p.1 1996년, 100대 경제 주체 중에서 51개가 글로벌 기업이었다.Cavanaugh, 1996 대략 20년이 지난 시점에 그 수는 더욱 증가했다. 수익으로 분류한 세계 최대 100대 정부 및 기업에 관한 보고서Freudenberg, 2015에 따르면 오늘날 세계에서 가장 큰 경제 주체 중 63개가 글로벌 기업이었다. 예상한 대로, 미국이 세계에서 가장 부유한 국가 경제를 자랑하고 있지만, 최상위 기업인 월마트는 다른 185개국보다 더 큰 수익을 올리고 있다.[20] 상위 200대 기업들은 어마어마한 권한을 행사하면서도 일자리는 거의 창출하지 않는 일자리 파괴자들이다. 이 기업 대표들은 "지구촌"이라는 용어와 통합에 관해 찬양하는 표현을 자신이 사람들을 노동자이자 소비자로 묶고 있다는 것을 보여 주기 위해 사용한다. 그러나 이 통합의 이윤이 행복하게도 축하를 받고 있다는 것과 동시에, "세계 문화체계의 특징은… 그 거대한 불공평함이 강력하고 뿌리 깊게 남아 있다"는 것이다.Golding, 1998, p. 70

동시에 미국은 음악, 영화 그리고 다른 문화적 산출물을 통해 전 세계 90~95%에 이르는 사람들의 경험을 균일화하여, 세계 문화산업의 지배적인 세력으로 존재한다. 나이키와 같은 초국가적 기업은 미국 임금의 5~10%밖에 안 되는 아동노동(글로벌 공장에겐 일반적인 관행)이 만연한 멕시코, 필리핀, 카리브해 연안의 자유무역지대를 이용한다. 신자유주의 세계화가 소위 유연한 자본주의의 생산 및 축적 양식이 가진 힘과 인생을 통제해서 잔인하게도 소수에게 부를 집중시킨 것이라는 데에는 의문의 여지가 없다.

신자유주의 시대의 경제정책은 자본을 위한 사회주의[21]와 자유로운 노동시장을 점차 증진시켰다. 예를 들어, 북미자유무역협정NAFTA은 라틴아메리카 또는 태평양 연안의 나라로 공장을 신속히 이전시켜 라틴계, 흑인 및 기타 노동자들의 노동 참여를 약화시켰다. 클린턴 대통령 재임 기간 100만 개의 일자리 창출을 예상했지만, 멕시코로만 한

---

20. (옮긴이 주) 그 수는 69개로 증가했고 월마트는 10위로 대한민국을 포함한 다른 213개 국가보다 더 많은 수익을 올리고 있다. 참조: https://www.globaljustice.org.uk/news/2018/oct/17/69-richest-100-entities-planet-are-corporations-not-governments-figures-show

21. (옮긴이 주) 이익은 사유화하되 손해는 공유하는 형태를 비꼬는 말이다.

정해도 거의 70만 개의 일자리가 미국에서 옮겨 갔다.Faux, 2013 지난 십 년간 2005년 중미자유무역협정CAFTA, 2012년 한미자유무역협정 KORUS FTA, 그리고 가장 최근인 2016년 환태평양경제동반자협정TPP 과 같이 "자유무역"을 촉진시키기 위한 추가적인 무역협정이 이어져 왔다. 이러한 협정은 부유한 다국적 기업의 이익을 보전해 주면서, 착취를 기반으로 불리한 노동조건을 영속시키고, 실업을 유발하며, 환경을 손상시키고, 노동조합을 반대함으로써 노동자의 삶의 질을 심각할 정도로 불안정하게 한다.

남반구와 북반구의 불평등에 관한 UN의 보고서에서 고로스티아가 Xavier Gorostiaga, 1993는 지난 십 년간의 세계화의 가장 큰 특징으로 불평등의 극심한 증가를 언급했다. 당시, 그는 다음과 같이 말했다.

> 1989년에는 상위 다섯 번째까지의 부유한 국가가 수익의 82.7%, 국제 무역의 81.2%, 상업 대출의 94.6%, 예금의 80.6%, 그리고 모든 투자의 80.5%를 장악하고 있었다. 분배의 관점에서 이는 옹호될 수 없고 자원을 고려했을 때도 마찬가지다. 부유한 나라들은 세계 인구의 5분의 1을 차지하지만, 세계 에너지의 70%, 철의 75%, 목재의 85%, 음식의 60%를 소비한다. 이러한 발전 방식은… 오직 극도의 불평등이 유지되는 경우에만 가능하다. 그렇지 않으면 세계의 자원은 고갈될 것이기 때문이다. 따라서 불평등은 체제의 왜곡이 아니다. 이는 현 체제의 성장과 영속을 위한 시스템적인 전제 조건이다.Gorostiaga, 1993, p. 4

20년도 더 지나게 되면, 북반구 국가들이 지배적인 세계시장에서 경쟁해 보려는 남반구 국가들의 노력에도 불구하고, 북반구와 남반구의 사회, 물질적 조건의 불평등은 지속될 것이다. 구탈Shalmali Guttal[2016]은 다양한 국제경제지표를 활용하여 『세계 남북 분할의 타당성 고찰Interrogating the Relevance of the Global North-South Divide』이라는 책을 저술했다.

> 지난 십 년 동안 정말 많은 보고서가 전 지구적인 차원뿐만 아니라 국가 간의 극심한 빈부격차의 추악함에 대해 언급해 왔다. 크레딧 스위스Credit Suisse의 2015년 「세계 부 보고서Global Wealth Report」에 따르면 전 세계 성인의 1% 미만이 전 세계 부의 45%를 소유하고 있는 반면, 나머지 성인의 71%만이 고작 3%를 소유하고 있다. 이들 중 백만장자의 46%는 미국에 있고, 그다음 7%는 영국, 6%는 일본, 독일, 프랑스에는 각각 5%씩 존재한다. … 북미와 유럽은 성인 인구의 18%만을 차지하고 있지만, 이들은 전체 가계의 부 중 67%를 차지하고 있다. 다른 모든 지역에서 부의 분배는 인구 점유율과 일치하지 않으며 인구와 부의 불균형은 분명하다. 심지어 중국은… 전 세계 성인 인구의 21%를 차지하지만, 부의 9%만을 차지하고 있다. 인구 분포율이 부의 분포율을 10배 이상 초과하는 아프리카와 인도가 가장 심각한 상황이다.Guttal, 2016, p. 4

나아가 구탈Guttal, 2016은 이러한 전 세계에 걸친 불평등이 국내 및 국제적 권력관계를 주도적으로 좌우하는 "심각한 구조적 결함"으로 이해되어야 한다고 주장한다. 더욱이 전 세계적인 불평등이 심각함에도 불구하고, 배제 또는 문화적 차이에 관한 논의에서 자본주의 체제의 근본적인 전제로서 빈곤을 간과하는 경향이 만연하다. 이 과정에서 "차이"와 관련 있는 기만적인 신화의 구성과 도입은 프레이리[1970]가 문화적 침략과 인종차별의 사회적 과정(불필요한 것들을 걸러 내려는 것)이라 부르는 제도적인 구조를 유지, 심화시킨다.[Darder & Torres, 2004]

신자유주의가 국내외적으로 내포한 절망스러운 의미를 고려할 때, 전 세계에 걸친 자본주의의 총체적 영향, 그리고 그것의 학교 및 지역사회 상황과의 연관성은 반드시 설명되어야 한다. 자본주의가 단순히 주어졌기 때문에 작동하는 것이 아니라, 모순되는 영역에서 자본주의가 상식이 되어 가며 발전했다는 것은 자명하다. 대신에 소유욕이 강한 개인의 집합체로서 사회의 원자론적 개념이 강화되고 공동선에 대한 인식은 소외되고 있다. 이런 윤리는 시장의 지배가 자본, 재화 및 용역의 자유로운 이동을 보호하고 공공정책이 압도적으로 시장의 해법에 따라 좌우되는 "자유시장"이라는 신자유주의 이데올로기에 따라 효과적으로 발전했다. 시장의 깔끔하고 정돈된 도덕과 문화적 우월성을 통해, 모든 역사적 형태의 정치-경제적 불평등과 사회적 배제는 사적 이익과 자유시장 기업의 성스러움에 대한 순결한 믿음과 자본주의를 민주주의와 동일시해 온 정치체계 속에서 씻겨 나갔다.

따라서 시장논리는 (헤게모니적 학교교육 또는 파울로 프레이리[1970]가 은행저금식 교육이라고 부르는 것에 영향을 미치는) 권위주의적 가치와 신념이 문화산업에 의해 맹렬히 확산되어 효과적으로 계급, 인종, 젠더의 계층화를 정상적인 것으로 만들었다.[Darder, 2012a] 나아가 "완전히 도구적이고 암기에 맞춰져 있으며 순응과 고부담표준화시험을 치르는 교육이 지배적이어서, 학교는 지적인 무덤이자 처벌의 센터가 되었고 시민 가치의 교육 및 학생의 상상력을 가능한 확장시키는 일에서 멀어지게 되었다".[Giroux, 2010b, para. 4] 모든 일에 대해 스스로 책임져야 하는 상황에서, 피해자를 비난하는 시장 풍토는 가장 궁지에 몰려 도움을 필요로 하는 노동자 계층 지역의 사람들에 대한 접근을 체계적으로 없애 버렸다.

경제적 불평등, 식민화, 배제

국가 수립 이래 미국은 다문화, 다언어 국가였지만, 계급 간 적대감과 문화적 차이에 대한 거부 및 부정은 오랫동안 대부분의 교회, 학교, 사회복지기관을 포함한 공사립 기관이 가져왔던 식민화하는 가치와 관행에 반영되어 왔다. 권력의 식민성[Quijano, 2000][22]은 500년도 넘는 세월 동안 아메리카 대륙에서 혹독하게 자행된 인식론적이고 물질적인 동화 정책을 통해 작동해 왔다. 이런 동화 정책은 해방윤리[Dussel, 2013]를 강력하게 거부해 왔고, "가난한 사람들에 대한 책임이란 관점에서 제기되는 도덕적 문제의 큰 부분을 재고하고, 더 나아가 이들을 책임지라는 요구에 응해야 한다는 요청"을 거부해 왔다.[Dussel, 2003, p. 142] 이러한 영향 때문에 명백한 운명[23]의 교리가 값싼 노동력과 예비 병력으로서 사회, 경제적으로 착취당하는 식민화되고 노예화된 사람들이 피해를 입는 방향으로 마음속에 자라나고 실행되었다. 나아가 "수 세기 동안 진행된 정복, 대량학살, 암살, 식민화, 제국주의, 문명화, 도시화, 재배치는 전 세계의 토착 지역사회를 심각하게 변화시켰다."[Grande, 2004, p. 2]

이러한 행위가 가져온 가장 심각한 결과 중 한 가지는 파농[Frantz Fanon, 1967]이 "비뚤어진 논리"라고 말한 것처럼, 정치·경제적 피억압자

---

22. 권력의 식민성(coloniality of power)은 식민 지배로 인해 발생한 지배/피지배 인종 관계에 따른 역할, 지위의 계층화와 계층의 고착화를 의미.

23. (옮긴이 주) 명백한 운명(Manifest Destiny)은, 1845년 미국의 텍사스 병합 당시 J. L. 오설리번의 논설 중 "미 대륙에 확대해야 할 우리의 명백한 운명은 해마다 증가하는 수백만 인구의 자유로운 발전을 위하여 신이 베풀어 주신 것이다"에서 비롯됨. 그 후 미국의 영토 팽창 이념의 표어가 되었으며, 미국의 영토 확장주의 정책의 논거로 이용되었다.

들을 야비하게도 "경제적으로 종속"시키는 것이다. 그러므로 식민화하는 의존에 대한 역사적이고 동시대적인 영향에 이의를 제기하는 것은 문화적으로 종속된 사람들에 대한 우리의 사고방식을 서구의 인식론으로부터 탈피시키는 탈식민화의 인식론을 핵심으로 해야만 하고[Paraskeva, 2014; 2016; Mignolo, 2007; Santos, 2007], 교육에 대한 우리의 이해에 토대해 역사를 다시 써야 한다. 이는 서구의 근대성에 의해 부인되었던 피억압자들의 역사와 지식을 긍정하는 것이다.[Mignolo, 2000; Quijano, 2000]

이 분석의 핵심은 식민주의가 서구 근대성의 자본주의와 불가분의 관계에 있음을 인식하는 탈식민지적 관점이다. 이는 근본적으로 비판하고 문제를 제기하는 역사에 대한 개념적인 독해를 포함한다.

> 서구 근대성과 이에 상응하는 인식적 식민화는… 따라서 남과 북 모두의 억눌린 지식에 목소리를 부여한다. 미뇰로[Mignolo, 2000; 2007; 2011]에게 식민성은 근대성보다 더 어두우며 분리할 수 없는 부분이다. … 이것은 후자에 의해 부정된다. 서구 근대성의 시작을 통상적으로 17~18세기라고 설정하는 것과 달리, 탈식민주의적 저자들은 콜럼버스에 의해 아메리카 대륙이 '발견된' 1492년부터 근대성과 식민화가 동시에 시작되었다고 주장한다.[Dussel, 1993] 그때 이후로, 권력의 식민적 모체가 자리 잡았고[Mignolo, 2011], 이는 식민 지배가 끝난 후에도 오랜 기간 지속되었다.[Wanderley and Faria 2013, p. 4-5]

공식적으로 기록된 백인을 중심으로 한 역사 해석의 편파성과 한계를 드러내 보인 중요한 지점에서 식민화의 역사를 이해하고 참여해야 한다. 피억압자들은 권력의 식민성을 유지하는 인식론적 말살에 의해 추방되고 압제받아 오면서 이러한 역사 이해와 참여에서 배제되어 왔다.Paraskeva, 2016; 2014 산토스Boaventura de Sousa Santos, 2007는 인식론적 말살을 무의식적 차별이라고 불렀는데, 무의식적 차별에서 다른 한쪽(주로 약한 쪽)의 사람들은 부재하다. 산토스는 다음과 같이 썼다. "무의식적 사고를 결정짓는 가장 근본적인 것은 경계 지어진 두 가지 영역이 공존할 수 없다는 점이다. 그것이 널리 퍼져 있는 한, 경계의 한쪽 영역은 관련 현실의 영역을 소진시킴으로써 우세해진다. 그 너머에는 부재, 비가시성, 비변증법적인 부재뿐이다."p. 1

오늘날 이 무의식적 차별은 경쟁, 개인주의, 자유시장, 탈규제화를 담고 있는 "신자유주의 윤리"의 도그마 (또는 경쟁의 보호를 위한 국가의 규제) 속에 깊게 자리 잡고 있다. 따라서 아마블Bruno Amable, 2011이 주장한 대로, 자본가들은 이전에는 볼 수 없었던 대규모 과점 및 독점 시장을 창출했다. "따라서 시장은 그들에게는 자유로운 반면, 종속되도록 저주받거나 (강요된 생산자, 노동자, 소비자) 시장에서 전적으로 배제된 (아무것도 팔거나 살 것이 없는) 다른 모든 이들에게는 자유롭지 않다. 오늘날 지구상 약 50%의 사람들이 이 영역에 속해 있으며 그 비율은 계속 늘어나고 있다."von Werlhof, 2012, p. 8

식민화하는 배제에 의한 인식론적 말살은 전진하는 강력한 자본주의적 신자유주의 이데올로기를 정당화하고, 이러한 이데올로기는 자유와 민주주의의 외피 또는 인권과 관련한 자유주의의 광고 아래 글로벌 경제의 광범위한 정복을 도왔다.Clairmont, 1995 경제적 종속과 함께, 그러한 표현은 지배층과 피지배층 모두에게 수용할 만한 것이 되었고, 자유로운 인간이 되는 합법적인 방법이 하나밖에 없다는 그릇된 믿음을 시나브로 주입시켰다. 간과되었던 것은 방법이고, 그러한 방법 속에서 글로벌 권력의 식민성과 연결된 계급 형성, 신념, 태도, 가치들이 지배적인 문화적, 계급적 기대를 통해 자리를 잡게 되었다.Grosfoguel, 2011;

Mignolo, 2011; Quijano, 2000 이러한 기대는 경제·정치적으로 권력자들의 이익에 의해 정의되고 눈에 띄지 않는 국가의 도덕적인 지도자, 즉 교사에 의해 이행된다.Gramsci, 1971

이 시점에서, "식민화하는 권력이 (노예 혹은 일꾼으로) 토착민, 자원, 지식, 식물, 금속 및/또는 동물들을 수출하여 식민 통치자의 부를 증대시키는 정착민 식민화에 주목하는 것 또한 중요하다. 마찬가지로 제국주의 국가 '내부'에서 게토, 미국 원주민 보호구역, 국경, 감옥, 경찰, 감시, 그리고 교육체계를 통해 낮은 계층의 사람과 땅을 폭력적으로 관리하는 내부적 식민화"Bloom & Carnine, 2016는 인종차별의 과정에서 지속된다. 파텔Leigh Patel, 2015은 자격조건에 대한 비평문에서 이런 현상의 핵심 사례를 제시한다. 자격조건은 오랫동안 헤게모니 사회에서 토지 자원, 권력을 가질 기회, 그리고 특권에 접근할 정당한 인간의 가치를 결정하는 데 사용됐다. 교육과 이주에 관한 논의에서 파텔은 "자격조건의 편재성은 차별받는 정착민 사회의 민족을 배치하는 방식, 이들을 인종적으로 주류와 비주류로 나누는 방식, 그리고 근본적으로 연결되었지만 구별된 사회적 위치, 권리 및 자신, 타자, 국가 및 토지와의 관계를 창출하는 방식의 구체적 내용을 탈식민주의적으로 생각하도록 요구한다"고 했다.p. 11 더욱이 이것은 교육을 사회 속의 실력주의 배제 담론에 당연하게도 스며 들어간, 권력의 식민성의 이데올로기적이고 인식적 연결고리를 뚜렷하게 보여 준다.

그러므로 권력의 식민적 모체Mignolo, 2007; Patzi-Paco, 2004는 뿌리 깊은 경제적 통제의 헤게모니적 상호작용, 권한의 통제, 공적 영역의 통제, 이데올로기적 통제를 통해 지속 가능해진다. 본질적인 것은 어떤 지식이 정당하고 쓸모없는지 통제하는 것이다.Tlostanova & Mignolo, 2009 학교와 사회의 숨겨진 교육과정에 의해 이전된 가치, 신념, 이해관계의 문화적 헤게모니는 이러한 비대칭적인 권력관계의 복잡한 겉모습을 통해 견고하게 유지된다. 예를 들어, "평평한 세계"Friedman, 2005 또는 자본주의와 결탁한 신자유주의의 제국주의 정신을 통해 경제적 불평등과 사회적 배제에 관한 의문은 편의상 생략됐다. 따라서 인종차별, 빈곤 그리고 다른 사회·물질적 억압의 형태들에 대항해 온 수년간의 시민권을 위한 노력은 현재의 교육 기업과 무관하다는 이유로 쉽사리 무시되었다.

그 대신, 새로운 차터스쿨 관리 조직을 설립하여 자신을 위한 공간을 만드는 교육기업가의 형태, 이미 불충분하면서도 속성 교육과정을 통해 비전통적인 교사 준비 프로그램을 만들려는 사적 행위의 형태, 교육적인 삶을 사업화하는 것이 우선적인 역할인 관리자 역할의 형태, 또는 신자유주의 교육개혁의 목적을 지지하는 수업 자료를 판매하거나 물품 및 교과서의 평가로 매우 큰 이익을 보는 시장 수익자의 형태이건 간에, 교육을 이윤 추구의 수단으로 전환시키는 비타협적인 시장화 계획이 강조되고 있다.

하지만 교육에 대한 이런 보수주의적 공격은 새로운 현상이라기보다는 오히려 더 성장한 자본주의 기업이 보이는 현재의 모습이다. 따라서 신자유주의 교육개혁은 자본주의 국가의 강력한 헤게모니 조직의 연장으로서 이해되어야 적절하다. 이는 그람시Antonio Gramsci, 1971의 헤게모니로부터 유래하고, 이는 "근본적인 지배 세력에 의해 사회생활에 부여된 일반적인 방향에 대한 대중의 자발적인 동의"를 의미한다.p. 12 신자유주의 정책은 교육의 영역에서 1983년 「위기에 처한 국가 A Nation at Risk」 보고서를 발단으로 맹렬하면서도 지속적으로 등장했다. 학교는 국가 경제의 엔진으로 작동해야 한다는 기본적인 교리에 근거해, 통제되지 않은 교육 민영화 과정은 현장에서 지옥 불처럼 퍼져 나갔다. 반면, 실패한 학교라는 비열한 표현은 간신히 붙잡기 시작한 진보 교육의 노력을 산산이 찢어 버렸다. 따라서 신자유주의 옹호자들과 보수주의자들은 공교육에 앙갚음한 후, 1960년대와 1970년대의 피해자를 비난하는 책무성 담론을 부활시키고, 당시의 노동운동과 시민권 운동의 진전을 방해한 정치적인 전략을 들여왔다.

물론 단순히 무자비하게 힘으로 진보적인 노력을 공격하기보다, 국가 권력은 신자유주의에게 재정적으로 긴요한 일을 잘 보호하고 강화하는 사회개혁 조치를 통해 구체화된 경제적 다원주의를 효과적으로 배치했다. 그에 따라 자본주의의 어두운 면을 보완하기 위해 케인스주의적 정책을 통해 수립된 복지국가의 사회복지망은 약화되어 갔으며, 동시에 노골적인 기업의 탈규제화가 이어졌다. 그 결과 1990년대 후반은 이전의 경제적 시대와 견줄 만한 놀라운 경제 호황이었고, 동시에 엄청난 부의 불평등을 촉발시켰다. 실제로 25년 전부터 연방정부가 부의 편중 비율에 관한 자료를 발간한 이래, 오늘날 부의 편중 비율이 최고치를 기록했다.Domhoff, 2013 예를 들어, 주택담보대출 산업과 관련한 신자유주의 금융 악행은 특히 유색인종의 노동계급 지역사회를 비롯한 전체 경제를 쇠퇴시켰다. 압류 위기로 인한 예상치 못한 주택과 부동산의 손실로 흑인과 라틴계의 순자산은 사상 최저를 기록했다. 일자리와 다른 금융자원의 부족으로 노동계급 지역사회는 회복하기가 훨씬 더 어려워졌고, 경제학자들은 적어도 지난 십 년간의 손실을 회복하기에는 한 세대가 걸릴 것으로 예측했다.Henry, Reese & Torres, 2013

이러한 황폐화에도 불구하고, 문화적 차이 및 경제적인 불평등과 관련된 지역사회의 우려는 교육 논쟁에서 사라졌고, 책무성과 관련한 직설적인 실력주의가 득세하고 있다. 이 과정에서, 견고한 식민화 인식론과 성취를 도구화하는 이데올로기는 우쭐해 하면서 계급, 문화, 언어, 교육 불평등과 관련된 배제의 더 큰 역사적 상황들을 무시하고, 차이에 대한 신자유주의적 경시를 정당화했다. 즉 이것들이 (인종적 차이가 실제로 인정되고 축복받지만, 진정한 참여의 기회 또는 의사

결정 권한은 전혀 없는) 신자유주의적 다문화주의의 전 지구적 신조와 일치하지 않는다면서 말이다. 동시에 집단적 사회 행동과 근본적인 구조 변화를 요구하는 담론과 사회적 행동들은 지속적으로 쇠퇴해 갔다.Darder, 2012b

따라서 신자유주의 이데올로기는 (차별적인 이윤 축적의 행위를 넘어선) 문화적 민주주의와 관련한 어떠한 행위도 배제하며, 신자유주의적 다문화주의의 부상을 가져왔다. 불평등을 설명하고 합법화하기 위한 실력주의적 정당화를 배치한 다문화주의와 보수적 이데올로기는 자립, 개인주의, 경쟁에 입각해 다문화적인 주체에 대한 대중의 인식, 인정, 수용의 구조를 형성하고, 동시에 부와 권력의 재분배, 사회·물질적 배제를 해소하려는 것과 관련이 없거나 의심스러운 담론, 정책 및 행위들을 제시한다.Darder, 2011; Fisk, 2005; Melamed, 2006 따라서 피해자를 비난하는 방식이 제도적인 관행으로 야기되는 문화 속에서, 인종 간 차이에 대한 인식과 내재된 복잡한 특징을 강조하는 탈식민화의 노력은 지배적인 사회질서를 교란하는 것으로 간주되었다. 이는 오늘날에도 크게 바뀌지 않았다. 미국을 위시한 대부분의 국가에서 반제국주의적인 투쟁과 가까워 보이는 교사는 징계받고 종종 해고되기도 한다.

민주적 가치의 장소에서, 신자유주의적 다문화주의 지지자들은 종속적 상황에 놓인 사람들의 낮은 학업성취를 설명하는 데 개인적 책임과 기업가적 접근에 중점을 둔다. 대신 인종차별주의, 사회적 배제와 연관된 사회적·물질적 불평등과는 거리를 둔다. 이에 관해 브라운Brown, 2006은 다음과 같이 말한다.

> 기업가적인 자아를 제공하는 과정에서 계급과 다른 장
> 애들은 급진적으로 탈정치화되며 신자유주의자들이 불평

등하지만 권리는 동등하다equal right to inequality라고 부르는 것이 새로이 합리화된다. 이로써 평등주의를 향한 민주주의의 전통적인 약속은 유예되었다. 영원히 낮은 계급, 심지어 영구적인 범죄 계급도… 비시민의 계급과 함께 생산되는데, 이는 그러한 사회의 필연적인 비용으로 받아들여진다.Brown, 2006, p. 695

"불평등하지만 권리는 동등하다"의 결과는 총체적 불평등의 영속화와 소수 엘리트로의 전례 없던 부의 집중이었다. 본래 충격적인 빈곤을 영구적으로 정당화하고 확대하기 위해 교육 영역 전반에 길들이기를 목적으로 한 숨겨진 교육과정이 필요하다. 본질적으로, 이 지배적 가치를 담은 교육과정은 대중의 빈곤이 자신들의 과실이라 여기고, 그들을 처분 가능하고 소모 가능한 것으로 취급한다. 지루Giroux, 2004는 "신자유주의는 진정한 민주주의를 지키기 위해 필요한 모든 공공 영역을 파괴하려는 적극적인 시도로, 이는 자본주의의 제어되지 않은 가장 극악한 세력을 위한 조건을 재생산한다. 사회적 다윈주의는 19세기 노동력 착취 현장의 잔해로부터 부활하여 현재 만개한 것을 볼 수 있다"para. 5고 하며, 신자유주의의 사회에 대한 탈역사화와 탈정치화를 규탄한다. 이렇게, 예민한 신자유주의적 감각은 탈인간화하는 신자유주의 정책의 경향성(심지어 인간 삶에 필수적인 것보다 특권을 누리는 사람들의 이익과 물질적 부를 늘려 주는 경향성조차)을 체계적으로 부정함으로써 고통받는 이들에 대해 못 본 척한다.

이와 유사하게, 신자유주의 논리가 매우 좋아하는 것을 객관적이고 보편적인 것처럼 만드는 것은 인류에 대한 조작된 일차원적 관점을 퍼트린다.Marcuse, 1964 예를 들어, 사회복지 영역에서 "건강"과 관련된 식민주의적 관념은 정상 상태와 문화적 순응, 동화 그리고 동질성에 포함된 기대와 결합해 어디서나 볼 수 있는 용어가 되어 경제적 불평등과 사회적 배제의 영속화에 사용된다. 따라서 순응에 담긴 제도적 기대는, 개인이나 가정이 "건강"하다고 여겨지기 위해서 문화적 지배, 노동력 및 시장을 유지하는 규정된 역할에 부합해야 한다는 개념을 강화한다. 이에 따라 "선"하고 "합당한" 주체들은 가부장적 구조 및 자본가의 이윤과 관련한 식민화하는 규범을 고수할 것으로 기대된다. 반면에 노동계급, 특히 인종차별을 당하는 지역사회의 구성원들은 지배적인 사회가 그들을 위해 정한 제도적인 규칙이 뻔뻔할 정도로 불공정하고 불평등하며 인간의 고통을 영속시킬지라도 순순히 받아들일 것으로 기대된다.

미국의 보건, 교육, 복지 체제의 역사는 지배적 성격의 사회가 문화적 차이와 노동계급의 감정에 대해 계급 기반, 인종 중심으로 대응했던 애통한 일들로 채워져 있다. 이들의 대응은 종속 문화 집단의 가정에 근본적으로 순응하는 관습을 부과하도록 했다. 관습은 권력의 식민성이 규정한 미묘하지만, 그렇다고 너무 미묘하지는 않은 형태의 동화를 통해 문화적 정체성을 상실토록 했다. 미국 원주민 자녀들의 경험, 즉 가족과 떨어져 기숙학교나 돌봄 가정으로 배치되도록 하고, 머리를 자르게 하며, 선의를 지닌 사회복지사가 언어적, 문화적 습성을 제한하는 등의 경험이 이것을 잘 설명한다. 이 모든 것이 물론 아이들을 위한다는 미명하에 이루어졌다. 그리고 "인종"에 근거한 차별을 금지하는 연방법과 정책이 65년 넘게 시행되었음에도 흑인 및 라틴계 지역사회 부모들을 비위생, 미성숙, 무지, 공격적이고 정신적으로 박약하다고 여기는 식민화하는 인식을 바탕으로 (원주민 사례와) 유사한 개입이 이루어졌다. 개입하는 데는 다 합당한 이유가 있다고 여겨졌다. 가장 황당스러운 것은, 이런 방식 속에서 인종차별적인 인식이 전국의 교육, 보건 및 복지기관의 정책과 실행에 계속해서 반영되었다는 것이

다.Darder & Torres, 2004

　이런 계급에 기반을 둔 인종차별적인 인식은 수백만 아동의 경제적 안전망을 사실상 제거하는 결과를 낳은 1996년 복지 개혁법 초안 작성에 영향을 끼쳤다. 이러한 인식은 이중언어 전환 프로그램을 무자비하게 추진하도록 이끌었다. 소수 언어를 사용하는 학생을 대상으로 한 이중언어 전환 프로그램이 학생의 학업성취에 해로운 영향을 미친다고 밝히는 (정부의 연구를 포함한) 풍부한 교육적 자료에도 불구하고 말이다. 캘리포니아에서는 이러한 인식이 인종차별적인 공적 논쟁과 1990년대의 강력한 반이민자 정서로 인해 불법 이민자 아동들과 그들의 가정에 교육, 보건, 사회복지를 금지하는 법안 187조의 통과를 야기했다. 이는 에보닉스[24]를 학교교육과정에 포함하려는 과거의 노력에 대한 대중의 지나친 반응으로, 이중언어교육을 약화시키려는 개정법 227조와 관련된 캠페인에서 사용된 "아이들에게 영어를English for the Children"이란 거짓된 수사법에 담겨 있다.

　최근 애리조나주의 인종적 인구통계의 변화는 언어 제한 및 이민 정책에 대한 논쟁과 더불어 반이민 정서를 촉발했다. 여기에는 이민자의 이동을 억제하며 직장에서 스페인어 사용을 금하고 인종 관련 연구 프로그램을 중단시키자는 주장이 포함되어 있었다. 그에 따라, 2010년 애리조나는 시민권의 여부와 상관없이, 멕시코인과 멕시코계 미국인을 동질화하고 범죄자화하는 결과를 낳은 SB1070을 통과시켰다.Aguirre, 2012 인종 연구 프로그램에 대한 공격의 일환으로 투싼Tucson 학교에서 『콜럼버스를 다시 생각해 보기Rethinking Columbus』 Bigelow & Peterson, 1998와 파울로 프레이리의 『페다고지Pedagogy of the Oppressed』를 포함한 7종의 "논란의 여지가 있는" 책들을 교실에서 금

---

24. (옮긴이 주) Ebonics. 많은 미국 흑인들이 사용하는 영어. 일부 사람들은 이것을 별개의 언어로 봄.

지시켰다.Rodriguez, 2013 비슷하게, 신자유주의 시대의 반혁명적인 학교 교육정책과 관행들이 부당한 실력주의적 계급 형성 체계(특히, 유색인종의 노동계급 학생의 교육에서)를 유지하는 권력의 식민성을 보호하고 인종차별적이고 관료적인 구조를 유지함으로 인해, 전국적으로 20세기의 다른 다문화 교육의 노력은 공격받고 약화 또는 제거되었다.Darder, 2012a: 2015

『부의 이동: 미국에서 빈부 격차 증가의 위험성Shifting Fortunes: The Perils of the Growing American Wealth Gap』1999에서 콜린스Collins와 동료 연구자들은 정부가 "관대하게도 도움이 전혀 필요 없는 건물주들에게 보조금을 지급하는 동안" 가난한 사람들은 그들의 안전망을 빼앗겨야만 했다고 주장했다. 저자들은 지난해 기업의 총 이윤이 4조 5,000억 달러에 달했음에도 불구하고, 약 1,250억 달러의 연방 보조금이 허술하게도 현금을 주거나 공공 자원을 이용할 수 있게 하는 방식으로 기업에 전달되었다고 서술했다.p. 62 이 금액은 미국 노동자 5,000만 명 이상의 봉급과 같다.Collins et al., 1999 최근 〈뉴욕타임스New York Times〉의 연구Story, 2012에 따르면 연방 및 주 정부는 최소 800억 달러를 기업에 보조금으로 지급했다. 48개 이상의 주요 기업들은 각각 1억 달러 이상씩을 받았다. 한편, 미국 회계 감사원에 따르면 기업은 매년 2,000억 달러에 이르는 연방세를 감면받고 있다. 이 회계에는 납세자들에게 최종적으로 거의 2,500억 달러 이상의 부담을 지운 2006년 정부의 월가Wall Street에 대한 구제금융은 포함되어 있지 않다.DeHaven, 2012

현대사회에서의 경제적, 인종차별적 불평등의 사례들을 살펴볼 때, 교사는 배제와 관련해서 소외를 유발하는 조건을 반드시 인식해야 한다. 이 조건은 식민 지배·피지배 계급으로 나뉘게 만들었던 역사적 사건과 밀접한 관계가 있다. 권력의 식민성이 흑인의 전반적인 경제적 상황에 영향을 끼친 노예제도(강요된 무급 노동)에 연루된 방식

을 살펴보자. 또는 멕시코-미국 전쟁 이후에 미국에 유지됐던 "멕시코
인들의 시민권과 재산권을 명백히 존중하고 보증했던" 1848 과달루페
Guadalupe Hidalgo 조약에 대한 위반San Miguel & Valencia, 1998, p. 354은 라
틴계 학생들(68%가 멕시코계 후손)을 "인종차별 분리정책의 새로운 모
습"[25]으로 간주하고 있는 남서부의 라틴계 미국인 학생들에 대한 부
적절한 교육에 영향을 이어 가는 것을 살펴보는 것은 어떠한가? 또는
1950년대에 푸에르토리코의 "신발끈 작전"[26]이 끼친 식민화의 영향으
로 푸에르토리코 여성의 대략 35%가 불임이 된 것Darder, 2006, 또는 베
트남 전쟁과 관련한 정치적 잔혹 행위와 경제적인 지출이 사상자의
가장 큰 비율을 차지하는 베트남계 미국인 가정, 전쟁으로 중상을 입
거나 사망한 군인 가족, 라틴계 혹은 아프리카계 노동계급 미국인 가
정에 지속되고 있는 상황은 어떠한가? 2001년 9월 11일, 세계무역센
터와 펜타곤에 대한 테러[27] 이후 조지 W. 부시 행정부의 "테러와의 전
쟁" 기조에 따른 중동에 대한 군사적 행동과 외교 정책의 결과에 따
라, 미국의 중동 이민자가 겪는 이슬람 혐오적 선입견과 배제의 발생
빈도 증가는 어떠한가? 최근에는 신자유주의 시대에 걸친 수년간 멕

---

25. The Civil Rights Project가 발간한 보고서 E Pluribus… Separation: Deepening Double
    Segregation for Students(분리: 학생들에 대한 이중차별이 심화되고 있음)에 따르면, "전국
    적으로 지난 세대에 비해 매우 차별되고 빈곤한 학교에 다니는 라틴계 학생들에 대한 차별
    이 심각하게 증가했다." 보고서를 확인하려면 다음 주소 참조. http://civilrightsproject.ucla.
    edu/research/k-12-education/integration-and-diversity/mlk-national/e-pluribus…
    separation-deepening-double-segregation-for-more-students/
26. (옮긴이 주) Operation Bootstrap. 푸에르토리코를 근대화하고 개발하겠다는 목적으로 시
    행된 정책이다. 외국 자본을 통한 개발과 수출 주도 경제성장을 지향해 미국의 자본과 기업을
    들였고 미국으로의 수출을 목적으로 했다. 사실상 미국 주도의 경제정책이었다. 정책의 일환으
    로 여성 노동자의 생산력을 높이고 인구수 통제를 위해 불임을 강요했다.
27. 2001년 9월 11일 이슬람계 극단주의 조직인 알카에다와 연관된 무장 괴한 19명이 4대의 여
    객기를 납치하여 미국 내 자살 공격을 감행했다. 두 대의 비행기는 뉴욕의 세계 무역센터에 충
    돌했고 또 다른 한 대는 워싱턴 DC 외곽의 펜타곤에 충돌했으며 나머지 한 대는 펜실베이니
    아 벌판에 떨어졌다. 9/11이라고 불리기도 하는 이 공격은 엄청난 사망자와 금전적 피해를 가
    져왔으며 조지 W. 부시의 대통령직 확정과 테러리즘에 대한 전투를 위한 주요한 발안을 낳았
    다. 공격에 대응했던 400명의 경찰관, 소방관, 긴급구조요원을 포함하여 3,000명이 넘는 사람
    이 뉴욕시와 워싱턴 DC에 대한 공격으로 사망했다(Taylor, 2011).

시코로부터의 불법 이민자 수가 감소Krogstad, Passel, and Cohn, 2016; Markon, 2016; Warren, 2016하고 강제 송환 및 입국 금지율Gonzalez-Barrera & Krogstad, 2016; Vaughan, 2013[28]이 계속해서 높은 상황에 "장벽을 세우자!"고 요구 하는 트럼프Donald Trump의 독설에 찬 캠페인의 수사에 배제의 정치 가 적극적으로 반영되고 있다. 최근 전 세계적으로 시리아, 아프가니 스탄, 이라크를 비롯한 중동 여러 지역의 대중운동은 십 년 전 보스니 아, 치아파스, 또는 나이지리아의 투쟁과 비견할 만하다. 이는 해당 지 역의 불안정한 전쟁 상황과 정치적인 억압으로 인한 분쟁의 결과라기 보다 이러한 사회를 파탄시킨 글로벌 경제와 군사적 개입의 결과이다. 이 지역의 분쟁은 미국의 "후기 산업적" 이해가 대중에 대한 전 지구 적인 통제를 행사하여 이런 지역의 경제적·정치적 풍토에 대한 영향 을 미치는 방식과 밀접하게 연관되어 있다. 미국에서 신자유주의는 유 례없는 사회적 통제, 구속, 이민자와 인종에 따른 배제하는 제도적 관 행과 밀접한 관계이다. 세 가지 상황인 환경, 이민, 수감이 이 현상을 잘 설명한다.

환경 파괴 자연을 지배 대상으로 보고 자연보다 우월하다고 생각 하는 서구의 태도는, 우리에게 해를 끼치는 자본주의와 관련한 근대 주의적인 끊임없는 확장, 그리고 모든 종과 모든 생태계에 대한 유례

---

28. "입국 금지가 송환보다 더 가혹한 결과라는 것을 주목해야 한다. 왜냐하면 입국 금지는 수년 간 국외 추방자의 재입국을 막았고 만약 추방된 자가 불법적으로 재입국한다면 수감시킬 것 도 포함하기 때문이다. 송환조치를 당한 [불법체류자들]은 자동적으로 되돌아올 수 없는 것 은 아니다"(Vaughan, 2013, p. 3). 더 나아가 보수적인 싱크탱크인 이민자연구센터의 Jessica Vaughan(2013)에 따르면 국외 추방자를 세는 방식에 문제가 있어 공적 토론이 있었다. 그녀 의 자료들은 국외추방이 오바마 행정부에서 증가했고, 사실 클린턴 행정부에서 신자유주의 정 책 초기 10년에 가장 높은 수치를 보였다는 주장과 맞아떨어진다. 그러나 이민 옹호자들은 국 외 추방 강화 정책들이 오바마 행정부 이전인 것처럼 1996년 클린턴 행정부의 초기보다 이전 의 조지 H. W. 부시 행정부에서 착수되었다고 주장한다. 여기서 가장 당혹스러운 것은 이러한 정책으로 발생한 몇몇 가장 억압받는 지역사회들에 대한 관심은 부족한 채 이민의 논쟁이 정 치적인 각축장이 된 방식이다.

없는 지배를 동반해 왔다.Kahn, 2010 그 여파로 환경의 균열은 지속되어 왔는데, 환경 파괴(즉 물 부족, 산림의 황폐화, 원유 파이프라인의 건설, 지구온난화, 파손 등등)는 신자유주의 시대의 가장 혼란을 주는 특징이다. 신자유주의 정신 안에서, 시장과 이윤은 "기후변화와 환경의 지속가능성에 대한 고려"를 대체한다.Hursh & Henderson, 2011, p. 171 우리의 모든 곳에서, 세계경제가 우리를 더 위태로운 존재로 몰아넣고 있다는 징후를 발견할 수 있다.

세계 곳곳 환경 규제가 완화되면서 초국가적 기업들은 환경 파괴와 더불어 대혼란을 야기했다. 허리케인 카트리나Katrina와 같은 대재앙은 자연의 경고를 무시하면 발생하는 위험과 관련한 불행한 증거이다. 특히 정부가 빈곤층을 심각할 정도로 방치할 때 위험은 배가된다. 부도덕하고 잔인한 쇼크 독트린Klein, 2008[29]의 자본가는 생태적 위기를 저속하게 활용하고 이 역시 불안을 야기한다. 자본가들은 모든 종에 대한 슬픔에 잠긴 피억압자들을 뒤로하고(피억압자들이 자연재해, 절망적인 질병, 산업공해 또는 비인간적 수감 관행의 희생자 여부와 관련 없이) 수익을 올리는 것에는 아무런 문제가 없다고 본다. 궁극적으로, 이것은 시장 수익의 비인간성과 폭압에 의해 문제가 되어 버린 생태적 재앙을 구성한다.Darder, 2010

따라서 생태적 재앙은 노동자들의 생계에 극심한 타격을 입힌다. 이주의 필요성에 대한 압박, 총체적 교육 기회의 불평등, (심지어 2010년 보건복지법안 이후에도) 수백만에 대한 건강관리의 부재, 재판을 기다리는 전례 없이 많은 수의 사람들, 그리고 수조 달러가 자원에 대한 통제와 지배를 위해 만들어진 전쟁에 사용된다. 하비David Harvey, 2005

---

29. (옮긴이 주) The Shock Doctrine. 전쟁, 테러, 자연재해, 주식시장 붕괴 같은 총체적인 대규모 충격을 받아 갈피를 못 잡고 있는 대중 사이에 정부가 자유시장 프로그램을 전면적으로 강행하는 것이다. 정부는 순응하지 않는 대중에게 다시 물리적인 충격을 가한다.

는 지구를 수익 창출 수단으로 바꾸는 신자유주의의 성격과 지구에 대한 자본 논리가 가져온 결과에 대한 전 지구적인 영향에 관해 계속 경고해 왔다. "[자연의] 화폐가치에 대한 호소는 우리가 단순한 세계관을 갖게 한다. 그 세계관 속에서 생태계는 '외부성'을 지녔으며 오직 독단적으로 선택되고 부과된 가격구조 또는 규제체제를 통해서만 인간 행동 속에 내재화되는 것으로 비쳐진다."p. 163

그러므로 오늘날 환경조건은 신자유주의 시대를 압도적으로 정의하는 소비주의 숭배와 불가분한 관계가 되었다. 예를 들어, 과소비에 대한 책임을 나누는 것에 온실가스를 적용해 보면, "우리는 (세계 인구의 7%에 해당하는) 5억 명에게 전 세계 이산화탄소 배출의 50%에 해당하는 책임이 있으며 30억 명의 사람이 단지 6%에 해당하는 탄소배출 책임을 지는 것을 알고 있다."McDermott, 2010 그리고 미국 인구는 전 세계 인구의 5%밖에 안 되는데도 불구하고 전 세계 자원의 32%를 소비하고 있다. 더 혼란스럽게 하는 것은 아동기의 상업화이다. 조작적인 시장 전략이 어린 먹잇감에 미치는 악영향에는 전혀 관심이 없으며, 원초적으로 수익에만 탐욕스럽게 충성하는 광고업계에 의해 아동은 공격적으로 소비주의에 맞춰지고 사회화된다.Schor, 2014; Barbaro & Earp, 2008[30]

신자유주의적 소비가치의 오만함과 착취는 전 세계의 가난하고 소외된 사람들이 받는 고통을 욕보인다. 신자유주의는 지구와 인간의 관계를 포함한 모든 생물체 사이의 상호관계 및 미묘한 균형을 부인하거나 간단하게 조롱한다. ("파고, 또 파라!"[31]) 이것을 위해, 개인주의, 경쟁, 민영화, "자유시장"의 가치는 서구가 선전한 "진보와 민주주의"라

---

30. 언론교육재단에서 발간한 홀륭한 다큐멘터리 〈Consuming Kids: The Commercialization of Childhood〉를 참고하기 바란다. 교육 및 사회에 관련된 중요한 이슈를 다루는 엄청난 교실 다큐멘터리 자료이다.

는 조작된 교리를 암묵적 또는 명시적으로 거부해 온 원주민들의 전통적인 생태학적 지식을 체계적으로 부인한다. 물질적 지배라는 과장된 임무를 위해 지구의 천연자원을 고갈시켜 버리려는 소비의 광란 속에서 자본주의의 착취성과 급증하는 기술주의는 천 년 동안 우리 생존의 핵심인 생태 다양성의 파괴를 통해 사회 배제의 구조를 강화했다.

이주 2억 1,300만 명 이상이 출생국에서 살고 있지 않고 이는 20년 전에 비해 5,800만 명 증가한 수치이다.Bacon, 2013 마찬가지로 이민정책연구소MPI[32]의 자료에 따르면 1860년 이래 미국으로의 이주 인구가 최고치에 도달한 것은 전 세계 신자유주의 정책이 정점에 다다른 지난 20년 동안이었다. 오늘날 신자유주의 정책이 전 세계적 환경과 경제 부양에 악영향을 미침에 따라 미국 및 다른 세계 자본의 중심에 합법적 또는 불법적으로 진입하려는 사람은 끊이지 않을 것으로 예상된다. 하지만 국외 추방을 포함한 봉쇄 정책 때문에 증가만 하지는 않을 것이다. 베이컨David Bacon은 『거주할 권리The Right to Stay Home』 2013에서 어떻게 미국의 신자유주의 정책(즉 미국 자유무역협정, 임시 근로자 프로그램 등)과 이 정책을 실행하고 혜택을 본 기업들이 멕시코인들을 미국으로 이주하도록 이끌었는지를, 생존의 문제로 다뤘다. 베이컨은 이 현상이 미국-멕시코 맥락에서 이주 문제를 비판적으로 바라볼 때, 예외적이지 않다고 주장한다. 그리고 우리는 또한 경제·군사적 사안의 잔혹한 영향으로 인해 강화된 이 현상이 전 세계적으로 펼

---

31. (옮긴이 주) "Drill, baby, drill!"은 2008년 공화당 전당대회에서 전 메릴랜드 부지사, 마이클 스틸가 처음 사용한 슬로건으로 추가적인 석유와 천연가스 시추를 지지하는 의미를 담고 있다.
32. 1860~2010년 사이의 10년간 미국 이주 변화에 관한 이주정책연구소의 그래프는 다음을 참조. http://www.migrationpolicy.org/programs/data-hub/us-immigration-trends

쳐지는 방식을 이해할 수 있다고 주장한다.

지난 30년간 신자유주의 정책의 부상과 함께 세계 곳곳에서 미국으로의 이민자 수는 2007년 정점에 다다를 때까지 꾸준히 증가했다.Krogstad, Passel & Cohn, 2016 앞서 밝힌 바와 같이, 그 이후로, 미국으로의 불법 및 합법적 이민은 감소하고 있다.Warren, 2016 그럼에도 신자유주의 이념은 소위 "이민 위기"[33]에 맞서기 위한 배제 정책(즉, 범죄자화 및 임시 이주노동 프로그램)을 영속화하면서 국내외의 이민 논쟁을 불러일으켰다.Zamora, 2013, p. 29

수감 1989년부터 2010년까지 놀랍게도 교도소에 수감된 인원이 77% 증가한 것은 유색인종의 가난한 노동계급 남성과 여성이 다수 수감된 결과이다.Mallik-Kane, Parthasarathy & Adams, 2012 신자유주의 노동 배제 정책과 미국의 유례없는 수감률 사이에 직접적인 상관관계가 형성될 수 있다. 이에 관해 포터Gary Potter, 2015는 다음과 같이 서술했다.

> 신자유주의는 가난한 지역사회와 실업자 및 불완전 고용자의 잉여 인구 증가를 통제하기 위해 수감정책을 채택했다. 신자유주의 정책이 국가의 행정기능을 폐기하고 복지정책의 핵심을 제거함에 따라 이는 가난에 대한 초기 대응책으로 사법정의 체계에 눈을 돌렸다. 그 대응에는 징벌적이고 공격적인 치안 및 수감을 활용하는 것이 포함됐다. 우리 중 무질서한 자는 체포, 경찰 폭력, 수감, 그리고 지역사회로부터의 퇴출 대상이 되었다.Potter, 2015

---

33. 사람들의 이주 활동이 세계화의 영구적인 특징이라는 사실 뿐만 아니라 종종 이민자들은 또한 "사회 반란의 결정적인 요소"로 인식된다는 사실과 관련한 조작된 위기이다.

트레비스, 웨스턴, 레드번Travis, Western & Redburn, 2014은 역시 미국의 성인 220만 명이 형사 처벌을 받고 있다는 것은 단연코 세계 최대라고 언급했다. 세계 수감자의 25%가 미국 감옥에 있다. 거의 인구 100명당 1명이 수감되어 있는 미국의 수감률은 서유럽이나 다른 민주주의 국가들에 비해 5~10배 높다. 이들은 주로 국가 인구 구성에서 가장 억압받는 영역의 사람으로 저소득 지역사회의 40세 미만 유색인종 남성이 압도적이다. 미국 수감자를 분석한 자료에서, 알렉산더Michelle Alexander, 2012는 대량 수감으로 인한 최악의 결과 중 하나는 수감자들이 풀려났을 때 발생한다고 말한다. 이들은 남은 인생을 취업, 주거, 교육, 공적 혜택으로부터 거부당한 채로 살아가면서 "합법화된 차별과 사회에서의 영구 배제라고 하는 숨겨진 지하세계로 들어간다".p. 13

그러므로 경제 불평등, 식민주의 논리, 정치적 배제로 알려진 신자유주의 이해관계는 지난 30년도 넘게 진행되어 온 미국의 교육개혁 정책을 이끌어 온 이해관계와 같은 것으로 간주해야 한다. 다시 말해 공적이든 사적이든, 다수의 보건, 교육, 복지 주체들에 영향을 끼치는 가치와 기대는 한편으로 미국이 조정하는 "일반문화"의 국제화를 지지하지만, 다른 한편으로 국내외의 심화된 경제 불평등을 유지하는 식민화의 이해관계와 밀접하게 연결되어 있다. 그래서 교육, 보건, 사회복지 조직의 정책과 실천은 지배 엘리트의 탐욕스러운 이익과 늘어나는 빈곤 인구와 관련한 필요 사이에 어마어마한 완충적 역할을 역사적으로 해 왔다.

신자유주의 교육개혁

신자유주의 시대에 시장 권력과 기업의 이해관계는 연방과 각 주의 국내외 정책 개혁의 방향을 경제적 착취, 정치적 무력화, 문화적 지배, 지구 생태계 파괴를 증폭시키는 쪽으로 이끌었다. 이러한 신자유주의 개혁은 "다섯 단계(국내 자원의 할당, 국제적 경제 통합, 국가의 재생산, 이념 및 노동계급의 재생산)에서 자본의 지배를 증대하기 위한 헤게모니적 과제를 부과하기 위해 '불간섭'을 이념적 외피로 한 국가 권력의 체계적인 사용"을 주요한 특징으로 한다.Saad-filho, 2011 공격적인 재정정책과 결을 맞추면서 1990년 이래로 부의 집중을 강화하기 위해 특히, 미국의 노동권, 이주권, 언어권, 교육권을 목적으로 한 반진보적인 법안의 물결이 등장했다. 탐욕스럽고 가차 없는 헤게모니적 문화와 우리 인간성에 대한 무차별적인 한계 지음을 통해 경제 민주화의 확대, 인권, 사회정의를 위한 노력은 체계적으로 빛을 잃어 갔다. 대신에 신자유주의 개혁을 밑받침하는 민영화의 논리가 건강 및 교육을 관리하는 민간 조직의 기업적 통제를 극대화하고 유례없는 감시 형태를 위한 길을 열었으며, 심지어 수감시설의 민영화를 늘렸다.

이전에도 언급했던 놀라운 교육적 사례 중 하나는 공교육이 낭패에 처했다고 혐의를 제기한 1983년 「위기에 처한 국가」 보고서에 대한 미국 기업의 대응이었다. 이것은 학교 개선과 국가 경제의 연결을 지나치게 강조한 것이었다. 만약 학교가 실패한다면 경제는 휘청거릴 수 있다.Molner, 1996 이는 가장 확대된 국가단위 고부담표준화시험 캠페인으로 이어졌고, 2001년 부시 행정부의 「아동낙오방지법NCLB」[34]의 연방단위 조처로 공격적으로 강화되었으며, 2009년 오바마 행정부의 「레이스 투 더 탑RTTT」[35]으로 변종되었다. 현시점에 학교는 계속해서 경

---

34. (옮긴이 주) No Child Left Behind, NCLB. 단 한 학생의 낙오자도 없는 교육이라는 모토를 내건 NCLB는 그동안 미국 공교육, 특히 저소득층 자녀들이 주로 몰려 있는 학교들이 보이는 저조한 성적을 개탄하며 연방정부가 이에 대해 더 적극적이고 강력한 개입과 조치를 취하겠다는 의도에서 나온 것으로 미국의 각 주가 성취도 평가의 기준을 정하고, 이를 충족하지 못한 학교, 교사, 학생은 제재를 받도록 하는 법이다.

제적 추진체로 간주된다. 이러한 학교의 기능은 시장의 이익을 위해 점점 더 기능하며, 민주적 삶의 이익을 위해서는 점점 덜 기능한다. 예를 들어, 주와 연방의 의무교육정책과 경제와의 관계를 생각해 보자. 46개 주의 공립 및 사립 교육기관이 「아동낙오방지법」의 잔해에서 나온 미국공통핵심기준CCSS[36]의 적용을 위해 열심히 노력하는 동안 교실의 교과서와 과제물을 출판하는 기업의 마케팅 부서는 "막대한 수익 활동"으로 활기를 띠었다.Karp, 2013 이런 패턴은 새로운 주 및 연방 교육정책명령이 제시될 때마다 반복되는 한편, 교사 노동은 미숙한 입문, 개략적인 구현, 그리고 피할 수 없는 (제도의) 도입에 의해 매정하게도 불안정하게 된다.

지난 30년의 신자유주의 교육개혁은 교육을 위한 민주적 목표의 외관을 파괴하고 경제적인 것으로 대체하면서, 수행 능력, 효율성, 비용 절감의 증대를 목적으로 실행되었다. 그 결과 교육의 상품화와 도구화가 만연해졌고, 더불어 "낮은 학업성취도를 보이는" 학교가 전례 없이 인수되었다. 이런 현상은 넓게 흩어진 허리케인 카트리나의 잔해를 따라서 뉴올리언스의 민영화 운동에 의해 표출된 공교육에 대한 무서운 적대감에서 잘 드러난다. 오늘날 뉴올리언스는 "국내 최초 차터스쿨 지구의 원형"으로 알려져 있다.Mullins, 2014 뉴올리언스와 전국적인 학교의 물결에 나타난 이러한 적대감으로 인한 공립학교의 전복은 사회적

---

35. (옮긴이 주) Race to the Top, RTTT. 일제고사를 통해 전국의 학교를 평가하여 수준 미달의 학교는 폐쇄, 능력이 없는 교사는 해고하는 반면 성적을 올린 교사에게는 인센티브를 제공하는 정책. 폐쇄되는 학교가 빈곤 지역에 몰려 있어 인종과 부의 이중 차별이라는 주장과 평가 내용도 공정하고 않다는 주장이 제기되었다.

36. (옮긴이 주) Common Core State Standards, CCSS. 주마다 사용하는 학습 기준을 통일하려는 시도로 오바마 정부의 'Race to the Top' 정책의 분위기 속에서 등장. 찬성하는 입장은 CCSS가 공립 교육에 일관성을 제공하여 학습 난이도 격차를 줄여 모든 미국 학생의 학업 수준을 끌어올릴 수 있다고 주장한다. 반대하는 입장은 CCSS가 미국 교육 문제의 근본적 해결책이 아니며 정부나 지방 당국이 갖고 있는 학교의 주도권을 연방정부로 넘기는 것이라고 비난하고 또 지원금 때문에 과도한 성과주의로 이어져 교사가 시험 결과에만 집중하여 학교교육의 본래 목적이 변질되는 일이 발생할 수 있다고 지적한다.

배제와 경제적 불평등에 관련한 정치적 질문을 위한 본질적인 의문은 무시한 채 가난한 유색인종 노동계급 아동의 교육을 신자유주의 경매대에 올렸다. 그 결과 민주주의 형성과 순수한 시민 참여를 위한 합법적인 공적 공간으로서의 공교육은 훼손되었다. 마찬가지로, 문화적으로 민주적인 삶의 구축을 위한 전국적 투쟁의 합법적인 영역으로서 공교육의 가능성은 힘도 써 보지 못하고 짓밟혔다.

권한과 권력이 부유한 자들의 손에 있다는 것이 점점 확연해지며 교육의 목적이 압도적으로 "생산수요에 대응하는 것이 되고, 노동시장이 학교를 형성하는 지배적인 힘으로 간주될 때"Symeonidis, 2014, p. 28, 이른바, "모범 경영 사례"에 의해 인도된 교육기업가와 기업가적인 공무원들이 각광을 받는 반면, 민주적 교육 지도자들은 구닥다리 취급을 받는다. 역시나 신자유주의적 관료주의의 공세에 공교육은 정면 타격을 받는다. 이에 따라 심지어 본인의 교실에서도 교사의 권위와 자율성이 손상을 입히는 방식 속에서 교사는 수세적인 위치에 처한다. 이중언어교육 대상인 아동은 그들의 언어로 배울 권리를 잃어버리고, 기업의 방식에 고무된 교육과정이 일반화되며, 속성 교사교육 프로그램이 교사 형성에 필요한 시간을 극적으로 줄이며, 주와 연방정부가 위임한 교사교육과 교실 활동은 점점 더 형식에만 치중하고, 고부담표준화시험 과정과 규정된 학습 목표에 더 관심을 기울인다. 반면, STEM 교육은 "학업성취도 격차"에 대한 위대한 만병통치약으로 묘사된다. 결국 새로운 미국공통핵심기준이 학습과정에서 문학의 교육적 중요성을 경시하는 것을 자랑스러워하는 만큼, 인문학은 점차 선호의 대상에서 멀어지게 된다.

또한 STEM에 대한 과도한 집중으로 인해 1960년대의 다양한 시민권을 위한 투쟁의 결과이자, 불평등과 배제적인 정책의 영향에 관한 회의와 소외된 인구들에 대한 관행에 참여적이고 비판적인 인문학과 사회과학은 경시된다. 더 나아가 기업 지배의 정치적 가치와 재정적 우선 순위는 초국가적 기업을 정당화하기 위해 교육 전반, 학자들의 노동, 그리고 대학의 연구 주제를 망라한 학생의 지적 형성을 STEM을 통해 더 강력하게 통제하려 한다.Darder, 2016a 이익에만 혈안이 되어 있고, 자원을 통제하며, 노동계급 학생을 군인으로 만드는 신자유주의적 통합의 수사는 생산을 늘리고, 이윤을 극대화하며, 늘어나는 미국의 군비 구축을 지원하는 기능을 한다.

「군과 가장 밀접한 대학The Most militarized Universities in America」[37]이라는 제목을 단 최근의 보고서는 "전통적으로 군사 산업 단지를 지원하는 17개의 연구대학들이 상위 100위 안에 들었다"라고 밝혔다.Arkin & O'Brien, 2015 엘리트 그룹에 속한 대학들은 존스 홉킨스대Johns Hopkins University(7위), 펜실베이니아주립대Penn State University(15위), 조지아 공대Georgia Tech(26위), 하버드대Harvard University · 스탠퍼드대Stanford University · 매사추세츠 공대The Massachusetts Institute of Technology(47위), 남캘리포니아대University of Southern California(21위)가 있다. 작년에 연방정부는 이 대학들에만 30억 달러 이상을 지급했다. 그리고 이 대학들은 전통적인 무기체계를 연구하기보다는 정보기술, 사이버 안보 그리고 빅 데이터 분석에 관한 기밀 연구를 주로 수행한다. 또한 주목할 만한 사실은 군 관련 노동자를 위한 가장 일반적인 학문은 STEM 영역에 집중되어 있다는 것이다. 제어되지 않은 STEM 교육의 성장은 과학을 단순하게 "뉴 프런티어"[38]로 해석하기보다, 반드시 미국의 군국주의 확대와 함께 이해되어야 한다.

인문, 사회과학의 교수직과 연구를 위한 재정 지원이 줄어들면서 사

---

37. (옮긴이 주) 해당 순위는 정보기관에 고용된 졸업생 수와 국가안보 및 미국 군수산업의 이윤과 밀접한 정도에 따라 작성되었다. 참조: https://news.vice.com/article/these-are-the-100-most-militarized-universities-in-america

38. (옮긴이 주) the new frontier. 미국 대통령 John F. Kennedy의 신개척자 정신의 정책.

회 및 물질적 불평등과 연결된 배타적인 정책과 관행에 관한 비판적인 연구를 위한 자원은 더 줄어들었다.Symes, 2011 이것의 크나큰 결과는, 기업의 이익과 일심동체가 된 교육체제가 "안보국가에 대항할 수 있는 비판적인 차세대 학자와 지도자를 육성할" 잠재력을 체계적으로 훼손했다는 점이다.Arkin and O'Brien, 2015 나아가, 이러한 "학교에서의 인문학 쳐내기는 사회정의의 문제를 위태롭게 한다."Falcone, 2016 취업 문제와 관련하여, STEM 교육에 대한 과도한 집중에도 불구하고, 현장 직업의 절반 이상이 학사학위조차도 필요로 하지 않는다는 것을 보여주는 연구는 주목할 만하다.Rothwell, 2013

열렬한 신자유주의 개혁의 지지자들은 자유시장의 끔찍한 실패와 파괴는 외면하면서도 기업의 안녕을 위해서는 아낌없이 지원한다. 사회개혁 정책이 자유시장 지배에서 빈곤과 관련한 헤게모니적으로 긴요한 일들을 잘 안 보이게 함에 따라, 소외된 지역사회의 교사, 학생, 부모는 사회의 질병으로 간주되어 비난받는다. 이러한 근본적인 모순을 은폐함으로써 학업성취, 개인적 성공, 학업 실패, 빈곤 등과 관련된 일반적인 신화가 자행되고 있으며, 국가의 체계적인 문제에 대한 부유한 엘리트 계층의 책임을 다른 쪽으로 돌린다. 그 대신, 권력이나 영향력이 가장 적은 사람이 책임을 짐과 동시에, 엄청난 교육개혁, 즉 학교 폐쇄, 교사의 대량해고, 교육과정 표준화의 확대, 그리고 고부담표준화 시험의 가차 없는 추진의 원인이 되는 개혁은 상승세에 오른다.

연방, 주, 지역 차원에서 절망적이고 배타적이며 선동적인 반이민자 정서가 표출됨에도 불구하고, 다양한 입법 주체들은 이민자 학생의 영역에서 이민자에 우호적인 교육정책을 촉진하기 위해 노력해 왔다. 이처럼 환영받지 못하는 정치적 분위기에도 불구하고, 불법이민 청소년, 그리고 그들과 함께하는 사람들이 오늘날 법적 지위의 부재로 인해 불안정한 상황에 처한 6만 5,000명 이상의 불법이민 청소년을 대신해 이민자의 권리를 위한 캠페인을 10년 이상 진행해 왔다. 이들의 용기 있는 노력은 불법 이민자의 권리와 보호에 관한 전국적인 토론과 공적 대화를 촉발시켰다. 하지만 이 중요한 문제에 대해 관심이 집중되고 대중의 법안에 대한 지지가 늘어남에도 불구하고, 의회의 공화당 세력은 'DREAM 법안'[39]의 통과를 단호하게 반대했다. 친근한 신자유주의 경제 담론은 이 중요한 노력의 핵심적인 이점을 인정함과 동시에 공적 논쟁을 형성했다. 예를 들어 "DREAM 법안은 우리의 경제, 안전, 국가에 유익하다".Miranda, 2010 (축약된 정부 정책은 명백히 양당의 지지를 얻으려는 의도가 있는 것으로 보인다.) 이 법안은 "모병과 준비 태세", "세계경제 차원에서의 경쟁력 제고", "중요한 경제적 혜택", 그리고 "우리 국가의 안보"를 포함한 전적으로 신자유주의를 돋보이게 하는 프레임을 형성했다.[40] 게다가 "아메리칸 드림"과 동화하고자 하는 열망은 'DREAM 법안'에 관한 그럴듯한 구호들을 거창하게 만들어 냈는데, 이로써 더 나은 민주적 사회를 향한 집단적 투쟁 양상이 완전히 엎어져 버렸다.[41]

신화를 폭로하다

파울로 프레이리1970; 1993는 공교육이 경제 불평등 및 영속되는 모든 형태의 문화적 소외와 연루되어 있다고 확신했다. 프레이리는 후기

---

39. (옮긴이 주) 발전-Development, 안심-Relief, 소수의 이주민을 위한 교육-Educational for Alien Minors의 앞 글자를 딴 약어.

40. 참조: The Dream Act, p. Good for Our Economy, Good for Our Security, Good for Our Nation. https://www.whitehouse.gov/blog/2010/12/01/get-facts-dream-act

41. (옮긴이 주) 15세에서 29세 사이의 이주 청소년이 대학에 진학하거나 군복무를 하게 될 때 법적 지위와 영주권을 부여하는 내용을 담은 법안.

자본주의의 전반적인 특징과 그 속에서 빠르게 변화하는 문화지도, 계급관계, 성차별 방식, 인종차별적 착취를 이해하기 위해, 교사는 헤게모니적 학교교육이 정치경제학과 공모하여 어떻게 비민주적으로 기능하는지를 반드시 인식해야 한다고 생각했다. 학교는 경제적 계층에 따라 학생을 조직하고, 불평등의 재생산을 위해 필수적인 이념 및 계급 형성을 정당화하는 실력주의라는 불공평한 체계를 공식적으로 실행함으로써 자본축적 과정에서 핵심적인 역할을 한다.Apple, 1995 또한 프레이리는 모든 교육자가 실제적인 사회적·물질적 결과를 낳는 정치적 가치, 신념, 신화, 세계에 관한 의미를 영속화한다고 생각했다.Darder, 2015 이 과정에 연루된 교육에 대한 대단히 중요한 이념적 신화들이 많이 있다.

계급 없는 사회의 신화 지난 70년간 미국의 계급구조는 변함이 없었다. 미국이 계급 사회가 아니라는 신화에 얽매여 있던 교사는 계급 불평등의 구조를 심화시키는 모순적인 교육 관행을 맹목적으로 지속해 왔다. 이러한 계급 없는 사회라는 신화는 이념적으로 기능해, 정치경제학, 그리고 그것의 인종, 젠더, 성, 종교 및 기타 형태의 배제와 직접 연결되어 있는 불평등을 위한 궁극적인 위장의 역할을 한다. 이러한 것을 지탱하는 신화에 대한 도전으로, 프레이리는 사회계급의 문제, 자본주의 경제의 모순 및 교육이 억압받는 자에게 미치는 영향의 문제를 가시적이고 명백하게 만드는 페다고지를 제안했다.Darder, 2015

미국에서 학교교육이 시작된 이래로 계급에 따라 학교교육을 배치해 왔다는 것은 의심할 여지가 없다. 국가의 미래 노동자를 위한 학습 공장으로서 기능하도록 고안된 학교는 자본축적과정에서 합의된 참여를 보장하기 위해 노력했다. 대다수의 학교 학생은 일반적인 노동계급의 구조 속으로 들어갈 것으로 기대되었다. 하지만 안전망의 붕괴,

노동생태계의 변화, 세계화된 노동력에 대한 신자유주의의 강조로 인해 미국의 노동계급에 대한 기존의 보호 장치들은 파괴되어 왔다. 그 결과 고용안정이 취약해지고, 빈곤이 확대되며, 노동계급에 대한 감시가 늘어나고, 학생의 부채가 놀라울 정도로 증가했으며, 불명예스러운 1%의 부가 공공연한 것이 되었다. 결국 계급 없는 사회라는 신화는 점점 더 수호하기 어려운 것이 되었다.

계급 없는 사회라는 신화는 실제로 이념적으로 기능해 계급투쟁의 긴장을 은폐한다. 그러므로 전 지구적 신자유주의의 핵심은 노동계급 인구 속에 빈곤에 대한 공포와 수치심을 확산하여Chase & Bantebya-Kyomuhendo, 2015 빈곤을 은폐하고 부채를 정상처럼 취급하게 하는 부채경제이다.Lazarrato, 2012 부채경제로 인하여, 1980년 이후 가계 및 소비자 부채가 300% 증가했을 뿐 아니라, 미국을 비롯한 여러 국가의 불평등이 심화되었다.Leopold, 2015 학생이 짊어지는 부채의 증가는 이 현상을 잘 보여 준다. 1980년대 후반에는 사실상 부채를 지고 있는 학생이 없었다.같은 책 2016년에 이르러서는 4,400만 명의 학생 대출자가 1.3조 달러의 빚을 지고 있고, 졸업생은 평균적으로 4만 달러(일부는 훨씬 더 많은 금액)에 가까운 금액을 갚아야 했다. 결과적으로 부채 상환의 과정은 부채 학생을 틀에 가두어 조직의 헤게모니적 업무구조에 순응하도록 요구한다. 따라서 라자라토Mario Lazarrato, 2012는 이 신자유주의의 체계적인 부채 창출은 "전체주의 정치와 권위주의적 통제의 개별화"p.128의 일부이며, 계급 없는 사회의 환상을 산산조각 내는 것이라고 주장했다.

사회이동의 신화 구조적 불평등은 "예외적인" 성공 사례를 과장한 신화에 의해 종종 감춰져 왔다. 하지만 억압받는 지역사회 출신의 소수만이 교육적 성취와 함께 계층이동을 달성하기도 한다. 사실 미국은 오늘날 미국 역사상 가장 교육을 많이 받은 실업자를 보유하고 있다.Bruenig, 2015 프레이리1997a에 따르면 "교육이 사회이동으로 이어진다"와 같은 일반적으로 반복되어 온 신화는 "전국적으로 들끓어 오른 계급전쟁… 좌절감을 안겨 주는 계급투쟁, 혼란스럽게 하는 계급전쟁"을 은폐한다. 따라서 교육과 사회이동에 관한 상식적인 개념과는 달리, 최근의 연구는 억압받는 지역사회가 저소득 상태를 벗어나는 것이 더 어려워졌을 뿐만 아니라, 미국의 사회이동은 실제로 캐나다나 서유럽보다 낮다는 결론을 내리며, 사회이동의 신화를 무너트리기 시작했다.DeParle, 2012

예를 들어 브루킹스연구소The Brookings Institute의 연구에 따르면, 낮은 사회이동성 및 상위 소득 가정과 하위 소득 가정 사이의 부의 격차가 증가하면서 불평등이 증가하고 있다. 이러한 현상은 또한 부모의 소득수준 자료를 통해 잘 설명되며, 이는 가난한 가정에서 태어난 아동은 부모와 마찬가지로 빈곤할 가능성이 훨씬 높다는 것을 극적으로 보여 준다.Reeves & Howard, 2013 UN의 경제전문가 프리드먼Friedman, 2012은 "미국의 사회이동성에 관한 신화"에서 "전반적으로 이 통계는 미국이 실력주의와 '기회의 땅'이라고 생각하는 사람에게는 매우 우울한 통계이다. 우리는 다른 나라에 비해 미국의 사회이동성이 매우 떨어지는 것을 알 수 있다. 그리고 다른 연구에서도 이러한 이동성이 감소하고 있음을 보인다"라고 말했다. 게다가 이 연구 결과는, 과도하게 부풀려진 사회이동성 논쟁(예를 들어, 전국에 차터스쿨을 무분별하게 증식시키려 애쓰는 민영화운동으로 심하게 악용된 "대학 준비성"Tierney and Duncheon, 2015 담론 등)이 정말 정당한 것이었는지에 대해 의문을 제기한다.

학교선택 신화 지난 30년의 신자유주의 시대에 "학교선택"은 차터스쿨 운동에서 빈번하게 사용된 용어였다. 차터스쿨 운동은 귀중한 자원을 공교육과 가장 열악한 상황에 처한 아동으로부터 훔쳐내어 차터스쿨 설립을 압도적으로 증가시키는 데 사용했다.Darder, 2014 『자본화의 재앙: 공교육을 빼앗고 무너트리기』에서 솔트먼Saltman, 2007은 "미국의 걸프 해안으로부터 이라크에서의 교육 수익 사업까지, 시카고의 2010 르네상스 계획으로부터 연방의 「아동낙오방지법」에 이르기까지… 교육 민영화의 새로운 포식 형태는 학교를 해체해 민영화하고 상품화하는 것을 목표로 한다"p.1고 주장했다. 민영화를 위한 이 가차 없는 압박을 드러내는 가치들은 1950년대 지역사회에서 인종차별 철폐의 의무를 피하고자 하는 반동주의자에 의해 차용된 "선택의 자유"라는 구호와 동일한 보수적인 표현에서 등장했다. 기만적이게도 "선택"을 가장한 표현은 분리주의자와 주류에 대한 이전 개념을 재분류하는 데 기여하여, 계급과 인종 억압의 주요 전략을 은폐해 왔다. 여기서 왜곡된 방식으로 선택이란 말을 사용하는 것은 효과적으로 보수 유권자의 정치적 상상력을 사로잡고 벌어지는 부의 격차로부터 시선을 멀어지게 한다. 더욱이 차터스쿨은 공공 및 민간 기업의 합병을 장려하고, 공적 및 사적 영역의 분별을 왜곡해 모든 아동의 교육적 형성에 기여해야 하는 국가의 도덕적 책임을 모호하게 한다. 이 과정에서 자유시장의 미화는 자본주의 경제의 과잉 역시 정당화한다.Darder, 2014

불평등의 조건

학교는 시장의 가치가 배양되고, 길러지며, 강화되는 투쟁과 논쟁의 이념적 공간이다. 노동, 교육, 보건, 주택 등의 문제를 둘러싼 정책 논쟁에서 심오한 이념적 긴장이 계속되고 있다. 그러나 일반적으로 이러한 문제들은 경제 구조조정, 노동계급 해체, 부의 양극화 심화, 인종 분리와의 직접적인 연관성에 대한 진지한 고려 없이 격렬한 논쟁의 대상이 되고 있다. 이러한 것들은 소외된 지역에서 살아가는 아동의 불평등 상태를 형성하는 주된 요인이다.

안전망의 파괴 신자유주의 정책이 낳은 또 다른 결과는 지난 30년 동안 진행된 복지체계의 안전망 붕괴였고, 이는 과거 케인스주의 경제정책 아래 자본주의 경제의 악영향에 대처하기 위해 자본 독점을 막고 강한 "중산층"을 유지하기 위한 법안을 만듦으로써 이루어 낸 진전을 후퇴시켰다. 자유 경쟁, 시장의 규제 완화, 자유시장 논리의 방대한 책무성 체제와 더불어 세계에서 가장 부유한 나라의 가장 가난한 사람들은 한때 그들의 빈약한 물질적 삶에서조차 이용 가능했던 제한적인 국가 자원을 빼앗겼다. 이러한 상황은 지난 10년간 특히, 흑인과 라틴계 지역사회에 절망을 안겨 준 2006년의 대규모 서브프라임모기지 사태로 인해 심화되었으며, 경제학자들은 폐허로부터 이전 수준을 회복하는 데 25년이 걸릴 것으로 예측했다.Bocian, Li & Ernst, 2010 놀랄 만한 수준의 소득 불평등과 지배계급으로의 유례없는 부의 집중은 계속되고 있다. 예를 들어, 1980년에 상위 10% 소득자가 모든 소득의 35%를 차지했었다. 오늘날, 상위 10% 소득자가 50% 이상의 소득을 차지한다는 것은 미국을 세계에서 가장 부유하지만 가장 불평등한 산업 선진국으로 만든다.Potter, 2015

아동기의 빈곤 미국 인구통계국의 최신 자료에 따르면 거의 1,600만 명의 아동, 즉 전체 아동 인구의 5분의 1이 빈곤한 상태에 처해 있다. 지난 10년간 아동기의 빈곤이 약간 감소한 것으로 보고되지만 여전히 빈곤율 이하에 속하는 종속 문화 지역사회 아동의 불균형 수치는 놀랍다. 즉, 빈곤한 상태에 놓인 백인 아동이 12%인 것과 비교해서 미국 원주민 아동의 34%, 흑인 아동의 36%, 라틴계 아동의 31%가 빈곤한 상태로 살고 있다.[42] 하지만 국립빈곤연구소National Center for Poverty에 따르면Addy, Engelhardt & Skinner, 2013, 저소득 가정(저소득 및 차상위 포함)의 아동 비율은 증가하고 있으며, 현재 67% 또는 4,800만 명 이상으로 추산된다. 그리고 부모 중 한 명 이상이 일하고 있는 빈곤층 아동이 거의 50%임에도 불구하고, 오늘날 거주할 집이 없는 학생은 증가하고 있다. 2015년 「미국의 노숙자 실태 보고서The State of Homelessness in America 2015」에 따르면 경제적 빈곤의 극단적인 결과로서 미국의 노숙자는 지난 10년간 계속 증가해 왔다.[43] 예상대로 실업의 증가와 적절한 가격의 주택 부족은 가족을 길거리로 나앉게 하는 상황을 촉발시키고 악화시켰다. 결과적으로 지난 10년간 노숙자인 학생 수는 2배 이상 증가했다. 이에 따라 노숙자, 더부살이, 쉼터, 길거리 신세인 흑인 및 라틴계 아동은 너무 많다. 교육의 측면에서 "불안정한 가정의 아동은 유급, 추방, 정학 처분을 받거나 고등학교를 자퇴할 확률이 두 배나 높다."Child Trends, 2015 불행하게도 교사교육은 교사가 빈곤이나 다양성과 관련된 학생의 교육적 요구에 대응하도록 적절하게 준비되지 못했다.Mader, 2015

임금 불평등 신자유주의 시대에 빈곤율의 증가는 높은 실업률, 불완전고용, 고용 안정성의 상실, 상당한 임금 격차를 초래한 배타적인 노동시장과 관련 있다. 최근 경제정책연구소Economic Policy Institute의

42. 참조: Kids Count Data Center에 의해 취합된 자료 "Children in Poverty by Race and Ethnicity." http//datacenter.kidscount.org/data/tables/44-children-in-poverty-by-race-and-ethnicity#detailed/1/any/false/573,869,36,868,867/10, 11,9, 12, 1, 185, 13/ 324,323
43. 노숙자 소멸을 위한 전국연합(the National Alliance to End Homelessness)에서 작성한 The State of Homelessness in America 2015 참조. http://www.endhomelessness.org/library/entry/the-state-of-homelessness-in-america-2015

보고서에서 윌슨과 로저스Wilson & Rogers III, 2016는 오늘날 흑백 간 임금 격차가 1979년보다 더 커졌다고 결론지었다. 그러나 이러한 임금 격차의 증가가 직선의 형태가 아니라고 설명했다.

> 1980년대 초에 실업의 증가, 노조 가입 감소, 그리고 최저임금 인상 방지 및 차별금지법의 시행 지연과 같은 정책으로 인해 흑백 임금 격차가 커졌다. 1990년대 후반 차별을 더 비싸게 만든 노동시장의 경색과 최저임금의 인상으로 인해 격차는 부분적으로 줄어들었다. 그런데 2000년대 이래 격차는 다시 커졌다. 2015년 동일한 교육, 경험, 주거지역, 그리고 차가 없는 백인 남성의 평균 시간당 임금에 비해, 흑인 남성의 임금은 22%, 흑인 여성의 임금은 34.2% 낮다. 흑인 여성의 임금은 동일한 조건의 백인 여성보다 11.7% 낮다. 확대된 격차는 모든 사람에게 동등하게 영향을 끼치지 않았다. 2000년 이후로 (경험이 10년 미만인) 젊은 흑인 여성이 가장 크게 영향을 받았다.Wilson & Rogers III, 2016, p. 1

또한 임금 격차는 주로 차별과 배타적인 노동정책으로 인해 증가하고 소득 불평등을 확대한다고 결론지었다.

교사 노동력의 인종적 편향성 미국 교사의 인종 간 불균형은 공교육 역사에서 늘 있었다. 인종적 편향성은 '브라운 대 교육위원회Brown v. Board of Education' 판결 이후 60년 넘게 증가해 왔다.Anderson, 2014 더욱이 1980년대와 1990년대의 다문화 교육 시대에도 불구하고 신자유주의 시대에는 교사의 다양성이 더욱 줄어들었다. 20년 전 교사 인구의 26%가 유색인종이었다면, 오늘날에는 18%에 불과하다.Graham, 2014

미국 공립 초등 및 중등학교의 330만 명 교사 중 82%는 백인, 8%는 라틴계, 7%는 흑인, 그리고 나머지 2%가 아시아계이다.US Department of Education, 2016[44]

반면, 학생 인구통계는 사정이 다르다. 오늘날 유색인종 학생은 전체 학생 인구의 52%를 넘고,[45] 로스앤젤레스, 시카고, 뉴욕과 같은 대도시의 경우에는 그 비율이 훨씬 높다. 나아가, 빈곤한 유색인종 아동은 사회적, 물질적 억압이 교실에서 학생의 삶에 끼치는 영향에 맞설 준비가 되어 있는 유능한 교사로부터 수업을 받을 가능성이 매우 낮다.[46] 교사 노동력의 불균형은 그람시[1971]의 사상을 되새기게 한다. 교사는, 의식적 또는 무의식적으로 국가의 도덕적 행위자를 보존하는 역할을 한다. 이 요인은 소홀히 다뤄질 수 없다. 특히, 유색인종 학생이 문화적·언어적 특징을 반영하는 교육과정을 통해 자신의 역사, 문화, 언어 권력에 대해 비판적으로 참여하고 문화를 공유하는 지역사회 출신 교육자로부터 교육받는다고 할 때, 그리고 이 교육자들이 학부모의 참여를 의미 있는 방식으로 촉진하는 경우, 가계 수업의 많고 적음과는 상관없이 학업성취도가 증가했음을 반복적으로 보여 주는 40년도 넘는 기간동안의 문화와 교육에 관한 연구의 결과를 볼 때

---

44. 학생과 교사에 대한 질문에 관한 공식적인 토론을 위해선 다음을 참조. the State Department of Education의 2016 보고서, "The state of Racial Diversity in the Educator Workforce.", www2.ed.gov/rschstat/eval/highered/racial-diversity/state-racial-diversity-workforce.pdf

45. 가디언(2014. 5. 5), "U.S. Teachers are not Nearly as Diverse as their Students, New Studies Says" 참조.
https://www.theguardian.com/world/2014/may/05/us-teachers-diverse-students-new-studies

46. 참조: Children of Poverty Deserve Great Teachers, Center for Teaching Quality와 National Education Association의 합동 보고서. 이 보고서는 2009년에 출판되었음에도 불구하고 미일반핵심교육과정의 도입으로 인해 상황은 불행하게도 유지되고 몇몇 경우는 악화되었다(Gewertz, 2014). 또한 여기서 주목해야 할 것은 Leigh Patel(2015)이 멕시코계 미국인 교육자연합에 의해 발간된 그녀의 글 "Deservingness: Challenging coloniality in Education and Migration Scholarship"에서 비판한 "deserve"란 용어에 대한 일반적인 사용이다.

더욱 그렇다.Darder, 2012a; Diaz-Soto & Haroon, 2010; Moll, Amanti, Neff & González, 1992; Nieto, 2009 그러나 지난 30년간 교사에 의한 문화적 경쟁력 향상 및 유색인종 교사 유지에 관한 노력에도 불구하고, 현재 교사는 지속해서 심한 인종적 배제의 모습을 보인다.

고부담표준화시험 고부담표준화시험은 경제적 불평등과 차별에 관한 교육적 의문을 묻어 버리고, "증거 기반" 학생평가를 공공정책 및 교육 논쟁에서 교사와 학교의 효율성에 관한 가장 중요한 지표로 만드는 폐쇄적인 책무성 체계의 산물이다. 1970년대와 1980년대에 문화적으로 관련 있는 평가, 지역 및 학교의 책무성, 책임 있는 구성주의적 평가 접근법을 위해 싸운 교육자들의 노력에도 불구하고, 신자유주의 고부담표준화시험 신봉자는 노동계급 학생의 교육을 시험을 위한 교육과 매우 틀에 박힌 교육과정에 따라 "훈련하다 죽는" 활동으로 바꾸어 버렸다.Au, 2009; Darder, 2005; Lipman, 2004 이 과정에서 표준화시험의 사용은 "학교에서 가르치고 배우는 것의 양과 질을 떨어트렸다."McNeil, 2000, p. 3 실제로 미 연방교육부는 이러한 우려에도 불구하고 "교사는 성공할 준비가 되어 있음"을 보증하기 위한 신자유주의적 평가문화를 근본적으로 활성화하는 새로운 규제를 도입했다. 교사교육 프로그램의 효과는 "교사교육 프로그램 졸업자가 가르친 K-12 학생의 시험 점수"에 토대해 평가될 것이다. "이는 실제 교수학습보다 시험 준비를 강요하기 위해 모든 단계의 모든 사람에게 압력을 가한다는 것을 의미한다."Singer, 2016

고부담표준화시험 옹호자들은 실력주의의 교육 관행에 전권을 위임한다. 이 관행은 교육체계 내에서 불공평한 성취와 학생 성장에 주된 사회 통제 메커니즘 중 하나로 기능한다. 일상적인 실력주의 관행을 통해 비민주적인 부의 분배가 정당화되었다.Apple, 1999; Au, 2009 첫째,

이것은 엘리트를 권력, 특권, 부에 대한 정당한 상속자로 설정한다. 둘째, 이것은 자신에게 필요한 것을 갖지 못한 사람들이 필요한 지식, 동기, "사고방식"을 가지지 못했다는 것을 암시하면서 그들을 계속 비난하거나, 교육체계에 의해 이런 상황을 "자유롭게" 받아들이도록 강요한다.^{Oakes, 1993} 따라서 이들은 추가적인 자원이나 기회를 가질 자격이 없게 된다.^{Patel, 2015}

학교로부터의 퇴출 학교로부터의 퇴출은 학교에 대한 책무성 관행과 신자유주의 정책의 직접적인 결과이며 유급, 정학, 퇴학의 남용과 관련되어 있다. 이러한 관행은 실제적인 교육 자원 및 기회의 손실과 함께 학업성취도에 장기간 부정적인 영향을 지속적으로 초래하는 것으로 나타났다. 특히, 흑인과 라틴계 학생의 정학 및 퇴학 비율은 개탄스럽다. 『학교 이탈과 계열 이탈: 미국 중고등학교에서의 정학의 남용*Out of School & Off Track: The Overuse of Suspensions in American Middle and High Schools*』^{Losen & Martinez, 2013}에 따르면, 흑인(24%)과 라틴계 학생(12%)에 대한 중고등학교 정학 비율은 1972년 이후 두 배인 데 반해 백인은 약간 증가했다. 동일한 연구에서 라틴계 영어 학습자의 실패에 관한 중고등학교 자료는 정학의 위험이 특히, 남학생의 경우에 심각하게 증가한 것으로 보였다. 학생의 유급은 높은 정학, 퇴학 그리고 자퇴율과 관련 있었다.^{Andrew, 2014; Jacob & Lefgren, 2009} 전국적으로 유급하는 학생의 50%가량이 졸업하지 못하게 되는 셈이다. 따라서 이 아이들은 생애 초기에 쓰고 버려질 수 있는 소모품으로 전락해 체계적으로 분류되고 진로가 결정되어 버린다.

청소년 수감 청소년 수감(대량 수감과 관련한)의 문제는 사법 처리된 청소년 인구의 수감에 놀라운 격차가 존재한다는 점에서 중요하다.

애니 케이시Annie E. Casey 재단의 보고서 『미국에서 청소년 수감의 감소Reducing youth Incarceration in the United States』2013에 따르면,

> 청소년 수감률의 격차가 매우 크다. … 흑인 청소년은 백인 청소년에 비해 거의 5배 높은 비율로 수감된다. 라틴계와 미국 원주민 청소년도 수감률이 2~3배 높다. 청소년 수감률의 격차는 비슷한 백인 청소년에 비해 유색인종 청소년 특히, 흑인과 라틴계 청소년을 더 처벌하려고 하는 체계를 시사한다.Annie E. Casey, 2013, p. 2

아동보호기금2007은 2001년에 태어난 흑인 소년 3명 중 1명과 라틴계 소년 6명 중 1명이 일생 동안 1회 이상 감옥에 갈 위험에 처해 있다고 언급했다. 그리고 남자아이가 여자아이보다 5배나 많이 수감되는 동안, 상당수의 여자아이 또한 오늘날 사법 처리 대상이 되고 있다. 이 놀라운 청소년 수감 비율은 점점 더 어린 유색인종 아동을 위험에 처하게 한다. 종종 청소년 수감은 적절하지 못한 교육, 정학과 퇴학에 대한 무관용 관행, 학교와 지역사회에서 노동계급 유색인종 청소년에 대한 강화된 감시 및 치안유지 활동과 직접 관련되어 있다. 그리고 대다수의 4학년 학생이 해당 학년 수준의 읽기 능력을 갖고 있지 못함에도 불구하고, 주정부가 수감자 한 명에게 지출하는 금액은 학교 학생 한 명에게 지출하는 금액의 3배에 이른다.아동보호기금, 2007

오늘날 이러한 현상은 소외된 청소년을 잉여인간, 수감, 혹은 종종 죽음으로 몰아넣는 부당하고 폭력적인 경로인 '학교에서 감옥으로의 통로'라고 언급된다. 또한 특히, 노동계급 유색인종 청소년 학생을 범죄자로 만드는 학교의 정학 비율과 관련하여, 전국의 지역사회 활동가들은 청소년의 높은 자퇴율과 청년 실업의 증가가 함께 진행되고 있다

고 밝힌다.Knefel, 2013 『시민권 프로젝트Civil Rights Project』Losen & Gillespie, 2012에 따르면 330만 명의 학생이 등교 금지 정학 처분을 받았으며, 흑인 학생 6명 중 1명은 한 번 이상의 정학을 당했다. 이와 비교해 백인 학생은 20명 중 1명이 한 번 이상의 정학을 당했다.

　이는 흑인 남성이 백인 남성보다 수감될 가능성이 6배, 라틴계에 비해 2.5배 높다는 불균형적인 수감 비율에 영향을 미친다.미 사법통계, 2012 만약 현재의 추세가 지속된다면 백인 남성의 경우 17명 중 1명이 일생 동안 감옥에 갈 수도 있다는 것에 비해, 오늘날 미국에서 출생한 흑인 남성 3명 중 1명, 라틴계 남성 6명 중 1명이 일생 동안 감옥에 갈 수도 있다.Mauer, 2011 여성들 간의 인종차별적 불균형은 남성에 비해 덜 심하지만 여전히 심각하다. 수감에서의 이러한 놀라운 격차(특히, 유색인종 노동계급 남성의 경우)는 이것이 빈곤층에 대한 대규모 수감 및 규제를 위한 실질적 수단으로 사용되고 있는 것은 아닌지 의심스럽다. 나아가 빈곤, 낮은 문해율, 높은 자퇴율은 모두 수감될 확률과 높은 상관성을 보이고 있다.Hammond, Linton, Smink & Drew, 2007

　경찰의 총격사건　이와 유사하게, 경찰은 비무장 상태의 흑인 청소년을 상대로 행하는 수많은 살인을 저지르고 있고, 유색인종을 다루기 위해 공격적으로 취하는 "깨어진 창문"과 같은 치안유지 전략과 함께 무관용 정책을 채택하고 있다. 이런 것들은 말할 필요 없이 수백만 미국인들을 어느 때보다도 더 위험하게 만들어 왔다. 실제로, 미국 경찰에 의해 사망한 젊은 흑인 남성의 비율은 동년배 백인 남성보다 5배나 높다.Swaine, Laughland, Lartey & McCarthy, 2015 이러한 불균형은 흑인과 백인 청년 사이의 체포 비율 비교에서도 나타난다. 심지어 백인이 비슷한 혐의를 받았을 때라든가, 둘 다 범죄 경력이 없는 경우에도 말이다. 유색인종 청소년은 유사한 범죄를 저지른 백인 청소년에 비해 청소년 법원에 회부되고 수감되며, 성인으로서 재판을 받고, 성인과 함께 수감될 가능성이 높다.Hartney & Silva, 2007 이에 관해 지루Giroux, 2015는 다음과 같이 주장했다.

> 많은 청소년은 그들을 '범죄를 통한 통치' 복합체의 주요 대상으로 삼는 9/11 이후 사회질서에 순응하도록 강요받는다. 기초적인 보건, 교육 및 사회복지 서비스를 박탈하는 한편, 청소년을 범죄자로 만드는 다수의 '강경한' 정책들을 고려해 보라. 처벌과 공포는 청소년과 사회의 관계를 중재하기 위한 가장 주요한 양식으로 연민과 사회책임을 대체했으며, 이것은 미국 내 처벌의 확대와 함께 학교 내 무관용법의 급증을 통해 자명하게 드러난다.Giroux, 2015

그러나 흑인과 다른 유색인종 청소년들이 지역사회에서 직면하는 배제를 바탕으로 한 잔인한 권위주의적 상황에도 불구하고, 학교는 여전히 인종차별적인 사회적 계급 현실과 억압받는 지역사회 학생의 학업결손과 삶에 이것이 미치는 영향에 대응하지 못하고 있다. 대신에 많은 교사는 학생의 실패에 대해 진부한 설명에 의존하며Bergeron, 2016, 오늘날 학교와 사회에서 사회, 정치, 경제적 불평등을 영속화하는 명백한 구조적 불평등과 제도적 배제의 형태를 외면한다. 이 과정에서 신자유주의 정책결정자들은 비록 유감스럽지만 쓰고 버리는 정치를 정당한 현상으로 강화되고 재생산한다.

쓰고 버리는 정치

쓰고 버리는 정치는 배제를 바탕으로 한 잔인한 상황을 야기하고 있다. 그럼에도 불구하고 억압받는 지역사회 학생의 학력에 관한 교육 정책 논쟁에서는 피해 당사자를 비난하는 상황이 연출되고 있다. 즉, 가난한 사람들은 정치경제적으로 억압받고 종속된 상태에 놓여 있음에도 스스로의 가난에 대해 책임을 져야 한다는 것이다.[Ryan, 1976] 반면, 빈곤에 우선 책임이 있는 불평등 악화의 구조적인 조건에는 거의 관심을 두지 않는다. 가난한 노동자에 대한 잘못된 묘사는 특히, 사회의 계급투쟁 문제를 끊임없이 회피하려는 신자유주의적 경향의 결과이다. 자본의 권력을 드러내기보다는 실제로 비인간적, 비사회적, 비문화적인 교육자들과 정책결정자들이 빈곤층을 심리학적으로 분석하고, 질병 취급하며, 악마처럼 대한다. 그 후 체계적으로 그들을 범죄자, 약물 중독자, 노숙자, 청소년 범죄자, 매우 위험한 사람, 또는 만성적인 실업자로 범주화하고 딱지 붙인다.[Allen, 2014; Aronowitz, 1992] 교묘한 방법과 노골적인 방법을 통해, 피억압자들에게 잘못을 뒤집어씌우는 묘사는 자본 착취의 피해자들이 단순히 가치가 없거나 자격이 없다는 말과 다를 바 없다.

그러므로 "타자"에 대한 잘못된 믿음은 쓰고 버리는 정치를 뒷받침하는 자격과 특권에 대한 개념을 합리화하고 정당화한다. 교사가 피부색(백인의 특권)이나 계급(부자의 특권) 또는 성별(남성의 특권)이나 성적 취향(이성애자의 특권)과 관련된 자격과 특권을 인식하지 못하는 것[47]은 다양성에 관한 식민화된 신화를 대면할 수 있는 능력을 강력하게 방해하며, 학교교육과 미국에서의 삶에 대해 비판적이고 민주적인 관점을 형성하도록 하는 능력을 저해한다. 또한 이러한 자격과 특권에 대해 부인하는 태도는 무엇이 정당한 지식, 교실 행위 또는 교사-학생

관계를 구성하는지를 결정하는 교육체계 속의 식민화와 밀접한 관계에 있는 분리주의에 대한 믿음을 영속화한다. 정당하고 가치 있는 교사 또는 학생으로 간주되기 위해서는 주류 식민세계관에 기반을 둔 표준과 정해져 있는 절차에 순응해야 한다. 이러한 표준은 개인이 대부분의 기관에서 "적합한 것"으로 간주될지, 그리고 누가 특권을 가질 만한지 역시 결정한다.

게다가 모든 학생을 평가하는 보편적인 심리규범의 영속화는 일반적으로 특권 또는 기회를 위한 "자격을 갖추고 있음"을 고려하기 위해 교사, 학생 또는 학부모가 반드시 무엇을 해야 하는지, 또는 어떻게 바뀌어야만 하는지에 관한 기대를 분리하는 것에 의해 촉진된다. 차이와 교육에 관한 문제를 주제로 한 글에서, 프레이리[1998a]는 비인간화를 형성하는 자격과 특권에 대한 이념적 기원에 관해 설명했다.

> 지배계급은 자신을 다른 이들과 구별 지을 권력이 있기 때문에, 첫째, 그들 사이의 차이를 거부하지만, 둘째, 다른 계급과 동등한 척하지 않는다. 셋째, 이들은 차이가 있는 사람들이 동등해져야 한다고 의도하지 않는다. 이들이 원하는 것은 차이와 거리를 유지하고 실제로 피지배층의 열등감을 인식하고 강조하는 것이다.[Freire, 1998a, p. 71]

해방 투쟁에 헌신하는 교사는 반드시 미국에서 가장 은폐된 진실이 무엇인지를 제대로 인식해야 한다. 모든 곳에서 작동하는 소비자

---

47. Peggy McIntosh의 『*White Privilege and Male Privilege*』는 무엇이 특권을 형성하는지와 암암리에 그리고 무의식적으로 매일의 태도, 가치 그리고 행동을 통해 이것이 스스로를 표현하는 방식을 이해하는 데 특별한 글이다. 참조: McIntosh, P. (1988). White Privilege and Male Privilege: A personal Account of Coming To See Correspondences through Work in Women's Studies. Wellesley, MA: Wellesley College Center for Research on Women.

본주의 체계는 모든 종류의 사회적 차별, 경제적 착취, 문화적 침략 그리고 여성, 동성애자, 그리고 트랜스젠더에 대한 체계적인 폭력 및 노동계급에 대한 반감과 인종차별을 유지, 지속, 악화시킨다. 프레이리는 "인종차별주의 또는 성차별주의는 자본주의 생산양식과 매우 밀접하다. … 나는 자본주의 생산양식 아래에서 인종차별주의나 성차별주의가 극복될 수 있다고 보지 않는다"Shor & Freire, 1987, p.167고 말했다. 권력의 식민성과 불평등이 붙박여 있는 계급구조가 억압받는 지역사회의 사람들을 실제로 소비 가능하고 처분 가능한 것으로 생각하는 쓰고 버리는 정치에 의해 정치적 경제는 성장하고 촉진된다.

전국 수백만 학생의 운명에 영향을 주는 결정을 배타적으로 내리기 위해 고부담표준화시험을 사용하는, 책무성 제도에서 쓰고 버리는 정치는 작동한다. 마찬가지로 표준화된 의무교육과정이 야기하는 식민화는 역사, 지식 그리고 원주민 지역사회와 다른 주변부 사람들의 지혜를 낭비하게 한다.Darder, 2012a; Mignolo, 2007 또한 라틴계, 흑인, 노동계급의 남녀를 자본축적과 사회통제에 대한 골칫거리로 여기기 때문에 그들을 체계적으로 사용가치가 떨어지는 것으로 간주하여, 쓰고 버려도 되는 것이라고 규정짓는 사회에 의해 더 많은 이들이 수감되는 상황에서, 쓰고 버리는 정치는 감옥산업 복합체[48]를 이끈다.

이 현상의 증가를 심리적 일탈이나 특정 인구의 부도덕성으로 보거나, 심하게는 범죄행동의 인종차별적 설명으로 해석하려는 시도는 어떠한 것이든 완전한 착오이다. 대신에 교사는 노동계급 남녀의 수감 증가와 초국가 기업의 이익에 의한 일상 통제 사이의 상관관계를 찾아내야 한다. 지난 20년 동안 발생한 것과 같이, 미국의 역사에서 노

---

48. (옮긴이 주) 감옥-산업 복합체(prison-industrial complex) 감옥을 이윤 활동을 위한 기업체로 사용하려는 시도이다. 그에 따라 감옥산업 복합체는 일정 인원의 수감자를 채워 넣는 것을 필요로 하게 되고 강력범죄율이 감소하고 있음에도 불구하고 많은 수감 인원은 줄지 않는 이유로 지적받기도 한다.

동자가 이보다 많은 기업의 합병과 공장의 해외 이전을 경험했던 적은 결코 없었다. 이런 일의 다수는 역사상 이윤을 많이 냈던 시기에 압도적인 수의 실업과 해고를 발생시켰다. 이 시기는 인구 상위 10%를 위한 막대한 이익의 시대였다. 이들이 이익의 거의 90%를 가져가는 반면, 미국 노동자 다수의 실질임금은 지난 20년 동안 정체되거나 감소했다.Collins et al., 1999; Desiler, 2014; McKenna & Tung, 2015 2009년과 2014년 사이에 임금 하락은 "수위와 청소부, 간병인, 가정부의 경우에 특히 두드러졌다."Mckenna & Tung, 2015, p. 2

어려운 경제, 사회적 문제가 대부분의 사람에게 유발하는 무력함을 감안할 때, 교육자는 혼란을 느끼거나, 교실 속 억압의 상황을 직면할 준비가 되어 있지 않은 경우가 많다. 하지만 사람을 일회용 또는 소모품으로 간주하는 한 미국의 "모두를 위한 자유와 정의"에 대한 진부한 이야기는 신화 또는 "거대한 거짓말"일 뿐이다.Macedo, 1994, p. 9 마세도Donaldo Macedo는 "거대한 거짓의 교육학"이 대부분의 학생을 파편화되고 분절된 지식에 길들여 사회의 정치 및 경제에 거의 접근하지 못하고 실제로 무지하거나 무력한 상태로 놔두는 학교교육을 영속화한다고 주장한다.

종속 문화 집단에 대한 체계적인 인종차별을 명백히 영속화하는 시험, 과제, 교육과정, 제2언어 습득, 그리고 승진과 관련된 전통적인 교육정책에 비추어 보았을 때, 교사가 직장에서의 헤게모니적 힘을 뚫고 나올 방법을 상상하는 것은 거의 불가능해 보인다. 이것은 특히 교사가 모든 인간에 대한 시민의 책임과 사회적 가치에 대한 혁명적인 이해를 받아들이지 못했을 때 그러하다. 따라서 프레이리1983는 우리의 의식과 타인과의 상호작용을 변화시킬 수 있는 대화와 사회적 관계를 통해 비판적인 의식의 형태가 교실에서 적극적으로 배양되어야만 한다고 주장했다. 지속된 질문과 사회비판적 생각의 개발을 촉진하는 교육적 행위를 통해 교사와 학생은 비판적으로 그들의 삶에서 작동하는 심연의 사회적, 정치적, 경제적 조건에 대처할 수 있다.

이러한 비판적 탐구 과정을 통해 점점 더 늘어나는 기업의 이윤과 부, 그리고 점점 더 많아지는 미국 및 전 세계의 억압받는 인구들 사이의 연결 또한 만들 수 있다. 이러한 탐구를 통해 교사는 빈곤, 인종차별, 다른 형태의 불평등 및 사회적 배제에 대한 단순하고 그릇된 해석 대신, 구조적 및 체계적인 빈곤의 원인을 이해할 수 있다. 또한 우리의 페다고지는 시장의 논리를 되풀이하거나 교육적 성공을 교수학습의 과정에서 인간성을 제거하는, 정량화와 편의를 위한 언어적 효율성과 바꿀 수 없다. 교사가 혁명적 실천이 학교교육의 중심 목표가 되어야 한다는 것을 잊지 않는다면, 그것은 불평등과 배제를 우선 야기하는 근본적인 사회, 정치, 물질적 조건에서 급진적인 변화를 위한 투쟁을 동반한 개입을 통해 실체화될 수 있다. "자본주의 경제관계의 핵심인 착취"에 대해 우리가 말하지 않는다면^{Zamora, 2013, p. 8}, 다원주의, 차이, 다양성의 정치는 환영과 같은 정치적 전환, 공허한 수사 또는 기만의 정치가 된다. 따라서 의식의 변화는 우리 정치의 혁명적 재정의와 사회운동의 구축을 통해 교사의 급진화를 위한 근본적인 단계를 구성한다.

사회운동의 구축

신자유주의적 자본주의의 맥락에서, 이념적인 권력은 집단적 사회적 운동이 재분배 또는 경쟁을 위협할 때 그것을 부당하게 만들려고 한다. "이러한 압력은 노동력을 상품화하고 시장경쟁의 결과를 존중하는 도덕적 의무의 형태를 취한다. 이것은 경제적으로 비효율적이고 도덕적으로 비난받을 만한 것으로 여겨지도록 사회보장에 난관을 야기할 뿐만 아니라 민주주의 및 주권에 대한 비판을 이끌어 낸다."Amable, 2011, pp. 4-5 결과적으로, 프레이리1997a는 "우리의 현재 모습을 바꾸기 위해서는 권력구조를 근본적으로 바꿀 필요가 있다"라고 주장했다.p. 80 그러나 "억압-피억압자 역할의 반전을 전제로 하는 것이 아니라, 오히려 교감 속에서 착취와 수직적 권력관계가 존재하지 않고, 사회로부터 권리를 박탈당한 사람들이 세계를 읽어 내는 것으로부터 배제되지 않는 사회를 재창조하려는 것이다."Freire & Macedo 1998, p. 9 이러한 "교감"을 형성하기 위해 프레이리는 진보주의 교육자들이 "차이를 망라한 연대"라는 그의 비판적인 유토피아적 개념을 기반으로 한 투쟁 집단을 형성하도록 장려했다. 프레이리에게 "화합할 수 있는" 차이를 넘어선 연합을 설립할 수 없다는 것은 지배와 착취 구조를 보존하는 데 기여할 뿐이다. 따라서 그는 『망고나무 그늘 아래서*Pedagogy of the Heart*』에서 다음과 같이 언급했다.

> 화합을 받아들인 '서로 다른 사람들'은 그들의 투쟁에서 단결을 피할 수 없다. 이들은 각 집단의 특정 목표를 넘어서는 목표를 가져야만 한다. 더 큰 꿈을 가져야 한다. 서로 다른 사람들은 열망하는 유토피아를 위해 양보할 수 있어야 한다. 차이를 망라한 연대는, 예를 들어, 집단의 피부색과 무관한 반인종차별주의 집단 간에 가능하다. 현실로 만들기 위해 반인종차별주의 집단들은 그들의 핵심 인종집단의 한계를 극복하고 인종차별주의를 강화하는 사회경제적 체계의 근본적인 변화를 위해 싸워야 한다.Freire, 1997a, p. 85

이곳에서 프레이리의 주장, "서로 다른 사람들은… 그들의 투쟁에서 단결을 피할 수 없다"는 신자유주의의 (부유한 엘리트 외의) 반-연대 윤리와 원칙적으로 차이와 배제에 중점을 둔 신자유주의 시대의 구별 짓는 정치 방식, 두 가지 모두와 관련된 계급투쟁의 단결 가능성을 약화시킴으로써 자본주의의 근본적인 비판을 벗어나, 의도치 않게 자본주의의 손에서 놀아날 수도 있다는 우려를 떠올리게 한다.

예를 들어, 미국에서 지난 30년간 임금 및 노동조건의 차별 문제에 매우 집중하는 모습을 보였음에도 불구하고, 자모라[Zamora, 2013]는 그렇게 함으로써 자본주의 맥락에서 작동하고 있는 더 큰 착취의 문제(노동과 자본 사이의 대립과 연결된 착취의 문제)를 놓칠 수 있다고 경고한다. 다시 말해, 이는 자본주의 착취의 근본적인 현상에 개입하기보다는 피억압자들이 서로 다른 집단 사이(노동자 대 실업자, 시민 대 이민자, 교육받은 자 대 교육받지 못한 자, 여성 대 남성, 백인 대 소수인종 그리고 등등)의 갈등에 더 초점을 두어 왔다는 것이다. 이는 차이의 불분명함 속에서 이들을 보이지 않게 만들고 계급투쟁이 가져야 할 더 큰 사회적 질문을 모호하게 한다. 이에 관해 자모라는 다음과 같이 서술했다.

> 이제 '착취당하는 사람'은 '그들의 배제', 그들의 노동에서 증가하는 위태로운 관계에 의해 다시 정의되어야 한다. … 이들은 불평등과 경제적 불안정성의 폭발이 노동계급을 근본적으로 해체시킨 사회에서 계급(인종과 젠더 또한) 관계의 재구조화를 위한 상징을 구성한다. 실제로, 이들 간의 불분명함은 일종의 신자유주의의 이미지로, 계급투쟁을 조직화되지 않은 폭동으로 대체하고, 계급의식을 매우 파편화된 봉급 노동자의 분절된 정체성으로 대체한 이미지다.[Zamora, 2013, p. 3]

프레이리의 정신을 통해 교사는 단순한 문화, 성, 인종, 성적 취향의 차이를 넘어선, 모든 무산계급에 걸친 연대를 만들어 내야 한다. 연대는 운동을 조직하는 데 중요하다. 그러나 노동계급에 걸친 사회적 운동을 형성하는데, 연대는 반드시 정치적으로 대응해야 한다. 프레이리는 노동자로서 교사가 만연해 있는 비합리적이고 비인간화하는 헤게모니 세력을 대체하면서, 참여를 통해 민주적 경험의 부족을 극복할 수 있도록 돕는 과정에 기반을 더욱 공고히 해야 한다고 믿는다. 이러한 과정은 우리가 커져 가는 계급의 중요성과 사회 및 정치적 권력관계 체계로서 자본주의의 특수성을 항상 인지하기를 요구한다. 자본주의에서 모든 형태의 사회적 불의는 특정한 사회계급 형성 속에 존재하고, 권력은 공평하게 분배되지 않았으며 권력투쟁은 끊임없이 변화한다. 그러므로 우리가 해야 할 일은 "권력이 모든 곳에 있으면서 어디에도 없고, 정치적인 집단행동의 가능성이 존재하는 곳으로 돌아가야만 하는"Naiman, 1996, p.16 혼란스럽고 측정 불가능한 위치로부터 권력의 개념을 구해야만 한다. 그렇게 함으로써 우리는 직접 정치경제에 의해 직접 구성되는 생존 임금, 적절한 의료 서비스, 복지 개혁, 감당할 만한 주택가격, 평등 교육과 같은 문제에 더 잘 대응할 수 있다.

진보적인 교사는 연대를 형성하여, 그들의 작업을 문화적 노동자와 사회적 활동가의 두 갈래로 나누지 않는 반헤게모니적 정치 프로젝트에 참여할 수 있다. 대신에 이런 참여는 그들의 학교 업무를 지원하는 동시에 학교 바우처, 차터스쿨, 교사 인증, 고등학교 졸업시험, 읽고 쓰기, 이중언어교육과 같은 교사의 교수 행위에 직접 영향을 주는 현재의 교육 이슈에 집단적인 입장을 취할 기회를 제공한다. 더불어, 차이의 연대를 형성한 동맹을 바탕으로 다양한 지역사회 및 계급의 교사는 공교육을 파괴하려는 보수적인 노력에 대항하는 다양하지만, 통합적인 반자본주의적 정치 전략을 만들어 낼 수 있다. 가장 중요한 점은 투쟁을 위한 이러한 지역사회 관계들이 수년간 좌파를 괴롭혀 온 마비에서 벗어나도록 하는 투쟁에서 교사를 지원할 수 있다. 사회운동 조직을 통해, 교사는 담대하게 이 나라 학교교육의 대안적인 목표를 구축하는 것으로 나아갈 수 있다. 새로운 목표는 반드시 더 큰 정치적 해방 프로젝트와 연결되어야 한다.

역사는 오직 사회운동 조직 간의 집단적인 활동의 결과로서만 중요한 제도적 변화가 일어날 수 있음을 반복적으로 보여 준다. 참되고 정당한 정책적 전략은 약간의 영향력이 있지만, 궁극적으로 대중의 단결된 목소리는 이러한 세력들을 신속하게 움직이게 하는 데 가장 큰 영향력을 가진다. 대중은 소리를 낼 수 없다고 생각하게 만드는 왜곡된 문화적 표현으로 인한 조작된 혼란과 왜곡된 신화를 통한 정치적 및 경제적 노력에도 불구하고, 교사의 연대는 우리의 삶과 지역사회를 되찾고 공중을 회복하는 힘을 갖게 할 수 있다. 이러한 연대의 맥락에서 우리는 강력하게 정치적 자결을 재현할 수 있으며 용기를 갖고 단호하게 사회경제적 불의에 저항하는 소리를 낼 수 있다. 집단적인 참여를 통해 교사는 공포, 죄책감, 분노, 절망을 생산적인 행동으로 이끄는 방법을 발견할 수 있다. 투쟁과 변화를 위한 윤리적인 지역사회의 건설을 통해 우리는 사회를 재발견하는 데 필수적인 비판력, 성찰력, 정치적 지식, 사회적 헌신, 개인적 성숙, 차이를 망라한 연대를 발전시킬 수 있다. 그러나 가장 중요한 것은, 프레이리가 강조했던 시민권을 완전히 행사하기 위한 우리의 양도할 수 없는 권리의 회복이 필요하다.

시민권은 일하고, 먹고, 입고, 신발을 신고, 집에서 자고, 누군가를 돕고, 사랑하고, 화내고, 울고, 항의하고, 지지하고, 움직이고, 종교나 정당에 참여하고, 누군가를 교육하고, 어느 국가의 해변인지와 상관없이 수영하는 자유를 의미한다.

시민권은 우연히 얻어지지 않는다. 우리는 이것을 위해 끝없이 싸워 나가야 한다. 이것은 헌신, 정치적 명확성, 일관성, 결단을 요구한다. 이런 이유로 민주주의 교육은 시민권에 관한, 시민권을 위한 교육으로부터 떨어져 실현될 수 없다.Freire, 1998a, p. 90

프레이리가 『망고나무 그늘 아래서』에서 꿈꾸었던 것처럼, 이러한 지역사회의 힘은 사회와 경제적 정의를 위해 교사가 집단적으로 투쟁하는 동안 인간적인 관계를 설정, 발달, 지원하는 데 있다. 이러한 관계에 참여함으로써 교사는 학교에서 종종 겪게 되는 소외와 고립을 해소할 수 있다. 이 과정에서 교사는 더 완전하고 공개적으로 아픔, 고통, 두려움, 실망, 불안, 쾌락, 기쁨, 꿈과 같은 그들 인간성의 모든 면을 포용할 수 있는 자유를 모색하게 된다. 그리고 그렇게 함으로써, 우리의 집단적인 인간성에 의해 발생하는 정치적 권력을 찾을 수 있다.

파울로 프레이리는 미래에 대한 비판적인 시각은 희망 없이 불가능하며, 단호히 "인간이 빠진 역사적인 실제는 없다"는 지식론의 입장을 취했다.1970, p. 125 오직 희망의 프락시스를 통해서만 차이를 망라한 연대가 가능하다. 연대는 교사와 학생이 "함께 배우고, 함께 가르치며, 함께 알고자 노력하고, 무언가를 함께 만들며 우리 인간성의 완전한 표현을 방해하고 역사의 주체로서의 우리의 공간을 빼앗는 장애물에 대항하기"에 충분히 강하다.1998b, p. 69 『자유의 교육학Pedagogy of Freedom』에서 프레이리는 희망의 관계를 다시 역사 변화의 가능성과 연결한다. "희망은 우리의 완성되지 않은 맥락에서 자연스럽고, 가능하며 필수적인 추진력이다. 희망은 우리 인간, 역사적인 경험에서 빼놓을 수 없는 양념이다. 이것이 없다면, 우리는 역사 대신 순수한 결정론만을 갖게 될 것이다. 역사는 오직 시대에 관해 고찰하는 곳에서만

존재하고 단순히 주어지는 것이 아니다. 멈출 수 없는 미래는 역사에 대한 부정이다."p.69

오늘날 세계에서 사회의식의 변화와 사회구조의 재건 모두를 위해 노력하는 혁명적인 희망의 프락시스 없이는 미래를 위한 민주적 삶의 진정한 형태가 가능하지 않다는 것에는 의문의 여지가 없다. 프레이리는 이렇게 말했다. "글로벌 자본의 문화를 우리의 지역에 정착시켜 인간미 있는 것으로 만들려고 하는 정치적인 전략과 국가 정책을 생각해 보라. 그러나 투쟁은 이념적인 것만이 아니다. 사회정책은 가난하고 소외된 자들, 그리고 부유한 자와 중산층에 대한 실질적인 경제 및 사회적 결과를 갖는다. 결과는 단지 상징에 그치지 않는다. 결과는 물질세계 속에서 사람들의 삶과 공간을 형성한다."Carnoy, 1997, p.16 프레이리가 말하는, 우리의 진정한 소명은 우리가 자본의 대리인 또는 "떼어버릴 수 있는 다른 사람의 꿈이나 욕망의 부속물"로 사는 것을 의미하지 않는다.McLaren, 1997b, p.153 대신에 프레이리는 우리가 "지행합일" 하며 열정적으로 살기 위한 자유를 가진 완전한 인간으로서 존재할 희망과 가능성을 포용하고 북돋는다.1997b, p.33

우리 교실과 지역사회에 살아 있는 사랑의 페다고지는 과거의 공식과 모델을 거부하고, 학교교육뿐만 아니라, 미국 사회에 대한 급진적인 비전의 "재창조"를 요구한다. 사회에 대한 비전은 의심할 여지 없이 인권, 사회정의 그리고 부와 권력의 급진적인 재분배에 대한 민주적인 행동에 의해 형성된 것이다. 하지만 프레이리는 어떠한 민주적 교육을 위한 인간미 있는 비전과 사회 및 물질적 불평등의 변혁이라도 소외된 지역사회 학생의 사회 및 지적 성장에 근본적인 영향을 미치는 교육적으로 긴요한 일, 윤리적 고려, 교육과정 접근법에 전적으로 달려 있다는 것을 이해했다. 이 과정에 내재하며, 신자유주의에 대립적인, 지역사회 해방의 가치는 인간의 동류의식에 대한 보편적인

이해와 문화적 지역사회를 망라한 노동자들 간의 연대를 유지할 수 있다.Darder, 2016a

그러나 다양한 관행 또는 학교나 다른 사회기관을 포괄하기 위한 철학적 기반으로서 인간 존재의 자유주의의 보편인권의 개념에만 의지하는 것은 소외된 문화의 노동계급 학생의 교육적 필요를 충족하기에 불충분하다는 점을 반드시 주목해야 한다. 전통적인 주류의 문화적 차이를 뭉개고 대량학살, 노예, 식민화의 역사를 지우거나 수정하려는 시도는 종종 역사적으로 보편성의 이름을 빙자해 자행되어 왔다. 프레이리1970는 어떻게 이것이 파괴적이고 지속적인 인종차별의 영향과 피억압자들에 대한 경제적인 방식의 역사적인 폭력을 부정하는 전반적인 경향으로 이끄는지에 관해 인식했다.

대신에, 프레이리는 모든 형태의 인간 고통과 억압을 근절할 것을 요구하는 사회에 대한 혁명적인 비전을 제안했고, 익숙한 성경 격언 "가난한 자들은 항상 우리 주변에 있다"를 반영한 엘리트들 사이의 빈곤 논쟁과 관련한 잔인한 숙명론에 공개적으로 도전하고 반대하는 급진적인 희망에 영감을 받았다. 격언은 용기 있게도 빈곤층이 사회 배제의 담론, 경제적 지배, 인간 착취라는 맥락에서 필수 불가결한 존재라고 공표했다. 파울로 프레이리는 빈곤, 인종차별, 성차별, 동성애에 대한 차별, 기타 다른 형태의 차별이 우리 인간의 자연스러운 특성이 아니라고 힘주어 말했다. 대신에 이런 조건은 인간에 의해 역사 속에 창조된, "자연스러운 것처럼 만들어진" 일탈로 존재한다. 따라서 우리가 경험하는 모든 억압은 존재로부터 "재창조"될 수 있다.1997a, p. 308

프레이리가 확신한 가장 중요한 것은 학교가 투쟁의 중요한 공간이고 시민과 역사의 주체로서 윤리적 책임을 진 교사는 세계의 재창조를 위한 집단적인 투쟁을 위한 이상적인 위치에 있다는 것이었다.

가능성으로서 역사를 이해할 때 내일은 문제가 된다. 내
일이 오기 위해서 우리는 오늘을 변화시켜 내일을 건설할 필
요가 있다. 다른 내일은 가능하다. … 미래를 재창조하는 것
은 필수적이다. 교육은 미래의 재창조를 위해 없어서는 안
된다. 활동적인 주체와 역사의 대상으로 우리 존재를 인식함
으로써 우리는 경계를 만들어 내는 존재가 된다. 이것은 우
리를 윤리적 존재로 만든다.Freire, 1997a, p. 55

그러므로 교육자의 중요한 역할은 학교와 사회의 겉으로 드러난 부
분을 벗겨 내는 것뿐만 아니라 역사적으로 억압받는 지역사회의 생존
과 연결된 역사적 기억과 인식의 재구성을 지원하는 방식으로 일상의
탈식민화를 위해 노력하는 것이다.Paraskeva, 2014: 2016[49] 왜냐하면 이러
한 억압의 역사 속에서 종종 다른 세상을 상상하는 용기와 의지를 바
탕으로 한 투쟁을 이어 가기 위한 집단적인 가능성이 발견되기 때문
이다. 이것은 시민을 교화하려는 시도에 도전할 수 있고, 정치적 참여
의 기반을 구축하며, 우리 지역사회의 변화에 필수적인 반대 의견을
포용할 수 있는 해방의 페다고지를 만들어 가는 데 필수적인 요소를
구성한다.

우리 앞에 놓인 과제가 종종 극복하기 어려워 보일지라도, 프레이
리의 삶과 글에서 오롯이 사랑으로 무장된 교수학습의 혁명적 비전
에 삶의 숨결을 불어넣을 수 있는 소중한 말들이 있음은 행운이다. 프
레이리는, 이전에 체 게바라Che Guevara가 그랬던 것처럼, 단호하게 식
민주의와 자본주의의 착취의 논리를 거부하고 궁극적으로 우리의 학

---

49. 참조: J. Paraskeva(2014). Conflicts in Curriculum Theory: Challenging Hegemonic
    Epistemologies. New York: Routledge. 지배적인 인식론과 억압받는 지역사회의 학습에 미
    치는 그것의 영향에 관한 예리한 글이다.

교, 지역사회, 사회 속 우리의 작업을 이끄는 해방을 위한 정치적 헌신에 기여하는 것을 혁명적인 사랑이라고 단언했다. 왜냐하면 이러한 사랑으로 우리는 "사회적 갈등과 문화적 혼란의 시대에 허무주의와 절망이 불가피하게 삶을 거부하도록 하는 것을 막을 수 있을 뿐만 아니라"McLaren, 2000, p. 171, 열정, 아름다움, 해방의 기쁨과 함께 우리가 만들어 가는 역사를 구현할 수 있기 때문이다.

역사 만들기:
미래를 위한 교육

미래는 끊임없이 발생하는 것이며, 이렇게 지속적으로 '발생한다'는 것은 우리가 현재를 변화시키는 것에 의해서만 미래가 존재한다는 것을 의미한다. 현재를 변화시킴으로써 우리는 미래를 건설할 수 있고, 따라서 역사는 결정론이 아니라 가능성이다.파울로 프레이리, 『도시의 교육학』, 1984

근본적으로 역사가 나에게 무엇을 의미하는지를 묻지 않고 교육이나 어떤 종류의 교육을 발달시켜야 하는지를 생각하기란 쉽지가 않다. 내가 다른 사람과 역사 속에 함께하며 나는 역사를 어떤 식으로 보는가?

내가 역사를 생각할 때 나는 가능성─역사는 가능성의 시간과 공간─에 대해 생각한다. 따라서 나는 숙명론에 의해 지배되는 역사관을 거부한다. 나는 또한 무엇이 일어나는 것은 무엇이 일어나야 한다는 신념을 가진 운명론적이거나 비관주의적 이해를 거부한다. 아니, 나는 이를 받아들일 수 없다. 내가 받아들이는 것은 우리 모두가 세계에 도달하는 것이다. 그것은 우리가 세대로서 세계에 도달하는 것이며, 우리는 하나의 과정, 어떤 물질적 조건, 문제, 이해, 행동, 반응을 발견하고, 우리가 발견한 것으로부터 출발하며, 역사를 만들기 시작한다. 역사를 만들어 가며 우리는 가능성을 선택하고 실현한다. 그리고 역사를 만들며 역사도 우리를 만들기 시작한다.

　내가 역사를 가능성으로 이해하는 순간, 나는 또한 다양한 방식으로 교육을 이해하지 않으면 안 된다. 하지만 이 이해에는 또 다른 결과가 따른다. 즉, 일단 역사를 가능성으로 이해하면, 나는 역사적 과정에서 주체성의 역할 또한 이해하게 된다는 점이다. 그 이후에는 주관성과 객관성에 관한 철학의 오래된 질문, 즉 역사를 객관적으로 쓰는 것이 가능한지 아닌지는 완전히 해결되지 않더라도 이해하기가 훨씬 더 쉬워진다. 그래서 역사가 가능성이라면, 내가 역사를 의식적으로 만들 수 있다는 것이고, 역사적 과정에 단지 수동적으로 참여하지 않아도 된다. 즉, 내가 인간의 의식을 위한 매우 중요한 역할을 자각하는 것을 의미한다. 물론 나는 실재를 만드는 인간의 의식이 운명적이고, 절대적인 권력을 갖고 있다고 보지 않는다. 한편, 나는 인간의 의식이 완전히 외재적, '구체적' 현실에 의해 형성된다고 보지도 않는다. 인간의 의식은 변증법적으로 구체적 외재성에 의해 어느 정도로 확립되지만, 그렇다고 오직 물질적 조건과의 투쟁에 의해 이루어진 결과도 아니다. 인간의 의식이란 또한 그것의 구성에 영향을 미치는 조건을 생각할 수 있는 능력이기도 하다.

　이러한 의식관은 다양한 빛으로 교육에 투사된다. 이때 교육은 더 이상 의식의 변혁이 아니고, 사회 변혁을 위해 절대적으로 필요한 것이다. 교육과 의식의 관계를 이해하려면 지속적으로 발생하는 명백한 모순의 차원에서 변증법적으로 생각할 필요가 있다. 단지 단선적으로 생각해서는 이를 이해할 수가 없다.

　물론, 앞으로 나는 이 나라뿐만 아니라 전 세계적으로도 기술혁신과 과학의 진화는 멈춰질 수 없다고 본다. 이와 관련해서 제3세계는 발전에 필수 불가결한 영역에서 제1세계에 가까워지기 위해 제3세계가 마주하는 어려움이 점점 커져 가고 있기 때문이다. 사실 이것은 제1세계에게도 좋지 않다. 역사와 교육에 대한 이런 이해 방식 때문에 이런 질문을 던지게 된다. 예를 들어, 어떤 종류의 교육이 우리의 과학과 기술에 대한 지식을 증대하고 발전시킬 것이며 사회적 필요 또한 충족시킬 수 있을 것인가? 어떤 종류의 교육이 이러한 필요에 응답할 것이고 자유와 창의성을 고려할 것인가?

내가 자유와 창의성을 생각할 때, 단지 투표할 권리—이것이 충분한 것은 아니지만—만 말하려는 것이 아니다. 내가 민주주의와 자유, 그리고 창의성을 위해 학교에 가라고만 말하는 것은 아니다. 나는 과학을 창조하는 과정에서, 그리고 기술의 혁신 과정에서 주체성의 역할을 말하려는 것이다. 예를 들어, 나를 놀라게 하는 것은 점점 더 우리에게 새로운 지식을 만드는 사람과 과학자 집단이 별로 없다는 것이다. 하지만 이들은 창조한 지식을 이해하지 못하는 대다수 사람들로부터 너무 멀리 떨어져 있다. 즉, 우리는 세상에 호기심을 가진 소수와 호기심에 수동적인 다수에 초점을 맞춘다. 세기 말과 초에 필요한 교육의 종류는 진지한, 아주 진지한 교육이라고 할 수 있다. 내가 진지함을 말할 때, 이런 종류의 교육이란 '검은 넥타이를 매라!'고 말하는 것이 아니다. 다시 강조하지만, 절대 아니다. 우리들 사이에, 그리고 교사와 학생 사이에서 생겨나는 엄격함, 그것도 지성적 엄격함의 관점에서 바라보는 진지함을 이야기하는 것이 아니다.

내가 진지한 교육을 이야기할 때 행복 또한 이야기한다. 교육을 통해서 우리는 공부가 힘들고, 완성되기 힘들며, 독보적으로 고통스럽다는 것을 믿게 되기에 교육이 행복을 가능하게 한다는 것을 나는 이해할 수가 없다. 정말 공부와 앎은 매우 힘든 과정이다. 더욱 깊이 이해하려고 노력하려면 진짜 피곤하다. 예를 들어, '읽기'를 '다시 쓰는 것'으로 이해하면 읽기를 이해한다는 것이 쉽지 않다는 것을 발견하게 된다. 우리가 읽기를 아주 창조적인 경험을 하는 것으로 이해한다면, 다른 사람이 쓴 것을 단지 기억해서는 안 된다. 진정한 읽기는 정말 어렵다. 그러나 우리는 학생이 공부하는 것을 두려워하지 않는 교육을 해야 한다. 하지만 우리는 호기심 많고 공부하기를 열망한다. 우리는 공부를 시작하면서 어느 순간 즐거움으로 가득 찰 것이라는 확신을 스스로 가져야 한다. 이것은 우리가 진정한 지식에 도달하는 순간이기도 하다.

우리는 기존 지식을 아는 행위와 아직 만들어지지 않은 지식을 창조하는 행위를 이분화하지 않는 교육을 필요로 한다. 우리는 모든 것을 이분화하는 경향이 있다. 연구와 가르침을 이분화하는 것도 똑같은 것이다. 주요 대학에서 가르치기만 하는 교육자를 마치 연구하지 않고 가르치는 게 가능한 것처럼 중요하게 생각하지 않는 것은 모순 그 자체이다. 사실 연구가 무엇을 의미하고, 가르치는 것이 무엇인지를 다시 생각해 보는 것은 중요하다. 이런 이분법적 사고는 오래된 것이다. 이런 사고는 분명 자본주의의 진화를 통해 만들어진 권력의 체계와 함께 시작되었다. 이전에 물리학자는 물리학을 가르치는 교사이기도 했다. 자기가 연구한 것을 자기가 가르쳤다. 이후에 우리는 연구자를 두고 있고 연구를 할 수 없는 사람은 '전문가'가 되어서 다른 사람들이 창조한 것을 가르친다.

교사가 다른 사람들이 만든 지식을 단순히 전달하거나 자기가 가르치는 지식이 도대체 어디에서 왔는지에 대해 아무것도 모르는 교육은 더 이상 필요하지 않다. 이런 교육은 교사가 아무런 역사적 호기심 없이 주어진 지식을 학생들에게 전달하고, 학생들 또한 같은 방식으로 지식을 받아들이는 것을 강화한다. 이를 변화시키기 위해 교육은 철학을 담아야 한다. 우리는 기술과 과학만이 아니라 과학철학, 기술철학, 지식론을 필요로 한다. 우리는 진지하게 우리가 어떻게 생각하고,

어떻게 알게 되는지를 질문해야 한다. 마지막으로 브라질에서와 같이 여기 미국에도 우리를 단지 역사의 대상이 아닌 역사의 주체가 되도록 돕는 교육이 필요하다.

캘리포니아 클레몬트 대학원 총장 포럼에서
1989년, 5월 12일

Addy, S., Engelhardt, W., and Skinner, C. (2013). *Basic facts about low income children*. New York: National Center for Children in Poverty. Retrieved from http://www.nccp.org/publications/pdf/text_1074.pdf.

Aguirre, J. A. (2012). Arizona's SB1070, Latino immigrants and the framing of antiimmigrant policies. *Latino Studies*, 10(3), 385–394. doi:10.1057/lst.2012.28.

Alexander, M. (2012). *The new Jim Crow: Mass incerceration in the age of colorblindness*. New York: New Press.

Allen, K. (2014). Breaking the "At Risk" code: Deconstructing the myth and the label(doctoral dissertation). Loyola Marymount University. Retrieved from pqdtopen.proquest.com/doc/1629480653.html?FMT=AI&pubnum=3641922c.

Amable, B. (2011). Morals and politics in the ideology of neo-liberalism. *Socio-Economic Review 9*, 3-30.

Anderson, J. (1997). *Che Guevara: A revolutionary life*. New York: Grove Press.

Anderson, M. (2014). Sixty years after Brown v. Board, Black teachers are disappearingagain. Retrieved from Ebony: http://www.ebony.com/news-views/sixty-years-afterbrown-v-board-black-teachers-are-disappearing-again-304#axzz4OunCsMn5.

Andrew, M. (2014). The scarring effects of primary-grade retention. *Social Forces 93*(2), 653–685.

Apple, M. (1999). *Official knowledge: Democratic education in a conservative era*. New York: Routledge.

Apple, M. (1995). *Education and power*. London: Routledge.

Arkin, W. M. and O'Brien, A. (2015). The most militarized universities in America: A VICE news investigation. VICE News. Retrieved from https://news.vice.com/article/the-most-militarized-universities-in-america-a-vice-news-investigation

Aronowitz, S. (1992). *The politics of identity: Class, culture and social movements*. New York: Routledge.

Au, W. (2009). *Unequal by design: High-stakes testing and the standardization of inequality*. New York: Routledge.

Bacon, D. (2013). T*he right to stay home: How U.S. policy drives Mexican migration*. Boston: Beacon Press.

Barbaro, A. and Earp, J. (2008). *Consuming kids: The commercialization of childhood*. Northampton, MA: Media Education Foundation. Retrieved from http://shop.mediaed.org/ consuming-kids-p80.aspx.

Bartolome, L. (1994). Beyond the methods fetish: Toward a humanizing pedagogy. *Harvard Educational Review 64*(2), 173-194.

Bartolome, L. (2002). Creating an equal playing field: Teachers as advocates, border crossers, and cultural brokers. In Z. F. Beykont, *The Power of Culture: Teaching Across Language Difference* (pp. 167-191). Cambridge, MA: Harvard Educational Publishing Group.

Bergeron, K. (2016). *Esteemicide: Countering the legacy of self-esteem in education* (doctoral dissertation). Loyola Marymount University. Retrieved from http://pqdtopen.proquest.com/doc/1786971810.html?FMT=ABS.

Bigelow, B. and Peterson, B. (1998). *Rethinking Columbus*. Milwaukee, WI: Rethinking Schools.

Bloom, L. M. and Carnine, B. (2016). Towards decolonization and settler responsibility: Reflections on a decade of indigenous solidarity organizing. *CounterPunch*. Retrieved from http://www.counterpunch.org/2016/10/03/towards-decolonization-and-settlerresponsibility-reflections-on-a-decade-of-indigenous-solidarity-organizing/.

Bocian, D. G., Li, W., and Ernst, K. S. (2010). *Foreclosures by race and ethnicity: The demographics of a crisis*. Washington, DC: Center for Responsible Lending.

Brown, W. (2006). American nightmare: Neoliberalism, neoconservativism, and de-democratization. *Political Theory, 34*(6), 690-714.

Bruenig, M. (2015). Why education does not fix poverty. Demos. Retrieved from http://www.demos.org/blog/12/2/15/why-education-does-not-fix-poverty.

Budget Policy Brief. (2012). FY 2012-2013. Retrieved from http://home.lausd.net/pdf/superintendent/LAUSD_Insider/PolicyBrief_Budget_March2012_FINAL.pdf.

Cabral, A. (ed.) (1973). *Return to the source: Selected speeches of Amilcar Cabral* (Africa Information Service), New York: Monthly Review Press.

Carnoy, M. (1983). Education, democracy, and social conflict. *Harvard Educational Review 43*, 398-402.

Carnoy, M. (1997). Foreword, *Pedagogy of the heart*, by Paulo Freire. New York: Continuum.

Cavanaugh, J. (1996). *Global economic apartheid*. Speech aired on Pacifica Radio KPFK and distributed by Alternative Radio, Boulder, Colorado.

Cervantes-Soon, C. G. (2014). A critical look at dual language immersion in the new Latin@ diaspora. *Bilingual Research Journal: The Journal of the National Association for Bilingual Education 37*(1), 64-82.

Chase, E. and Bantebya-Kyomuhendo, G. (2015). *Poverty and shame: Global experiences*. Oxford, UK: Oxford University Press.

Child Trends. (2015). *Homeless children and youth*. Retrieved from: http://www.childtrends.org/ indicators/ homeless-children-and-youth/.

Children's Defense Fund. (2007). America's cradle to prison pipeline report. Retrieved from http://www.childrensdefense.org/programs-campaigns/cradle-to-prison-pipeline/.

Childress, S. (2016). The problem with "Broken Window" policing. *Frontline*. Retrieved from: http://www.pbs.org/wgbh/frontline/article/the-problem-with-broken-windowspolicing/.

Clairmont, F. F. (1995). *The rise and fall of economic liberalism*. Mapusa, India: Other India Press/Third World Network.

Collins, C., Leondar-Wright, B., and Sklar, H. (1999). *Shifting fortunes. The perils of the growing American wealth gap*. Boston: United for a Fair Economy.

Constantino, R. (2002). The miseducation of the Filipino. In A. V. Shaw and L. H. Francis (eds.), *Vestiges of war: The Philippine-American war and the aftermath of an imperial dream*, 1899-1999 (pp. 177-192). New York: New York University Press.

Darder, A. (2002). *Reinventing Paulo Freire: A pedagogy of love*. Boulder, CO: Westview Press.

Darder, A. (2005). Schooling and the culture of dominion: Unmasking the ideology of standardized testing. In G. Fischman and P. McLaren (eds.) *The Pedagogies of globalization*, New York: Rowman & Littlefield, (207-222).

Darder, A. (2006). Colonized wombs? Reproduction rights and Puerto Rican women. *The public I*. Champaign, IL: The Champaign-Urbana Independent Media Center.

Darder, A. (2010). Preface. In R. Kahn (ed.). *Critical pedagogy, ecoliteracy, and planetary crisis*. New York: Peter Lang.

Darder, A. (2011). Radio and the art of resistance: A public pedagogy of the airwaves. *Policy Futures in Education, 9*(6), 696-705.

Darder, A. (2012a). *Culture and power in the classroom*. Boulder, CO: Paradigm.

Darder, A. (2012b). Neoliberalism in the academic borderlands: An ongoing struggle for equality and human rights, *Educational Studies: Journal of the American Educational Studies Association, 48*(5), 412-426.

Darder, A. (2013). Rewriting the world: Literacy, inequality, and the brain. *New England Reading Association Journal, 49*(1), 22-32.

Darder, A. (2014). Racism and the charter school movement. *TruthOut*. Retrieved from http://www.truthout.org/opinion/item/27689-racism-and-the-charter-schoolmovement-unveiling-the-myths.

Darder, A. (2015). *Freire and education*. New York: Routledge.

Darder, A. (2016a). Critical leadership for social justice: Unveiling the dirty little secret of power and privilege. *Radical Imagine-Nation, 1*(1), 41-73.

Darder, A. (2016b). Latinos, education, and the church: Toward a culturally democratic future. *Journal of Catholic Education, 19*(2), 18-53. http://dx.doi.org/10.15365/joce.1902032016.

Darder, A. and Torres, R. D. (2004). *After race: Racism after multiculturalism*. New York: New York University Press.

DeHaven, T. (2012). Corporate welfare in the federal budget. *Policy Analysis*. Washington, DC: Cato Institute, 703.

Delpit, L. (2008). *The skin that we speak: Thoughts on language and culture in the classroom*. New York: The New York Press.

DeParle, J. (2012). Harder for Americans to rise from lower rungs. *New York Times*. Retrieved from http://www.nytimes.com/2012/01/05/us/harder-for-americans-to-rise-fromlower-rungs.html.

Desiler, D. (2014). *For most workers, real wages have barely budged for decades*. Washington, DC: Pew Research Center.

Diaz-Soto, L. and Haroon, K. (2010). *Teaching bilingual/bicultural children*. New York: Peter Lang.

Domhoff, G. W. (2013). Wealth, income, and power in who rules America? Retrieved from http://whorulesamerica.net/power/wealth.html.

Dowbor, L. (1997). Preface, *Pedagogy of the heart*, by Paulo Freire. New York:

Continuum.

Dreier, P. and Swanstrom, T. (2014). Suburban ghettos like Ferguson are ticking time bombs. *Washington Post*. Retrieved from https://www.washingtonpost.com/posteverything/wp/2014/08/21/suburban-ghettos-like-ferguson-are-ticking-time-bombs/?utm_term=.1309785c4c48.

Dussel, E. (1993). *1492: O encobrimento do outro: A origem do mito da modernidade*. Petrópolis: Vozes.

Dussel, E. (2003). An ethics of liberation: Fundamental hypotheses. *Concilium, 172*, 54–63.

Dussel, E. (2013). *Ethics of liberation: In the age of globalization and exclusion*. Durham, NC: Duke University Press.

Ek, L. D., Sánchez, P. and Cerecer, P. D. Q. (2013). Linguistic violence, insecurity, and work: Language ideologies and Latina/o bilingual teacher candidates in Texas. *International Multilingual Research Journal, 7*(3), 197-219.

Falcone, D. (2016). What's really happening to the humanities under neoliberalism? *Truthout*. Retrieved from: http://www.truth-out.org/opinion/item/36431-what-sreally-happening-to-the-humanities-under-neoliberalism.

Fanon, F. (1967). *The wretched of the Earth*. London: Penguin.

Faux, J. (2013). NAFTA's impact on U.S. workers. Economic Policy Institute. Retrieved from: http://www.epi.org/blog/naftas-impact-workers/.

Fine, M. (1991). *Framing dropouts: Notes on the politics of an urban public high school*. New York: State University of New York Press.

Fisk, M. (2005). Multiculturalism and neoliberalism. Praxis Filosofica, 21-28. Retrieved from http://www.miltonfisk.org/writings/multiculturalism-and-neoliberalism/.

Flores, N. and Rosa, J. (2015). Undoing appropriateness: Raciolinguistic ideologies and language diversity in education. *Harvard Educational Review, 85*(2), 149-171.

Freire, A. M. A. and Macedo, D. (1998). *The Paulo Freire reader*. New York: Cassell and Continuum.

Freire, P. (1970). *Pedagogy of the oppressed*. New York: Seabury.

Freire, P. (1983). *Education for critical consciousness*. New York: Continuum.

Freire, P. (1984; 1993). *Pedagogy of the city*. New York: Continuum.

Freire, P. (1985). *The politics of education: Culture, power and liberation*. New York: Bergin & Garvey Publishers.

Freire, P. (1987). Letters to North American teachers. In Ira Shor (ed.), *Freire in the Classroom*, Portsmouth, NH: Boyton/Cook, 211–214.

Freire, P. (1997a). *Pedagogy of the heart*. New York: Continuum.

Freire, P. (1997b). A response. In Paulo Freire, J. Fraser, D. Macedo, T. McKinnon, and W. Stokes (eds.), *Mentoring the mentor: A critical dialogue with Paulo Freire*, New York: Peter Lang, 303–329.

Freire, P. (1996). *Pedagogy of hope*. New York: Continuum.

Freire, P. (1994). *Pedagogy of the oppressed*. New York: Continuum.

Freire, P. (1998a). *Teachers as cultural workers: Letters to those who dare to teach*. Boulder, CO: Westview.

Freire, P. (1998b). *Pedagogy of freedom: Ethics, democracy and civic courage*.

Lanham, MD: Rowman & Littlefield Publishers.

Freire, P. (2002). *Pedagogy of hope: Reliving pedagogy of the oppressed*. New York: Continuum.

Freire, P. and Betto, F. (1985). *Essa escola chamada vida*. São Paulo: Atica.

Freire, P. and Faundez, A. (1989). Learning *to question: A pedagogy of liberation*. New York: Continuum.

Freire, P. and Macedo, D. (1987). *Literacy: Reading the word and the world*. New York: Bergin & Garvey.

Freudenberg, N. (2015). The 100 largest governments and corporations by revenue. *Corporations and Health Watch*. Retrieved from http://www.corporationsandhealth.org/2015 /08/27/the-100-largest-governments-and-corporations-by-revenue.

Friedman, H. S. (2012). The American myth of social mobility. *The Huffington Post*. Retrieved from http://www.huffingtonpost.com/howard-steven-friedman/classmobility_b_1676931.html.

Friedman, T. (2005). *The world is flat: A brief history of the twenty-first century*. New York: Farrar, Straus & Giroux.

García, O. (2009). Education, multilingualism and translanguaging in the twenty-first century. In A.K. Mohanty, M. Panda, R. Phillipson and T. Skutnabb-Kangas (eds.), *Multilingual education for social justice: Globalising the local*. New Delhi: Orient BlackSwan.

Gearhart, J. (2015). TPP ignores workers' needs and fails to address weaknesses from past trade agreements. *The World Post*. Retrieved from http://www.huffingtonpost.com/judy-gearhart/tpp-ignores-worker-needs_b_8537878.html.

Gewertz, C. (2014). Despite training, half of teachers feel inadequately prepared for common core. *Education Week*. Retrieved from http://blogs.edweek.org/edweek/curriculum/2014/08/study_despite_more_pd_teachers.html.

Giddens, A. (1994). *Beyond left and right: The future of radical politics*. Cambridge, UK: Polity Press.

Giroux, H. (1983). *Theory and resistance in education: A pedagogy for the opposition*. South Hadley, MA: Bergin & Garvey.

Giroux, H. (1985). Introduction. In P. Freire. *The politics of education: Culture, power and liberation*. New York: Bergin & Garvey Publishers.

Giroux, H. (1997). *Pedagogy and the politics of hope: Theory, culture, and schooling*. Boulder, CO: Westview.

Giroux, H. (2004). Neoliberalism and the demise of democracy: Resurrecting hope in dark times. *Dissident Voice*. Retrieved from http://www.dissidentvoice.org/Aug04/Giroux0807.htm.

Giroux, H. (2010a). The disappearing intellectual in the age of economic Darwinism. *Global Research*. Retrieved from: http://www.globalresearch.ca/index.php?context=va&aid=20112.

Giroux, H. (2010b). Lessons to be learned from Paulo Freire as education is being taken over by the mega rich. *Truthout*. Retrieved from http://truth-out.org/archive/component/k2/item/93016: lessons-to-be-learned-from-paulo-freire-as-education-is-being-takenover-by-the-mega-rich.

Giroux, H. (2015). Youth in authoritarian times: Challenging neoliberalism's politics of disposability. *Truthout*. Retrieved from: http://www.truthout.org/news/item/33312-youth-in-authoritarian-times-challenging-neoliberalism-s-politics-ofdisposability#a16.

Golding, P. (1998). *Global village or cultural pillage*. In R. W. McChesney, E. M. Wood, and J. B. Foster (eds.), *Capitalism and the Information Age*. New York: Monthly Review Press.

Goldstein, B. (1995). Spanish phonological development. In H. Kaiser (ed.), *Bilingual speechlanguage pathology: An Hispanic focus* (pp.17–40). San Diego, CA: Singular Publishing Group, Inc.

Gonzales, P. (2012). *Red medicine: Traditional indigenous rites of birthing and healing*. Tucson, AZ: University of Arizona Press.

Gonzalez-Barrera, A. and Krogstad, J. M. (2016). U.S. *immigrant deportations declined in 2014, but remain near record high*. Washington, DC: Pew Research Center. Retrieved from: http://www.pewresearch.org/fact-tank/2016/08/31/u-s-immigrant-deportationsdeclined-in-2014-but-remain-near-record-high/.

Gorostiaga, X. (1993). Is the answer in the South? Report presented at the United Nations International Seminar on First World Ethic and Third World Economics, Sigtunn, Sweden.

Graham, E. (2014). NEA Report: Lack of teacher diversity jeopardizes student achievement. *NEA Today*. Washington, DC: NEA.

Gramsci, A. (1971). *Selection from the prison notebooks*. New York: International Publishers.

Grande, S. (2004). *Red pedagogy*. Oxford, UK: Rowman & Littlefield.

Greider, W. (1997) *One world ready or not: The manic logic of global capitalism*. New York: Simon & Schuster.

Grosfoguel, R. (2011). Decolonizing post-colonial studies and paradigms of politicaleconomy. *Transmodernity*. 1(1). Retrieved from: http://escholarship.org/uc/ item/21k6t3fq.

Guttal, S (2016). Interrogating the relevance of the global North-South divide. Retrieved from: http://www.cetri.be/IMG/pdf/shalmali_guttal_23000_ eng_3-2.

Hammond, C., Linton, D., Smink, J., and Drew, S. (2007). Dropout risk factors and exemplary programs. *National Dropout Prevention Center*. Retrieved from: http://www.dropoutprevention.org/resource/major_reports/communities_in_schools/Dropout%20Risk%20Factors%20and%20Exemplary%20Programs%20FINAL%205-16-07.pdf.

Hartney, C. & Silva, F. (2007). And justice for some: Differential treatment of youth of color in the justice system. National Council on Crime and Delinquency. Retrieved from www.nccd-crc.org

Harvey, D. (2005). *A brief history of neoliberalism*. Oxford, UK: Oxford University Press.

Henry, B., Reese, J., and Torres, A. (2013). Wasted wealth: How the Wall Street crash continues to stall economic recovery and deepen racial inequality in America. Alliance for a Just Society. Retrieved from http://allianceforajustsociety.org/wpcontent/uploads/2013/05/Wasted.Wealth_NATIONAL.pdf.

hooks, b. (1994). *Teaching to transgress: Education for the practice of freedom*. New York: Routledge.

Hursh, D. W. and Henderson, J. H. (2011). Contesting global neoliberalism and creating alternative futures. *Discourse: Studies in the Cultural Politics of Education, 32*, (2), 171-185.

Jacob, B. A. and Lefgren, L. (2009). The effects of grade retention on high school graduation.

CLOSUP Working Paper Series. Ann Arbor, MI: University of Michigan, 12, 1-44.

Johnson, R. (1983). What is cultural studies anyway? *Angistica, 26*, 7-81.

Jones, E. B. (1998). Mexican American teachers as cultural mediators: Literacy and literacy contexts through bicultural strengths (doctoral dissertation). Claremont Graduate University and San Diego State University, Claremont and San Diego, CA.

Kahn, R. (2010). *Critical pedagogy, ecoliteracy, and planetary crisis*. New York: Peter Lang.

Karp, S. (2013). The problems with the common core. *Rethinking Schools, 28*(2). Retrieved from: http://www.rethinkingschools.org/archive/28_ 02/28_02_ karp. shtml.

Klein, N. (2008). *The shock doctrine: The rise of disaster capitalism*. London: Picador.

Knefel, M. (2013). The school-to-prison pipeline: A nationwide problem for equal rights.

Retrieved from http://www.rollingstone.com/music/news/the-school-to-prisonpipeline-anationwide-problem-for-equal-rights-20131107.

Krogstad, J. M., Passel, J. S., and Cohn, D. (2016). *Five facts about illegal immigration in the U.S.* Washington, DC: Pew Research Center. Retrieved from: http://www.pewresearch.org/fact- tank/2016/09/20/5-facts-about-illegal-immigration-in-the-u-s/.

Lazarrato, M. (2012). *The making of the indebted man: An essay in the neoliberal condition*. Cambridge, MA: Semiotext(e)/Intervention Series.

Leistyna, P. (1999). *Presence of mind*. Boulder, CO: Westview.

Leopold, L. (2015). How Wall Street occupies America: Rising debt and runaway inequality. *The Huffington Post*. Retrieved from http://www.huffingtonpost.com/ les-leopold/how-wall-street-occupies_b_6463514.html.

Lipman, P. (2004). *High stakes education: Inequality, globalization, and urban school reform*. New York: Routledge Falmer.

Losen, D. and Gillespie, J. (2012). Opportunities suspended: The disparate impact of disciplinary exclusion from school. UCLA Civil Rights Project. Retrieved from http://bit.ly/14QtTae.

Losen, D. J. and Martinez, T. E. (2013). *Out of school and off track: The overuse of suspensions in American middle and high schools*. Los Angeles, CA: The Center for Civil Rights Remedies. Retrieved from: http://civilrightsproject.ucla. edu/resources/projects/center-for-civil-rights-remedies/school-to-prison-folder/ federal-reports/out-ofschool-and-off-track-the-overuse-of-suspensions-in-americanmiddle-and-highschools/OutofSchool-OffTrack_UCLA_4-8.pdf.

Macedo, D. (1991). English only: The tongue-tying of America. *The Journal of Education, 173*(2), 9-20.

Macedo, D. (1994). *Literacies of power: What Americans are not allowed to know.* Boulder, CO: Westview.

Macedo, D. and Freire, A. M. A. (1998). Foreword, *Teachers as cultural workers*, by Paulo Freire. Boulder, CO: Westview.

Mader, J. (2015). Teacher prep fails to prepare educators for diversity, child trauma, panel says. *Hechinger Report*. Retrieved from: http://hechingerreport.org/teacher-prepfails-to-prepare-educators-for-diversity-child-trauma-panel-says/.

Mallik-Kane, K., Parthasarathy, B., and Adams, W. (2012). *Expanding growth in the federal prison population, 1998 to 2010.* Washington, DC: Urban Institute Justice Policy Center. Retrieved from: http://www.urban.org/UploadedPDF/412720-Examining-Growthin-the-Federal- Prison- Population.pdf.

Marcuse, H. (1964). *One dimensional man.* Boston: Beacon Press.

Markon, J. (2016). U.S. illegal immigrant population fall below 11 million, continuing nearly decade-long decline, report says. *The Washington Post.* Retrieved from https://www.washingtonpost.com/news/federal-eye/wp/2016/01/20/u-s-illegal-immigrantpopulation-falls-below-11-million-continuing-nearly-decade-long-decline-report-says/.

Mauer, M. (2011). Addressing racial disparities in incarceration. *The Prison Journal.* Retrieved from: http://www.sentencingproject.org/publications/addressing-racial-disparitiesin-incarceration/.

McChesney, R. (1998). The political economy of global communication. In R. W. McChesney, E. M. Wood, and J. B. Foster (eds.), *Capitalism and the information age.* New York: Monthly Review Press.

McDermott, M. (2010). Cult of consumerism at root of planet's environmental degradation and destruction. *Treehugger.* Retrieved from http://www.treehugger.com/corporateresponsibility/cult-of-consumerism-at-root-of-planets-environmental-degradationdestruction.html.

McIntosh, P. (1988). *White Privilege: Unpacking the Invisible Knapsack.* Working Paper #189, Wellesley, MA: Wellesley College Center for Research on Women.

McKenna, C. and Tung, I. (2015). *Occupational wage declines since the great recession.* New York: National Employment Law Project. Retrieved from: http://www.nelp.org/publication/occupational-wage-declines-since-the-great-recession.

McLaren, P. (1997b). *Revolutionary multiculturalism: Pedagogies of dissent for the new millennium.* Boulder, CO: Westview Press.

McLaren, P. (2000). *Che Guevara, Paulo Freire, and the pedagogy of revolution.* New York: Rowman & Littlefield.

McLaren, P. and Lankshear (1994). *Politics of liberation: Paths from Freire.* New York and London: Routledge.

McNeil, L. (2000). *Contradictions of school reform: Educational costs of standardized testing.* New York: Routledge.

Melamed, J. (2006). The spirit of neoliberalism: From racial liberalism to neoliberal multiculturalism. *Social Text, 89*(24), 1-24.

Memmi, A. (1965) *The colonizer and the colonized*. Boston: Beacon Press.

Mignolo, W. (2013). On pluriversality. Retrieved from http://waltermignolo.com/on-pluriversality/

Mignolo, W. (2011). *The darker side of western modernity: Global futures, decolonial options*. London: Duke University Press.

Mignolo, W. (2007). Delinking: The rhetoric of modernity, the logic of coloniality and the grammar of de-coloniality. *Cultural Studies*, 21(2-3), 449-514.

Mignolo, W. (2000). *Local histories/Global designs*. Princeton, NJ: Princeton Press.

Miranda, R. (2010). *The Dream Act: Good for our economy, good for our security, good for our nation*. Washington, DC: The White House. Retrieved from https://www.whitehouse.gov/blog/2010/12/01/get-facts-dream-act.

Moll, L. C., Amanti, C., Neff, D., and González, N. (1992). Funds of knowledge for teaching: Using a qualitative approach to connect homes and classrooms. *Theory into Practice*, 31(2), 132-141.

Molner, A. (1996). *Giving kids the business*. Boulder, CO: Westview.

Mullins, D. (2014). New Orleans to be home to the nation's first all-charter school district. *Aljazeera America*. Retrieved from http://america.aljazeera.com/articles/2014/4/4/new- orleans-charterschoolseducationreformracesegregation.html.

Naiman, J. (1996). Left feminism and the return to class. *Monthly Review*, 48(2), 12-28.

Nieto, S. (2009). *Culture, language, and teaching: Critical perspectives*. New York: Routledge.

Norton, B. (2010). Language and identity. In N.H. Hornberger and S.L. McKay (eds.), *Sociolinguistics and language education*. Tonawanda, NY: Multilingual Matters, 349-397.

Oakes, J. (1993). Tracking, inequality, and the rhetoric of reform: Why schools don't change. In H. S. Shapiro and D. E. Purple (eds.), *Critical social issues in American education: Toward the twenty-first century*. New York: Longman, 278-287.

Oakes, J. and Lipton, M. (1999). *Teaching to change the world*. New York: McGraw-Hill.

Over 580,000 Students Choose Charter Schools in 2015-16 (n.d). California Charter Schools Association. (n.d.). Retrieved May 01, 2016, from http://www.ccsa.org/blog/2015/11/over-580000-students-choose-charter-schools-in-2015-16-1.html.

Paraskeva, J. (2014). *Conflicts in curriculum theory: Challenging hegemonic epistemologies*. New York: Palgrave.

Paraskeva, J. (2016). *Curriculum epistemicide: Toward an itinerant curriculum*. New York: Routledge.

Patel, L. (2015). Deservingness: Challenging coloniality in education and migration scholarship. *Association of Mexican American Educators*, 9(3), 11-21.

Patzi-Paco, Felix (2004). *Sistema comunal. Una propuesta alternativa al sistema liberal*. La Paz: Comunidad de Estudios Alternativos.

Peñalosa, F. (1981). *Introduction to the sociology of language*. Rowley, MA: Newbury House Publishers, Inc.

Polychroniou, C. J. (2014). The political economy of predatory capitalism. *Truthout*.

Retrieved from http://www.truth-out.org/opinion/item/21138-the-politicaleconomy-of-predatory-capitalism.

Potter, G. (2015). Police violence, capital, and neoliberalism. *Imagining Justice*. Retrieved from http://uprootingcriminology.org/essays/police-violence-capital-neoliberalism/.

Quijano, A. (2000). Coloniality of power, Eurocentrism, and Latin America. *Napantla: Views from the South, 1*(3), 533-580. Retrieved from http://iss.sagepub.com/content/15/2/215.short?rss=1&ssource=mfr

Reeves, R. V. and Howard, K. (2013). *The glass floor: Education, downward mobility, and opportunity hoarding*. Retrieved from http://www.brookings.edu/research/interactives/2013/income-mobility-and-education.

Rodriguez, R. C. (2013). Arizona's "banned" Mexican-American books. *The Guardian*. Retrieved from https://www.theguardian.com/commentisfree/cifamerica/2012/jan/18/arizona-banned-mexican-american-books.

Ross, E.W. and R. Gibson (2006). *Neoliberalism and education reform*. Cresskill, NJ: Hampton Press.

Rothwell, J. (2013). *The hidden STEM economy*. Washington, DC: Brookings. Retrieved from: http://www.brookings.edu/~/media/research/files/reports/2013/06/10%20stem%20economy% 20rothwell/thehiddenstemeconomy 610.pdf.

Ryan, W. (1976). *Blaming the victim*. New York: Vintage.

Saad-Filho, A. (2011). Crisis in neoliberalism or crisis of neoliberalism? *Socialist Register, 47*, 242-259. Retrieved from http://socialistregister.com/index.php/srv/article/view/14338#WArAQtyedjU.

Saltman, K. (2007). *Capitalizing on disaster: Taking and breaking public schools*. New York: Routledge.

San Miguel, G. and Valencia, R. (1998). From the Treaty of Guadalupe Hidalgo to Hopwood: The education, plight, and struggle of Mexican Americans in the Southwest. *Harvard Educational Review, 68*(3), 353-412.

Santos, B. de Sousa. (2007). Beyond abyssal thinking. *Eurozine*. Retrieved from http://www.eurozine.com/pdf/2007-06-29-santos-en.pdf.

Schor, J. B. (2014). *Born to buy: The commercialized child and the new consumer cult*. New York: Scribner.

Shor, I. (1987). *Freire for the classroom: A sourcebook for liberatory teaching*. Portsmouth, NH: Heinemann Educational Books Inc.

Shor, I. and Freire, P. (1987). *A pedagogy for liberation*. Washington, DC: Bergin & Garvey.

Singer, A. (2016). Teacher education "reforms" hurt children and learning. *The Huffington Post*. Retrieved from http://www.huffingtonpost.com/alan-singer/teacher-educationreforms_b_12727128.html.

Smith, N. J.(1995). Making the invisible visible: Critical pedagogy as a viable means of educating children. In J. Frederickson and A. Ada, (eds.), *Reclaiming Our Voices: Bilingual Education, Critical Pedagogy and Praxis*. Ontario, CA: California Association for Bilingual Education.

Springer, M., Davidson, C. E., and Waterman, S. J. (2013). Academic and student affairs partnerships: Native American student affairs units. In H.J. Shotton, S.C. Lowe, and S.J. Waterman (eds.), *Beyond the asterisk: Understanding native students in higher education* (pp. 109-123). Sterling, VA: Stylus.

Story, L. (2012). How taxpayers bankroll corporations. *New York Times.* Retrieved from http://www.realclearpolitics.com/2012/12/02/how_taxpayers_bankroll_corporations_297025.html.

Swaine, J., Laughland, O., Lartey, J., and McCarthy, C. (2015). Young black men killed by U.S. police at highest rate in year of 1,134 deaths. *The Guardian.* Retrieved from https://www.theguardian.com/us-news/2015/dec/31/the-counted-police-killings-2015-young-black-men.

Symeonidis, V. (2014). Learning in the free market: A critical study of neoliberal influences on Sweden's education system. *International Journal of Educational Policies,* 8, 25-39.

Symes, C. (2011). The place of the humanities in Illinois Program for Research in the Humanities: IPRH Blog. Retrieved from http://iprh.wordpress.com/2011/04/21/the-place-of-the-humanities-7/.

Taylor, A. (2011). 9/11: The day of the attacks. *The Atlantic.* See: http://www.theatlantic.com/photo/2011/09/911-the-day-of-the-attacks/100143/.

The Annie E. Casey Foundation. (2013). *Reducing youth incarceration in the United States.* Baltimore, MD: Kids Count Data Center.

Tierney, W. G. and Duncheon, J. C. (2015). *The problem of college readiness.* New York: SUNY Press.

Tlostanova, M. V. and W. Mignolo (2009). Global coloniality and the decolonial option. *Kult 6:* Special Issue on Epistemologies of Transformation. Department of Culture and Identity. Roskilde University (130-147).

Travis, J., Western, B., and Redburn, S. (2014). *The growth of incarceration in the United States.* Washington, DC: National Academies Press.

Tuttle, B. (2011). Suburban ghetto: Poverty rates soar in suburbia, *Time Magazine.* Retrieved from http://business.time.com/2011/09/26/suburban-ghettopoverty-rates-soar-in-suburbia/.

U.S. State Department of Education (2016). The state of racial diversity in the educator workforce. Washington, DC. Retrieved from: www2.ed.gov/rschstat/eval/highered/
racial-diversity/state-racial-diversity-workforce.pdf.

U.S. Bureau of Justice Statistics. (2012). Prisoners in 2011. Retrieved from https://www.bjs.gov/content/pub/pdf/p11.pdf/.

Vaughan, J. (2013). Deportation numbers unwrapped. Washington, DC: Center for Immigration Studies. Retrieved from: http://cis.org/ICE-Illegal-Immigrant-Deportations.

von Werlhof, C. (2012). Neoliberal globalization: Is there an alternative to plundering the Earth? In G. Marshall and M. Chossaudovsky (eds.) *The global economic risis.* Quebec: Global Research Publishers.

Wanderley, S. and Faria, A. (2013). Border thinking as historical decolonial method: Reframing dependence studies to (re)connect management and development. EnANPAD. Retrieved from http://www.anpad.org.br/admin/pdf/2013_EnANPAD_

EOR2021.pdf.

Warren, R. (2016). U.S. undocumented population drops below 11 million in 2014, with continued declines in the Mexican undocumented population. *Journal on Migration and Human Security. 4*(1), 1-15. DOI: https://doi.org/10.14240/jmhs. v4i1.58.

White, M. and Epston, D. (1990). *Narrative means to therapeutic ends.* New York: W.W. Norton & Company.

Wilson, V. and Rodgers III, W. M. (2016). *Black-white wage gaps expand with rising wage inequality.* Washington, DC: Economic Policy Institute.

Wood, E. M. (1998). Modernity, postmodernity, or capitalism? In R. W. McChesney, E. M. Wood, and J. B. Foster, (eds.), *Capitalism and the information age.* New York: Monthly Review Press.

Yosso, T. J. (2005). Whose culture has capital? A critical race theory discussion of community cultural wealth. *Race Ethnicity and Education, 8*(1), 69-91.

Zamora, D. (2013). When exclusion replaces exploitation: The conditions of the surplus-population under neoliberalism. *Nonsite.* Retrieved from http://nonsite. org/feature/when-exclusion-replaces-exploitation.

삶의 행복을 꿈꾸는 교육은 어디에서 오는가?

● 교육혁명을 앞당기는 배움책 이야기 혁신교육의 철학과 잉걸진 미래를 만나다!

비고츠키 선집 시리즈 발달과 협력의 교육학 어떻게 읽을 것인가?

생각과 말
레프 세묘노비치 비고츠키 지음
배희철·김용호·D. 켈로그 옮김 | 690쪽 | 값 33,000원

도구와 기호
비고츠키·루리야 지음 | 비고츠키 연구회 옮김
336쪽 | 값 16,000원

어린이 자기행동숙달의 역사와 발달 I
L.S. 비고츠키 지음 | 비고츠키 연구회 옮김
564쪽 | 값 28,000원

어린이 자기행동숙달의 역사와 발달 II
L.S. 비고츠키 지음 | 비고츠키 연구회 옮김
552쪽 | 값 28,000원

어린이의 상상과 창조
L.S. 비고츠키 지음 | 비고츠키 연구회 옮김
280쪽 | 값 15,000원

비고츠키와 인지 발달의 비밀
A.R. 루리야 지음 | 배희철 옮김 | 280쪽 | 값 15,000원

정서학설 I
L.S. 비고츠키 지음 | 비고츠키 연구회 옮김
584쪽 | 값 35,000원

수업과 수업 사이
비고츠키 연구회 지음 | 196쪽 | 값 12,000원

비고츠키의 발달교육이란 무엇인가?
비고츠키교육학실천연구모임 지음 | 412쪽 | 값 21,000원

비고츠키 철학으로 본 핀란드 교육과정
배희철 지음 | 456쪽 | 값 23,000원

성장과 분화
L.S. 비고츠키 지음 | 비고츠키 연구회 옮김
308쪽 | 값 15,000원

연령과 위기
L.S. 비고츠키 지음 | 비고츠키 연구회 옮김
336쪽 | 값 17,000원

의식과 숙달
L.S 비고츠키 | 비고츠키 연구회 옮김
348쪽 | 값 17,000원

분열과 사랑
L.S. 비고츠키 지음 | 비고츠키 연구회 옮김
260쪽 | 값 16,000원

성애와 갈등
L.S. 비고츠키 지음 | 비고츠키 연구회 옮김
268쪽 | 값 17,000원

흥미와 개념
L.S. 비고츠키 지음 | 비고츠키 연구회 옮김
408쪽 | 값 21,000원

관계의 교육학, 비고츠키
진보교육연구소 비고츠키교육학실천연구모임 지음
300쪽 | 값 15,000원

비고츠키 생각과 말 쉽게 읽기
진보교육연구소 비고츠키교육학실천연구모임 지음
316쪽 | 값 15,000원

교사와 부모를 위한 비고츠키 교육학
카르포프 지음 | 실천교사번역팀 옮김
308쪽 | 값 15,000원

혁신교육, 철학을 만나다
브렌트 데이비스·데니스 수마라 지음
현인철·서용선 옮김 | 304쪽 | 값 15,000원

혁신교육 존 듀이에게 묻다
서용선 지음 | 292쪽 | 값 14,000원

다시 읽는 조선 교육사
이만규 지음 | 750쪽 | 값 33,000원

대한민국 교육혁명
교육혁명공동행동 연구위원회 지음
224쪽 | 값 12,000원

경쟁을 넘어 발달 교육으로
현광일 지음 | 288쪽 | 값 14,000원

독일 교육, 왜 강한가?
박성희 지음 | 324쪽 | 값 15,000원

핀란드 교육의 기적
한넬레 니에미 외 엮음 | 장수명 외 옮김
456쪽 | 값 23,000원

한국 교육의 현실과 전망
심성보 지음 | 724쪽 | 값 35,000원

교과서 밖에서 만나는 역사 교실 상식이 통하는 살아 있는 역사를 만나다

전봉준과 동학농민혁명
조광환 지음 | 336쪽 | 값 15,000원

남도의 기억을 걷다
노성태 지음 | 344쪽 | 값 14,000원

응답하라 한국사 1·2
김은석 지음 | 356쪽·368쪽 | 각권 값 15,000원

즐거운 국사수업 32강
김남선 지음 | 280쪽 | 값 11,000원

즐거운 세계사 수업
김은석 지음 | 328쪽 | 값 13,000원

강화도의 기억을 걷다
최보길 지음 | 276쪽 | 값 14,000원

광주의 기억을 걷다
노성태 지음 | 348쪽 | 값 15,000원

선생님도 궁금해하는
한국사의 비밀 20가지
김은석 지음 | 312쪽 | 값 15,000원

걸림돌
키르스텐 세룹-빌펠트 지음 | 문봉애 옮김
248쪽 | 값 13,000원

역사수업을 부탁해
열 사람의 한 걸음 지음 | 388쪽 | 값 18,000원

진실과 거짓, 인물 한국사
하성환 지음 | 400쪽 | 값 18,000원

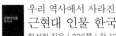
우리 역사에서 사라진
근현대 인물 한국사
하성환 지음 | 296쪽 | 값 18,000원

꼬물꼬물 거꾸로 역사수업
역모자들 지음 | 436쪽 | 값 23,000원

즐거운 동아시아사 수업
김은석 지음 | 240쪽 | 값 15,000원

노성태, 역사의 길을 걷다
노성태 지음 | 324쪽 | 값 17,000원

교과서 밖에서 배우는 역사 공부
정은교 지음 | 292쪽 | 값 14,000원

팔만대장경도 모르면 빨래판이다
전병철 지음 | 360쪽 | 값 16,000원

빨래판도 잘 보면 팔만대장경이다
전병철 지음 | 360쪽 | 값 16,000원

영화는 역사다
강성률 지음 | 288쪽 | 값 13,000원

친일 영화의 해부학
강성률 지음 | 264쪽 | 값 15,000원

한국 고대사의 비밀
김은석 지음 | 304쪽 | 값 13,000원

조선족 근현대 교육사
정미량 지음 | 320쪽 | 값 15,000원

다시 읽는 조선근대 교육의 사상과 운동
윤건차 지음 | 이명실·심성보 옮김 | 516쪽 | 값 25,000원

음악과 함께 떠나는 세계의 혁명 이야기
조광환 지음 | 292쪽 | 값 15,000원

논쟁으로 보는 일본 근대 교육의 역사
이명실 지음 | 324쪽 | 값 17,000원

다시, 독립의 기억을 걷다
노성태 지음 | 320쪽 | 값 16,000원

한국사 리뷰
김은석 지음 | 244쪽 | 값 15,000원

경남의 기억을 걷다
류형진 외 지음 | 564쪽 | 값 28,000원

어제와 오늘이 만나는 교실
학생과 교사의 역사수업 에세이
정진경 외 지음 | 328쪽 | 값 17,000원

우리 역사에서 왜곡되고 사라진
근현대 인물 한국사
하성환 지음 | 348쪽 | 값 18,000원

4·16, 질문이 있는 교실 마주이야기 통합수업으로 혁신교육과정을 재구성하다!

통하는 공부
김태호·김형우·이경석·심우근·허진만 지음
324쪽 | 값 15,000원

내일 수업 어떻게 하지?
아이함께 지음 | 300쪽 | 값 15,000원
2015 세종도서 교양부문

인간 회복의 교육
성래운 지음 | 260쪽 | 값 13,000원

교과서 너머 교육과정 마주하기
이윤미 외 지음 | 368쪽 | 값 17,000원

수업 고수들
수업·교육과정·평가를 말하다
박현숙 외 지음 | 368쪽 | 값 17,000원

도덕 수업, 책으로 묻고 윤리로 답하다
울산도덕교사모임 지음 | 320쪽 | 값 15,000원

체육 교사, 수업을 말하다
전용진 지음 | 304쪽 | 값 15,000원

교실을 위한 프레이리
아이러 쇼어 엮음 | 사람대사람 옮김
412쪽 | 값 18,000원

마을교육공동체란 무엇인가?
서용선 외 지음 | 360쪽 | 값 17,000원

교사, 학교를 바꾸다
정진화 지음 | 372쪽 | 값 17,000원

함께 배움
학생 주도 배움 중심 수업 이렇게 한다
니시카와 준 지음 | 백경석 옮김 | 280쪽 | 값 15,000원

공교육은 왜?
홍섭근 지음 | 352쪽 | 값 16,000원

자기혁신과 공동의 성장을 위한
교사들의 필리버스터
윤양수·원종희·장군·조경삼 지음 | 280쪽 | 값 14,000원

함께 배움 이렇게 시작한다
니시카와 준 지음 | 백경석 옮김 | 196쪽 | 값 12,000원

함께 배움 교사의 말하기
니시카와 준 지음 | 백경석 옮김 | 188쪽 | 값 12,000원

교육과정 통합, 어떻게 할 것인가?
성열관 외 지음 | 192쪽 | 값 13,000원

학교 혁신의 길, 아이들에게 묻다
남궁상운 외 지음 | 272쪽 | 값 15,000원

미래교육의 열쇠, 창의적 문화교육
심광현·노명우·강정석 지음 | 368쪽 | 값 16,000원

주제통합수업,
아이들을 수업의 주인공으로!
이윤미 외 지음 | 392쪽 | 값 17,000원

수업과 교육의 지평을 확장하는 수업 비평
윤양수 지음 | 316쪽 | 값 15,000원
2014 문화체육관광부 우수교양도서

교사, 선생이 되다
김태은 외 지음 | 260쪽 | 값 13,000원

교사의 전문성, 어떻게 만들어지나
국제교원노조연맹 보고서 | 김석규 옮김
392쪽 | 값 17,000원

수업의 정치
윤양수·원종희·장군 지음 | 280쪽 | 값 14,000원

학교협동조합,
현장체험학습과 마을교육공동체를 잇다
주수원 외 지음 | 296쪽 | 값 15,000원

거꾸로 교실,
잠자는 아이들을 깨우는 수업의 비밀
이민경 지음 | 280쪽 | 값 14,000원

교사는 무엇으로 사는가
정은균 지음 | 292쪽 | 값 15,000원

마음의 힘을 기르는 감성수업
조선미 외 지음 | 300쪽 | 값 15,000원

작은 학교 아이들
지경준 엮음 | 376쪽 | 값 17,000원

아이들의 배움은 어떻게 깊어지는가
이시이 준지 지음 | 방지현·이창희 옮김
200쪽 | 값 11,000원

대한민국 입시혁명
참교육연구소 입시연구팀 지음 | 220쪽 | 값 12,000원

교사를 세우는 교육과정
박승열 지음 | 312쪽 | 값 15,000원

전국 17명 교육감들과 나눈 교육 대담
최창의 대담·기록 | 272쪽 | 값 15,000원

들뢰즈와 가타리를 통해 유아교육 읽기
리세롯 마리엣 올슨 지음 | 이연선 외 옮김
328쪽 | 값 17,000원

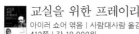

학교 민주주의의 불한당들
정은균 지음 | 276쪽 | 값 14,000원

프레이리의 사상과 실천
사람대사람 지음 | 352쪽 | 값 18,000원
2018 세종도서 학술부문

혁신학교, 한국 교육의 미래를 열다
송순재 외 지음 | 608쪽 | 값 30,000원

페다고지를 위하여
프레네의 『페다고지 불변요소』 읽기
박찬영 지음 | 296쪽 | 값 15,000원

노자와 탈현대 문명
홍승표 지음 | 284쪽 | 값 15,000원

선생님, 민주시민교육이 뭐예요?
염경미 지음 | 244쪽 | 값 15,000원

어쩌다 혁신학교
유우석 외 지음 | 380쪽 | 값 17,000원

미래, 교육을 묻다
정광필 지음 | 232쪽 | 값 15,000원

대학, 협동조합으로 교육하라
박주희 외 지음 | 252쪽 | 값 15,000원

입시, 어떻게 바꿀 것인가?
노기원 지음 | 306쪽 | 값 15,000원

촛불시대, 혁신교육을 말하다
이용관 지음 | 240쪽 | 값 15,000원

라운드 스터디
이시이 데루마사 외 엮음 | 224쪽 | 값 15,000원

미래교육을 디자인하는 학교교육과정
박승열 외 지음 | 348쪽 | 값 18,000원

흥미진진한 아일랜드 전환학년 이야기
제리 제퍼스 지음 | 최상덕·김호원 옮김 | 508쪽 | 값 27,000원
2019 대한민국학술원우수학술도서

폭력 교실에 맞서는 용기
따돌림사회연구모임 학급운영팀 지음
272쪽 | 값 15,000원

그래도 혁신학교
박은혜 외 지음 | 248쪽 | 값 15,000원

학교는 어떤 공동체인가?
성열관 외 지음 | 228쪽 | 값 15,000원

교사 전쟁
다나 골드스타인 지음 | 유성상 외 옮김
468쪽 | 값 23,000원

시민, 학교에 가다
최형규 지음 | 260쪽 | 값 15,000원

교육과정, 수업, 평가의 일체화
리사 카터 지음 | 박승열 외 옮김 | 196쪽 | 값 13,000원

학교를 개선하는 교장
지속가능한 학교 혁신을 위한 실천 전략
마이클 풀란 지음 | 서동연·정효준 옮김 | 216쪽 | 값 13,000원

공자뎐, 논어는 이것이다
유문상 지음 | 392쪽 | 값 18,000원

교사와 부모를 위한
발달교육이란 무엇인가?
현광일 지음 | 380쪽 | 값 18,000원

교사, 이오덕에게 길을 묻다
이무완 지음 | 328쪽 | 값 15,000원

낙오자 없는 스웨덴 교육
레이프 스트란드베리 지음 | 변광수 옮김
208쪽 | 값 13,000원

끝나지 않은 마지막 수업
장석웅 지음 | 328쪽 | 값 20,000원

경기꿈의학교
진흥섭 외 지음 | 360쪽 | 값 17,000원

학교를 말한다
이성우 지음 | 292쪽 | 값 15,000원

행복도시 세종,
혁신교육으로 디자인하다
곽순일 외 지음 | 392쪽 | 값 18,000원

나는 거꾸로 교실 거꾸로 교사
류광모·임정훈 지음 | 212쪽 | 값 13,000원

교실 속으로 간 이해중심 교육과정
온정덕 외 지음 | 224쪽 | 값 13,000원

교실, 평화를 말하다
따돌림사회연구모임 초등우정팀 지음
268쪽 | 값 15,000원

학교자율운영 2.0
김용 지음 | 240쪽 | 값 15,000원

학교자치를 부탁해
유우석 외 지음 | 252쪽 | 값 15,000원

국제이해교육 페다고지
강순원 외 지음 | 256쪽 | 값 15,000원

선생님, 페미니즘이 뭐예요?
염경미 지음 | 280쪽 | 값 15,000원

평화의 교육과정 섬김의 리더십
이준원·이형빈 지음 | 292쪽 | 값 16,000원

학교를 살리는 회복적 생활교육
김민자·이순영·정선영 지음 | 256쪽 | 값 15,000원

수포자의 시대
김성수·이형빈 지음 | 252쪽 | 값 15,000원

교사를 위한 교육학 강의
이형빈 지음 | 336쪽 | 값 17,000원

혁신학교와 실천적 교육과정
신은희 지음 | 236쪽 | 값 15,000원

새로운학교 학생을 날게 하다
새로운학교네트워크 총서 02 | 408쪽 | 값 20,000원

삶의 시간을 잇는 문화예술교육
고영직 지음 | 292쪽 | 값 16,000원

세월호가 묻고 교육이 답하다
경기도교육연구원 지음 | 214쪽 | 값 13,000원

혐오, 교실에 들어오다
이혜정 외 지음 | 232쪽 | 값 15,000원

미래교육, 어떻게 만들어갈 것인가?
송기상·김성천 지음 | 300쪽 | 값 16,000원
2019 세종도서 교양부문

혁신교육지구와 마을교육공동체는 어떻게 만들어지는가?
김태정 지음 | 376쪽 | 값 18,000원

교육에 대한 오해
우문영 지음 | 224쪽 | 값 15,000원

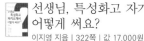
선생님, 특성화고 자기소개서 어떻게 써요?
이지영 지음 | 322쪽 | 값 17,000원

혁신교육지구 현장을 가다
이용운 외 4인 지음 | 344쪽 | 값 18,000원

학생과 교사, 수업을 묻다
전용진 지음 | 344쪽 | 값 18,000원

배움의 독립선언, 평생학습
정민승 지음 | 240쪽 | 값 15,000원

혁신학교의 꽃, 교육과정 다시 그리기
안재일 지음 | 344쪽 | 값 18,000원

교육혁신의 시대
배움의 공간을 상상하다
함영기 외 지음 | 264쪽 | 값 17,000원

학습격차 해소를 위한 새로운 도전
보편적 학습설계 수업
조윤정 외 지음 | 225쪽 | 값 15,000원

서울의 마을교육
이용윤 외 지음 | 352쪽 | 값 18,000원

물질과의 새로운 만남
베로니카 파치니-케처바우 지음 | 240쪽 | 값 15,000원

평화와 인성을 키우는 자기우정
따돌림사회연구모임 우정팀 지음 | 240쪽 | 값 15,000원

미래교육을 열어가는 배움중심 원격수업
이윤서 외 지음 | 332쪽 | 값 17,000원

● **살림터 참교육 문예 시리즈** 영혼이 있는 삶을 가르치는 온 선생님을 만나다!

꽃보다 귀한 우리 아이는
조재도 지음 | 244쪽 | 값 12,000원

선생님이 먼저 때렸는데요
강병철 지음 | 248쪽 | 값 12,000원

성깔 있는 나무들
최은숙 지음 | 244쪽 | 값 12,000원

서울 여자, 시골 선생님 되다
조경선 지음 | 252쪽 | 값 12,000원

아이들에게 세상을 배웠네
명혜정 지음 | 240쪽 | 값 12,000원

행복한 창의 교육
최창의 지음 | 328쪽 | 값 15,000원

밥상에서 세상으로
김흥숙 지음 | 280쪽 | 값 13,000원

북유럽 교육 기행
정애경 외 14인 지음 | 288쪽 | 값 14,000원

우물쭈물하다 끝난 교사 이야기
유기창 지음 | 380쪽 | 값 17,000원

시험 시간에 웃은 건 처음이에요
조규선 지음 | 252쪽 | 값 15,000원

오천년을 사는 여지
염경미 지음 | 272쪽 | 값 16,000원

다정한 교실에서 20,000시간
강정희 지음 | 296쪽 | 값 16,000원

더불어 사는 정의로운 세상을 여는 인문사회과학 사람의 존엄과 평등의 가치를 배운다

밥상혁명
강양구·강이현 지음 | 298쪽 | 값 13,800원

도덕 교과서 무엇이 문제인가?
김대용 지음 | 272쪽 | 값 14,000원

자율주의와 진보교육
조엘 스프링 지음 | 심성보 옮김 | 320쪽 | 값 15,000원

민주화 이후의 공동체 교육
심성보 지음 | 392쪽 | 값 15,000원
2009 문화체육관광부 우수학술도서

갈등을 넘어 협력 사회로
이창언·오수길·유문종·신윤관 지음
280쪽 | 값 15,000원

동양사상과 마음교육
정재걸 외 지음 | 356쪽 | 값 16,000원
2015 세종도서 학술부문

교과서 밖에서 배우는 철학 공부
정은교 지음 | 280쪽 | 값 14,000원

교과서 밖에서 배우는 사회 공부
정은교 지음 | 304쪽 | 값 15,000원

교과서 밖에서 배우는 윤리 공부
정은교 지음 | 292쪽 | 값 15,000원

한글 혁명
김슬옹 지음 | 388쪽 | 값 18,000원

우리 안의 미래교육
정재걸 지음 | 484쪽 | 값 25,000원

왜 그는 한국으로 돌아왔는가?
황선준 지음 | 364쪽 | 값 17,000원
2019 세종도서 교양부문

공간, 문화, 정치의 생태학
현광일 지음 | 232쪽 | 값 15,000원

인공지능 시대의 사회학적 상상력
홍승표 지음 | 260쪽 | 값 15,000원

동양사상과 인간 그리고 사회
이현지 지음 | 418쪽 | 값 21,000원

장자와 탈현대
정재걸 외 지음 | 424쪽 | 값 21,000원

놀자선생의 놀이인문학
진용근 지음 | 380쪽 | 값 185,000원

포스트 코로나 시대, 예술과 정치
현광일 지음 | 288쪽 | 값 16,000원

좌우지간 인권이다
안경환 지음 | 288쪽 | 값 13,000원

민주시민교육
심성보 지음 | 544쪽 | 값 25,000원

민주시민을 위한 도덕교육
심성보 지음 | 500쪽 | 값 25,000원
2015 세종도서 학술부문

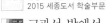
교과서 밖에서 배우는 인문학 공부
정은교 지음 | 280쪽 | 값 13,000원

오래된 미래교육
정재걸 지음 | 392쪽 | 값 18,000원

대한민국 의료혁명
전국보건의료산업노동조합 엮음 | 548쪽 | 값 25,000원

교과서 밖에서 배우는 고전 공부
정은교 지음 | 288쪽 | 값 14,000원

전체 안의 전체 사고 속의 사고
김우창의 인문학을 읽다
현광일 지음 | 320쪽 | 값 15,000원

카스트로, 종교를 말하다
피델 카스트로·프레이 베토 대담 | 조세종 옮김
420쪽 | 값 21,000원

일제강점기 한국철학
이태우 지음 | 448쪽 | 값 25,000원

한국 교육 제4의 길을 찾다
이길상 지음 | 400쪽 | 값 21,000원
2019 세종도서 학술부문

마을교육공동체 생태적 의미와 실천
김용련 지음 | 256쪽 | 값 15,000원

교육과정에서 왜 지식이 중요한가
심성보 지음 | 440쪽 | 값 23,000원

식물에게서 교육을 배우다
이차영 지음 | 260쪽 | 값 15,000원

왜 전태일인가
송필경 지음 | 236쪽 | 값 17,000원

한국 세계시민교육이 나아갈 길을 묻다
유네스코태평양 국제이해교육원 지음 | 260쪽 | 값 18,000원

코로나 시대,
마을교육공동체 운동과 생태적 교육학
심성보 지음 | 280쪽 | 값 17,000원

● 평화샘 프로젝트 매뉴얼 시리즈 학교폭력에 대한 근본적인 예방과 대책을 찾는다

학교폭력 어떻게 만들어지는가
문재현 외 지음 | 300쪽 | 값 14,000원

아이들을 살리는 동네
문재현·신동명·김수동 지음 | 204쪽 | 값 10,000원

학교폭력, 멈춰!
문재현 외 지음 | 348쪽 | 값 15,000원

평화! 행복한 학교의 시작
문재현 외 지음 | 252쪽 | 값 12,000원

왕따, 이렇게 해결할 수 있다
문재현 외 지음 | 236쪽 | 값 12,000원

마을에 배움의 길이 있다
문재현 지음 | 208쪽 | 값 10,000원

젊은 부모를 위한 백만 년의 육아 슬기
문재현 지음 | 248쪽 | 값 13,000원

별자리, 인류의 이야기 주머니
문재현·문한뫼 지음 | 444쪽 | 값 20,000원

우리는 마을에 산다
유양우·신동명·김수동·문재현 지음
312쪽 | 값 15,000원

동생아, 우리 뭐 하고 놀까?
문재현 외 지음 | 280쪽 | 값 15,000원

누가, 학교폭력 해결을 가로막는가?
문재현 외 지음 | 312쪽 | 값 15,000원

**코로나 19가 앞당긴 미래,
마을에서 찾는 배움길**
문재현 외 지음 | 308쪽 | 값 16,000원

● 남북이 하나 되는 두물머리 평화교육 분단 극복을 위한 치열한 배움과 실천을 만나다

10년 후 통일
정동영·지승호 지음 | 328쪽 | 값 15,000원

선생님, 통일이 뭐예요?
정경호 지음 | 252쪽 | 값 13,000원

분단시대의 통일교육
성래운 지음 | 428쪽 | 값 18,000원

김창환 교수의 DMZ 지리 이야기
김창환 지음 | 264쪽 | 값 15,000원

한반도 평화교육 어떻게 할 것인가
이기범 외 지음 | 252쪽 | 값 15,000원

포괄적 평화교육
베티 리어든 지음 | 강순원 옮김 | 252쪽 | 값 17,000원

● 창의적인 협력 수업을 지향하는 삶이 있는 국어 교실 우리말 글을 배우며 세상을 배운다

**중학교 국어 수업
어떻게 할 것인가?**
김미경 지음 | 340쪽 | 값 15,000원

토론의 숲에서 나를 만나다
명혜정 엮음 | 312쪽 | 값 15,000원

토닥토닥 토론해요
명혜정·이명선·조선미 엮음 | 288쪽 | 값 15,000원

인문학의 숲을 거니는 토론 수업
순천국어교사모임 엮음 | 308쪽 | 값 15,000원

어린이와 시
오인태 지음 | 192쪽 | 값 12,000원

수업, 슬로리딩과 함께
박경숙 외 지음 | 268쪽 | 값 15,000원

언어던
정은균 지음 | 268쪽 | 값 15,000원
2019 세종도서 교양부문

민촌 이기영 평전
이성렬 지음 | 508쪽 | 값 20,000원

감각의 갱신, 화장하는 인민
남북문학예술연구회 | 380쪽 | 값 19,000원

참된 삶과 교육에 관한
생각 줍기